大宋文臣的品格

王 晨 著

上海社会科学院出版社

前　言

三岔驿，十字路，北去南来几朝暮。
朝见扬扬拥盖来，暮看寂寂回车去。
今古销沉名利中，短亭流水长亭树。

——杨慎《三岔驿》

  两宋的历史中，绕不开的一个问题是"祖宗家法"。宋以前的朝代，自然也有着许多"先王"的创设垂范和朝章国典，以至于中国的儒士们要远法三代之治，践行致君尧舜的政治理想，即所谓"王道仁政"。但自唐虞而殷周的旧典毕竟难以稽考而一一尽从，于是曰子爱万民则必称汉之文景，曰纳谏从善则必称唐之太宗。因此对汉唐的崇拜不光树立在千年前的政治语境中，也在今天为大家津津乐道。

  宋代"祖宗家法"最特别的一点便是"以文驭武"制度的确立。我们应当客观地看到，宋朝建立了中世纪人类最辉煌的文明，这与其文官政府的特点是密切相关的。两宋固然也有武臣出身而进入两府担任宰执的，但在整个三百余年的王朝历史中，政府的重臣基本都由文臣组成，且长期享有各种优越条件与特殊待遇。一般只看到了"以文驭武"对当时国家军事力量、对外战争的种种危害，甚至有说是两宋灭亡的根本原因，但倘若脱离晚唐五代以来百余年的频频战乱和拥兵自重的大将接二连三弑君篡位等前代问题，去孤立地看两宋的文官政府制度，恐怕是有失偏颇的。

  与汉唐不同的是，宋朝的宗室、武臣一般都不能入朝为相，甚至不允许担任侍从以上重要职务。朝廷重臣基本必从读书人，或者说科举中选拔，这便做到了如文彦博所说的"为与士大夫治天下"。天水赵家作为君王与海内的读书人（士大夫）共治天下，这种模式使得中古以来的门阀巨室得以削弱，"君子之泽，五世而斩"的背后是寒门庶民通过登科唱名跻身统治阶级的希望毕竟较汉唐要大大增加的现实。

  与士人共享权力的同时，宋朝是一个真正尊重读书人的王朝。文臣士大夫尊严的确立，使得有宋一代，萌生了近乎空前的"以天下为己任"这一政治文化层面的意识自觉。北宋则有著名的庆历新政与熙宁变法的改革尝试，南宋亦有主张义利并举等新颖儒家思想的浙东学派等对治国之路的探索。而义理之学在两宋经由周濂溪、张横渠、二程、陆象山、朱晦庵等儒宗巨擘的孜孜以求和发明创造，更是达到了哲学思想史上的又一高峰，且道学群体入朝为官后的政治活动，也是文臣士大夫"修身齐家治国平天下"理念的一种体现。

文官政府的逐渐确立和日趋完善，其本身的合理性在于弭除王朝内部的忧患，实现长期繁荣稳定的统治局面。从这一层意义上来说，太祖、太宗时期初步形成的"事为之防，曲为之制"的祖宗家法，不止是要近乎彻底地扼杀武臣犯上作乱和分裂割据的可能，亦是要通过叠床架屋式的分权和彼此制约乃至有意的"异论相搅"的人事安排之帝王术，同样地防范文官中权臣的出现，甚至其谋朝篡位之可能。

如与唐代台谏制度大不相同者，唐时谏官均隶中书、门下二省，实乃宰相属官，专以进谏阻止皇帝一意孤行，往往执行的是宰相的意志；台官则亦可由宰相举荐、任用，而宋代台谏则专以监察、弹纠百官，是天子的耳目风宪之工具，且在任免制度上，宰执不预，常采取侍从举荐、君王亲擢的办法。一旦为台谏所击，宰执按惯例都要待罪于府邸之内，君权与相权的互相制衡、君主专制制度与文官政府的彼此角力，都是宋代政治文化中的重要现象。

因此，获取了几乎前所未有的特殊地位的文臣官僚团体在两宋亦并非全不受约束。而文臣士大夫作为读书人的一面，又使得他们在平日的雅集、酬唱、交游、送别等社会活动中，创造出了风格各异的文学作品。城市或者说市井文化的兴起，与士大夫文艺创作和审美意识的交互影响，使宋词这一伟大的艺术形式真正诞生，并在发展中堪与唐诗辉映。

在这样的情况下，两宋的文臣士大夫群体也就格外具有整体魅力和极其丰富可观的细节值得后人来挖掘与认识。笔者在本书的构思和写作过程中，选取了六个片段作为六大章节，来呈现宋代文臣的特殊性与其诸多正面、侧面的形象。寇準之章与张浚之章分别是对这两位北宋、南宋初期至关重要的宰相生平浮沉的叙述剖析，并希望借助对二人的撰述，厘清真宗、高宗朝一些历史问题的模糊之处，尝试建构合理的解释，也将宋代宰辅在军政事务上的作用和秉国的具体过程勾勒一二，以供读者知悉。陆游之章、朱熹之章，则侧重对二人生平中或鲜为人知，或广为误解的细节加以简单考证与重现,试图将孝宗朝陆游、朱熹的仕宦坎坷乃至朱熹在宁宗时期庆元党禁前后受到的种种污蔑剖析清楚,使读者得以见到,一位大文学家与一位大哲学家是如何在君权、相权以及台谏的刁难下,努力坚守原则,承受个人荣辱悲喜的历程。苏轼章惇恩怨之章,主要尝试找出二人由挚友而走向决裂的多重深层原因,并由二人的视角,叙述熙丰新政、元祐更化、绍圣绍述的政治大潮。庆历三案的大章则是群像叙事,基本将角度放在了范文正公改革失败后的变法派与守旧派两者的斗争与仁宗皇帝的选择上。作为北宋中期至关重要的政治革新运动,围绕变与不变、边事与内政、朋党与皇权乃至所谓君子奸佞、正邪对立的种种问题,笔者试图描摹出一代人理想的衰亡及背后的内因外因,从而管窥宋代政治文化的特殊性与普遍性的统一。

亦即是说,在故事性的叙述、史料的考证推敲甚至对历史细节的重建中,尝试还原上述大宋文臣的心理活动、生命轨迹和精神追求,这是本书的一个重要主旨与目的。我们可以看到,在两宋几乎始终一以贯之的强大祖宗家法的制约下,以"治国平天下"为终极目标的大宋文臣们终究归于个人与时代的群体性悲剧的历史必然性,以及中世纪的文明在虚君政治与走向近代文官政府上难产的种种原因和具体表现——他们既缔造了中世纪人类文明所能达到的极致辉煌,也在无尽的内耗中埋葬了一千多年来历史演进的不断上升的可能,终于沦陷于野蛮的征服,与更专制的黑暗倒退,一切的契机尚要等到六百余年后帝制的土崩瓦解,方才在沉重的困厄苦难中诞生。那石破天惊的路,孕育自过于漫长的历史的叹息。

发现更真实的宋朝,拒绝简单粗暴而肤浅的愉快解释,用不失严谨的故事化叙述,来努力接近"历史的真相",这是我们应当去做,也是本书尝试去实践的一件事。

目 录

前言 / 1

只有天在上，更无山与齐：寇準的战争

只手擎天 / 3
天书闹剧 / 25
最后的十字 / 39
尾声 / 59

斯文之薄：庆历三案与理想的衰亡

喝酒吃饭 / 70
俱是君恩 / 80
盗甥与死人 / 92
尾声 / 108

是敌是友：苏轼与章惇之爱恨

情深意笃两无猜 / 117
天旋地转，波谲云诡 / 130
青云之上，岭外风浪 / 142
尾声 / 163

是非功过谁人说：张浚的文武乾坤

挽天倾 / 171

富平的玩笑 / 193

淮西的命运 / 218

尾声 / 253

此身何啻似浮萍：陆游的迷宫

似水流年 / 257

陆游与秦桧余党、主和派势不两立？/ 265

阊阖九门不可通，以额扣关阍者怒 / 273

圣贤还是小人：罗生门里的朱熹

千年公案 / 283

与宰相为敌 / 292

大奸大恶的伪道学？/ 298

参考文献 / 312

附录 1 / 316

附录 2 / 318

后记 / 325

只有天在上,更无山与齐:

寇準的战争

所谓的人生赢家,少年得志,大约便是形容寇準这样的天纵之才、神宠之人了。甚至可以说,观其年轻时的顺逆与否,鹏飞抑或燕徊,是平步青云还是蹭蹬泥沼,人生赢家四个字,也远配不上寇準这位西北汉子了。

未及弱冠,十九岁的寇準便成为了太平兴国五年(980年)科举(苏易简榜)的一名进士。

这是宋太宗赵光义统治的年月。寇準在普遍比他大十多岁的同榜进士中显得分外惹人注目,仿佛是鹤立鸡群,卓荦不凡。

寇準通过了科举考试的所有关卡,跻身于士大夫的行列,成了一名简在帝心的年轻文臣。他正要开始挥斥方遒,指点江山。他正刚刚踏上人生的舞台,擘画大时代的福祉蓝图,他那命运的车轮带着主角似的光环,正开始轰然转动。

只手擎天

宋太宗淳化二年(991年)四月,寇準而立之年,便已经自枢密直学士迁左谏议大夫,并除枢密副使。这标志着,一个三十岁的年轻执政诞生了。

宰相与执政并称宰执,他们是大宋帝国那极小部分位极人臣的幸运儿,执掌着大宋这艘富庶又复杂的时代巨舰。

淳化五年(994年)九月,寇準自青州知州任上被召回,除参知政事,正式成为副宰相,再次任执政,地位犹胜往昔,职权位次亦在枢密副使之上。

相信他在自己的人生中,一定不止一次回想起八岁时所作的那首《咏华山》:

只有天在上,更无山与齐。
举头红日近,回首白云低。

在他那个时代，多少人三十岁时仍在埋首苦读，为了通过发解试而博得一个举人身份，昼夜悬梁刺股，更遑论成为进士！但寇準，早已不止是无限风光在险峰，更是青云只在举手间——他是朝廷的两府重臣，是万万人之上的中书宰执。

只是此时的他并不能知晓，这首童年的随性之作，仿佛是一首有着魔力的谶言，将他自十岁而后的五十年都几乎说尽、说透了。

太宗赵光义是打从心眼里喜欢寇準的，他能容忍寇準在奏事的时候直接拉住自己的帝王袍服，不让自己拂袖而去，甚至事后美誉寇準为"朕之魏徵"。淳化二年闹旱灾，赵官家问群臣朝政得失，大家都说着场面话，以天数难测来应付，独寇準说是"陛下用刑则实有不当"，并牵扯出参知政事王沔(miǎn)包庇其弟监守自盗的事。又如左正言尹黄裳、冯拯、右正言王世则等请官家立储君，赵光义将诸人统统贬官岭外蛮荒远恶之军州，可谓是怒不可遏，偏却愿意拿谁来继位这样敏感的天大之事问寇準，听了寇準所说，便龙颜大悦，此中区别，可见一斑。

但赵光义在感到自己日薄西山的时候，却要想一想国家的嗣君能否驾驭住如此年轻又强横刚直的寇準。一个三十五岁的参知政事！若自己登遐大行，龙驭上宾，届时太子登极为新帝，寇準眼见就是要宣麻拜相，位极人臣的。自己那性格柔弱的三哥(第三子赵恒)能在初登大宝的慌乱中用得好寇準这样的千里马吗？

对年轻的新皇帝来说，如果朝堂是一驾马车，宰相就是那匹拉车的马。比起笨拙跑不动的驽马，不听话又主意大的骏马名驹才是要不得！驽马在中书门下做宰相，马车可能走得很慢，但宝座上的天子却有时间去适应和掌控住；可骅骝宝马不同，他是风入四蹄轻，要骁腾横行，非万里不肯轻易停歇的，刚做上官家的三哥可怎么经得起那折腾哟！

基于这样的考虑，在至道二年(996年)七月，趁着冯拯等岭外官员上疏状诉寇準专权，致使岭南官员除拜升迁极不公平的机会，太宗皇帝罢免了寇準的参知政事一职，令其以正四品的本官给事中(元丰改制后易为通议大夫，并非后来门下后省之长官，具封驳权的给事中)出知邓州。

当时，面对冯拯等岭外官员的奏状指责，寇準在老皇帝面前丝毫不肯退让，口若悬河，要自证清白、自圆其说。

赵光义道："这件事卿如果非要届时在垂拱殿里当廷辩论，恐怕就失了执政的体面和风度了。"

但年轻气盛的寇準怎么会甘心被冯拯一伙人算计到,更岂能甘心承认自己措置官员升迁不公?

他在皇帝的宝座前说话声音越来越响,力争不已,甚至拿出中书门下的簿册,力图一是一,二是二地说出个是非对错来,好分辨清自己究竟有没有按照规章制度处理官员除拜任职的事情。

但在老皇帝心里,此时对错重要吗?

看着对自己尚且敢如此咄咄逼人的寇準,赵光义叹了口气:"鼠雀尚知人意,况人乎!"

这小生物都还能颇通人性,知晓人的心意,你寇準堂堂进士出身,贵为朝廷参知政事,你这个副宰相怎么就拎不清呢?

此言一出,寇準又不是真糊涂,便不再争辩了。

一年后,老皇帝赵光义驾崩,皇三子赵恒继位,是为宋真宗。这大宋的天下,原本轮不到赵恒来做官家。大哥楚王赵元佐脑子有些毛病,二哥许王赵元僖又病逝,这才让他捡到了皇帝的位子。侥幸得之,人常轻视。不幸的是,契丹人也是这么想的。

自晚唐五代石敬瑭为了做儿皇帝而把幽云十六州拱手献给了契丹人后,中原与辽国之间的战略纵深便十分有限。宋朝建都汴梁,若是契丹铁骑来犯,更是一马平川,只要河北沦陷,东京城外便几乎是无险可守。

先帝赵光义曾想一劳永逸地解决这个问题,为此曾御驾亲征,也曾令曹彬、潘美等名将二次北伐——但是天子六师之发,三军惨败于高梁河,赵光义大腿中箭,乘驴车仓皇逃跑;七年后的雍熙北伐,宋军先胜后败,撤军时又部署混乱,为敌所乘,燕云之地百年不可收复……

新登基的皇帝赵恒自然没这个胆量再去招惹契丹人,但人家契丹却惦记着大宋呢!可以说,新官家赵恒宝座都还没焐热,契丹就开始打南边宋朝的主意了。

咸平二年(999年)九月,辽军入侵,数月间屡败宋军;咸平四年(1001年)十月,辽国萧太后、皇帝辽圣宗亲率兵马,再次攻宋,宋军在威虏军(遂城)以骑兵会战的形式合击辽军,取得大胜,辽军撤退;咸平六年(1003年)四月,辽军在南府宰相耶律奴瓜、大将萧挞览等率领下再次入侵,宋军在望都之战中被击败,定州副都部属王继忠被俘虏。这相当于一个战区的副司令员给敌军生擒了。

与性格软弱的真宗不同，辽国的摄政太后萧燕燕乃是一位巾帼不让须眉的女中豪杰，前几次发兵不管胜败都未能得逞，到了景德元年(1004年)她便借口要收回关南之地，发兵二十万，与儿子辽圣宗耶律隆绪一同御驾亲征，大举征南。

这样规模的大军出征，其架势已经绝不是打草谷式的劫掠，而是要伺机夺取中原的灭国之战。

就在辽人于边境集结大军的前后，宋廷自然也感受到了契丹频繁调动军马背后的非比寻常，寇準——先帝留给赵恒的这匹千里马，是时候再启用他了！

景德元年(1004年)八月，毕士安、寇準并相。

寇準此前已经被调回中央任三司使这一"计相"之职，执掌国家财政大权，此番乃自"行尚书兵部侍郎"的本官，拜为"同中书门下平章事、集贤殿大学士"——寇老西再入两府，这次他成为了名副其实的宰相，时年四十三岁，刚过不惑。

一日，官家赵恒在垂拱殿内单独召见寇準，咨以契丹大举入寇之事。

赵恒道："贼人势大，相公以为，当如何方是万全之策？"

自咸平六年(1003年)四月定州副部署、云州观察使王继忠战败为辽军俘虏以来，契丹铁骑的势焰便愈来愈猛烈，到了如今已经是二十万大军在宋边境飞扬跋扈。

寇準知道，赵官家这么问是因为这位皇帝眼下已经六神无主，全没个主意。可若朝廷对眼前的局势处理不当，那危如累卵的险情顷刻便成。

寇準朗声以四个字回答："御驾亲征！"

现在契丹大举南侵，萧太后和辽主亲率师旅，辽人乃三军用命，无不奋死向前。而大宋自雍熙北伐失败以来，对辽在战略上已采取守势，多年来未有决定性的大胜。当此危难之时，天下军民仰望朝廷，而社稷安危又系于皇帝的决断，如果皇帝本人怯懦畏缩，则确乎是极其危险的局面。

寇準长篇大论，引经据典，又剖析利害，指陈得失，说得赵官家几乎插不上嘴。到最后，赵恒颇似艰难地颔首道："相公忠贞体国，建言甚善。容朕三思。"

"陛下咸平二年时亦曾亲征，御铠甲于中军，车驾至于大名，将士振奋，夷狄慑服，如何今日便要三思？"

迎着寇準那犀利的目光和即将再滔滔不绝的架势，宝座上的赵恒只得又加了句："三思之后，定依相公所言，定依相公所言。"

寇準这才深深一揖，结束了召对。

原来在咸平二年十一月,辽军撤退之势已十分明显的时候,皇帝赵恒曾打着"御驾亲征"的幌子到过大名府。他还登上城楼,装腔作势地摆出关爱民情的模样问当地知府刘知信,"城中居民几何?"刘知信一听坏了,自己哪记得住到底有多少户口,只好说个大概,表示有几万户人家,如此想来,大名府少则有十几万人,多则数十万了。赵官家心情非常好,一没什么危险,二可以在史书上留下自己戎装御敌的英姿,便对身边的宰辅们说:"河朔藩镇,兹为都会矣。"大名府这座昔日晚唐五代的节度使藩镇,如今已是人民安居乐业的繁华大城市了啊!朕心甚慰啊!第二天,赵官家甚至还召见了当地年齿甚高的耆老长者八十四人,加以赏赐。这一切就像一场作秀,关于铁血天子和爱民皇帝的秀,只不过出演的确乎是当朝的九五之尊。

但实际上赵恒哪里是有御驾亲征胆量的雄杰人主?这方面别说比他的伯父宋太祖赵匡胤了,便是比他的父亲,高梁河驴车漂移的赵光义也是大有弗如。咸平二年敢去所谓亲征,原因已十分清楚。可如今辽人发动二十万大军入侵大宋,局面不可同日而语。官家心里是一百个不愿意去东京以北的任何地方。先前不过是因为寇準气势逼人,他不得已先答应了再说。可当漏夜难眠之时,秋月凄凉,赵恒只觉得四下的夜幕里,辽人的铁骑似乎就在东京城外不远处。他极是害怕。

所谓普天之下莫非王土,率土之滨莫非王臣。帝王富有四海,自然身边有无数高官显贵和近臣内侍日夜琢磨皇帝的心思。道理很简单,琢磨皇帝的心思,若是琢磨得对,琢磨得妙,那就是长保权位、福禄永享,再次也能避祸就福,从危险的权力游戏里幸存下来,不被打得粉身碎骨。如此一来,这琢磨皇帝心思便成了一件成本低而收益极高的事情。相反,把心思放在下面的政务和小民身上,那在许多大臣们看来,是愚不可及的书呆子行径。是政务发你俸禄呢,还是布衣百姓发你俸禄?读书人一旦成了士大夫,常常便忘了"尔俸尔禄,民脂民膏"的圣贤道理。

这其中一个琢磨官家心思十分有心得的,便是参知政事王钦若。王钦若是副宰相,他是个官迷,削尖了脑袋一门心思就想升官发财,做梦都想宣麻拜相,成为名副其实的宰臣。那青凉伞的滋味,实在是妙不可言!

王钦若窥见官家心事重重、愁容满面,便找了机会请求单独入对。他在赵恒面前巧舌如簧,不外乎是说,陛下乃江山社稷系于一身的天子,是亿兆生民依赖仰仗的君父,所以陛下的安危非一人之安危,非一家一姓之安危,乃是关乎到国朝气运、天下苍生的。因此,为万全策,陛下应当率领百官,驾幸金陵,从容与契丹周旋,而朝野知陛下万安,则军民用命,破贼必矣!

王钦若自然看出了赵官家的胆怯畏惧,于是干脆进言,顺着皇帝的心意,提出出狩建康的"万全之策"。建康就是现在的南京,自东吴起历经东晋、宋齐梁陈,因而乃是六朝古都,也是江左繁华膏腴之地,在当时已经是一座大都市。顺着皇帝惧战畏缩之心,直接提出实际上是逃跑的馊主意,往好听里说,是急陛下之所急,说穿了,就是逢君之恶。

这时节还有另一个两府重臣也在琢磨官家的心思,他便是后来欧阳修那篇《卖油翁》里以箭术自傲的"陈康肃公尧咨"之兄:陈尧叟。兄弟俩可都是绝顶聪明的人物,大哥陈尧叟是太宗端拱二年(989年)进士第一名,三弟陈尧咨在真宗咸平三年(1000年)也高中状元,陈尧咨的二哥陈尧佐则是端拱元年进士第一甲第十六名,时人美称"陈氏三状元"。

但事实证明,科举笑到最后的人未必便是能扶危定倾,具备足够胆略和见识的社稷之臣。陈尧叟此时乃是任"签署枢密院事"的执政,属于主管军机兵戎要务的西府枢密院副贰长官(即次长官,时称副贰),亦是宰执大臣。然而陈尧叟在入对的时候,也是如出一辙,建议官家赵恒车驾巡幸成都,以避辽人锋锐不测之祸。

皇帝一听,这不仅王参政深得朕心,陈签署也颇能体会上意啊,看来出狩地方之策还是很有市场的啊!

有了这二位的献计献策,赵官家逃跑的胆子和信心也足了不少,便在两府大臣一同出席内殿的御前会议上,再次拿这事情问寇准。

赵恒道:"今辽贼凶悍,为社稷万全,前几日有提议巡幸金陵与成都者,相公以为如何?"

寇準听到官家如此言语,心里知道,必是身旁王钦若、陈尧叟所进之策。王钦若是江南人,所以建议巡幸建康;陈尧叟是蜀人,因而诡言出狩益州,岂有他哉?

但寇準佯作不知,反怒目圆睁,须发皆张:"臣不知道究竟是谁为陛下谋划此策?其罪可斩!"

赵恒被寇準这狮吼般的斥嚷吓了一跳,王钦若与陈尧叟也噤若寒蝉,唯恐寇準点出自己的名字,一时殿内只听到寇準一个人在高声呵斥。

寇準道:"今天子神武,将帅协和,如果陛下统率六师,车驾亲征,辽贼自然心生畏惧,撤军溃逃!设若契丹尚敢冥顽,则或以庙算出奇制胜,阻挠辽贼野心奸谋;或可坚守城池要塞而使敌军师老兵疲、将士颓丧思归。契丹劳师动众,远道来犯,我大宋以逸待劳,得主客之势,可谓稳操胜券。为何竟然要丢弃宗庙社稷,远远地跑去楚、蜀之地?!"

这时候,王钦若和陈尧叟自然不会傻到跳出来自认是建言天子逃跑的"奸臣",众人都默不作声,压力全在宝座上的赵官家那里了。

赵恒一看,王钦若和陈尧叟这两个靠不住的家伙居然在寇準面前捏鼻子认怂了,全不敢出来辩论,罢了罢了。

官家尴尬地笑了笑:"确实欠妥,朕也以为相公所言甚是。"

御前会议结束后,寇準才不管自己已经往死里得罪了王钦若与陈尧叟二人,他想到王钦若奸猾而多智,官家又是个耳根子软的,这大战在即,王钦若留在两府里,日日得机会可以在天子面前鼓唇摇舌,万一又说得官家动摇,可如何是好?

相府的书案前,寇準便在灯下思量着如何赶走王钦若。

没成想,机会很快便来了。

又一日两府内殿起居,召对御前。

赵恒一方面还在纠结是否"御驾亲征",另一方面又忧心着前线紧张的军情。他便问自己的两府宰执,眼下如此危急,大名府宜有一稳重而有干才的大臣前往镇抚措置,众卿以为谁可担此重任?

寇準立刻开口说:"王参政知无不为,绰有余裕,实乃命世之才,堪镇大名,可领天雄军以守藩,必能勤力王室,御戎安民!"

王钦若是极聪慧的人,他一听寇準把自己仿佛夸成了诸葛孔明,说他一心忠于君父朝廷,上马能杀贼,下马可治民,无非是要把自己从政事堂里赶走,这不过是排除异己的一贯招数。

但王钦若知道,此时不可与寇準争锋。国家正在危机关头,官家需要寇準这样强硬的宰臣,自己如果现在沉不住气,和他摆开车马,明摆着对干才是傻瓜。

于是王钦若也顺着寇準的话,自请出镇大名府,说了一通天花乱坠的忠君爱国的"正确的废话",表示要为朝廷分忧,鞠躬尽瘁死而后已云云。

寇準心想,算你王钦若识相!哼!

闰九月二十四日,王钦若以参知政事出判天雄军府兼都部署(即驻泊都部署,为本路最高军事长官)、提举河北转运司。寇準成功赶走这个极有可能破坏自己逼迫天

只有天在上,更无山与齐:寇準的战争 | 9

子御驾亲征大计的同僚。

另一方面,寇準也从容布置安排军事,做了抵御辽军和皇帝御驾亲征的充分准备。

当此之时,契丹铁骑的先锋已经抵达靠近黄河北岸的祁州与深州之东,而宋军的三路大军尚在祁、深二州后方的定州,魏能、杨延朗(杨家将故事里的杨六郎)、田敏等所部兵马更在宋辽边境的威虏军等处,大名府至深州以东,宋军都缺乏守御。倘若辽骑发挥其机动性强的优势,火速南下攻陷邢、洺二州,则大名府就暴露在辽军的铁蹄之下,届时东线是抽调不出兵马去支援邢、洺二州,阻遏辽军的。而一旦大名府不保,则东京城就将面临被契丹人包围的危险,局面将不堪设想。

因此寇準建议,不妨抽调天雄军步骑五千到一万人,驻扎贝州(恩州),与邢、洺相望,以为掎角;再令莫州部署石普招募熟悉辽人情形的悍勇乡兵,使其进入契丹境内作骚扰破坏的工作,焚毁族帐、扫荡其财货钱粮,并多派细作间谍,窥探敌情,及时通报到大名府天雄军处,起到安定人心、张扬军势、动摇敌人的目的。

运筹帷幄之时,也要做好一些情况更坏的预案,他还考虑到,万一契丹番贼中的骑兵先头部队甚至已经杀到贝州以南,则命定州桑赞等率军三万,结阵而行,往南向镇州(真定)方向回援,再令河东并、代副都部属雷有终所部军队由土门(井陉)往定州。寇準并非盲目仓促地要皇帝从东京出发,而是务必使邢、洺二州都做好了足够的防御准备,天子的銮舆车驾才可踏上"御驾亲征"之路。

再者,如果辽军在镇、定二州的郊野安营扎寨,邢、洺二州之北渐被侵掠,则大宋在定州的兵马便很难绕开契丹的营寨,定州就相当于拱手送给辽人。在这样的恶劣情况里,必须令魏能等率部东下,做出要牵制辽人的态势,则辽人便有后顾之忧,不敢随意再深入京畿腹地。

应当说,寇準的军事部署是较为正确的,切中当时的实际情况,可见其政事之外的军事战略之才。

就在寇準坐镇中书门下政事堂,会同枢密院发出一道道中书札子的命令部属军机要务时,勉强先口头答应了寇準的赵官家收到了一个令他龙颜大悦的意外之喜。

消息是由莫州部署石普派人送达东京的。原来,在望都之战中被生擒的殿前都虞候、云州观察使王继忠修书一封,其中说契丹萧太后颇有议和的心思,让他在信里向天子说明,看看有没有息民止戈,大家握手停战的机会。

于是赵恒立刻召集两府宰执进行御前磋商。他武功不比伯父赵匡胤和父亲赵光义,嘴皮子功夫却十分了得。官家明明心里急着想和契丹媾和,达成盟约,好结束这揪心的战事,可话却说得冠冕堂皇,说什么汉唐版图全盛时不免有和亲政策来怀柔戎狄蛮夷,又说自古匈奴等北狄为中原强敌,不恩威并施,难以令其柔服,因此还请宰辅们议一议这王继忠的来信背后契丹请和之心是否值得相信。

宰相毕士安便顺着官家的心思说,如今虽然辽军势大,但官军用命,辽师兵锋屡挫,又耻于自退,于是借王继忠之书信试探国朝请和,大约是确有几分真意。

在这样的情况下,宰辅之中,除寇準外,大伙都表示毕相公说得对。

赵恒闻弦歌而知雅意,但又故作明君的硬朗范儿,表示卿等但知其一,未知其二。说辽人请和,或许是真,但一旦议和,恐怕必有虎狼之贪索要求。然后官家做出最高指示,倘若契丹是要点钱财货物,那天朝地大物博,为了人民安居乐业,买个和平不成问题;假如他们想要关南之地(昔日赵匡胤的老上司周世宗柴荣从辽国手中夺取的益津关、瓦桥关以南约三州十七县,宋朝后来大致占有十县之地。辽宋便称此地区为关南),那就必须拒绝。

官家话说得非常漂亮,他当着一众宰辅大臣又说,如果辽人执意索要祖宗留下的土地,那么"朕当治兵誓众,躬行讨击耳!"似乎他真的敢亲冒矢石,御驾征讨似的。

寇準并非是不谙政治游戏的莽夫,他情知此时不能拆穿官家怯战的心思。不管辽人是真心求和而索要好处,还是诈和以为缓兵之计,此时大宋也需要时间来调动军队,完成最后的军事部署,以应对可能发生的大决战。因此,寇準便也和光同尘,与两府其他宰臣们一起高呼陛下圣明。

于是皇帝赵恒降下手诏给前线的将军石普,令他派人赐予身在敌营的王继忠。手诏中文字之妙,值得玩味,其云:

>朕丕承大宝,抚育群民,常思息战以安人,岂欲穷兵而黩武。今览封疏,深嘉恳诚。朕富有寰区,为人父母,倘谐偃革,亦协素怀。诏到日,卿可密达兹意,共议事宜,果有审实之言,即附边臣闻奏。

朕继承大宝之位,抚育万民,确实常常想着息战以安人,怎么会想要穷兵黩武呢?朕作为天下苍生之君父,如果真能达成和议,也是极符合自己平生所希望看到的人民安乐之愿望的。王卿你要好好体会朕心,与辽人议论停战盟约之事,真有可操作性的,就要让边境臣僚奏禀朝廷。

于是闰九月二十五日(丙子),寇準将天子御驾亲征的前期部属工作一一安排下去。到了十月份,辽军其中一支主力部队已经兵围瀛州,王继忠得到天子手诏后便经由石普再次上奏朝廷,请大宋遣使至契丹太后、皇帝行营商议和谈之事。

这时候有一个低级武官登上了历史舞台,他将就此走上飞黄腾达的道路,而与寇準产生许多纠葛。

这个人便是曹利用。

官家的藩邸旧臣,枢密使王继英向天子奏禀,说殿直(右班殿直,属三班小使臣官阶,约正九品)曹利用忠勇可嘉,毛遂自荐,请赴贼营勾当(负责)议和之事,虽死不避。

赵恒允道:"契丹先表露求和诚意,旋即继续用兵逞凶,这不过是夷狄作风,不足为怪。但小臣急君父国家之艰,有殉命忘躯之勇,自请入敌营,实在值得嘉奖啊!"

官家就此记住了曹利用这个小小的武臣。

于是,授曹利用阁门祗候,假崇仪副使,奉契丹主书以往,又赐继忠手诏。

赵恒迫于寇準主导的中书之压力,即便只是去做做样子的"御驾亲征"也是势在必行了,但他已做两手准备,派遣了曹利用前去辽国帝后行营所在准备试探和议之可能。

到了十一月,赵官家终于开始北上,进行"御驾亲征"。

而真正的御驾亲征是如何的呢?

十月初六(丙戌)瀛洲被围之际,契丹皇帝辽圣宗和萧太后竟在阵中亲自擂鼓助威,令辽军大举攻城。形势十分危急,契丹大军中由奚人组成的仆从军一度猛攻城墙,万幸瀛州守臣李延渥率州郡兵马、乡兵等拼死抵抗,才没让瀛州在十几天的猛烈攻势中陷落。但大辽太后与皇帝亲临阵中击鼓,仍是大大震撼到宋人。

十一月二十二日(壬申),官家的车驾和扈从军马抵达了韦城县,他立即下令募当地民夫人丁往来河上凿冰,以防备契丹骑兵渡河突袭。

然而噩耗接连传来。

辽军中的一支部队已经打到了大名府天雄军处,全城军民俱是恐慌不已。辽人骑兵数量众多,行军神速,用兵诡诈,居然佯攻了一阵天雄军,便迅速撤出战场,却在夜色的掩护下绕过天雄军城池,往南猛攻德清军。

此时镇抚大名府的最高司令员自然是以参知政事身份出外,判天雄军府兼都部署的王钦若。他听闻德清被围,急得五内俱焚。这是为什么呢?

原来,德清军约位于现在的河南清丰县,而天子此时驻跸所在的韦城县即今日之河南滑县东南处,从地理位置看,由德清军到韦城县直线距离不过七十公里左右,若算古代交通条件不便,姑且以两倍以上一百五十公里计算,也是辽军骑兵两日行军便可以抵达的距离!德清军如果失守,天子在外就十分危险!王钦若这次被赶出东京,自然怕让寇準找着由头,再也不让自己回去了。于是他在闻知紧急军情后当即派精兵追击,要救援德清。

没成想,辽军一面南攻德清,一面在狄相庙一带设伏打援。追击辽人的宋师正从狄相庙经过,全军过了一半,忽然间伏兵四起,后路也被断绝,四面受敌的宋军一时间陷入进退不能的窘境,情况十分危险。因为倘若这支精兵全军覆没,大名府也就别想守住了,而辽人一旦据有大名,后续大军源源不断开来,形势将完全倒向契丹这边。

幸亏天雄军钤辖孙全照向王钦若临危请命,率领其麾下兵马出南门往救援遇伏的宋军。孙全照手下的兵,颇有一批配备了能洞穿重甲的朱漆弩之锐卒,因而能杀伤辽人的伏兵,将天雄兵救援出来,但逃出埋伏圈的不过十之三四。经此一战,德清军便被辽人攻陷了。

但宋人也并非如后世以为的那般毫无血性,德清知军、尚食使(武臣正七品东班诸司使官阶)张旦及其子三班借职(北宋前期入品武官阶最低一阶,约从九品)张利涉、虎翼都虞候胡福等十四人全部战死,以身殉国。

此时赵官家在韦城县,这噩耗传来他几乎是再也坐不住了。

第二个噩耗也接踵而来。原先诏令都部属王超率大军赴行在扈从天子,结果王超这厮怯懦畏战,一个月都还没移军赶来。这让皇帝赵恒非常生气。因为王超并非寻常高级将领,乃是赵恒任开封府尹(京师长官。宋代仅有太宗、真宗二人曾任,钦宗赵桓为皇太子时曾任开封府牧三天,通常文臣任开封府长官皆称"权知开封府事",如包拯)时的潜邸旧臣,属于一开始就跟着他的从龙人、亲信。不仅如此,王超在咸平六年前已经加镇、定、高阳关三路都部署,皇帝又密遣中使赐以御弓矢,许便宜从事,且加从一品开府仪同三司、检校太尉这样煊赫的散官和检校官荣誉头衔,以示对其宠信。结果这厮望都之战时就拖拖拉拉不去救援自己的副都部署王继忠,导致后者被契丹俘虏,眼下堂堂大宋天子御驾亲征，王超居然胆敢逗留不前，不来扈从皇帝！

这样的话，倘若辽军骑兵在某个夜色中突然袭来……赵官家不敢再往下面想了。这时候便又有人琢磨赵官家心思，把王钦若那套暂幸金陵的论调又在皇帝耳边提出来了，说辽人甚锐，且宜避之。

赵恒想，这真是才瞌睡就有人送枕头，他心动了！

但是要逃跑的话，还必须说服寇準才行，否则是绝对做不到的。于是赵官家让人把寇準召来觐见。

可赵恒心里仍然有些打颤，他对于这个先帝留给自己的强硬宰臣这时候颇有些觉得棘手，便与左右伺候自己的内侍宦官们说起眼下的局势，大约也是想给自己打打气，缓解一下一会儿面对寇準时的紧张。

这些宦官身份的中贵人自然都是见风使舵，挑皇帝喜欢的话说。有人便道："群臣们这是想要把官家带到哪里去啊？外头那么危险，为什么不速还京师，再做打算？"

赵恒听得不住点头，可他不知道这会寇準已经到了外面，正听到这段自己与内侍们的对话。

寇準怒目而入，环视皇帝身边的几个宦官，这些中贵人无不吓得低头股栗，谁也不敢和盛怒中的寇相公视线接触。

赵官家这会也顾不得许多了，心里只是担心辽军骑兵突然袭杀而至，自己陷入万劫不复的危难之中。于是他一咬牙，开口道："贼人已至德清，王超大军又不来。相公以为，暂时避一避契丹锋锐，且南巡从长计议，与敌周旋，如何？"

寇準对赵官家一而再、再而三地摇摆变卦已经见惯不怪，他郑重一揖，随后嗓门越来越响："陛下！此时尚提议让官家南巡、西巡的臣僚，那是他们自己怯懦无知，不异于乡下老妇人之言！如今敌寇已然迫近眼前，四方军民都心生畏惧，因此陛下只能继续往北，半步都不可以往南后退！小卒小民害怕，那是人之常情，可陛下是天子，是亿兆百姓的君父！河北诸军，日夜盼望陛下的车驾銮舆到来，那时必定士气百倍。如若不然，陛下六龙车辇回撤数步，看在将士们眼中，那就是万念俱灰！到时候必定是万众瓦解，敌军乘我溃逃之势，追亡逐北，到了那个时候，陛下想一想，只怕是想跑去金陵也不可得了！"

赵恒知道，寇準顾着他天子的体面，没说出来的最坏结果是什么。他自然能想象,皇帝被生擒或是死于乱军之中,那是多么遗臭万年的耻辱之事……可如今契丹铁骑近在德清,若是一人数马地急行军,几乎可以朝发夕至杀到自己跟前,这样的险境,纵然寇準说得都对,他还是无法说服自己,仍是下不了决心。

官家便只是叹气,也不理会寇準,半晌才仿佛很艰难似的开口道:"相公说得很好,让朕再想想……再想想……"

寇準知道此时多说无益,便瞪了一圈天子周遭的内侍等人,先转身离开了,准备再伺机说服皇帝。

正巧这时殿前都指挥使(从二品,位节度使之上。乃是殿前司最高军事长官,即宫禁卫队的司令员一类)高琼在外面,二人不期而遇。

寇準心念一动,已经有了计较,便直接说:"太尉受国厚恩,今日可愿意有所报答君父与朝廷?"

高琼乃是太宗皇帝赵光义的潜邸旧人,年齿上长寇準二十六岁,已经快到古稀之年,他虽少时强横无赖,目不识丁,却也知道敬重国士无双的宰臣寇準,便郑重其事地深深一揖,说:"琼乃是武夫,相公但有吩咐,为了官家与大宋,诚愿效死,岂敢不从?"

寇準微微颔首道:"请太尉随某入内见官家去。"

赵恒见到寇準去而复返,心里正叫苦不迭,知道他定是要逼迫自己明确表态。

寇準道:"陛下不以臣先前所说为然,那么高太尉乃是先帝从龙人,随先帝南征北战,军务之事,何不问问这如此富于经验又忠于君父的老将?"

赵恒知道躲不过,只得点头。

于是寇準又把先前那堆话语复述了一遍,慷慨激昂,高琼深为所动。

只见这位殿前司都指挥使跪拜于地,仰面而奏:"臣以为寇相公所言甚是!随陛下御驾亲征的军士,他们的父母妻儿都在京师,如果陛下执意南巡,这些军士怎么会甘愿抛下家人呢?以人之常情来说,必定是不愿跟着陛下往南的,到时候会中途溃逃离开队伍!那就大事不好了!臣愿陛下立刻驾幸澶州,臣等皆愿效死忘躯,辽贼不难击破!"

赵恒平日也十分信重这位父亲留给自己的禁军老将,看着他花白的须发,心中虽然畏惧契丹铁骑,但拒绝的话如何轻易说得出口?

寇準见机立刻说:"陛下,机会不可失,正当快马加鞭,驾幸澶州,以示决战必胜之心,则天下人自然心安,何愁契丹不败?"

赵恒心里急得不知如何反驳眼前的这两位主战将相,他回头看了看身后的带御器械王应昌,正准备暗示他说几句来帮腔,后者已然开口了。

王应昌道:"陛下奉将天讨,所向必克,若逗留不进,恐怕辽贼气焰军势都会更加嚣张难制。臣本不该置喙如此大事,但相公与太尉所说,俱是老成谋国之论,陛下或不如且驻跸河南,发诏令让王超等火速进军,敌寇自然退却,无足忧虑!"

眼见左右近臣与将相皆是这般说法,赵恒也没奈何,只得点头表态:"便依诸卿所说吧……"

在寇準的强势逼迫下,皇帝车驾终于在十一月二十四日(甲戌)继续往北进发。

而差不多与此同时,攻陷德清的辽国大军已经抵达澶州北面,辽军围攻的势头极其猛烈,契丹主将萧挞览又素有机谋,此番攻城,皆是辽人一时之精锐,他甚至在宋军弓弩可及的危险范围内亲自督战。这样看来,萧挞览比王超实在是好太多,但他运气实在太差。宋军埋伏在暗处的床子弩(有效射程可能在三百步,即465米左右的重武器)居然射中了他的额头!万军丛中,弩矢便这样猝不及防地射中了敌军大将,宋军都不敢相信自己的好运,而辽人也不免瞠目结舌,只有萧挞览的上百名精锐亲卫,奋不顾身地冲上去把坠落马下的大将军拉回阵中,用车马匆忙拖回营寨,辽军的攻势暂时便中止了,大军也都立刻收兵,陆续撤回大营。这一夜,大将萧挞览重伤不治而死。

十一月二十六日(丙子),赵官家的车驾自卫南出发,终于抵达澶州,将领李继隆也将捷报奏禀御前。

然而,得知了这一大捷的赵官家到了澶州南城,却一步都不肯再往北了。澶州城自然是北城面对着辽军的攻势威胁,南城不过是战场的后方,若有所不利,自然也方便官家后撤。

赵恒此时驻跸于南城,听着契丹远拦子(充当哨探的轻骑兵)仍然在澶州城外出没的军报,他甚至觉得耳边仿佛能时不时听到辽军骑兵马蹄咚咚作响的恐怖声音……北城直面辽人兵锋,太危险了!虽然契丹大将萧挞览重伤,但显然这些贼人的指挥没有乱,还在侦查澶州布防和宋军军情,北城去不得!若是有个万一,真的是不堪设想!

于是官家宣布,便以南城驿舍为行宫,就驻跸在这了,不走了!

赵官家一句话,下面一时间忙得鸡飞狗跳,看着内侍、扈从班直、禁军们忙前忙后地安排官家的起居、警卫等等一切,寇準的目光里满是忧虑。他的视线越过这些天子身边之人,投向远方,他已然能想象,等到驻守在北城里的大宋士兵们知道皇帝陛下居然到了南城便不敢真正亲临前线了,会是如何的感想!

确实,这些禁军士卒们不过是不识字的丘八,是俗称的赤佬("赤佬"二字为宋人对军卒之蔑称),愚昧无知,但他们在战场上并不傻。契丹人大举入寇,人家的太后和皇帝亲自在阵中擂鼓助战,人家的主将亲冒矢石……可我们的赵官家呢?躲在南城一步都不肯再往北走,压根不想看一看北城外真正惨烈的战况和凶猛的敌情,更别提把这些苦战的士卒当回事了!战争中,兵卒们虽然缺乏文化,但他们对将官乃至帝王的勇怯、智愚都有着一种朴素而敏锐的感受。

不光士卒如此,将校们更加清楚官家的心思。皇帝都这样只在乎自己的安危,时刻准备开溜,谁还给你拼死卖命?怕是都自留着小心思,各怀鬼胎。官家一心只想着靠曹利用一个小小的殿直武臣去虎狼之穴里议和!这仗若是如此下去,弄不好,就完了!

寇準忧心忡忡地想着这些问题,他是怎么都没能料到,天子都已经抵达了澶州,却又在最后关头变卦,又犯了"软骨病"!这时候,他收回视线,忽然又看到了殿前司都指挥使高琼。

寇準双眸微微一凝,他决定做一件狂悖忌讳、胆大包天之事!

那边高琼见到宰相正凝眸注视着自己,便徐徐走将过来,拱手作揖道:"相公可是有事要吩咐某?"

却说赵官家正在御辇车驾里歇息,等候临时"行宫"布置妥帖,便且用着些吃食,签署枢密院事的执政冯拯则在向皇帝禀报着一些安排和情况。内侍忽报,说寇相和高太尉求见。

赵恒一听,情知不会是好事,但此时冯拯就在里面,他也不好找什么朕疲乏了要休息之类的借口,只得让冯拯先出去,自己则推开御驾的车厢窗子,想着和寇準拉开点距离,谅他也不能如何发作。自己不下御辇,也算是给寇準一个下马威,让他知道自己心意已决。

二人在内侍引领下到车驾旁站定作揖行礼,还不待赵官家开口,寇準的大嗓门

只有天在上,更无山与齐:寇準的战争 | 17

已经炸响在天子耳畔。

"臣听闻陛下已吩咐左右措置,就近驻跸南城。臣以为大不然!"

赵官家并不搭话,甚至不想理睬寇準。侍立在御辇边的执政冯拯则一脸冷笑地看着自己的老对头寇相公。

寇準知道皇帝心里不高兴,但此时已箭在弦上,容不得迟疑,他继续朗声说道:"陛下不肯过河,不愿登楼北城,则人心危惧,敌军也断然不会慑服!驻跸南城,远离北城将士们的做法,不是能用来取威决胜的正确做法!何况四方行营、驻泊大军赴援澶州者,几乎都是每天陆续抵达!陛下有何疑惑而不愿前往北城?"

这时候高琼按照和寇準的约定发话了。

这位银丝白髯的老将先是深深一揖,然后才道:"臣附议寇相公所言!陛下如果不驾幸北城,将士兵卒、万民百姓都将疑惧恐慌,好比失去父母庇佑的无助孤儿!臣以为陛下停留此地,则北城大军、民众都必如丧考妣!"

冯拯在旁一听,当即厉声呵斥:"大胆高琼!你狂悖犯上!如丧考妣是何典?那是陶唐氏帝尧驾崩,书曰:'帝乃殂落,百姓如丧考妣。'你现在如此说法,是何居心?!闻说你不识文字,如丧考妣这四个字,莫非是寇相教你在陛下面前不忠无礼、狂言如此么!?"

高琼虽然贵为殿前都指挥使,人呼为太尉,但在这些文臣宰执面前,武夫们向来是抬不起头的。他不识字也并非谣言,这时候遭到冯拯如此羞辱,也是怒火上涌,竟不避不让,迎着冯拯轻蔑的目光说道:"君以文章为两府重臣,枢院佐贰,贵为执政,现在敌骑充斥如此,冯签署居然还在这里责怪我高某人无礼?不知冯签署为什么不写首传世诗篇,一诗退敌骑呢?岂不正是宰臣立功时?"

"你!臣请陛下治高琼狂悖君前,无人臣礼之大罪!"

可冯拯的话还没说完,高琼已经看到寇準对自己微微点头,示意他动手!

于是高琼一声令下:"御前班直听某号令,扈从陛下车辇过河,进幸北城!"

在赵恒和冯拯目瞪口呆的眼神下,高琼大手一挥,车驾周围的班直卫士们理所当然地都以为高太尉是得了官家吩咐,天子改了主意,于是御辇又动了起来。

寇準瞪了几个内侍一眼,都不需说话,三五个低品、高品的宦官无不作鸟兽散,都跑去善后,叫停布置临时行宫的人手去了。

于是寇準与高琼也各自跨上马背,在冯拯仿佛能喷吐出火焰的视线下,随御辇扬长而去。

赵恒虽然气得一语不发,但心中的怒火正在迅速攀升,他怎么都想不到,寇準和高琼这两个先帝皇考留给自己的文武大臣,居然胆子大到了这种程度!

车驾一路上到了浮桥边,赵官家的怒气再也压抑不住,他听着车外河水滔滔的声响,耳畔若有若无又传来铁蹄奔踏的可怖声,他再也忍耐不住,推开御辇的车窗,叫停了车队。

高琼见到此景,当下大惊,如果不过河,非但战事扑朔迷离,极其危险,自己和寇準恐怕也要被秋后算账。他立刻忙不迭地看向了宰相寇準,事急矣!

寇準却并不说话,只是目光坚定地看着高琼,再次微微颔首。

高琼明白了,他已别无选择。

这位老太尉便也再无迟疑,拿起腰间的金爪兵器就朝身边扈从的辇夫卫士背上向前狠狠推了一把!

"尔等为什么还不赶快渡河!现在已经到了浮桥边,还有什么疑惑,难道要延误军机大事么!"

御辇左右的班直都面面相觑,无论是官家还是高太尉,他们都得罪不起,大宋不轻易杀文臣,可当兵的丘八那杀起来是不眨眼的。

车驾里的赵恒此时已是骑虎难下,如果真调头回辇,驻跸南城,难道大战在即,要将寇準罢相,再黜免殿前司的都指挥使吗?何况此情此景,自己再一意孤行,恐怕就是身边的御前班直私底下也要笑话他这个皇帝了!

赵官家双眼一闭,终于是屈服了,开口道:"进辇。"

御驾一行人马自浮桥渡河,一路在北城驻守的文武将士们的簇拥下登上了城门楼,代表大宋天子的黄龙旗子赫然张于半空,一时间北城内外的诸军无不山呼万岁,声闻数十里!士气仿佛百倍于先前,寇準和高琼相视而笑,他们做到了!

赵恒在仿佛能震彻霄壤的万岁声中怒气也渐渐消了,他在宰辅重臣们陪伴下览观营壁,又召见李继隆以下诸将,说了通漂亮的官话抚慰将士,又下令赐诸军酒食、缗钱,于是陛下万岁、大宋万岁的呼声再次仿佛地动山摇般响彻北城内外。

官家笑眯眯地看着寇準道:"澶州军务,一以委相公处置,朕甚安心。"

寇準奉命得便宜专断之权,遂立刻召集诸将举行军议,其雷厉风行的决策、严明整肃的号令,使众将无不对这位踏入不惑之年的中书宰相大为敬服。随着寇準一道道命令的颁布,连底下的禁军士卒们也觉得有了主心骨,无不喜悦万分。

这时候辽军竟又有数千骑整军来城前窥探究竟,军情报来,寇凖立刻下令以床子弩等重型武器迎击,并命骑兵各指挥(宋军军事单位,一个步军指挥约五百人,骑兵指挥约四百人)做好出城战斗的准备。

辽军兵马被城头的床子弩射了一阵,颇不能成列,更没想到宋军居然开城门以骑兵应战。一时间又没有萧挞览这样的大将压阵督战,竟多少有了胆怯之意。两边在城下厮杀了小半个时辰,契丹骑兵折损近半,又恐陷入宋军包围,便在暮色的血腥气里引兵退却,寇凖早有吩咐,宋军也不追击,径直返回北城。

捷报传至赵恒所在,官家也十分高兴,乃先与内侍等入临时行宫休憩,留寇凖在城楼上指挥一切军务。入夜,赵官家派人去慰问寇相公,顺便看看他繁重的军机之事应对得如何,结果内侍回禀,说酷爱喝酒的寇相正与知制诰杨亿痛饮佳酿,且讴歌吟诗,戏谑谈笑,仿佛在东京酒楼里一般。

内侍笑道:"官家,寇相公这是仿佛那东山谢安呢!"

赵恒亦是大笑:"得他如此游刃有余,吾复何忧乎!"

宋辽两军便在澶州又相持了数日,其间曹利用与契丹使臣韩杞等往来于两军之中,而萧挞览的死讯也终于传到了澶州城内。

此时形势已经极其有利于大宋,战与和的矛盾便再一次摆在天子与文武大臣们面前。

行宫的御前会议上,寇凖严辞分说,以为机不可失,若大军合击,断辽人粮道,彼深入宋境,颇可能不战自溃。但面对契丹人一波波的使者,官家心里已经完全倒向和议了。

寇凖道:"陛下,若必和议,臣请令辽人遣使称臣,割幽燕之地,则我金瓯得全,与契丹之间亦有山河险峻以为屏障,辽人他日若再想南下牧马,极是不能,此千载难逢之机!亦是陛下盛德武功超迈前朝之时!臣请陛下睿断裁决!"

但赵恒心里终是怕大战之中,胜负难料、变化莫测,他只有守成的心,哪有开疆拓土的胆子?在他想来,御驾亲征也到了澶州了,辽人也吃过大亏了,接下来能和议便是最好的结果,他不过是想笼络牵制住契丹罢了,幽云十六州连皇考太宗皇帝都不能收复,自己真有那雄主之命么?

官家笑道:"此番辽人来犯,相公擘画决断,功莫大焉,朕不是不想收复燕云,只是怜悯将士惨死,百姓转运之苦,还是和议为上的好。"

寇準道:"陛下,杨延朗曾上疏,亦认为敌军顿兵澶渊,离其边境千里之遥,可谓人马疲乏,虽众易败!而辽人每战又喜剽掠抢夺,所获财物皆在马上,其士卒已得好处,早就归心似箭,失去战意,若是我大宋诸军控扼要道,截断其归路,四方掩杀,这二十万契丹敌军多半就要被击溃在河北之地,剩下逃散的又何足虑哉?则幽州便可轻易攻取!杨延朗善用兵,若陛下以为臣为文士,非行伍戎机之将,则何不听从骁勇有谋的将军们之建议呢?"

皇帝只是笑笑不肯说话。

这时候,死对头签署枢密院事冯拯进言道:"寇相,陛下已有裁断,我等大臣但当从陛下旨意,忠心国事即可,岂能不善解陛下体恤士卒小民之天心?"

寇準立刻还击:"巧言令色,鲜矣仁!尔身为执政,如何不劝谏陛下从善如流,恢复汉唐旧疆,实现祖宗未尽之伟业?!反信口雌黄,一派胡言!"

赵恒这时候十分满意地看着两个宰执大臣在御前公然吵了起来,这种"异论相搅"的御下手段,正是他逐渐练就的帝王心术之绝学。如果两府大臣团结一致,铁板一块,他的皇权就要被架空;相反倘若宰臣们各有政见,就必须要争取他这位天子的支持,则皇帝便能居中调停,左右平衡,使任何人没有机会成为权臣。

冯拯冷笑道:"陛下圣天子在上,用人不疑,垂拱而治,当此危急之时,以军机要务,尽委寇相。近来相公与禁军诸将日夜讲谈兵事,如今又一力主战,不恤民情,欲顺将校立功之切心,遂武臣封侯之愿景,恐怕颇有兴兵凶以弄权自重之嫌!某窃为相公忧惧思退耳!"

一时间御前会议上变得鸦雀无声,冯拯这一番话极其刁钻厉害!他说寇準又是日夜与诸将过从甚密,又是要成全武夫们立功升官的心思,竟然有拥兵自重的姿态!说得却反而好像在替寇準着想,劝他不要功高盖主!

这时候,高琼在大臣们的班列里也自然是不能替寇準说话的,无他,冯拯的话涉及皇权,影射寇準或许有不臣之心,太敏感了,是极其忌讳的话题!

寇準罕见地沉默了。

良久,赵官家方笑呵呵地开口:"冯卿戏言,相公勿要疑惧,战和之事,相公可再思量思量,朕是极知相公忠心王室的。"

只有天在上,更无山与齐:寇準的战争 | 21

寇準深深一揖。

"臣愚昧，不能及陛下圣虑之周全，未能体恤军民死伤劳苦。臣亦赞成和议。"

这句话说出口，高琼分明注意到，此前近乎不可一世的寇相公神色中已是夹杂着沉痛、悲愤、失望、无奈……也许此时，太多的情绪在这位宰相心中翻搅，谁也不知寇準究竟在想些什么。

不久，再次召开的御前会议上，君臣商量的大事便成了与契丹议和，可允许多少岁币，即每年花多少钱买和平的问题。

曹利用能听懂些契丹语，这会便正说些在契丹营寨中所知道的萧太后等实际决策者的想法和态度，便向皇帝赵恒请示在接下来的和议具体细节中，可以允许每年给契丹人的金帛数额。

赵官家道："以不忍百姓罹难兵燹之苦，朕无妨许些金帛之赐。辽人索取无厌，百万以下皆可许也。必不得已，虽百万亦可。"

宰臣们都是一片颂圣之声，好像皇帝真的是怜悯百姓才不惜金帛而已。

两府重臣们与曹利用等人一同离开时，寇準忽然回过头叫住了他。

"且来我帐中相见！"

说完便快步走了开去。

曹利用朝宰相的背影拱手一揖，这才远远地跟着寇準，到了其帐内。

寇相公负手而立，显然也没有请曹利用坐的意思。他瞟了一眼自己跟前这个小小的遥郡刺史，后者正待开口说一句"请相公吩咐"之类的场面话，寇準不怒自威的话语声却已经先他一拍，冷冰冰地冒了出来。

"虽有敕旨，汝往，所许不得过三十万。过三十万勿来见準，準将斩汝。"

曹利用一惊，寇準那一刹那的气势令他双腿打颤，心中不禁又是恐惧，又是腹诽。这寇平仲真是名不虚传的专横，官威恁地大！自己好歹也是朝廷命官，他居然红口白牙地便说出这般威胁恫吓的话来！说什么如果自己在和谈中许诺给辽人的岁币超过三十万之数，就要砍他曹利用的人头？也忒欺负人了！一种羞辱愤恨正在他心里滋生。

寇準见这小武臣愣在那不回话，哼了一声说："汝莫非以为，我杀不得你？"

曹利用算是知道什么是宰臣的威压了，当即回过神来，深深一揖道："某谨遵相公钧令,定不辱使命。"

十二月初四日(癸未),曹利用在辽人大营中与契丹达成和议。

次日(甲申),曹利用与辽国右监门卫大将军姚柬之持国书,一起进入澶州北城。

宋辽之间的大战实质上已经结束了。

赵官家正在御帐中用膳,听闻曹利用已经与辽使姚柬之一同回来,便派内侍去问和议细节,想知道究竟每年许了多少好处,以后要给契丹人。

内侍与曹利用见礼毕,便问起岁币金额事。

曹利用道:"此机密事,当面奏陛下。"

内侍碰了个钉子只好回去以原话禀明皇帝。赵恒正刚开始吃饭,也不好显得迫不及待要召见一个小小的遥郡刺史,让人笑话他一心和议,便令内侍再去问。

这可难住了这位中贵人,他只好再跑去曹利用面前,说是上意,让曹利用姑且说个大概的数字。

曹利用本不肯说,在宦官一再追问下,才举起三根手指放在面前。内侍入禀,意思说三指加颊,岂非三百万乎？这下可吓到了赵官家,直呼"太多!"

可我们这位天子思忖了片刻,又说:"姑且了断了战事,每年三百万就三百万吧,也可以。"

御帐外的曹利用早听到了里面的对话,等入对时便表现得诚惶诚恐,云"臣许之银绢过多"。

赵官家追问:"卿到底许了辽人多少岁币？"

曹利用知道自己简在帝心的机会完全到了,他徐徐说:"回陛下,是三十万。"

赵恒闻言,大喜过望。他本已做了至少百万的心理准备,连三百万一年都觉得可以接受了。没想到,不过需要区区三十万匹两而已！

十二月初六(乙酉),辽使姚柬之入对于行宫,中使内侍受其国书。

十二月初七(丙戌),柬之入辞,命西京左藏库使、奖州刺史李继昌假左卫大将军,持誓书与柬之俱往契丹大营报聘。又诏诸路部署及诸州军,不得出兵以袭契丹归师。

十二月十八日(丁酉),辽使丁振奉誓书于行在谒见大宋天子赵恒。

二十二日(辛丑),朝廷录(眷抄)契丹誓书,颁河北、河东诸州军。

至此，影响深远的"澶渊之盟"便诞生了。

宋朝没有"归还"辽人索要的关南之地，而是每年给契丹绢二十万匹、银十万两，以为岁币。

寇準这些日子之后都在干嘛呢？据后人所说，和先前一般做派，几乎日日与知制诰杨亿饮酒赋诗。

此时的大宋遵守着契约精神，以盟约既定，则放任辽军从容退出宋境，赵官家却心情非常好，召寇準在御帐内共饮。

酒酣时，赵恒颇动容地说："此番退辽人之大功，成澶渊之和盟，皆是相公之力，朕当再浮一大白！"

寇準似乎还没醉，犹自颇有礼数地在位子上向皇帝一揖，道："準处分军国事，军情紧急，或有违背不从陛下旨意的，臣谢陛下宽宏。"

赵恒道："相公哪里话，你我君臣相得，何须说这些？"

寇準拿起酒杯一饮而尽，接着说："使臣尽用诏令，兹事岂得速成！"

此言一出，赵官家身旁伺候着的内侍们无不变色。这寇相公的意思是，假如他完全按陛下的旨意诏令办事，这与辽国的和战，哪有那么快办成功的？言下之意，是陛下非圣主，指挥有不当之处？

赵恒却是一笑，仿佛并不在意，仍好言赞誉着他的这位宰臣。

澶渊之盟后，宋辽两国的百年和平开始了。

北宋末年人陈瓘曾说："当时若无寇準，天下分为南北矣"。

这实际上真的并非虚言。统治阶层在关键时刻的愚昧便极有可能让历史走上一条惨痛而吊诡的分叉之径。

值得一提的是，以大宋天子名义给契丹皇帝的誓书里有这么一段话：

> 自此保安黎献，慎守封陲，质于天地神祇，告于宗庙社稷，子孙共守，传之无穷，有渝此盟，不克享国。昭昭天监，当共殛之。

这是说，两国既然缔结和平欢好的盟约，那么从此以后就各自善待本国的良民百姓们，慎重而合乎约定地守御边疆，并且向天地神祇发誓立盟，同时禀告给宗庙祖先和社稷神灵,今后子孙代代遵守,传之于无穷,如果违背两国之盟,则国祚不得延续,子孙无以享国而统御。苍天在上,看得明明白白,倘若背盟,人神共诛!

后来宋徽宗宣和年间,大宋背叛与辽人一百余年的和平盟约,转而与女真人签订"海上之盟",约定南北夹攻辽国。幽云十六州是一度拿回来了,但没成想,最后还真的如誓书中赌咒发誓的那样,"有渝此盟,不克享国"。

这么一看,说到底,还是真宗皇帝赵恒的问题。想必是写誓书和立盟的时候,没有默念孔老夫子的教诲啊。

要盟也,神不听!

特殊情况下的誓言,神灵您就别当回事,那是我忽悠傻子的。

天书闹剧

景德元年立下如此大功的寇準,在中书门下做了多久的宰相呢?
如果满打满算的话,答案是十九个月。
一年半又多一个月,而已。
简单来说,原因有三。
一是寇準自身在中书门下秉政的风格让朝廷百司许多庸碌官员愤恨于心。
真宗赵恒统治时期,宋代官员其本官升迁有磨勘;差遣除授有中书门下的堂除和吏部的铨选。磨勘稍类似唐代玄宗朝的"循资格",英宗之前,基本文官三年一磨勘,武臣五年一磨勘,只要不犯什么大错,时间一到,本官就往上升。真宗时期也还没有到一定级别就停止自动升迁的"碍止法"。而所谓堂除,乃是直接由政事堂除授差遣给某人,属于不次之举,是一种很光荣的得官、升官方式,也是中书门下的一大权力。

也就是说,真宗时期照道理官员混日子是比较舒服的,则本官到了一定级别,想要好的差遣自然也是可以理解的。但寇準在政事堂中却经常不按惯例来差除官员,且尤其照顾那些出身寒门而颇有才干的官员。比如台谏言路里御史遇到空阙,寇準总是按自己的想法提拔敢于直言的人担任台官,其他举措也比较独断自信,同列僚属都有所忌惮不快。曾有次除官,同列知道寇準又要以自己的意思不按规矩来,便一个劲地给政事堂里的吏员使眼色,让小吏拿着中书的例簿进呈给寇相公,想暗示他照章办事即可。结果寇準十分轻蔑地说:"宰相所以器百官,若用例,非所谓进贤退不肖也!"言下之意,宰相的作用正是应当在百官中选用真正有才干德行的官员,如果只知道凡事循例,死守规矩,那还是进用贤良、罢黜不肖的朝廷奖惩制度么!因而寇準看都不看中书小吏递上来的例簿。

  实际上朝廷的很多选官差除的制度,并不是为了保护和适用那些极有才干的官员的,乃是为了让庸庸碌碌之辈能混到口饭吃才制定的。因为这官僚集团里,永远是庸碌的人多,有大才干的人少,可天子终归是要靠大多数庸碌官员去管理庞大帝国的角角落落,不可能只依靠个别名臣贤相。

  第二个原因乃是寇準的老对手,王钦若。

  王钦若这个人,心眼极小而极其善于揣摩上意,如前文所说是个专门精于琢磨皇帝心思的人。他后来曾建言在主管财政的三司中设立一个"御宝凭由司",从而使得宫中从内藏库里支用钱财可以不需要经三司批复,直接内降御宝文字,只经宫中的"尚书内省"检查即可。他的理论依据十分了得,乃是:"至尊用度,岂臣下所预?"

  陛下是天下的圣人、至尊,因此陛下用钱这种事,难道是我们为人臣子所有权干预的?他的建言,帮助皇帝赵恒可以更加大手大脚地做他的那些荒唐事,皇帝怎么会不喜欢这样体贴的臣子?王钦若自此之后,果然是得到大用,且宠任无间。

  皇帝赵恒本来也颇以澶渊之盟为平身帝王之业的一大武功,因而对寇準倒也礼遇甚厚。可王钦若自从契丹大举入侵而被寇準赶到大名府之后,次年又被罢免参知政事,如今只带着资政殿大学士的虚衔和杨亿等人一同修《册府元龟》这部官修类书。王钦若因寇準使他被罢执政恨得咬牙切齿,正想不择手段地重回两府宰执行列呢!

  一日早朝,宰执、三司使副、侍从、开封府等重臣内殿起居结束,按礼制要卷班而出殿,即待本班班首(通常即是官阶、职事最高者)先退,按次序转身离开,这时候寇準先退,他作为宰相还要去文德殿押班——原来北宋早期,大部分京师不厘务的朝官,每个清晨都要到文德殿正衙站着,等着内殿里重臣们和皇帝"起居"完毕。而宰相则要回到文德殿,带领百官向空空如也的皇帝宝座行礼朝拜,然后才放朝退衙,此即为押班。

寇準先从垂拱殿中卷班而退，官家赵恒仍是目送其背影离开。王钦若看在眼里，恨在心中。他忽然灵光一闪，有了主意。

于是王钦若请求留对，待其余大臣都离开后才对宝座上的皇帝说："陛下敬畏寇準，为其有社稷功耶？"

敬畏这个词，就十分诛心了。

但赵官家似乎没注意，只是简单回答："没错，寇準之功甚大。"

"臣没想到陛下竟这么说，澶渊之役，陛下不以为耻，而认为寇準有社稷大功，这是为何？"王钦若陡然进言，论调十分古怪。

赵恒被他说得一愣："寇準有大功啊，为什么反而要以为耻辱？"

王钦若先是一揖，然后才道："城下之盟，虽春秋时小国犹以为是耻辱，今以万乘大国、天子之贵而为澶渊之举，是盟于城下也，还有什么耻辱能比这更大呢？寇準误陛下莫大焉！"

澶渊之盟是城下之盟，是耻辱？赵恒一听到王钦若如此说，仿佛吞进去一只苍蝇般难受。这些话又是十分刁钻的，先从皇帝心里打开一个缺口，让他对澶渊之盟本身性质的认识、评价都产生动摇，进而也就会对寇準的功过是非完全颠倒了。

王钦若看到官家神色一变，却不愿回答，知道自己的进言已经多少有些奏效了。于是继续说："臣又听闻景德元年陛下亲征之前，有人问寇相，说你鼓励陛下御驾亲征，可有多少把握？寇相回答：'只有一腔热血泼洒出去罢了！'陛下，寇準可谓毫无子爱君父之心！哪有为人臣子的，把君父的安危弃之不顾，只说什么自己有一腔热血，以博虚名的？陛下可曾听闻赌徒的心理么？博戏的时候，他们钱输得差不多了，便押出所有剩下的筹码，这就叫孤注一掷！澶渊之时，陛下就是寇準扔出去的那孤注一掷啊！实在太危险了当时！臣以为寇準……"

赵恒完全愣住了，王钦若后面说了什么，他几乎都没有听见，只知道自己脑子里嗡的一声，一切想象都纷至沓来。对这些文臣宰辅们来说，谁当皇帝不是当？他们其实根本不关心谁坐在御座上，只关心自己的权力和留在史书上的身后名！若是自己在澶州有个三长两短，说不定寇準还可以拥立新君……

王钦若看到，官家的神色仿佛埋进了深深的黑暗中，只剩一片冰冷的阴郁。他知道，自己的进言成功了！

自此以后，皇帝赵恒果然对寇準日益疏远，不复往昔。

因此，第三个原因也很好理解，那便是：今时不同往日。

所谓此一时，彼一时。景德元年的时候，契丹二十万大军入侵，形势危急，人心恐慌，对于赵官家来说，他需要寇準这样真正有胆识和手段的宰臣来为他抵挡辽人的铁骑，为他筹划一切军政大事。因而他能够一再容忍寇準一切的逾礼，甚至是有狂悖之嫌的言行举止，他也愿意给寇準以战时专断便宜的特权，甚至事后还美誉不已……

但是，如今宋辽之间盟约已定，战争的硝烟和威胁都已经是十分遥远的过去了。国家和朝廷，乃至他这位官家，都不再像昔日那样有许多离不开寇準的地方。寇準是非常之人才，承平之时，反倒可有可无！

好，那便让你明白，大宋少了你，一样日升月落，河清海晏；老百姓们一样安居乐业，子孙繁息！这是因为有朕在！而不是你！

景德三年二月二十五日(戊戌)，中书侍郎、兼工部尚书、平章事寇準罢为刑部尚书——寇準被罢相了。他不再是中书门下执掌国柄的宰臣了。

二月二十六(己亥)，资政殿大学士、兵部侍郎王钦若为尚书左丞，除知枢密院事。

三月十八日(庚申)，寇準出知陕州。

王钦若如愿以偿，重回两府，再度成为执政，而寇準则被赶出了中央。

然而寇準离开了东京之后，赵官家却自此闷闷不乐，心有怏怏起来。因为他想到自己本引以为傲的澶渊之盟，若后世以城下之盟的君王耻辱来看待，便怎么都高兴不起来。于是他又召见王钦若，问以对策。

王钦若知道皇帝是个厌兵胆怯的主，便假意说："陛下以澶渊为耻，则兴王师而取幽蓟，光复燕云十六州，便可洗刷此耻辱，青史千载之下，永为后人景仰！"

赵恒道："河朔军民，近年来才得以休息，吾不忍再让他们出生入死啊，卿何不再想想次一等的方法。"

王钦若故作沉思状，须臾才说："陛下如果怜惜将士百姓，不愿用兵，那么只能做一桩大功业，差不多便能镇服四海，夸示戎狄了。"

皇帝犹不解其意，问道："何谓大功业？"

王钦若说："封禅是也！陛下，譬如秦皇汉武，都曾封禅泰山，祭祀天地神祇，报以帝王赫赫功业，此所谓人主受命于天，代天牧民也！只是，这封禅之事，必须要先得天降祥瑞,有举世罕见、无与伦比的事情先发生,才可以去做。"

赵恒一听,仍是神色黯淡,因为自己既然没有秦始皇、汉武帝那样的功业,要封禅就必须天降祥瑞,可这祥瑞自古罕有,是可遇而不可求的,猴年马月才能等到!看来终是无法洗刷澶渊之耻了!

王钦若正不露痕迹地窥探着宝座上天子的神色,知道火候差不多了,便又开口道:"陛下勿虑。臣读史书,以为天降祥瑞之事,哪里是那么巧,赶上帝王要封禅就正好上天降之?前代封禅前,也多有靠人力做出些祥瑞的。如果人主深信而崇奉这些'祥瑞',然后明示天下,又和天降祥瑞有什么区别呢?更何况,陛下乃圣明天子,本就是顺天应命,也如此为之,以天子而为祥瑞,谁又敢说不是天降祥瑞呢?"

这些话正在一点点的瓦解赵官家的心防,在动摇他的理智。是啊,天瑞安可必得,前代盖有以人力为之!那朕如果也……

王钦若又趁热打铁道:"陛下认为上古传说中的《河图》《洛书》,果真有这些东西么?臣窃以为,不过是圣人以神道设教耳!"

圣人以神道设教耳!

这句话仿佛平地惊雷,炸裂在皇帝的脑海中,好一个王钦若,说得这样透彻!赵官家贵为天子,自然知道王钦若的这句话出自《周易》观卦:"观天之神道,而四时不忒。圣人以神道设教,而天下服矣。"——这是说,天地之间何以可见神灵之威?譬如春夏秋冬,四时变化而无差错。因此圣人以鬼神之说权设教导,以教育人民弃恶从善,知上下尊卑,不敢越礼为奸……于是天下服膺。

说得再通俗点,再露骨一些,其实就是圣人尚且要用神仙灵异等迷信的鬼话来哄骗、恐吓愚昧的百姓,这样才能让底下的小民易于统治!

明白了王钦若话中这一层意思的赵官家沉默了许久,终于动心了。但他仍担心一个人,那便是寇准罢相同日,由参知政事而宣麻拜相的王旦。

赵恒道:"此事,王旦恐怕不会同意的吧?他素有德望,如今又是中书宰臣,他反对,那封禅的事情一准办不成,还闹个笑话,没得让吾灰头土脸……"

王钦若道:"此事何难?臣有一法,请陛下以圣意告谕王相……"

于是,官家一日于内廷便殿召王旦一同用膳,君臣共饮,和乐非常。酒喝得差不多了,赵恒命内侍把一壶酒赐给王相公,并特地说:"这酒极是佳酿,相公可带回家和妻儿共享。"

王旦回到家打开这壶沉甸甸的酒,发现里面哪是琼浆玉液,竟然装的全是上好的珍珠!王相公在灯烛辉煌的府邸里望着那光彩更胜的珠光宝气,一时间为之语塞。他贵为宰相,自然不是没见过世面的土包子,能被一壶珍珠就弄得神魂颠倒。可重要的难道是珍珠本身价值么?

这件事情的意义,其非比寻常之处不是在于一壶珍珠值多少钱,是不是能收买一个东府宰相,而是说,这是堂堂大宋天子,是皇帝在给你行贿!这是官家在拐着弯,甚至放下身段,低声下气地在求你行个方便,不要拆穿他和王钦若准备搞的天降祥瑞那套骗人的把戏,不要阻挠封禅泰山之事!

事至乎此,王旦还有什么话能说?

于是天降祥瑞的所谓"天书"之闹剧开始了。

历史本该有个景德五年的年号。

当然起初也是有的,只不过这年号只存在了六天都不到。

景德五年的正月初三(乙丑),皇城司禀报,说宫城守门禁军涂荣在左承天门南面的屋脊鸱吻上发现了一卷黄帛。

于是赵官家在崇政殿之西厢召见两府宰臣,言之凿凿地表示,自己去年十一月二十七日夜,曾梦见神人预言,说会降下天书名"大中祥符"三篇,并说天机不可泄露。现在左承天门鸱吻上出现的这黄帛,其中所包裹着的必定就是天书!

宰辅们无不称贺,赵官家便与诸位两府重臣一起步行到承天门,焚香望拜,做足礼数,然后才命内侍周怀政、皇甫继明登上承天门屋顶,两人一同毕恭毕敬地捧着天书下来,交给了宰相王旦。

王相公以跪拜之礼,极为隆重地进献天书。

赵官家也小心拘谨地拜受,然后把天书放在御辇上,仍是与两府大臣们步行于前,后面的扈从抬着御辇一路到了早已建好的庄严道场。

皇帝将天书交给知枢密院事陈尧叟,后者启封打开后,看到上面果然写有文字:"赵受命,兴于宋,付于恒。居其器,守于正。世七百,九九定。"

赵官家命陈尧叟为群臣读天书。要说这神人也真是体贴,入乡随俗写汉字方便大宋的君臣来体会学习上天的精神,读完后,皇帝赵恒又命人把天书小心翼翼地收藏在金匮之中,也就是锁在黄金盒子里以示尊崇隆重。这可真是克绍箕裘,太宗皇帝玩了个金匮之盟来夺取皇位,如今真宗也玩起金匮藏天书的把戏。

初六日(戊辰),皇帝宣布大赦天下,改元大中祥符元年(1008年),群臣加恩……

景德五年的年号就此不复存在了。

但封禅之事,古来都是极其花费铺张的事情,要用上许多国家帑藏、民脂民膏才能勉强办光彩了。因此赵官家也有些忐忑,便问权三司使丁谓,这经费到底够不够,能不能办得了这事?丁谓回答,陛下过虑了,封禅大计所需开销,国库里还绰绰有余呢。

最后的麻烦也解决了。

不久,四月初五(乙未),乃命王钦若为封禅经度制置使,令其往泰山筹办事宜;令曹利用等相度行营道路,安排届时车驾的路线和休憩驻跸、警卫等事;差翰林学士杨亿等与太常礼院详定仪注。东京城里专门用以供奉天书和祭祀上帝的玉清昭应宫也开始修建起来……

封禅之事的前期工作,一步步都办起来了,整个大宋帝国开始围绕这场自编自导自演的作秀运转起来。

这时候的寇準正以刑部尚书的本官在陕州做着知州的工作呢,他自然也从朝廷的邸报和途经陕州的官员、往来各地的商贩、游学士子等诸多渠道得知了这天书闹剧和官家准备封禅的事情。

但他此时根本就不在中书,若想在官家的兴头上,仅凭几封奏疏就劝谏得了,那才是痴人说梦,自找不痛快!

寇準此时已非而立之年,他四十有七,快到了知天命的年齿,如何看不清朝堂里面的那套把戏?他和众人一样,选择了沉默。没有效果的事情,何必去做?只有想办法尽快回到东京,再入政事堂,才能拨乱反正,尽黜王钦若之流的奸臣佞幸!

于是寇準冷眼看着往来于东京和泰山脚下的公文里所上演的一幕幕闹剧。

王钦若一会宣称泰山山麓下忽有甘美的泉水喷涌而出,一会又宣称有人看见了苍龙这样的祥瑞。到了六月份,王钦若再报说泰山醴泉亭北也出现了天书。再后来王钦若又说泰山日生无数灵芝,军民竞采以献,百姓都盼着陛下封禅呢,都想为陛下的盛德尽一份绵薄之力啊……所有人都配合着皇帝表演这一出出的丑剧,且庄严肃穆,典礼繁琐。

八月二十二日,王钦若又上奏,声称自己也梦到神人了,后来因为督役封禅事,到了泰山上东岳大帝第三子"威雄将军"的祠庙里,发现梦中请自己增筑庙亭的就是这位神君。

王钦若的这个故事,虽然荒唐,但极为高明。何也?官家梦到神人,说明官家是尧舜那般的圣君,如今我老王也梦到神人,可不说明我乃是仿佛稷、契这样上古贤臣的宰执相公嘛!王钦若正在为自己因封禅之功而宣麻拜相造势,也在暗示官家,事后论功,可千万别忘了忙前忙后,总策划的老王啊。

而寇准是何举动呢?

他上表请求也到泰山参与封禅典礼,陪侍赵官家祭祀天地。

这官家很高兴,诏可!

寇准明白,如果自己不表态,不支持封禅,就别想改变在皇帝心中的印象。更何况,官大到寇准这程度,封禅的事情上你不发声音,等于反对!正所谓:直如弦,死道边;曲如钩,反封侯!这个道理,寇准囿于性格因素和早年平步青云的仕宦经历,如今才开始慢慢体会到。

到了此年十二月二十五日(辛亥),朝廷命户部尚书寇准知天雄军兼驻泊都部署。

他在大名府为官时,曾有契丹使臣经过,便拜谒寇准说:相公德高望重,为何竟不在中书?寇准笑答:"主上以朝廷无事,北门锁钥,非准不可尔。"

天下虽然太平无事,但京师的北大门正在这天雄军、大名府啊,给朝廷看着你们这些契丹人的动静,还得我寇准来!

辽人终是敬畏寇准。游牧民族往往总是尊敬和畏惧真正的勇者、英雄。当然,在敬畏之外,或许也有几分揶揄,你寇相公如此大才,乃是匡扶社稷的伟人,可却反而被赶出中书门下,不正说明了你们南朝的昏庸么?

寇准回答得很得体,他以自己司职北门锁钥来回击,提醒辽人勿生侥幸之心,有自己在一日,便如澶渊时,决不令辽人欺辱大宋!

这等气度,必定也令契丹深深折服。

可寇准还不知道,自己五年后才有机会回到东京,七年后才能重入两府为官。

七年可以发生许多事。

大中祥符四年(1011年),赵官家又带着天书西祀汾阴,这次是祭祀地神,算上大中祥符元年东封泰山,祭祀天帝那一回,皇帝在神道祭祀上算是大圆满了。这一年,冯拯被罢参知政事;大中祥符五年向敏中拜相、王钦若拜枢密使、丁谓参知政事……两府的宰执们除了王旦始终稳坐宰相之外,其余人都进进出出。

到了大中祥符七年(1014年),寇準的机会忽然来了。

王钦若曾因为炮制天书,主持封禅等事而在枢府执政达八年之久,但他的圣眷暂时到头了。

此年六月二十一日(乙亥),枢密使王钦若罢为吏部尚书,陈尧叟为户部尚书,副使马知节为颍州防御使。

原来,西府的两位枢密使王钦若和陈尧叟这对昔年均主张皇帝逃跑的执政,由于和枢密副使马知节之间的冲突,导致真宗皇帝十分厌烦。于是让王钦若和陈尧叟以本官吏部尚书和户部尚书归班(指有本官、爵禄者就闲待选),罢免了他们枢密使的执政差遣;同时重罚了马知节。

一下子将枢密院的执政和佐贰几乎一锅端,那西府军机要务可就没人处理了。赵官家便问宰相王旦,可有人选推荐。

王旦便说,不如让寇準重回两府吧。

皇帝想,也是,寇準毕竟还是有功的,何况他当初也还算识趣,请求参与封禅,想来七年时间,他脾气也改了不少了吧!

于是,就在王钦若等三人并罢执政的同一天,下诏:行兵部尚书寇準除检校太傅兼同平章事充枢密使。

寇準得除为枢相,王旦的举荐是颇为重要的助力。但不幸的是,寇準是个眼高于顶的人,王旦在他看来不过是个庸碌宰相,最多是中人以上之才,因而完全不把王旦放眼里。

寇準执掌西府枢机军务大权之后,一日,正好遇到中书门下有省札公文送到枢密院,结果寇準一看,居然有不符合诏令格式规范的地方,这属于比较低级的失误了。寇準心想,来得正好!

于是立刻上奏赵官家那里,指摘政事堂发出的省札居然有碍诏格,大失体统。

皇帝便召见王旦说:"中书行事如此,施之四方,天下还怎么以朝廷法度规矩为示范和准则呢?"

这等誊抄书写之事出了纰漏,一般而言肯定是政事堂里吏员的错,但王旦是宰相,皇帝只可能向他问责。

王旦只好跪拜谢罪："这实在是臣等过错。"

于是中书门下的吏员自然因此受罚。这么一来，枢密院的吏员反而害怕了，对寇準说："两府事务繁忙，中书和枢密院基本上每天都有公文要互相传达通晓，按惯例如果出现文字等错误，只不过是通知两府下面各房（相当于中书门下某办公室、枢密院某某部门办公室）自己改了就是了，不需要奏白到官家那里而导致宰执谢罪。现在您坏了这规矩，恐怕下次就不免轮到我们遭殃了……"

不久，枢密院有公文送中书，竟也被发现有违碍诏格之处。政事堂的吏员如获至宝，欣然呈送到王旦面前，"相公，一报还一报，让西府吃瘪的机会来啦！"王旦狠狠地瞪了那个文书小吏一眼，只是说："送还枢密院。"枢密院的吏员把这事告诉了寇準，寇準也不免颇为羞惭。

另一方面，寇準每有机会独自召对，皇帝问起近来朝廷事务，他便要指出中书有多少件事情做得不妥，哪些地方王旦能力不足，管得一塌糊涂等。但寇準不知道，王旦每次独对，必称寇準为社稷之干城，天下之大才。时间长了，赵官家心里便对寇準的性格越发不喜欢了。他甚至笑着告诉王旦："相公虽然总是称誉寇枢密，他却专门说相公有诸般短处呢！"王旦或许是真正懂得寇準的，这位老相公告诉皇帝，寇準是忠直刚正的个性，对陛下不愿有所隐瞒、避讳方如此。

到了第二年，大中祥符八年（1015 年），寇準又和另一个人闹起矛盾来。寇準和王钦若是久有仇隙的，而王钦若一党的林特任三司使这一计相职位，掌管财政大权，因此寇準便对林特也十分厌恶，屡屡与他发生争执、冲突。据说王钦若与林特等人在当时被人私下蔑称为"五鬼"，此人极有干才，尤以理财之能为上所用。太宗时曾参与五路大军讨伐西夏李继迁，为督办转运粮草刍粟之职，后来因为搭上了宰相吕蒙正的大船而被举荐进入三司户部任职，从此便一路高升。真宗广修宫观，林特多有财计、督办之力，故而颇得赵官家信宠。

皇帝赵恒看到寇準屡屡以小事指摘三司使林特，便已有偏袒之意，对王旦等中书宰相说："寇準已经五十多岁了，却还是屡屡生事，和其他大臣闹不痛快，朕以为他上了年纪，能改一改这臭脾气，现在看他所作所为，简直是比以前还狠啊！"

赵官家想要罢免寇準的心思也略传到了寇準本人耳中，赵恒其实是个耳根子很软的皇帝，如果巧言如簧，再打打感情牌，实际上还是有操作的余地的。但寇準是不肯折节求情的刚直个性，岂会做这种事！

只是他思量着如今怕是要再被罢两府之职而出外,面子上有些难看。寇準这人是很爱惜面子和地位的,便想以"使相"(节度使带同平章事衔,非政事堂内的实际宰相)的荣誉头衔出外,也算保全了自己多年来位高权重的体面。于是寇準想到王旦还算对自己不错,便叫人私底下去与王旦沟通此事关节。王旦大惊,一口回绝:"使相岂可求耶?且吾不受私请!"寇準颇深以为恨。

不久皇帝决心出寇準于外,而保住林特三司使之职,便问王旦该给寇準什么头衔。王旦表示,寇準当年没到三十,就已经被先帝提拔进入两府成为枢密副使,且极其有才望,如果给予他使相的荣誉头衔,让寇準出为方面大员,则其风采也足以为朝廷之光,可两相保全。上以为然。

四月十三日(壬戌),以枢密使、同平章事寇準为武胜军节度使、同平章事。寇準如愿以偿,虽然被罢免西府执政,但以使相衔出外,也算荣宠了。寇準入见皇帝辞谢,想到太宗和当今天子两代官家对自己的重用,人上了年纪不免动情,乃泣涕哽咽道:"非陛下知臣,何以得使相出外!"赵官家笑着把王旦所言全部告诉给寇準知道,寇準这才又惭愧起来。

五月初五(甲申),命寇準以武胜军节度使、同平章事衔出知河南府兼西京留守司事。

于是寇準终于再次被赶出了东京,而王钦若和陈尧叟却借着寇準罢枢密使的东风,在四月十三日同一天内,被同时拜为枢相,二人喜笑颜开,再入枢密院。这一回合,又是王钦若和林特等人赢了。

但他们只是依靠了官家的圣眷和宠信才扳倒寇準让自己官复原职的吗?皇帝其实非常清楚寇準和王钦若之间势如水火,这些年来经常是用王钦若便罢寇準,用寇準便罢王钦若。但何以兜兜转转,似乎承平岁月里赵官家还是更爱偏帮奸臣王钦若呢?

原因其实也不难猜。因为奸臣能体察上意,会来事,会帮官家解决麻烦,达成皇帝所思所愿;而寇準可不同,动不动脸红脖子粗,逼着皇帝不许这个,不可以那个……况且,赵恒自己便是个性格中庸而懒散的皇帝,他喜欢的是王旦这样能睁一只眼闭一只眼的宰相,让他太太平平过日子。可寇準呢?眼睛里容不下沙子,他寇相公不喜欢的人,就一定要指摘其过错,甚至吵到御前,多是非要贬黜了人家才好;碰到他寇老西欣赏的,就不次超擢,不按程序和资格来提拔,说难听点,叫威福自用、凌轹同僚——讨厌寇準的庸官那是说都说不完,只不过大部分人敢怒不敢言。

寇準确实如王旦的评价一般:准好人怀惠,又欲人畏威,皆大臣所当避,而准乃以为己任,此其所短也。非至仁之主,孰能全之?

寇相公实际上是个比较可爱的真性情,没太多阴暗的心机,他对你的喜好厌恶都写在脸上,这当然也和他而立之年就当上枢密副使执政级别高官有关系。没经历过太多曲折便骤登要津,是个人几乎都容易个性膨胀,颇以自我为中心而目空一切。他一方面喜欢别人受自己恩惠,又想要别人敬畏自己,可这实际上都是明智的大臣避之不及的两种东西,因为沾上这两样,便极容易被人当成奸臣或权臣。结果寇準不以为意,把陟罚臧否、升迁罢黜大臣的威权当成自己的职责所在,不知道还威福于陛下,也不知道和同列搞好关系,这实在是他为人的短处。但这,恰也是寇準可爱而真实的地方。

大中祥符九年(1016年)二月初七(壬午),寇準由河南府改判永兴军,从洛阳到了长安为官。

这一次被赶出国门(宋以离京城为"出国门"),虽然带着使相头衔,可寇準心里仍然是不免有些沉郁不乐。他自年少时便志向远大,轻易就登上宰执的班列,仕途之顺畅飞升,官位之直达云天,都令人咋舌艳羡。

因此自大中祥符八年以来,四年时间里寇準想要回到两府的心越来越急切,想要重新执掌国柄的念头也愈来愈强烈。

到了天禧三年(1019年),寇準忽然又面临了一个选择。

是年三月,永兴军路一个叫朱能的小小巡检进入到使相寇準的视线中。

这个朱能本是单州团练使田敏家里的奴仆,大约连门客都还算不上,但因为走了关系贿赂了貂珰周怀政的亲信而得以搭上了入内内侍省副都知周怀政这条线。

朱能是个善于装神弄鬼的人,窥见当今天子喜好祥瑞,便琢磨着也走这路数来博取滔天的富贵,因而与周怀政一拍即合。在周副都知的援引下,朱能迅速从一个一文不名的奴仆咸鱼翻身,得到了阶州刺史的武臣官衔。他便在终南山修葺道观,如王钦若炮制天书祥瑞一般,也假托神灵,伪造了符命(上天预示帝王受命的符兆)的祥瑞。但他是个十分有眼力之人,明白光靠自己献祥瑞是达不成大富贵之目的的,便在符命中妄言国家天下之吉凶,说以大臣贤愚进退的隐晦玄妙之语——他看准了一个人,那便是寇準!

朱能知道,惟有借助自己所在的永兴军路的这尊两朝大神寇相公,才有可能把他伪造的符命祥瑞之影响力做到最大,不仅可以直达御前,还能进入国史,能令天下传颂,这大功便坐实了!周都知也会认可自己的才干!

于是朱能便千方百计寻着法子来到寇準跟前,阿谀奉承得不露痕迹,把恭维寇相公的话包装在一片仿佛忧国忧民的感慨叹息之下,寇準十分受用。

当然,寇準可不是老糊涂,他自然知道朱能是要求富贵,更知道所谓的符命祥瑞和王钦若的天书祥瑞如出一辙,都是弄虚作假、逢君之恶的鬼东西!可寇準也意识到,官家太心虚,太懦弱了,因而这位天子极其喜欢各地献祥瑞来表明自己是千古圣君,天下太平。而对寇準来说,这无疑是一个回到两府的极好机会!

寇準也在犹疑。

王钦若的所作所为,他深以为无耻,难道如今自己也要步其后尘,用这种手段博天子欢颜,来换取一个两府宰执的位子?真的应该如此么?

我们现在无从知晓寇準想了多久,又是否与门客、幕僚或是身边的亲信商量,总而言之,最终,我们的寇相公也选择向这个官场的规矩暂时妥协了!只要最终的目的是好的,手段也许可以不论!

于是,此年三月,寇準上奏,说天书降于乾祐山中,此盖天子盛德,四海归心,神灵庇佑,祥瑞乃降关中云云。朝野内外一时哗然,因为大中祥符年间,一切所谓祥瑞,明眼人谁不知皆是虚假邀宠之伪造,而寇相一向刚直,居然也做这般的勾当!但赵官家很高兴,表示万分欣慰,当然也对上天的褒奖诚惶诚恐。

四月初四(辛卯),天子命准备仪仗自琼林苑迎接天书入大内皇宫。一场闹剧表演又开始了。

当时颇有人上疏进谏,大不以为然。如太子右谕德鲁宗道言:"天道福善祸淫,不言示化……又何有书哉。臣恐奸臣肆其诞妄,以惑圣听也。"知河阳孙奭(shì)亦上疏言:"天且无言,安得有书?天下皆知朱能所为,独陛下一人不知尔!乞斩朱能以谢天下!"

皇帝赵恒才不会听这些呢,若是认可了这些谏言,岂非自己封禅泰山之事,也是上天无言,奸臣炮制?那他岂不是成了无道昏君,好大喜功,滥用帑藏,妄自东封?

不过,赵官家这次真的是很满意寇準的爱君之心。

四月十二日(己亥)有旨,召山南东道节度使、同平章事、判永兴军府寇準赴阙!

也就是说，寇準被召回东京入对，这是要重新重用寇準了！

四月十五日(壬寅)，皇帝又召近臣至真游殿，朝拜天书。一切都如此的庄严隆重，所有人都表现得毕恭毕敬，无比虔诚，仿佛这个偌大的帝国确实需要神祇的庇护，且果真得到了上天的眷顾。

在这荒唐的闹剧里，看起来寇準是最大的赢家。一时间也不知有多少人在背后讥讽嘲笑这位素以刚直闻名的宰相。是了，他王钦若做得，你寇準便做不得？一样做得！天下乌鸦一般黑嘛——人们总能这样说上几句。

五月二十八日(甲申)，寇準自永兴军至京师朝见。值得一提的是，临行前，有一位寇準的门生曾规劝他说："寇相如果到了河阳，借口身体不好而坚持要求继续在京城之外为官，这是上策。如果入见官家，立刻揭发乾祐天书是欺骗、虚妄之事，那还可以保全平生正直的美名，但已经只是中策了。最下之策，乃是再入中书，去再做宰相！"

四年来寇準一直等待的就是重回两府的机会，这时候事已至此，眼看就要成了，怎么可能听得进这样扫兴的话？寇準因这一席话极不高兴，只是随手一揖，与自己的门生便算就此告别。而他，将回到自己魂牵梦萦的东京，那里才是自己展布政治抱负和全部才干的地方。自己天生就是宰执天下的社稷之臣！

到了六月份，寇準复相的态势越来越明朗了。有人窥伺上意，便弹劾宰相王钦若收受贿赂云云，这本非什么大事，若是圣眷如前，只需将多嘴的言事者贬黜出外即可，但赵官家已经准备让寇準重回中书，便看王钦若百般不顺眼了。

王钦若自然贪恋相位，御前分辨时，坚称自己乃是无辜和清白的，请求将他所谓受贿事下御史台详查根勘，来个真金不怕火炼。可这一次，王钦若的算盘完全打歪了。按说深谙政治斗争秘诀和皇帝心思的他不会犯这样的低级错误，但可能是中祥符年间以来久居两府宰执之位，养尊处优，放松了警惕，一时间因为关乎自己切身利益，慌乱才出了昏招。

王钦若的提议让赵官家很是恼火。皇帝赵恒直接反问道："国家设置御史台，难道是为人分辨真假虚实的？"

言外之意便是，你王相公真是老糊涂了，朕要罢免你，与事实真相如何，与你是否清廉一点关系都没！这哪里是经济问题或者私德问题，这纯粹是权力的游戏！你王相公玩了那么多年，怎么今日如此糊涂，还说什么下御史台核查！

更何况,天禧三年以来,赵官家渐渐感到身体已经大不如前,而天禧二年八月十五中秋立太子以后,他便开始逐渐考虑身后事。毕竟万一自己忽然倒下了,王钦若这样的人留在年幼的小皇帝身边不一定就真的能扶幼匡正,没有寇準给小皇帝看着大局,赵官家总是不能放心。在自己年老多病之后,他越来越想到寇準。

赵恒还记得,王旦病重的时候,自己曾问过他,天下事可以付之谁?

王旦几乎连话都说不清了,却只是回答:"以臣之愚,莫若寇準……"

再者,寇準竟然也奏献天书祥瑞,说明他终究是服软了,脾气也改了,知道该妥协的时候要妥协,这样的话,将来太子登基,有寇準在,便也定无大碍!

想着这些,赵官家终于是下定了决心。

于是六月初九(甲午),王钦若罢相,加太子太保虚衔,保全其体面,不久出判杭州。

四天后,六月十三日(戊戌),白麻大制的拜相诏令宣布:以山南东道节度使、检校太尉、同平章事寇準为中书侍郎、兼吏部尚书、平章事。

寇準复相了!

同日,寇相公的老朋友、老部下,游走于寇準与王钦若二人间却俱得两位宰相赏识的丁谓除参知政事。

这下,寇準以乾祐天书之机,再入两府,他一生中最后一场大决战,真宗皇帝赵恒暮年的血雨腥风,即将上演。而寇相公的两位主要对手,也已各就各位,一个尚躲在幕后,一个已经位登宰执。

最后的十字

时间很快来到了天禧四年(1020年),赵官家的身体状况并没有因为去年七月南郊的祭天而有所改善,反而日益严重,有时候连事情都记不住,中风的后遗症让他时有说不清话的窘态,因此处理军国事对皇帝赵恒而言已经显得十分困难,甚至是一种痛苦了。

于是,"帝久疾居宫中,事多决于后"。官家赵恒的皇后刘氏便因此得到了参决政务而弄权的机会。

这位刘皇后决非寻常女子,亦不是甘心居于幕后唯唯诺诺,求相公保全的那类后妃。皇后名叫刘娥,其身世说来也颇有些可怜,尚在襁褓中时便失去了父亲,从小养在蜀中外祖父母家。稍微大一点之后因为"善播鼗(táo)",便以此谋生了。这是一种类似拨浪鼓的乐器,刘娥大约便靠播鼗唱曲来养活自己,这在宋代自然是算操持贱业,正经的大户人家和书香门第肯定是不允许娶这种歌舞女回家的。

这样的穷苦人家自然很难嫁入高门富户,恰好邻居有一个银匠叫龚美的,垂涎刘娥的美色,便把她娶回了家。大约由于在四川讨生活不容易,龚美便选择带着妻子刘娥去繁华无比的东京城闯荡一番。

当时还是太宗皇帝赵光义统治的端拱年间,远道而来,人生地不熟加上受人欺压,龚美、刘娥夫妇俩在东京的生活几乎难以为继。龚美琢磨着妻子刘娥虽然年幼,但是深得四川天府之国的灵秀,乃是闭月羞花般的姿容,于是他眼珠一转,决计在东京的街头把老婆卖了!

这时候还没继位做官家的赵恒乃是襄王,名字尚叫赵元侃,其王府中有个武臣名唤张旻(也就是后来的张耆,他曾在望都之战时身被数创,杀契丹枭将)在东京街头注意到了花容月貌的刘娥。于是他把刘娥买下来,又献给了襄王赵元侃。如此一来,刘娥和龚美都完成了最重要的鲤鱼跃龙门的一步——进入王府,成为襄王赵元侃的人。

刘娥一入王府就得到襄王专宠,几乎是夜夜笙歌,事情被太宗皇帝知道后,刘娥被迫从襄王府搬出去,在张旻宅中住了数年,直到太宗驾崩,襄王赵元侃登极,成为新的官家赵恒,刘娥才被接入皇宫,封为"美人"。而更妙的是,赵官家体恤刘美人无宗族亲人依傍,便使龚美摇身一变成了刘娥的兄长,改姓刘,成了刘美,当然也赐予了官身,得了"三班奉职"的武臣头衔。

故而,刘娥有这样不清不楚的身世,虽然她一直得到皇帝赵恒宠爱,但在其被立为皇后前,仍然遭到了许多宰辅重臣们的集体反对。这些反对的人中,就包括寇準、王旦、向敏中、李迪等宰执重臣。至于反对的理由,无外乎是"出于侧微""起于寒微",因而"不可母天下"。

但赵官家御驾亲征时拖拖拉拉、反复变卦,可在宠爱刘娥,要立她为后的事情上竟是一步都不肯让,一意孤行,最终是成功为她戴上凤冠,登上皇后的宝座。自王钦若天圣年间再入中书拜相和死后恤恩尊荣,刘娥亲自临奠出涕、洒泪哀悼等事来看,恐怕当年刘娥立为皇后,王钦若也在其中出了很大的力气,必是站在两府其他宰执和朝廷重臣们的对立面支持皇帝赵恒和刘娥。而此后刘娥所谓的兄长刘美便也在天禧三年除为昭州防御使、侍卫马军都虞候(从五品,即侍卫亲军马军司都虞候,三衙管军之一,为侍卫亲军马军司第三长官),成了三衙管军级别的高级武臣,煊赫一时。

刘皇后这个人,绝非仅仅有美色得以受宠。她大约是个天性聪慧的女子,在张旻宅中数年时间恐怕看了许多历朝史书,其本传中又说她颇能博闻强记,将朝廷之事本末因果记得十分清楚,故而才能在皇帝赵恒退朝批阅奏疏的时候,逐渐与闻其间。

但赵官家也越来越担心皇后的强势和自己儿子六哥赵祯的年幼,他将奸猾而善于钻营的王钦若罢相,使寇準复相,本已做了较为妥善的安排,来保证自己如果忽然驾崩,朝政大权不会落入皇后一党的外戚手中。

寇準此时的地位和威望当然是如日中天的。如其所作的《蝶恋花》所云:

四十年来身富贵。游处烟霞,步履如平地。紫府丹台仙籍里,皆知独擅无双美。

将相兼荣谁敢比。彩凤徊翔,重浴荀池水。位极人臣功济世,芬芳天下歌桃李。

澶渊定乾坤,将相兼容无人可比;出入两府,位极人臣功勋盖世——这都并非大言不惭的自夸,而基本属于事实。

赵官家在天禧三年复相寇準时,两府成员有:首相向敏中、知枢密院事曹利用、参知政事李迪、同知枢密院事任中正和周起。其中宰相向敏中和副相李迪、执政周起都是非常清楚地站在寇準这一边的,是与寇準一党的宰执,这也是皇帝有信心寇準可以依靠他们掌控朝局的一大原因所在。

而西府长官曹利用早年便与寇準有仇隙,澶渊之盟时身份尚低微的他曾被寇準威胁要杀头,吓得股栗不止。任中正则是与丁谓过从甚密的一个人。

值得一提的是,在寇準复相的同一天,赵官家还将丁谓除为参知政事。这是为何呢?恐怕乃是因为此前丁谓与王钦若已决裂,王钦若颇恨丁谓,朝野皆知的缘故。是以皇帝赵恒便认为,昔年寇準极赏识丁谓,丁谓亦并非王钦若之党,仍是可以为寇準所用之人。

然而人世间的许多事情,并非人力可以决定,即便是贵为天子,力有不逮也是稀松平常,无足为怪。

首先寇準和丁谓、曹利用就没法处好关系,更别指望他们同舟共济,扶保皇太子赵祯。

早年李沆为相时,寇準多次向李沆举荐丁谓,美誉丁谓之大才。丁谓少时便有才名,曾以文章拜谒王禹偁,后者读罢大惊,以为自唐韩愈、柳宗元后,二百年始有此作,可见丁谓之非凡。但是宰相李沆不管寇準说多少次丁谓的好话,都不愿意提拔他。李沆曾说,"平仲(寇準字),你仔细看看丁谓的为人,能让他居于人上,做大官吗?"但李沆开门见山的提醒却并没有说服他,寇準反而不以为然,反问说:"像丁谓这样才高八斗之人,相公能永远压着他,让他居于人下吗?"李沆笑道:"他日后悔,平仲就该想到老夫今日所言了。"

此番寇準再入政事堂,首相向敏中身体已经不是很好,因而实际执掌大权的自然成了寇相。丁谓惯于见风使舵,拿出了过往恭敬万分的态度来小心伺候寇準,以为可以凭借过去寇相公对他的赏识和自己的殷勤谨慎而得到信重。在丁谓看来,向敏中以老病致仕退休不过是旦夕之事,那时候寇準升昭文相,空出来的宰相位子,说不定寇準便会向皇帝举荐自己!

于是,丁谓在寇準面前更加谦卑,仿佛他不是参知政事,而是政事堂里的一名吏员,是寇準的秘书。

一日,寇準在中书用饭食,寇相公胡须颇长,吃得急了,汤羹粘在须髯上,颇为不雅。丁谓立刻站起身,凑到寇準身边,居然拿出锦帕,像奴仆似的亲手给寇準小心翼翼地擦拭胡须上的汤羹,其姿态之殷勤低下,政事堂其他人都为之目瞪口呆。

寇準看着正站在自己身侧还陪着一脸笑的丁谓,微微摇头道:"君为参知政事,乃是国家的执政,竟亲为宰相拂须?"

这下可好,中书门下见到此一幕的人几乎无不掩口而笑,拼命忍住笑声。丁谓折节阿附,却闹得个热脸贴冷屁股,这时候他内心极恨寇準,面上反而看不出喜怒,倒摆出一副惭愧的脸色,拱手一揖方才复又坐下。

自此之后,丁谓知道,寇準已经不是昔日那个不遗余力举荐自己的老领导了,他不再垂青自己,甚至不惜在朝野中让他无地自容,自请出外。

于是丁谓这位权力游戏的高手,在心中默默改变了策略,仿佛一只蛰伏在暗处的毒蜘蛛,正在窥伺机会,等待寇準露出破绽,等待朝野的大变局到来。

至于曹利用,除了澶渊时节那档子事,大中祥符七年六月寇準为枢相入主西府执政时,曹利用于一个月后除枢密副使,成为寇準在枢密院里的副手,二人共事过大约十个月。可就在这连一年光景都不到的时间里,寇準又轻易让曹利用更加恨上了自己。

曹利用是武人出身,寇準景德年间为宰相在澶州擘画军机,力挽狂澜的时候,他还不过是个小小的遥郡刺史,是以当时寇準可以毫无顾忌地随意训斥他,甚至威胁他岁币超过三十万,就砍了他的头。

当年的曹利用除了害怕得大腿发抖,又恭恭敬敬地点头外,不可能有任何顶撞、违抗寇準的举动和胆量。但此后他因为自请入契丹大营和议,成为促成澶渊之盟的功臣之一而被赵官家记在了心上,便一路平步青云,竟是进入两府,成为了执政。

可在寇準这样正经进士出身的文臣看来,曹利用终究是个粗鲁无文、见识浅薄的武夫罢了,便从未正眼瞧过他。大中祥符七年时二人同在枢密院内,寇準心里却对曹利用嗤之以鼻,每次议论军务等事,只要曹利用敢说点和自己有不同想法的意见,寇準便立刻说:"君不过是一介武夫罢了,哪里知道这样的国家大事怎么处理!"

寇準的嗓门很大,枢密院里另一位枢密副使王嗣宗以及进进出出走动的书办小吏们无不听到了寇準的这句话。大家谁也不敢发声掺和,只当没听见。可曹利用却被羞辱得几乎无地自容,他知道自己资历、才干、威望、出身乃至在朝野、士林间的势力影响等都远远无法望其项背,因而他此时没有一句反唇相讥,而是选择默默忍受。

曹利用是一个相信富贵险中求的狠人,他按捺下对寇準的无边愤恨,装作无事发生的样子,他也在等待机会。而他很快就将注意到,他需要一个比自己更有谋略的聪明人当同盟,那个人便是丁谓。

寇準的阵营里除了以上所说的两府宰执,尚有执掌起草内制大诏的翰林学士杨亿和盛度等人。而另一位翰林学士钱惟演则是一善于投机之人,他将自己的妹妹嫁给了刘皇后的"兄长"刘美为妻,搭上了刘娥这条内廷后宫的线,成了后党的一员干将,又见丁谓之野心与本领,知他非久居人下之命,必有拜相之日,乃又与丁谓结为姻亲。

至此,两大阵营的主力都基本登场了。

一方是宰执寇準、向敏中、李迪、周起,加上翰林学士杨亿、盛度,其背后的总后台自然是真宗皇帝赵恒。

另一方是执政丁谓、曹利用、任中正和翰林学士钱惟演,他们想要投靠的便是在官家久病不愈而太子年幼时地位微妙的皇后刘娥。

残酷政争的隐患已经埋下了,随时一触即发,朝廷重臣之间也仿佛泾渭分明,分裂成两派。大宋帝国正走到一个波谲云诡的拐点上,每个参与这场权力游戏的角色,都想翻云覆雨,将政敌清洗出去,成为最后的赢家,一掌朝政大权。百官们私下也都不免战战兢兢地注视着这最高层的权力斗争,有的人正在犹豫如何站队押注,以博取青云直上的机会;有的则在小心翼翼地尽量置身事外,以免神仙打架、凡人遭殃,而落得个殃及池鱼、粉骨碎身的下场。

大风往往起于青萍之末。

天禧四年(1020年),五月时节,皇后刘娥宗族内之人在蜀地横行枉法,夺民盐井之事东窗事发。监察御史章频勘察此案,而皇后兄长刘美受族内人贿赂,颇阻挠此事。章频请捕捉卭州犯案之人下狱根勘,但赵官家以牵涉到皇后和刘美的缘故,想赦免皇后宗族内之子弟犯法事。但宰相寇準上殿,亟请重治而行法,甚至要求将马军都虞侯刘美也请到御史台询问。

这似乎是寇準一党和后党的一场前哨遭遇战,是一次彼此初步试探的交锋。

据钱惟演日记记载,赵官家对寇準要求依法严办皇后宗族子弟的事情很生气。

赵官家道:"三衙管军在这之前哪有去御史台被审问的先例!卿既然非要送刘美去御史台,那便送!"

寇準惶恐而退。

而丁谓、曹利用并奏:"天旱不宜更起冤狱,中伤平民,乞请陛下叫停此案。"

皇帝同意了,"便罢,便罢!"

寇準见此,又再次上殿争辩,官家颇不悦。而寇相十分沮丧。

以上是钱惟演的记载,未必可以尽信。但"刘氏宗人横于蜀,夺民盐井",而赵官家因皇后之故欲赦免其罪,寇準请必行其法,最终却以监察御史章频外放离京出知宣州,案子中止——确属事实。

如此想来,此事有三种可能。

一则这是皇帝与寇準密谋的一场戏,将寇準的鲁莽和官家对皇后的回护都明确无疑地表露出来,使得从皇后到丁谓、曹利用、任中正、钱惟演等人都坚信,赵官家仍然对皇后宠信不衰,麻痹这伙人的警惕性,从而方便寇準在外突然发动致命一击。

二则是此事并无内情。只是寇準想借此打压后党的势力影响,也投石问路,看看朝臣们的反应,再从容计划后续的事情。而皇帝因为时常陷入病痛之中,寇準也未能与他事前沟通,赵官家便不愿打草惊蛇,担心皇后等人警觉,因而仍是不许查案到底。

第三种可能便是,寇準目空一切,以为胜券在握,而皇帝赵恒仍然犹疑不决,念着皇后刘娥的情分。

再或许,第三种可能在前两种可能中也占有一定比重。总而言之,经过这次试探性的交锋,双方都摸清了对方阵营的人马,也多少确认了彼此不可调和的矛盾。

大战越来越近了。

一方面,"时上不豫,艰于语言,政事多中宫所决,谓等交通诡秘,其党日固"——由于赵官家中风之后,时不时没法利索地说话,政务实际上多由刘皇后批阅,而丁谓等人更是暗中勾结,准备皇帝驾崩之日,便扶保刘皇后临朝称制、垂帘听政,从而也保住自己一伙人的滔天富贵!赵官家其实已经十分可怜,在丁谓等大臣心中,逐渐成了边缘化的一颗"棋子",而不再是真正的天子了。

另一方面,寇準自去年复相以来,便一改过去刚直的作风,他认识到,只有依靠天子才能最终战胜后党,将丁谓、曹利用等奸佞清理出朝堂。天禧三年十月二十六日(己酉),当时的知审刑院盛度上奏,称京师及诸路只有三件重案要裁断,此外别无刑狱文牒,是值得史书记载的事情。寇準便极力颂圣,说:"汉文帝、唐玄宗时期,都曾一度置刑法而不用,民众安居乐业,鲜有作奸犯科者。但当时尚有地方诸侯或节度使有专杀之权,有奏闻朝廷才处决人犯的,也有便宜行事直接行刑的,因而实际上算不得真正的刑措圣政。如今幅员万里,徒刑处流放以上应当奏闻陛下的,无不以文书上禀。两相比较之下,那么我大宋圣朝才是真正的刑狱诉讼近乎清净无为,百姓人民皆熙熙而乐的太平盛世!这可以说是超迈往古之时的盛大功德了!此为陛下以道德仁义教化万民,专心诚意宽宏刑狱而体恤怜悯百姓所致!臣等不胜大庆!"

寇準自天禧三年复相后,自然也看到了皇帝龙体抱恙的事实,他的策略要成功就必须依靠皇帝的支持,因此寇準已经开始十分注意维护和塑造天子的无上权威。这场关乎到皇位交接、帝国最高权力移交的战争是十分危险难测的游戏,连寇準都说起了仿佛是王钦若惯说的话语。但只要天子还能保持关键时刻相对清醒之头脑和开口发号施令的能力,寇準相信,自己和所有忠于皇帝、太子的大臣们都将立于不败之地。

说回天禧四年的时间线，在这场即将全面爆发的大决战里，实际上站在皇帝和寇準这边的还有一个起初若隐若现于幕后的第六人：入内内侍省副都知周怀政。

周怀政是极受皇帝赵恒宠信的宦官头子，大中祥符年间活跃于东封西祀的种种天书祥瑞活动之中，深得赵官家爱重。可以说，在一系列祥瑞祭祀、宫观修建这些赵恒在大中祥符年间最关心的事情上，外朝皇帝主要依靠的是王钦若和丁谓，内廷便是倚重周怀政来执行他的意志。但颇不可思议的是，周怀政居然与许多朝廷重臣关系甚佳，如宰相王旦、翰林学士盛度、枢密直学士、给事中王曙（寇準女婿）等，俱对他观感、评价颇佳，或有交游往来，谈得上存在一定私谊。而天禧三年永兴路巡检朱能伪造符命天书之祥瑞，极可能也是周怀政与寇準的里应外合，为了帮助寇準返回京师，再入政事堂拜相。

不仅如此，他还是太子"东宫"的重要僚属。大中祥符九年（1016年），尚还是寿春郡王的六哥赵受益（即后来的仁宗赵祯）就学于专为其建造的"资善堂"，当时为入内押班的周怀政被任为资善堂都监，实际上就成了主管皇子日常读书事情的从龙近侍，因而与皇子之间也培养了相当的情感。六哥平日甚至喜欢叫周怀政为"周家哥哥"，可见二人主仆之外尚有几分亲密的情谊。

因而，周怀政是天然的帝党，他维护了皇帝赵恒和太子赵祯，也就等于守住了自己此后的长久富贵权势，他绝不可能倒向皇后和丁谓等人处。

天禧四年仲春时节，赵官家病得越来越重，发病已经十分频繁。此年三月，首相向敏中因病逝世，这又对皇帝最后的布局造成重大打击，使得寇準一党的力量受到一定的削弱和影响。因此，进入暮年的皇帝赵恒在御榻上不免开始经常性地怀疑自己某一天会突然一卧不起，再也无法视事和处分军国政务，甚至就此晏驾西去……

在这种深重的忧虑下，一日，赵官家卧靠在周怀政大腿上，趁着此刻神志仍然清醒，忽对周怀政道："怀政，吾的毛病怕是不成了，拖下去，此后恐误社稷。"

周怀政正给官家按摩太阳穴，听闻此言，顿时泣涕不已。"官家何出此言，不过是些许微恙。官家乃千古圣君，自有列祖列宗和神灵庇佑……"

赵恒惨淡地一笑："这几年来，这样的话听得吾耳朵都生茧了，怀政还要哄骗朕？"

"老奴，老奴岂敢……"周怀政只是哽咽。

"六哥眼下才十岁,理会得什么军国事。若是吾忽然不成了,便是皇后处分社稷事。但朕近来总担忧,六哥终究不是皇后所生,吾观六哥仁孝敦厚,若是他日知道了真相,如何斗得过临朝称制的太后?况且皇后极有才干,非是一般女子,只恐反而害了六哥!"

"太子聪敏机警,天纵英姿,老奴以为只要得宰辅大臣们合力辅佐,定是无碍的……"

赵官家忽然颇有些费力地直起身道:"怀政也这么想?"

周怀政当即大礼跪拜,然后才说:"陛下,臣以为寇相乃忠贞王室的社稷之臣,想澶渊时王钦若、陈尧叟辈皆哄骗陛下巡幸后方,如寇準这般为陛下扫荡妖氛,不避危难与猜忌的,更有何人?若陛下令寇準为辅政大臣,则大事无忧矣!"

皇帝赵恒沉默了片刻,点头道:"怀政啊,你和朕想到一块了。你去说与寇準知道,朕意命太子监国,寇準辅政,一应事机,朕不遥制,皆付寇準秘密为之。但朕若不在了,也须保全皇后在内廷享福,只是不让她与闻军国事罢了,你须让寇準知道朕的旨意,不可在吾走后,欺凌皇后。待六哥亲政,再告诉他生母事。"

原来,如今的太子赵祯并非皇后刘娥所生,实际上乃是昔年皇后宫中的李姓侍女被赵官家临幸后有娠,她如今尚在人世,秘密住于别处,人称李婉仪。

周怀政知道官家一则决心保住太子将来顺利亲政,真正继承大统,掌握帝国的权力,一则仍是对皇后刘娥有着多年的真挚感情。按周怀政自己的心思,若是官家能讲究无毒不丈夫,学汉武帝赐死钩弋夫人再立年幼的儿子为帝,又如何?只要皇后一死,丁谓等人便知道回天乏术,自然绝了颠倒朝纲的歹念,大事就必然成功了!可这些话,他没法对皇帝说,只能不住磕头,一边在心里叹息官家终是太过仁厚,一边回答皇帝,必定将旨意秘密告知寇準。

不久,周怀政便出宫,将此事密告于寇準。

寇準本来便在等待时机,准备向皇帝进言请太子监国,如今周怀政之来,正是君臣一心!然而寇準是文臣宰相,虽然与周怀政此时属于同盟,仍以事关重大为念,一定要面见天子,亲口与官家议定,方能知会身边的忠臣志士,一同发动这场皇帝授意下的"政变"。

于是,次日寇準找机会独对于便殿,见周围只有自己与天子二人,内侍皆被支开,也无皇后眼线在,寇準方大礼参拜。

"陛下,臣以为方今社稷之事,莫过嗣君与国本。皇太子人望所属,愿陛下思宗庙之重,传以神器,以固万世基本。丁谓,佞人也,不可以辅少主,愿择方正大臣为羽翼!"

赵官家看着寇準,脑海中一时间竟全是过去二十年内眼前这位宰相如何执掌中书、前线指挥若定的身影。是啊,到了这种最危急难言的时候,寇準才是先帝留给自己的社稷大臣!

皇帝于是道:"朕极知相公忠义果勇,今欲以大事托付!便如相公所言,可令太子监国,相公自是为辅政大臣,若朕不在之日,相公便同周公,秉国理政,黜陟大臣,待嗣君长大,相公自可使六哥亲政,朕无忧矣!"

这一段话赵官家颇费力地说了半会才交代完,寇準一时间不免老泪纵横,已经不知多久没见到陛下如此思路清晰,虽然吐字发话仍略有些艰难,但终是能将社稷大事表达得清清楚楚。

寇準再拜道:"臣驽马顽劣,本不能当陛下仿佛托孤的千钧之重。但如今情势紧急,臣便不再辞让,虽万死定无迟疑!臣请陛下保重圣躬,臣亦会竭尽全力扶保太子,鞠躬尽瘁……"

是夜,寇準遣亲信家仆密召翰林学士杨亿来自己的相府。

杨亿是真正万里挑一的神童。后人往往只知道他是宋初西昆体诗歌的大师,却不知他是如同杜甫一般"七龄思即壮,开口咏凤凰"的少年天才。太宗皇帝雍熙初年,年仅十一岁的杨亿名气之盛,已经传入了大内皇宫天子耳中,于是令地方上的江南转运使张去华考校其诗词文章,然后又召至东京在中书宰臣们面前试写诗文,随即以文采斐然的华章赢得君臣交口称赞,被破格授予秘书省正字(宋初寄禄官,正九品下)的官阶,才十一岁就得了官身!之后在淳化年间又被赐进士第,第二年再加贴职"直集贤院"……多少人梦寐以求的东西,杨亿一路走来俱是连正经的科举考试都算没参加过,随意便全得到了。在文坛上,更是一时之宗师,无数人追捧。难得的是,杨亿性格非常耿介正直,完全是一个文人的高洁灵魂。他十分厌恶王钦若的为人和种种媚上取宠的无耻行径,绝不肯阿附权臣以取富贵,但对寇準,杨亿却是由衷钦佩的。

杨亿由相府里的仆人引入寇準会客的一间书斋,他稍整衣冠才自屏风后走出,只见寇準已屏退左右,书斋内只有老相公一人而已,便觉气氛有些凝重,乃先是一揖:"见过相公。"

寇準招呼杨亿坐下,将官家、周怀政等所说之事都讲给了杨亿知道,然后才说:"大年(杨亿字),某叫你前来的意思已很清楚。便由你去草拟这道太子监国的大诏,待事成之后,某将奏请陛下将丁谓、曹利用、钱惟演等一概贬黜出京。丁谓所任枢密使一职,某以为大年可为之!"

杨亿起身深深一揖道:"相公,这如何使得?余不过是一文士,叨位禁林已属天恩,草诏之事自然不在话下,西府执政,非亿所敢觊觎。"

寇準捋须而笑:"大年有所不知。如今宝臣(曹玮字)也已拜执政,陛下之意,是要以老夫为辅政大臣,还须诸位同列共同辅弼太子,大年其勿辞矣!"

原来,在天禧三年十二月,丁谓和曹利用都被除为枢密使。而在今年的正月,与寇準极友善的开国大将曹彬之子曹玮也进入西府,拜为签署枢密院事。若首相向敏中不死,则寇準一党的实力将稳稳压过丁谓等人。

杨亿告退回到宅中后,立刻屏退左右,在自己的书斋里撰写大诏制词,为了保密,他笔走龙蛇之余,乃至自剪烛花,内中无人窥知。(《续资治通鉴长编》、寇準本传云"草表",即草拟请太子监国的表状奏疏。《龙川别志》云"草具诏书"。按:若只是上表请太子监国,何以必杨亿草表而寇準不亲为也?且若杨亿上表,无论是殿内直接奏请而上或是自通进银台司上表,都是多了一个容易被丁谓等人卡住的不必要的步骤,给了他们反对和操作的时机,如此大事,岂有这样处置的?必无是理。如苏辙所记,若杨亿是起草诏书,则于理完全可通。太子监国属极大之事,当有翰林学士撰拟内制大诏,故寇準虽为宰相,但本身无草诏之职事,必令翰林学士为而后可。且届时诏书草成,真宗便可自禁中直接发布,如此则刘皇后、丁谓等皆措手不及。故笔者以为,此必是寇準令起草诏书,而非草表。)

大事将成!

然而历史的意外总是让人扼腕。

有两种主要的说法流传下来。苏辙在《龙川别志》里记载,杨亿曾对自己妻子的弟弟张演说"数日之后,事当一新"。言下之意,不光是要发生大事,是整个朝廷的政治格局将大洗牌,发生大格局之改变。张演大约嘴巴不牢或怎样,话语便传漏出去,到了丁谓耳中。

另一种说法是,寇準喝得酩酊大醉,不慎将此等机密谋划泄露出去。按史料记载,寇準的确是酷爱饮酒的。昔日寇準曾与周起一同到曹玮家中参加宴会,同列大多都先告辞了,只有寇準和周起还留在曹玮宅中。三人喝到夜深大醉才尽欢而散,可见一斑。如果此说属实,则真是"臣不密失身"的大遗憾了。

不论是杨亿妻弟张演泄露出去的,还是寇準醉酒说漏嘴,如今似已无法考证。总而言之,这事情让丁谓等人知晓了。

即便是丁谓,亦不免大惊。他深知,只要太子监国,皇后刘娥就失去了干预军国事的可能,更别说临朝称制、垂帘听政。权力将全部落到寇準的手中!恐怕自己很快就会被罢免执政,然后贬黜到岭外蛮荒之地,叫天天不应,叫地地不灵!他知道这时候饶是没用的,坐以待毙更是死路一条。他决定殊死一搏。

丁谓作为西府的长官枢密使,自然是可以经常见到皇帝的。他便与曹利用等请对于御前。

丁谓领着几个党羽行礼后,便十分小心地试探看上去颇虚弱疲惫的赵官家,丁谓是何等人物?君臣之间几句话一说,他忽然发现天上掉下来一个难以置信的大馅饼!似乎,官家赵恒病得太重,完全忘记了和寇準的约定!

当然,有极小的可能,这是皇帝在演戏,在麻痹他们,但丁谓已经顾不得许多,这时候实际上已经是两军相逢勇者胜了!

"陛下,臣冒万死进言,中书寇準复相以来交结内外,狂悖之言日吷都堂,致吏员、兵卒无不变色。又凌轹同列,以国家宰执为其仆隶,虽枢臣亦不能免折辱之羞!又尝对人言:太子方十岁,理会得甚事?且须某秉国之钧,庶几天下不乱。今陛下圣躬不过微恙,尚当千秋万岁,寇準竟做如此之语?又倡言:皇后刘氏素贫贱,牝鸡焉可司晨,定当俾其退居内廷,恪守妾妇之道,如不然,行可废居幽宫耳!此岂人臣之所宜言,盖以为操、莽不过如是也!臣万死,请陛下罢免寇準宰相,以安社稷人心,使太子、中宫俱得无忧!"

丁谓孤注一掷地进谗,说寇準跋扈无人臣礼,又凌辱同僚,岂能为宰辅?甚至说寇準要专权乱国,谋废皇后!

病入膏肓的赵官家看着丁谓、曹利用等人大礼跪拜,请求罢免寇準,此时他全记不得与寇準、周怀政的谋划,居然缓缓地点了点头,答应了丁谓等人!

这时候正是日薄西山的傍晚,皇帝赵恒叫来御座附近的小黄门,吩咐了他一句,丁谓等人都没能听清赵官家虚弱的声音在说什么。但想必是召翰林学士来草诏罢相!事成矣!

经过了一段仿佛极其漫长的等待,丁谓看见来到禁中的居然是知制诰晏殊。

丁谓将除目(除授官吏的旨意)拿给晏殊看,后者见到上面居然写的是"罢寇準同平章事"等字眼,心中顿时涌起惊涛骇浪。

晏殊才知道自己卷入了一场怎样的政治风暴里。可这时候想走都不可能,好在晏殊忽然反应过来,道:"臣为知制诰,职掌外制,罢相属内制大诏,并非臣所当草。"

丁谓此时也无法确定官家是头脑极其不清醒了,忘记了这一制度,还是在拖延时间,他立刻进言:"臣请陛下召翰林学士钱惟演入内草诏。"

皇帝赵恒仍只是艰难地点了点头。

无多时,钱惟演便一路小跑地赶到了。他知晓情况后,拼命压下了狂喜的心情,又极尽夸张之能事地攻讦寇準如何专横恣肆,请求不仅应当罢相,且宜深责寇準。

赵官家仿佛没听到钱惟演的话似的,半天才迸出了四个字:"当与何官?"

钱惟演见皇帝似乎没有深责贬黜的意思,此时也不愿节外生枝、夜长梦多,只要先罢免了寇準的中书宰相,便一切好说!于是他请皇帝允许用王钦若罢相例,授予寇準太子太保的虚衔,全其体面。

众人在等着赵恒的回答,片刻后,又是艰难地吐出五个字:"与太子太傅。"

钱惟演当即开始于御前飞快地下笔草诏,他们已经将胜利装进了手中!

忽然御座上又传来几个字:"更与加优礼。"

钱惟演只得请以国公爵位封赏寇準,但他脑筋一转,意识到,或许这是丁谓拜相的机会!

"陛下,寇準罢相,中书只有参知政事李迪,一时别无宰相,恐须另加任命宰臣才是。"

丁谓也在观察着皇帝的反应。

须臾,皇帝赵恒费力地开口说:"姑徐之。"

姑且慢一点再说吧——官家到底是真忘了,还是刚才忘了,这会又记起来和寇準的约定了,在拖延?正当丁谓想着这些问题的时候,那边晏殊已经请求今夜留宿学士院内,以避免泄露禁中机密大事的嫌疑。

丁谓心中冷笑:晏殊啊晏殊,你也是个滑头!

钱惟演所撰制词有云:"既久洽于和平,亦重烦于蓍艾。爰加需渥,俾解鸿钧。升宫傅之崇资,启国封于宁宇。"

"温和大气"的圣旨王言背后,是冷冰冰的罢相。说寇準功大,太平盛世里久勤王事,君臣相得,但政务繁重,寇相年老,于是加以恩泽,解除宰辅这种苦差事,升为太子太傅这样的三师宫傅级别的崇高清闲之官,再封以好山好水之地的国公——全是鬼话!

天禧四年,六月十六日(丙申),寇準罢相,以太子太傅归班,进封莱国公。

大诏宣布,消息一出,内外哗然,虽京师都下之贩夫走卒,亦在猜测其间内幕。

寇準明白,皇帝赵恒的病更重了,能保持清醒的时刻将越来越少,仿佛碰运气一般。但万幸的是,虽然赵官家忘记了他和自己所谋划的太子监国一事,但仍然记得多年来寇準的功勋之大、忠贞不二。因而寇準虽然被罢相,但并没有被赶出京师,皇帝在相对清醒的时候仍然对他尊礼有加。

只是,完全可以猜测,丁谓等人已经将寇準本来的图谋告之中宫刘皇后。经此之变,皇后刘娥必定更加注意在皇帝身边安插眼线,恐吓其身边的内侍、宫女,令他们将天子见了谁、谈了什么等机密的一言一行都禀告到她这里。寇準再要瞒着皇后、丁谓等人谋划翻盘,已经颇为困难。

七月十二日(辛酉),赵官家自觉身体状况不错,便召宗室、近臣与太子太傅寇準、兵部尚书冯拯,至大内后苑中观赏"祥瑞"。原来,皇家花园里有"二苗共秀"的"嘉谷"——古代认为,如果一根稻谷上结两个麦穗或是两根稻谷共同结果实等都属于祥瑞,是属于君王仁德极盛的征兆之一。因而赵官家颇有些高兴,随后又赐宴于玉宸殿内。

皇帝提议大家作诗以纪念嘉谷之祥瑞,寇準也次韵和诗了一首《瑞庆园观稼奉圣旨次韵》:善苗栖亩昭灵贶(kuàng),禁苑鸣銮值素秋。敛籍神仓符礼本,采诗良耜(sì)庆农收。宴开云幄皇慈洽,日驻天衢睿赏留。千载逢辰增岳抃,清尘叨从属车游。

全诗不过是应制而作,如云嘉谷之生昭示这是官家盛德、神灵赠下祥瑞。两税所得的一部分也要用以祭祀符合礼制,群臣吟诗,天下丰收。太平盛景,宫廷宴会,值此良辰,自己不过是无功而受此荣宠,随侍圣明天子身边……

此次瑞庆园观祥瑞和玉宸殿宴会之时,皇帝赵恒是否遣周怀政与寇準暗通关节,这些现在都已经难以知晓。但可以肯定的是,官家这种并不愿疏远寇準的举动,仿佛是一个危险的信号,让丁谓等人仍不敢大意,反而处于惴惴不安之中。这一伙人更加快了步伐,要把丁谓抬进政事堂为首相才罢休。

七月十七日(丙寅),赵官家不顾翰林学士钱惟演的反复暗示与反对,仍是任命了李迪为宰相,并以冯拯为枢密使。可这么一来,枢密院里便等于有三个枢密使,这是前所未有之事,也颇不符合国朝制度。钱惟演趁机进言,说应当调整两府大臣,首先,如今中书只有李迪一个集贤相,西府却有三个枢密使,不如拜丁谓为首相,加曹利用同平章事衔。

实际上皇帝赵恒本想任命冯拯为参知政事,却召了杨亿来草制,而参知政事的除拜,命知制诰即可,属于外制。皇帝便改口说便以枢密使除冯拯。可见此时赵恒的神志或许又颇不清醒,联系到这之后钱惟演入对,赵恒一改先前的乾纲独断,反而完全采纳了钱惟演说的每一句话。不得不揣测,这里面当有皇后刘娥弄权的因素在。

一种十分可能的情况是,钱惟演在七月十四日(癸亥)没能成功让皇帝同意把寇凖贬谪出外,亦未能成功促使丁谓入政事堂,于是刘皇后在看到寇凖一党的李迪拜相后,立刻警惕起来,窥伺官家神志混乱之时,或遣人密告亲信钱惟演,使他得以立刻入对,通过举荐丁谓、曹利用二人来完成操纵皇帝的目的。

于是在七月二十一日(庚午),丁谓拜同平章事充玉清昭应宫使、昭文馆大学士、监修国史——他终于如愿以偿,成为了大宋帝国的政事堂首相!

同日,枢密使曹利用加同平章事衔。

事实上,按照惯例,通常是以进入政事堂的先后来决定相位次序的。李迪先为集贤相,而丁谓后入政事堂,常理来说应当是李迪升昭文相,丁谓补集贤相,结果却是丁谓一步登天。此中若无皇后刘娥之手段,加之皇帝赵恒病重、神志不清,焉能如此?

随后几日的事情,十分诡秘,史料则语焉不详。我们只能从中寻找蛛丝马迹,尝试构建起连贯而符合常理的解释。

一方面,丁谓一党仿佛已大获全胜,但他们看到皇帝对待寇凖仍然如从前一般尊礼有加,便犹不能自安,反而恐惧事情尚有变数。因为他们明白了,皇帝任命与寇凖有宿怨的冯拯为枢密使,却又任命李迪为宰相,不过是一种对后党的有限妥协,用李迪和尊礼寇凖如故就是铁证,说明赵官家在神志清醒时仍然回护着寇凖,仍然没有放弃寇準一党和太子监国的打算。另一方面,寇準很可能确实与周怀政有所图谋。但寇準仍想做最后的努力,尝试以正常的政治途径来解决眼前的困局,让大宋的权力交接不要出现问题。去年六月,太白金星在白天就能被肉眼清楚看到,这是主凶之兆,唐代贞观初年也有太白昼见之事,后来便说是预示了武则天之事——而天禧三年司天监与翰林天文院果然以占词"女主昌"上奏,这不能不让人联想到已经开始干预政务的皇后刘娥。固然可以认为或许这里有周怀政的手脚,从而在朝野散布如此舆论,但形势如此,也不由寇準等大臣不去忧虑这样的可能。

七月二十三日(壬申),寇準入对。这位太子太傅、莱国公看着御座上的皇帝,索性开门见山,一通话向天子详细分说了丁谓、曹利用等人如何结党营私,社稷艰危。

赵官家似乎精神不振,也未回应寇準的激烈言辞。

老相公再也按捺不住,直接朗声道:"臣若有罪,当与李迪同坐,不应独被斥!"

这话已经十分明显,是在提醒皇帝,一切的事情,都是陛下你参与其中,难道你完全忘记让老臣谋划太子监国之事了吗?难道真的准备当陛下你再也无法处理朝政时,完全将权力交给皇后刘娥?

赵官家仿佛没听懂寇準话里有话,只是说:"便召李迪来与太傅对质。"

李迪这些时日与天子的接触显然要比寇準见到皇帝的次数多得多,他恐怕有着更准确的判断,认为官家时或清醒,时或糊涂,但许多不得已的决定确实是迫于皇后和丁谓一党的压力,因而李迪绕着弯与寇準分说,无奈寇準十分固执,李迪再三使眼色给他,寇準只当没看见。

御座上的皇帝脸色越来越差,不知是怒气还是病色所致。

入对结束后,皇帝却再次召李迪入对,直接下令:"寇準远贬,卿与丁谓、曹利用并出外!"

李迪一惊,但他明白,似乎官家终是不忍对皇后动手,看到闹得如此,不如将寇準与丁谓两党俱出之京师之外,平息纷争,再做打算。

李迪道:"谓及利用须学士降麻,臣但乞知一州。"

丁谓是首相,曹利用是枢密使兼平章事,其出外俱需要翰林学士写白麻大制才行,而李迪自己表示,只求外放一州便是了。

皇帝的怒气似乎又渐渐消退,乃对李迪说,且去写乞请外放的表状来。

当李迪写好表状再入内,官家又改了主意,说一个都不贬了,就这样!

李迪偷偷瞄了眼皇帝的神色,似乎官家这会神志清醒,正自信得很,不似病发之时。只听皇帝又吩咐说,召丁谓入对。

丁谓自然知晓之前寇準、李迪接连入见天子,他虽是绝顶聪明之人,此时也不免恐慌。

于是在御座前立定施礼毕,丁谓立刻巧舌如簧,攻讦寇準奸恶弄权,请陛下"除准节钺,令出外",给寇準一个节度使的虚衔,把他赶出京城才是!

让丁谓大为不安的是,天子缓缓道:"不可。"

我们似乎只能认为,赵恒陷入了一种暮年清醒时的倦态和天真之中,以为自己如此明确表态,有他为寇準一党撑腰,有李迪在中书为相,从而能够维持一种朝臣与皇后之间脆弱的平衡,能够维持寇準一党与丁谓党羽的平衡……

但这可能吗?

已经品尝到至尊权力滋味之美妙的皇后刘娥不会同意和相信这种平衡,野心勃勃的首相丁谓也不会。

甚至现在,连寇準也不会同意了。

最后的战斗就要来了!

寇準在相府的书斋里想到了几日前的一个夜晚,周怀政乔装前来的一番对话。

他看着走进书斋的周怀政那不算高大的身影,庭院里正下着雨,皂靴踩在地上犹有水声。可周怀政阴郁的表情却透着一股狠劲和坚毅:"寇相,事急矣。官家清醒的时候越来越少,时常糊涂地记不得近来发生的事情,说过的话。有时,官家甚至无法清楚地吐字,且如今,官家身边都是皇后的人,连我也无法随时见到陛下。"

寇準看了一眼周怀政,道:"都知深夜至此,必有要事相告。可是官家如上次那般,别有密旨口宣?"

周怀政叹了口气:"相公,如今陛下都已经给皇后和丁谓操控住了,还如何有机会如先前那般?今日不告而来,乃是说与相公知道,吾已决定,于二十五日夜发动,控制禁中要害,待二十六日朝会,即见分晓!"

"你要宫变?!"寇準霍地站了起来,"不可,事若不成,便沦为乱臣贼子;纵然侥幸得成,亦难逃史官之笔!"

周怀政道:"相公,此是你死我活之时,刘娥与丁谓岂会顾及史书怎么记?!太子才十岁,丁谓只要助皇后掌权,女主垂帘听政,往后不知会有多少变故!怀政说句诛心的话,六哥并非刘娥所生,她若是为了长久坐在宝座上,不愿还政给六哥,宗室里可不缺年幼的娃儿!"

寇凖也不免沉默了。

"相公,怀政此来,非是要拉相公参与宫变,此事其余如何措置,皆是吾去安排,相公不必知道。但若得成,且请相公二十六日赴朝会立班,主持大事!政事堂的宰相只有相公去做,六哥才坐得稳江山,大宋的社稷才不会旁落女主之手!"

寇凖道:"且容某再去见见官家,总要试试,能不能劝动官家直接贬黜丁谓、曹利用、钱惟演等人。"

周怀政从椅子上起来,深深一揖。

"既如此,相公可及早请对,若官家不肯听相公的,那届时还请相公在某成功之后,助一臂之力,共同匡正朝堂!"

寇凖在灯下想到这一切,终于下定了决心,唤来一名心腹家仆吩咐说:

"去周副都知外宅,务必当面告诉他:老夫同意了。"

在周怀政的谋划里,二十五日夜正好是禁军将领客省使杨崇勋、内殿承制杨怀吉、阁门祇候杨怀玉等人负责宫禁值宿。他与弟弟礼宾副使周怀信已经暗中联络好这几位,约以二十五日夜发动宫变,控制禁中出入诸要害,矫诏传丁谓、曹利用等入宫杀之,待二十六日早朝,由寇凖主持,奉官家赵恒为太上皇,传位太子,废皇后刘娥,复相太子太傅寇凖……

也就是说,这位副都知决定采取最激烈的手段、最残酷的斗争方式:宫廷政变。以生死决胜负!

如果计划成功,大约我们便能提早差不多六百年看到大宋朝的"张居正"和"冯宝"了。但张居正和冯宝有李太后的支持,可寇凖和周怀政却站在刘皇后的对立面,他们依靠的是一个已经病入膏肓、随时随地可能神志不清、行将就木的老皇帝。

二十四日夜晚,帝国的首相丁谓在自己的相府里刚用完晚膳不久,正一个人在庭院里抚琴。院子里的两颗槐树上不仅有蝉鸣,这会竟有几只乌鸦停在树梢上,夜幕里嘎嘎地怪叫着。

丁谓的琴声突然停了下来,这几声乌鸦突兀刺耳的叫声实在破坏了他的雅兴,况且又听到了仆人靠近的脚步声。他府里之人,多是极有眼色的,寻常绝不会在自己焚香弹阮时打搅,除非有极要紧之事!

"相公,客省使杨崇勋、内殿承制杨怀吉说有大事求见,片刻都不容耽误。"

丁谓明白了,自己为何因乌鸦的怪叫而心绪不宁,居然是应在这件事上!

杨崇勋、杨怀吉二人于是到得丁谓面前,一股脑将周怀政的密谋和盘托出,完全出卖了周怀政……

丁谓听着眼前二人所说的周怀政的宫变计划,可谓老奸巨猾的他都不免直冒冷汗。他敏锐地注意到,二人的叙述中只有周怀政、周怀信,并无那个自己最畏惧的名字。但他深知,周怀政背后站着的一定就是寇準!只是寇準爱惜羽毛,没有深入其中抓好具体的细节,若是寇準联络人手,以他的威望和手段,又怎么会有今日告密的变局,让自己捡了一条命!杨崇勋是参与过镇压蜀中王均起义的三衙管军级别将领,乃是真正杀过人、刀口舔过血的贪狼,若是他不选择倒戈而是在二十五日夜助周怀政动手,恐怕自己一入宫就会身首异处!寇準啊寇準,你到了这种时候还在想着史册会怎么写你,不,也许还有对你敌人的轻视,因为你寇準永远是那样自大、那样目空一切!这就不怪命运站在我丁谓这里了!

"你二人速离开我这,装作一切无碍的样子,本相自有处分!"丁谓说完,便也不管二人,径自吩咐仆人去准备车马、便服,他要在这半夜三更的时候出门!

须臾,一辆东京城里贵妇外出流行坐的马车从相府最不起眼的一个平日送肉食蔬果的后门悄无声息地出来了。

却说枢密使曹利用此刻早已入睡,忽然被一阵急促的敲门声给吵醒了。他颇是恼火,甚至不愿从床上起来,只是嚷道:"半夜里何事惊扰吾?"

只听屋外的仆人说:"相公,是中书丁首撰来访,已经在厅堂里用茶。"

曹利用顿时睡意全无,这个时辰丁谓来找自己,怕是有天大的事情!

他立刻翻身而起,随意披上衣服,便推门而出,他知道,这是到了图穷匕见的时候了。

走进会客的厅堂,见到丁谓正气定神闲地坐在那里喝茶,曹利用又心定了些,问道:"丁相此来,有何指教利用的?"

丁谓放下茶盏,看了看曹利用道:"周怀政欲谋反,取我等人头耳!"

早朝后,曹利用入奏于大内崇政殿,言周怀政谋反事,当时皇帝赵恒已经需要人服侍着,身边正有刘皇后陪伴,曹利用窥此机会,立刻进言。

刘皇后故作柔弱,泣涕涟涟地道:"周都知要废臣妾,此事臣妾不敢请官家保全,只是请陛下救几位宰臣性命,关乎国家体面。"

老皇帝赵恒此刻脑中已经记不得近来的事情,只是听到曹利用说周怀政联络了哪些人,准备于今夜发动,要杀宰相、废皇后。

于是向侍卫下令,即刻于崇政殿东庑捉拿周怀政,又令宣徽北院使、签署枢密院事曹玮和客省使杨崇勋在御药院内审讯周怀政。杨崇勋早已得了丁谓指示,乃声色俱厉地要周怀政攀诬到寇準身上,幸亏曹玮是寇準一党之人,而周怀政也始终不承认与寇準谋划此事,但说是自己所做而已。

周怀政遂被压赴城西普安佛寺斩首。

后党胜利了。

史料中没有明确记载寇準事先是否知道周怀政的谋划。但我倾向于认为,寇準是知道的。他默许了周怀政去发动宫变,殊死一搏。

做出如此推断的原因何在呢?因为周怀政要做成奉真宗为太上皇,传位太子,废皇后刘娥,杀丁谓、曹利用等人的大事——要做成如此变天之事,只靠他一个入内内侍省副都知,是绝对办不成的。即便他成功杀死了丁谓、曹利用乃至于任中正、冯拯、钱惟演等人,他仍然没有能力号令群臣,皇后刘娥一句话就能要了他的命。所以他必须把自己的谋划事先透露给皇帝真宗和太子太傅寇準其中至少一个人知道。如果成功杀了丁谓等,有皇帝站出来支持他,事情就成了,但周怀政还可能将宝压在官家赵恒无法预测的清醒上么?同样的,寇準出将入相四十年,数入两府为宰执,在两制以上的重臣中,他的威信是很高的。只要依靠寇準,朝会时就能宣布丁谓等罪状,声称其在陛下旨意下伏诛,然后陛下要传位太子、废皇后,届时有寇準在,刘皇后恐怕连一个殿前班直都指挥不动,没人会在群臣都支持、畏惧寇準的情况下听一个女流之辈的话。太子登极,寇準复相,自己则必为都知,以后为两省都知恐怕也是题中应之义——周怀政的算盘很可能便是如此。因而完全有理由相信,他事先知会了寇準。

然而周怀政毕竟失败了,寇準也失败了。

七月二十八日(丁丑),太子太傅寇準降授太常卿、知相州。翰林学士盛度、枢密直学士王曙并落职,盛度出知光州,王曙出知汝州,罪名都是与阉竖小丑周怀政交通。寇準的心腹吏员张文质、贾德润并黜为普宁、连山县主簿⋯⋯

而起草太子监国大诏的翰林学士杨亿,被丁谓叫到政事堂里的时候,几乎是面无人色,素来耿介的他终是个文人,生死面前,难免畏惧。没想到丁谓倒放了他一马,只是说"谓当改官,烦公为一好词耳"。原来只是让杨亿写制词,丁谓本官要升迁的缘故,但杨亿经此一吓,在此年十二月丁丑便病逝了。

这一次,寇準终于再被赶出了京城。

实际上,确实如丁谓所认为的那样,寇準骨子里仍是以正人君子自居的儒臣,因而爱惜羽毛。后来仁宗即位,刘太后垂帘听政,因为前宰相李迪亲附寇準的缘故,乾兴元年(1022年)二月贬为衡州团练副使,丁谓犹且派人在贬所迫害、恐吓李迪,让他以为朝廷要赐他自裁,险些酿成惨剧。当时有人提醒首相丁谓,说李迪如果真这样死了,相公您要拿士林舆论怎么办?难道不怕百年后青史黑字吗?

丁谓的回答实在太过值得品味,他说:"异日诸生记事,不过曰'天下惜之'而已!"

是的,文人士大夫与天下读书人痛骂又如何?批判的武器从来战胜不了权力的批判,他们不过只能暗地里发发牢骚,不过在自己的文人笔记里写几个"天下惜之"罢了。又如何?

这就是丁谓战胜寇準的地方。所谓:卑鄙是卑鄙者的通行证,高尚是高尚者的墓志铭!

尾声

政治风向有时候是十分明朗的。寇準败得干干净净,于是连地方上的王钦若都不甘寂寞起来。王钦若本以太子太保的虚衔判杭州,窥见寇準之败,竟厚颜无耻地声称自己是东宫师保之官,请求入朝。

丁谓看到寇準仅仅被贬官相州,这相州乃在河南境内,属于内郡,实际上算不得什么远贬,要回东京那是快得很,于是又进言寇準罪大恶极,应当更远徙他州。赵官家在丁谓等宰执和刘皇后的压力下只得同意,但他开口说的是"与小州"。结果丁谓在中书又弄权自专,说:"奉圣旨,除远小处知州"。意思是官家旨意,要把寇準贬到偏远穷小的地方去做官。次相李迪当即争辩:"刚才圣旨明明没有'远'这个字!"丁谓冷笑道:"李相面奉陛下德音,乃欲擅改圣旨,以庇护大奸寇準吗?"李迪是势单力孤的,如何斗得过丁谓?

八月初二(辛巳),徙知相州、太常卿寇準知安州。安州在湖北,自然是远比相州为远了。

离开东京城的时候,沉郁无奈的寇準写下一首七言绝句《离京作》:致君才业本无能,恋阙情怀老不胜。欲过龙津重回首,曈昽初日上斜棱。

李白昔年面对安史之乱的战火连天,躲进庐山里避难,他曾极不情愿地自嘲"吾非济代人,且隐屏风叠"。李白是一度给兵荒马乱吓到了,也对自己的人生抱负一度绝望,这才说自己不是救世主的命,且隐居庐山算了。但寇準与李白不同,他是真正有匡扶社稷的大才和辉煌的功业的,然而到了此时,寇準与李白一样,不得不心灰意冷地感慨:致君尧舜的能耐,我寇老西原本就没有吧?只是老来一片忠君之心,仍然是难以放下!他对赵家的两代官家是有感情的。太宗提拔重用他于弱冠而立之年,真宗赵恒又曾要托孤于自己……想到官家如今的疾病缠身,寇準不由地要在贬谪的路上忧心年幼的太子,那位权欲颇重的刘皇后绝对不会轻易让太子亲政!过了这两山对峙、伊水中流的龙门,想要再回首东京的九天宫阙,寇準知道,那是再难为之!只有此刻八月初二,攀上了屋檐的那轮初日正看着自己左迁的孤单背影,曈昽含光,却是暖意全无,惟有凄清凝冷。

几乎与此同时,那位伪造了符命天书的朱能不愿坐以待毙,竟率领所部兵马叛逃作乱了,其结局自然是众溃而势穷,最后自缢于桑树林中。假的天书既救不了圣君赵官家的病,也救不了武夫朱能的命。偷来的福报,仿佛总要加倍奉还。

而后党仍然在弹冠相庆,窃效贡公之喜。

八月初六(乙酉),任中正自枢密副使升参知政事,钱惟演自翰林学士升枢密副使。刘皇后和丁谓的权势更盛了。

八月二十三日(壬寅),太常卿、知安州寇準坐朱能叛,再贬道州司马——这下,寇準连知州都没得做了,成了完全赋闲的贬谪罪臣。贬官的制词中说"不务敦修,密朋凶慝,辱予辅弼,玷乃搢绅"。话是讲得极难听的,意思说寇準身为重臣,不知道磨炼自己的品行,勤于政事,却和凶残邪恶之人朋比为奸,实在是有辱皇帝的宰辅大臣之名,也玷污了文臣士大夫的身份!制词是以皇帝的口吻颁布的,但这极可能是在官家赵恒根本不知晓的情形下由丁谓与刘皇后操纵的把戏,更有甚者,朝廷还下令要将寇準的"丑恶弄权""专横恣肆"等大奸不法事传告诸州,且令御史台在朝堂中张贴文告,俾使内外尽知!

寇準经过零陵的时候,不知可曾想起了因为参与永贞革新而被贬官的"二王八司马"之一的柳宗元?柳宗元曾在永州写下了著名的《永州八记》,而零陵便在永州之地。都是想要匡扶朝政,都被奸恶之臣联手打败,何其相似?柳宗元在贬官后写下《笼鹰词》,不免要追忆往昔"云披雾裂虹霓断,霹雳掣电捎平冈"的高飞之姿,只是寇準是否像柳宗元一样还期待着"但愿清商复为假,拔去万累云间翔"呢?寇準在途经郴州永兴驿站的时候,曾写下"天遥秦树无因见,极目空饶怅望情"之诗句。原来郴州有一县名永兴县,与大中祥符九年二月至天禧三年四月寇準所知的永兴军路同名。昔日即便在外,仍是节钺在身的使相头衔,谁人不敬?可才一年的时间,自己由中书宰相贬窜遐荒,竟然成了所谓的"大奸大恶"之权臣?当人开始变得容易怀旧时,便是在精神上确乎老了。

过零陵时,寇準翻山越岭,随行的护兵掉队了一大半,甚至遇到了当地的溪洞蛮夷拦路抢劫,将寇準的行李统统给抢走了。但好在当地蛮夷的酋长颇能识得衣服器物,又差人打听,这才得知寨子里的年轻人不知道外面之事,居然抢了寇莱公的行李。酋长说:"奈何夺贤宰相行李耶?"于是责令立刻追上其一行,统统归还。

可见,丁谓等人虽然在朝堂内外颠倒黑白,但即便是在"不沐王化"的蛮夷之中,寇準的贤良德才亦是声名赫赫。这正是所谓:公道自在人心。

当时百姓间亦流传一句民谣,云:欲得天下宁,当拔眼中"丁";欲得天下好,莫如召寇老。

九月初八(丙辰),与寇準友善的周起与曹玮也受到牵连,都被解除了执政的职务。周起罢枢密副使,出知青州;曹玮罢签署枢密院事,出为环庆路马步军都部属。

等到十一月时,李迪想要和丁谓"同归于尽"地一同被罢相,结果让丁谓一通操作,变成了李迪罢相,丁谓仍然在中书门下做宰相。

至此,丁谓等人看起来已经大获全胜。

但丁谓此时并不知道,实际上真正的胜利者只有一个人,那就是皇后刘娥,而他丁谓的好日子并没持续多久。

关于寇準被不断贬谪的一切,真宗皇帝几乎被蒙在鼓里,他完全被刘娥与丁谓等人利用。

赵恒人生最后的时刻是可怜的。他曾问左右内侍和宫女,说:"吾目中久不见寇準,何也?"

然而没有人敢回答这位已经到了油尽灯枯的九五之尊。

真宗在人生的最后时刻终于明白,他能托付的,实际上正是寇準和李迪。

但已经太晚了。

到了第二年,赵官家一驾崩,寇準便被贬到了雷州做司户参军,这几乎已是到了帝国版图的最南端了。宋代官场有一句话,叫"春、循、梅、新,与死为邻;高、窦、雷、化,说着就怕"。被贬官到类似这八个蛮荒烟瘴的远恶军州,在当时就与死刑也差不了多少了,完全属于折磨人的地方。

至于老对手丁谓,刘太后垂帘听政不久,乾兴元年(1022年)六月便被罢相,赶到了西京洛阳,一个月后,更是精彩,贬丁谓"崖州司户参军",几个儿子一并罢官。崖州在现在的海南岛,比寇準所在的雷州还要南面。

丁谓要一路抵达崖州,那是要经过雷州的。寇準家中有奴仆颇侠义悍勇,竟欲半道袭击丁谓,为东家寇大官人报仇。寇準遣人蒸了一只羊作为赠礼去送给丁谓,又关上家门让那位欲替自己报仇的奴仆与人酣畅淋漓地赌博玩乐。事已至此,难道杀了丁谓就能阻止刘皇后牝鸡司晨吗?人生暮年,寇準也终于是有了容人之量,竟连仇敌丁谓也不愿伤害。

丁谓完全没想到自己经过雷州,昔日的老上司寇莱公会派人带着蒸羊在路上迎候自己。他羞愧难当,又想起过往寇準对自己的百般称许和极力提携,便十分想与寇準见一面,看看是不是有机会相逢一笑泯恩仇。但寇準拒绝了。

相见不如不见。

寇準在雷州还写过一首《海康西馆有怀》:风露凄清西馆静,悄然怀旧一长叹。海云销尽金波冷,半夜无人独凭栏。

垂垂老矣的寇準不禁回首往事,他这一生曾直面过辽人的铁骑,曾直犯两位天子的龙颜,曾手操无数人的陟罚臧否和生死大权,曾与王钦若、丁谓甚至是皇后刘氏斗得你死我活,也曾违背自己的本心献过符命天书……这是怎样波澜壮阔的一生啊,如今却只是看着南国的沙滩与大海罢了。

我们无法知道,他是否后悔,没能学一学丁谓那对"天下惜之"嗤之以鼻的态度。实际上刘太后秉国的十二年,并非后世所称誉的那般。寇準若泉下有知,会不会认为自己以辅政大臣的身份,可以做得比刘娥好得多?

我们都无从而知了。

天圣元年（1023年）闰九月初七（戊戌），寇準沐浴后穿上朝服，束上当年太宗皇帝御赐的一根通天犀带——这根带子太宗命人以通天犀牛之皮做了两根，一根赵光义自己用，一根便赐给了寇準。

随后他朝北方大礼叩拜，叫来左右立刻准备卧榻，才躺上去没多久，便永远闭上了他的双眼。

这是巨人离席，也是一个时代的彻底结束。真宗赵恒的时代谢幕了，而仁宗赵祯还必须耐心地等待太后把大权还给自己。但他不会知道，那要一直等到太后入土之时。

或许昔年真宗赵恒见到皇后参决政务，"意不能平"，便是基于此的担忧吧？甚至吕夷简也曾在大内失火时担心过天子赵祯的安危。

斯文之薄：庆历三案与理想的衰亡

庆历三年(1043年)四月,正在西北戍边、抵御起兵独立之西夏的陕西缘边马步军都总管兼经略安抚招讨使、枢密直学士、右谏议大夫范仲淹与另一位安抚招讨使韩琦并除枢密副使。

从范仲淹这串长长的官、职、差遣头衔里,固然可以管中窥豹地看到宋代官制的复杂性,但也显示出当时的皇帝赵祯并非骤然提拔一个小臣。在西北为帅臣的范仲淹,他的官已然很大。右谏议大夫是北宋元丰改制前的文臣本官之名称,已达从四品,再往上基本就是宰相所带的本官了;枢密直学士属于殿阁职名,为正三品,是诸阁直学士之首;而这个经略安抚招讨使才是范仲淹彼时的实际工作,也就是所谓差遣。这表明,他正以三品大员的身份在西北主持陕西军务,有权统率、节制麾下诸将,必要时可以令将领们与西夏党项人的军队直接交战,事先并不用非得千里迢迢地请旨。

这一年,范仲淹五十五岁,正负天下人望;而韩琦刚刚三十有六,正是年轻有为,二人并被除为执政,这是官家要大用范、韩的第一步。果然,七月间便有诏令,除范仲淹参知政事,待以副宰相之位,然而范枢密固辞不拜,官家不得已,改除陕西宣抚使。这即是说,范仲淹成为了陕西最高的军政长官。

但实际上,三十四岁的官家赵祯耻于屡为蕞尔西夏所败、为自称兀卒的李元昊所辱,于是乃有了奋发振作之心,在众多大臣举荐之下,他十分坚决地要把范仲淹召回朝中,委以重任,畀以大权。于是,八月中,再除范仲淹参知政事,又以此前因契丹威胁动兵而出使辽国、舍生忘死的富弼为枢密副使,一时间台谏言路中欧阳修、余靖、蔡襄等纷纷称快,任谁都看得出,天子要大用范仲淹等人,朝廷也必有大动作。

九月的东京城大内,官家赵祯特开天章阁召见范仲淹、富弼,咨以国家大政。天章阁乃是收藏真宗皇帝赵恒御笔书画、御容瑞物的殿阁,若延见召对大臣,则是极其罕见而高规格的礼遇。官家在天章阁内令内侍给两位宰辅赐座,又给笔札,使写奏

斯文之薄:庆历三案与理想的衰亡 | 67

疏于御前。

于是范仲淹指出:"我国家革五代之乱,富有四海,垂八十年,纲纪制度,日削月侵。官壅于下,民困于外。夷狄骄盛,寇盗横炽,不可不更张以救之!"

宋自结束晚唐五代长达百年的割据混战,基本统一南方和中原以来,历太祖赵匡胤、太宗赵光义、真宗赵恒以及如今的官家赵祯,也已经走过了有八十年左右。然而自好大喜功的真宗东封西祀,大搞祥瑞之后,国家承平晏安数十载的问题都逐渐在如今天子的时代暴露无遗。从东京朝廷到地方州郡,无不是纲纪制度都出现了这样那样的问题,官员们得过且过,懒政不作为;老百姓饱受地方胥吏与豪右之家的欺压,困窘不堪;边疆上东北畏惧于契丹,西北败衄于党项,王师之出而不能克捷;国内城邑郊野、山泽湖泊又多有巨寇大盗横行无忌,为非作歹……

这些问题其实自然不可能只有范仲淹或他周围的富弼、韩琦、欧阳修、蔡襄、尹洙等人看到,但注意到这些国家问题后,去思考办法,去试图解决问题的人很少。因为人的本性往往是要趋利避害,而政治人物为了稳固权位、守住富贵,哪里会甘愿冒天下之大不韪呢?在历史的长河里,一个庞大的帝国上上下下出了诸多的问题,除却制度本身的缺陷造成的日积月累之弊端,常常是因为既得利益团体和各种各样的吸血蛀虫鲸吞蚕食了天下的各种财富、利益。想要减轻、纠正问题,几乎没有能不动这些人就办到的方法。如此一来,谁还会去吃力不讨好呢?国家看起来是出了问题,但反正轮不到自己,何况看起来自己的子孙也未必碰到天崩地坼,再往后那是儿孙自有儿孙福,天塌下来高个的顶着,想他作甚!

但范仲淹自然要说不!

景祐三年(1036年),范仲淹因为上《百官图》指吕夷简专权等事被贬知饶州,彼时他赴任途中便写诗坦露心迹:"心焉介如石,可裂不可夺!"

君子之心,坚如磐石,此之谓乎!

在皇帝的垂问下,范仲淹遂上了著名的《答手诏条陈十事》,提出了"明黜陟、抑侥幸、精贡举、择官长、均公田、厚农桑、修武备、减徭役、覃恩信、重命令"一共十项改革纲领。

庆历新政因此拉开了帷幕,范仲淹以参知政事的副宰相身份踏上了主政的历史舞台,而杜衍、富弼、韩琦、欧阳修、蔡襄、尹洙、石介、余靖等人则或支持或追随于其左右,以至于后来被反对变法的大臣称之为"朋党"。

那么身负天下人望的范仲淹所主持、领导的改革，这场鼎鼎大名的庆历新政持续了多长时间呢？如果以庆历四年(1044年)六月范仲淹以参知政事出为陕西河东宣抚使来算的话，甚至不满一年；即便以庆历五年(1045年)正月罢参知政事而为资政殿学士、知邠州兼陕西四路缘边安抚使来算，也只有一年零四个月。

在当时的许多人看来，那曾是一个可以走向最美好时代的机会，是一个可以致君尧舜上，令河清海晏、万民安泰的君子秉政的朝堂。圣天子垂拱而治，贤宰相坐而论道，群臣各司其职，于是乎天下大治，风俗淳朴，复如三代之时……

本可以有许多如果。

然而主要着手于吏治层面改革的庆历新政，等于说是要在一个法治有限、极度依赖人治的社会中去改善人治造成的弊端，势必在触犯大多数既得利益者时又事倍功半。加之反对者们加诸主持新法的大臣们身上的明枪暗箭，这一场庆历新政实际上在范仲淹出外为陕西河东两路宣抚使的时候，已经宣告破产了。

而反对新法的人，有时候也说得十分在理：

> 诸道转运使自兼按察及置判官以来，并提点刑狱等，体量部下官吏，颇伤烦碎。兼审刑院、大理寺奏案倍于往年，况无大段罪名，并是掎摭微累，不辨虚实，一例论奏。此盖苟图振举之名，以希进用之速尔，遂使天下官吏各怀危惧。其廉谨自守者，则以为不才，酷虐非法者，则以为干事。人人相效，惟恐不逮，民罹此患，无所诉告。非陛下委任之本意也。其被体量之事，或智虑所不及，或人情偶不免，若非切害，亦可矜闵，虽欲洁已改过，其路亡繇，岂不痛惜哉。

这段话就新政中诸道按察使审查地方州郡官吏的事情提出了质疑。这位唱反调的官员认为，新政在审查地方官吏时颇有深文周纳的嫌疑，以至于审刑院、大理寺的案件都比往年多一倍左右，而许多都无大罪，不过是以小事牵涉指摘，又不辨别事情真假——原因就在于颇有一些用事大臣与下面的官吏都是觊觎得到振举朝纲的美名，但究其实不过是想要希求进用之速，最好越级提升，超擢不次地升官才好！第二呢，又等于是鼓励用严刑峻法陷百姓于罗网中，而廉洁谨慎的地方官就多被认为是颠顸无才之人，这种风气渐长，人民的冤屈都无处诉说。最后一点在于，如此体量审查官吏，完全与皇帝的本意相违背。考察被体量官吏的许多所谓不法事，有的是想得不够周全，有的是人情偶难免，如果并非攸关重大利害，则亦值得同情。否则的话，就算要洁身自好地改过，可却连路都不给别人，岂不是适得其反？

以上的话语并非出自常见的白脸奸臣，而是"包青天"包拯之口。

这便不能用简单的奸臣、顽固派反对新政为借口了。

到了庆历四年八月，富弼也不安于朝，在忧惧中自请出外，宣抚河北去了。

明眼人谁不知道，新政已经失败，新法被废，不过是转眼间的事。

早在天圣三年（1025年），范仲淹就曾在《奏上时务书》中说"以救斯文之薄，而厚其风化也，天下幸甚"。当然，这里的文指的是文章，范仲淹谈论的也是文章与道德风俗的关系。但斯文之薄的背后，更是一种文化层面的大写的"文"。新政是一代人的理想，其夭折亦是许多人精神上的一次重创。于是文章不能救世，斯文之薄四个字的意思就有点值得玩味了，似乎成了世风日下，斯文扫地，浇薄难堪的意味。

而范仲淹"微斯人，吾谁与归"的背后大约便是绵长的愁绪了。

这不禁令人想到范仲淹所填的《苏幕遮》：

碧云天，黄叶地，秋色连波，波上寒烟翠。山映斜阳天接水，芳草无情，更在斜阳外。

黯乡魂，追旅思，夜夜除非，好梦留人睡。明月楼高休独倚，酒入愁肠，化作相思泪。

比起那首更广为人知的《渔家傲》，范仲淹的这首《苏幕遮》才更有一种边塞与东京时空交错的惆怅。这种忧愁仿佛褪去了如有实质的来自边塞的粗犷风沙和云烟满天，而大约是断肠千缕，剪不断理还乱的关乎王道仁政的遗憾。又何止是乡愁，又岂是儿女友朋之思？怕更多的是心忧天下之叹，是身处月下孤城的无力，是对天地阴阳之流行的世间自身生命在其中的追问……如此方为范文正公吧！

好一个秋意瑟瑟，晚来天凉！

喝酒吃饭

范仲淹和富弼都离开了两府，东京城转眼间就入了秋冬，变换了人间。而眼下赛神会又要如期举办了，汴梁都下的各个衙门都在组织部门聚餐，多是主管领导牵头，一众官吏们便纷纷报名参加。吃饭喝酒自是为了图个乐子，庆贺一番，但更是为了和上司、同僚联络感情，凡拿朝廷俸禄的，若是不搞好人际关系，那才叫难混。

从大宋首都的南熏门进来，便算是真正地走在东京城里，如果沿着御街两侧行人走的小道一路向北，穿过太学和龙津桥，再继续走下去，便能看到几乎面对面的都亭驿和大相国寺。后世几乎无人不知的南衙开封府就在都亭驿的西面，但这时候的开封府里还没有"铁面无私辨忠奸"的包青天，包拯在此时（庆历四年）正先后任权度支判官、三司户部判官的差遣，尚未到开封府断案呢。继续往皇城方向走，便能看到左藏库、太常寺和对过阴森森的御史台，而走过左右相对的景灵东西宫便是榷货务和秘书省，这些门庭辉赫的中央衙署后面，尚有一处以太宗朝枢密使石熙载宅为办公场所的衙门——都进奏院。

太平兴国七年（982年）十月之前，也就是宋初的时候，本无都进奏院这一机构，各个节镇、州、军、监、转运司等地方衙门都各自在东京新城门里设有进奏院，须各自将地方的奏章上交给银台司；州的进奏官和军、监、场务、转运司的知后官还得每日清晨等候在大内文武常参官早朝临时休息的待漏院东廊下，耐着性子等待两府的宣、敕或朝廷诸司的"红头文件"，再由他们发递给本州或本路衙门。这种叠床架屋的机制听着就颇繁琐了，于是太平兴国七年十月后，设置都进奏院，原众多的进奏院都并归都进奏院管，实际等于罢废了数量众多的进奏院，只由一个都进奏院负责朝廷与地方的文书邮递之事，所谓"总领天下邮递"。

都进奏院也简称进奏院或进院、奏邸，其部门领导岗位是两名"监都进奏院"，也可简称监进奏院或监院。这个位子一般按例由京朝官或三班使臣充任，通常要看做监进奏院的官员本官几品，则就是几品。

眼下进奏院里的两位监院便是右班殿直刘巽和大理评事、集贤校理苏舜钦。这个刘巽的右班殿直可不是后来徽宗朝政和年间宫里内侍们的"入内内侍省右班殿直"，人家是正经武臣，这一右班殿直正属于三班小使臣，约为正九品。但他可算不得进奏院里的风云人物，真正的风云人物和话事人是里头另一位监院，也就是大名鼎鼎的苏舜钦（字子美）！

苏舜钦是官宦世家的高才子弟，祖父是太宗赵光义朝的参知政事副宰相苏易简；父亲苏耆则是宰相王旦的女婿，官从五品工部郎中、直集贤院；而他自己又是如

斯文之薄：庆历三案与理想的衰亡

今的宰相杜衍的女婿,父子俩皆娶相府千金为妻。

但可千万别误会苏舜钦是个不学无术的纨绔子弟,他写得一手好文章,诗歌文采过人,书法上也是造诣极高,后来的黄庭坚、米芾这样的大家对他的墨宝都赞不绝口,并且还得到范仲淹的举荐,被召试后授予清贵的官职"集贤校理"。史书中还说他"少慷慨有大志,状貌怪伟"。所以,他不光是年少有大志,而且是个长相非常有特点,容易让人一眼就记住的大帅哥。想来或许就是现在说的帅得很立体,帅得很高级脸的那种吧。这样的人确实属于天之骄子,家世显赫,才高八斗,连长相都出类拔萃。仿佛他就是神宠爱着的那一号。

苏舜钦今年三十七岁,但他自己不觉得老天有多爱他。因为跟他年龄差不多又十分交好的富弼、韩琦、欧阳修等人,都已经位列宰执或两制重臣,而自己则只是区区一个从八品下大理评事,当时大理评事俗称"袋里贫士",无非就是说官卑钱少。若不是自己还带了个集贤校理的馆职,谁会在这个遍地朱紫的东京城多看自己一眼!若与寻常百姓来比较,苏舜钦自然是他们奋斗几辈子都赶不上的"奢遮"人物,主管着一个京城衙门,娶的是宰相家的千金,怎么还能不满意呢?

可他是苏舜钦啊!

苏舜钦近来的心情不算太好,他崇拜的范仲淹和好友富弼在谣言鼎沸中自请出外,新政眼看多半就要中途流产了,而自己仍然沉沦下僚,帮不上什么忙。可怎么办呢,日子还得继续过。既然赛神会要来了,那就组织进院里的大伙,再叫上几个朋友,一道聚餐吃饭,喝酒海侃吧!

苏舜钦是个文人性格的官员,天底下大约最好面子的一是文人,二是官员,两样都让苏舜钦沾上了。于是他自然想把这次赛神会的派对搞得气派、热闹些,尽可能的高端大气上档次。但是,这种赛神会部门聚餐都是靠中央朝廷里各衙门的小金库来解决费用问题的,清水衙门和朝南坐的油水衙门之间自然区别很大。譬如欧阳修在《归田录》中就说东京有俗语谓"三班吃香,群牧吃粪"。所谓"三班吃香",说的就是三班院(元丰改制后的吏部侍郎右选)这一职掌低级武臣铨选、差遣等事务的机构想出来的一个创收的方法,他们在每年皇帝生日的时候(如现今官家赵祯的生日"乾元节"),就搞一个为官家祝寿的名目,然后问各衙门要份子钱,也就是办祝寿道场的"香钱"。这是给皇帝祝寿,谁敢不出这份子钱?至于到底花销了多少,自然也没人傻乎乎地要去看明细,总之三班院的小金库就这么越来越多了。而所谓"群牧吃粪"实际也是一种部门创收。众所周知群牧司乃管理大宋马政的,凡是内外饲养、放牧、支配马匹等事情,群牧司都有权管辖。但整个大宋在此时养马也不过十余万,尚不足唐朝极盛时四分之一(唐极盛时牧监养马七十万匹以上),怎么创收呢?于是群牧司的官吏们就想出了卖马粪的主意,这下群牧司也就有了取之不竭的额外收入了。至于其他像管国家专营生意的榷货务,管收税的都商税院这种油水衙门,根本不用担心小金库的问题,里面的官吏都富得流油。

问题是进奏院没钱啊,这个管上传下达公文的部门当然是个冷衙门,里面大多是些抄写公文的书办小吏,哪来油水呢?事实证明,即便是个穷部门,但只要人动脑筋,就总还能折腾出一点办法来。进奏院不事生产,也不关乎税收、榷卖等事情,经手的最多的就是公文,是纸张。于是自然有废纸产生,纸张在当时还是相对值钱的,那就卖废纸吧!这么一来,进奏院也有了自己的"小金库",只是这个小金库相比其他衙门太过寒酸,要搞一次上档次的派对怕是还不够。

没办法,苏舜钦盘算了下酒楼里一应的开销,就自掏腰包再贴十贯钱进去吧,可他还打算要请自己在馆阁中的同僚一道赴宴,这就又远远不够了。没奈何,文人不讲究,贵在真诚,便让馆阁中的友人们都出点份子钱吧,重在聚会联络感情!

于是苏舜钦邀请了直龙图阁兼天章阁侍讲、史馆检讨王洙,集贤院里把几名集贤校理都请了,有刁约、江休复、王益柔、章岷,又请了太常博士周延隽、殿中丞周延让、直集贤院、同修起居注吕溱,馆阁校勘宋敏求,将作监丞徐绶。其中王益柔、章岷等都是范仲淹所举荐入馆阁之中的,刁约则是欧阳修的科场同年,因而都自然与苏舜钦亲近。

把名帖一一写好,想了想,苏舜钦又动笔写下一个名字:梅尧臣。

梅尧臣与苏舜钦都是后来公认的大诗人,这两人此时的关系也好得很。若说苏舜钦官小,梅尧臣才真正叫芝麻绿豆官。他并非进士出身,因而起点很低,原本在湖州监税,今年四月解任后暂回宣城住了一阵子,旋即在次月自吴中北行赴汴京。但不幸,当年七月,尚在途中的梅尧臣接连受到打击。先是他的妻子谢氏在高邮病逝于舟中,梅尧臣甚至没有钱好好给妻子入殓,不得不以嫁来时的衣服安葬了她,随后亦只能在诗歌中痛陈断肠。他一连写下三首《悼亡》,极为感人,例如:"结发为夫妇,于今十七年。相看犹不足,何况是长捐。我鬓已多白,此身宁久全。终当与同穴,未死泪涟涟。"又云:"从来有修短,岂敢问苍天?见尽人间妇,无如美且贤。譬令愚者寿,何不假其年。忍此连城宝,沉埋向九泉。"他悲号不已、哭天抢地地哀悼自己的亡妻,其中感情之深挚,溢于言表。但没过多久,梅尧臣的儿子居然也先他而去了。这样的双重打击下,梅尧臣只能写下惨烈的诗句:"天既丧我妻,又复丧我子! 两眼虽未枯,片心将欲死。雨落入地中,珠沉入海底。赴海可见珠,掘地可见水。唯人归泉下,万古知已矣。拊膺当问谁,憔悴鉴中鬼。"转瞬之间丧妻亡子,他直言自己憔悴得仿佛镜中鬼怪,已不似人形。好在八月间到了东京城后,欧阳修、苏舜钦、王益柔、蔡襄等友人都常常陪他诗酒唱和,总算排遣了一点绝望的心情。八月中,欧阳修以从三品龙图阁直学士出为河北都转运按察使,这之后梅尧臣乃与苏舜钦最是亲密,时常诗文往来,或在京城的酒肆茶坊里诗酒斗茶。

却说数日后苏舜钦正在进奏院自己的办公厅里看着经手的公文,进院小吏忽报,有一李中舍求见。所谓中舍并非后来的两制大官"中书舍人",而指的是升朝官最低一等的官阶,若为有正经科考出身的则为太子中允,无出身人则为太子中舍,其实也就是后来元丰改制后的正八品"通直郎"。苏舜钦一时也不知是谁人要来见自己,便道:"且请李中舍入内。"

片刻后,一中等个子的男子穿着青袍官服走将进来,向苏舜钦一揖,道:"某中舍李定见过苏校理。"

苏舜钦也站起身向他回礼,又请他坐下。只见李定从袖中掏出一封信笺来,呈到了苏舜钦案前。却原来是梅尧臣的来书。

苏舜钦打开信笺,转眼已看完了,梅尧臣说自己新逢丧妻亡子之痛,在京中又贫困无亲,多亏了永叔(欧阳修字)和子美等人的接济与开导。他话锋一转,又说永叔、子美、君谟(蔡襄字)、胜之(王益柔字)等人固然不以自己位卑职低为意,但赛神会进院宴会,馆阁中人,自己也并非都熟识,他这样一个无出身的人若是厚颜虱于其间,恐怕非为美事,加上也无钱参加,不可令子美破费云云,因而只能敬谢赔罪了。

对面的李定见苏舜钦看完了信笺,便颇谄媚地笑道:"仆闻圣俞(梅尧臣字)说,是校理这边进院赛神会时要置办席面,延请嘉宾。不瞒校理,某与圣俞一般都是尚无出身,却知道校理还要请许多馆阁中的名流与会。某这里便有个不情之请,便是某亦万分愿意出这份份子钱,只是不知道是否有幸参加这个聚会,不知校理是不是能勉为其难让某忝颜列席?"

苏舜钦与梅尧臣感情极好,这会正为梅尧臣不能与会而感到郁闷,却见到李定那市侩媚俗的脸,便敛容正色道:"有劳李中舍为圣俞送信,只是我进奏院筵席,历来乐中既无筝、琶、筚、笛,食中不设蒸、馒、饼、夹,敢问李中舍,则坐上安有国、舍、虞、比?"

这位李定虽然并非后来那个贵为御史中丞而陷苏轼于危难的扬州李定,但眼前这个来自洪州的李定听到苏舜钦所说,仍是气得恼羞成怒,几乎要当场发作。何以如此呢?

原来,国谓国子博士,舍谓中舍,虞谓虞部,比谓比部员外、郎中,这些官阶,基本都是留给门荫任子出身的官员的。也就是说,譬如父亲是中高层官员,儿子便有"任子"的恩例,可以不经过科举直接获得官身。但获得官身不意味着立刻有官做,没有差遣的话,是根本毫无实权的。何况门荫出身,总是要叫进士出身的人鄙夷不屑到极点的。因而苏舜钦的话毫无疑问就是在讽刺这位太子中舍李定,你一个无科考出身的官,又不是圣俞那样的才子文人,如何有脸参加我们馆阁名流的聚会!简直是滑天下之大稽!钻营投机居然钻到了我苏子美这里!

李定终于克制了在进奏院里和苏舜钦撕破脸的冲动,毕竟大家都是京官文臣,这又是在人家的地盘,难道像泼妇骂街一般失了体面么?于是他装作没听懂的样子,只是起身草草一揖,便算告辞了。

其实这事情,苏舜钦没必要如此做。但这般性情,才是他苏舜钦啊!若是知道轻重分寸,晓得收敛,未必没有机会在仕途上升迁得顺利些、快一些。但对苏舜钦而言,便如梅尧臣的诗所说的,若得屈节事豪权,那这美官和位子,不要也罢!

赛神会来了,东京各百司衙门的聚餐也在都下的夜晚开始了。若问东京城里最豪奢的酒楼是哪个,自然是最靠近皇城大内的白矾楼了。白矾楼也就是后来的丰乐楼,宋元笔记和小说里常出现的樊楼便是指这个酒楼。白矾楼飞桥栏槛,明暗相通,到处是珠帘绣额,到处是灯烛晃耀。在白矾楼摆宴席的费用可是极高的,进奏院这样的冷衙门自然没有足够的钱在这里置办席面。

苏舜钦选的酒楼乃是在景灵宫东墙边的长庆楼,虽然比不得白矾楼,但也是东京城一流的大酒楼了,离进奏院又近,的确是个好去处。只见得长庆楼前店外彩画如屏,欢门迎客,又设了红绿杈子,张了绯绿帘幕。走进去举目所及,遍是贴金红纱栀子灯,装饰着本就雕梁画栋的厅院廊庑。

一路移步换景,盆栽罗列,花木森茂,遥遥望见里面酒座满席,宾客尽欢。自诸人进得酒楼,早有迎候宾客的上来问了情形,领他们直往深处走去。南北两廊,俱是济楚阁儿、稳便坐席这样的雅致包间。

此时天色向晚,酒楼里灯烛荧煌,宛如白昼,上下相照,浓妆艳抹的歌伎少说也有数十人,正婀娜多姿、娉娉婷婷地聚在主廊的轩窗柱子旁,时妆袨服、巧笑争妍,香氛扑鼻而来,红粉勾人心魄。

入了席,苏舜钦是要忙得两边跑的。一边是进奏院的好几桌下属官吏们,另一边则是他另外请来的馆阁中的同僚。作为进奏院的领导,按例自然要由苏舜钦和刘巽来先做个发言,恭维官家的英明伟大啊,总结一年来进院里的工作啊,同志们的团结努力啊……诸如此类。

此时筵席中官位最高的乃是馆阁中的王洙,他本官为从六品上工部员外郎,馆阁职名也到了正七品的直龙图阁,已经是诸直阁之首,更重要的是他有天章阁侍讲的差遣,可以接近天子,给官家讲课,看起来将来的前途一片光明。于是众人便请王洙来发言,他十分和气,说自己并非进奏院内的臣僚,怎么能喧宾夺主呢,便仍是让苏舜钦、刘巽二人说话。刘巽是武夫,自然说请苏舜钦代表进奏院的大小官吏们说祝酒辞。这一来二去的,终于还是苏舜钦来发言,无外乎堂皇的场面话,但苏子美文采过人,自然也是满堂彩。

画船载酒东京好,美酒聊共挥,更招来酒楼里的歌伎优伶助兴,而苏舜钦在进奏院的席面与馆阁同僚的席面之间来回饮酒,夜色渐渐地深了。酒菜吃得差不多了,进奏院里的僚属们知道顶头上司苏舜钦还要和他要好的馆阁名流们接着第二场呢,于是都纷纷离席告退。

苏舜钦也只是略做客套地挽留下,便送刘巽以下诸人都离开了长庆楼。于是这真正的文人墨客的狂欢才要开始。说是狂欢,也略有些不合时宜。因为眼下范仲淹、富弼、欧阳修都已出外,新政失败在明眼人看来早已是在所难免。自许君子党的诸人未免就愁绪盈怀了。但或许越是如此,越需要难得的狂欢来释放这种低沉压抑的情绪吧?

苏舜钦终于一屁股坐到了馆阁同僚们的席面上,他拍拍手,早有酒楼里的帮闲领着几个姿色甚佳的营伎走过来,那几名与营伎相比身形容貌都差了些许的歌伎便拿了赏钱退下了。

苏舜钦道:"且令几位女校书为我等唱几曲!"

几名靓丽美艳的营伎俱是敛衽行礼,向在座的馆阁名流们施了万福。

只听苏舜钦又道:"便先唱欧阳学士的《浪淘沙》,'把酒祝东风'这首!"

营伎们乃敲打着红牙小板,弹阮唱曲,又有起舞助兴的,咿咿呀呀地响起了欧阳修的词:

把酒祝东风,且共从容。垂杨紫陌洛城东。总是当时携手处,游遍芳丛。
聚散苦匆匆,此恨无穷。今年花胜去年红。可惜明年花更好,知与谁同?

这次请来的营伎堪称不俗,色艺俱佳,众人皆是喝彩,好几个人都掏出钱打赏。却见苏舜钦仿佛颇闷闷不乐地自斟自饮,念叨道:

"聚散苦匆匆,此恨无穷。今年花胜去年红。可惜明年花更好,知与谁同?此恨无穷,知与谁同!"

今日苏舜钦喝得不少,似是有些上头了,众人见他情状,都是嬉笑抚慰他。

苏舜钦又是一饮而尽,道:"诸位,范大参身负天下人望,辅佐官家除旧布新,可夏竦这个奸贼居然伪造了公操(石介字)为彦国(富弼字)草废立的诏书,引得朝野惊疑,范大参和彦国也恐惧不安,若不是如此,他们怎么会自请出外,新政怎么会功败垂成!"

原来,夏竦与变法派的仇恨由来已久。早在庆历三年四月,本已有诏令,以宣徽南院使、忠武军节度使兼御史大夫判蔡州夏竦为行户部尚书,充枢密使。当时已经要再召夏竦入两府为执政,他上一次为宰执都要追溯到十四年前的天圣七年(1029年)为参知政事时了,可想而知这一次他多么欣喜若狂,重回两府掌权的心愿总算实现了。结果谏官欧阳修、蔡襄、余靖等交章论列,连番弹劾夏竦在陕西畏懦苟且,不肯尽力,导致对战西夏时丧师辱国,略无成功,且挟诈任数,邪倾险陂——总而言之,就是个不堪用之人,所以恳请官家不要再用这种奸臣庸夫做枢密使。于是官家居然追回成命,罢枢密使,诏夏竦还节度使本镇蔡州!而本该轮到夏竦做的枢密使一职则授予了变法一派的杜衍,这当然就算是结了死仇了。更有甚者,石介还在此年写了《庆历圣德颂》,其中对范仲淹、富弼、韩琦、欧阳修等极尽赞扬,而对夏竦,却是来了句"众贤之进,如茅斯拔;大奸之去,如距斯脱"——这显然是说贤臣得用譬如拔之茅草,一根起来,其余的也一起被擢拔起来,指的是范仲淹、富弼、韩琦等被天子重用;而像夏竦这样的大奸之辈,就要如拔去雄鸡的爪子一样,让他再不能回朝廷里逞凶作恶!范仲淹读到《庆历圣德颂》后,他的反应当然不是洋洋自得,反而十分无奈地拍着大腿对韩琦说了句"为此怪鬼辈坏之也"。韩琦也道:"天下事不可如此,必坏。"范仲淹能够赏识石介,能包容他的狷介耿直,可被他抨击的大臣岂能容他?石介的《庆历圣德颂》反而是在给要主政的范仲淹等人树敌啊!夏竦岂是易与之辈?庆历四年当新政正如火如荼进行的时候,夏竦听闻石介上奏记于富弼,说富弼应该行伊尹、周公之事,辅佐天子云云。恰巧夏竦宅子里有个女奴善模仿笔迹,于是令她操练石介的书法,习成后乃命女奴伪作石介为富弼撰废立诏草,改伊、周为伊、霍,即是把原意变成了"如伊尹、霍光那般废立皇帝",这还得了?这已经是大逆不道的谋反罪了!然后夏竦乃将此事闻之于官家,又在朝野中散播开来,加之他鼓腾范仲淹朋党之说,构陷范仲淹结党营私、搞政治集团、专权等,而欧阳修的《朋党论》中"大凡君子与君子以同道为朋,小人与小人以同利为朋……故为人君者,但当退小人之伪朋,用君子之真朋,则天下治矣"的言论和范仲淹在召对时大大方方承认"臣在边时,见好战者自为党,而怯战者亦自为党,其在朝廷,邪正之党亦然,唯圣心所察尔。苟朋而为善,于国家何害也?"的观点都几乎坐实了朋党之说,似乎已经向天子表明,朝堂中就是有一个范仲淹集团,但我们是为了国家好啊!

可这恰恰是皇帝最害怕的言论之一。一则不符合祖宗家法里异论相搅的帝王之术,二则若是大臣们都以为了社稷天下,为了万民百姓的名义公然结党,那么倘若有一天他们认为现任皇帝昏庸无道,是不是为了国家,就该把天子废了,再立一个天水赵家的子嗣坐龙椅?范仲淹自然是君子坦荡荡的,但政治的权力游戏里,坦荡并不能让你免于卑鄙者的明枪暗箭,有时候坦荡真的会让自己和支持者们千疮百孔,而政治抱负也付诸流水。因而在夏竦的奸计和诸多反对新政的声音里,范仲淹与富弼都忧惧不安地请求离开中枢,到北疆为国戍边……

座中王洙最是资格老一些,官位也比诸人高,这些事情自然也是一清二楚的,他当下也是一叹,轻抚苏舜钦肩背道:"子美,今日君子一堂,是逍遥快活事,且不说这些朝堂的事也罢。官家圣明,总是太平光景,勿要多虑了。"

王益柔显然与苏舜钦一般喝多了,这时候狂放不羁的性子上了头,见到那几名美艳的营伎,乃向她们招呼道:"却还唱甚曲子,到吾等偎傀君子旁坐下!今日你们皆是有福气,我辈馆阁文士,谁人不是高才,谁人不是君子?"

王益柔与苏舜钦一样也是家世显赫。他的父亲正是我们上一章的故事里寇准的女婿王曙，王曙虽然在天禧四年的政治斗争中因为追随寇准而被重贬，但他后来仍然进入宰执的行列，因而王益柔也算是两府相公家的公子了。他平日又诗书文章无一不精，在东京城里也是才名远扬。一众营伎见他与苏舜钦都是英俊非凡，便喜不自禁地杂坐于诸人身侧，一时间调笑欢闹，好不快活！

苏舜钦身旁的营伎甚是娇媚，与他倒了一杯，不待劝饮，苏舜钦便仰头尽觞，看着身侧的美人，他愁情万丈，又吟了句自己最是佩服其诗文之才的欧阳修之词："寸寸柔肠，盈盈粉泪。楼高莫近危阑倚！"

那营伎给苏舜钦忧郁迷离的眼眸一望，竟是痴痴地涨红了脸，直恨不得倒在这位大才子怀里才好。

那边王益柔见到，却是不服道："子美如何只吟得欧阳学士的小词，诸君且看我即席赋诗，若作得妙时，且要子美身侧的佳丽给我斟酒才是！"

众人都是喝了不少，此刻听闻王益柔要与苏舜钦一较高低，都是欣然起哄。

王益柔从席位上站起来，稍加思忖便脱口而出："九月秋爽天气清，祠罢群仙饮自娱。三江斟来成小瓯，四海无过一满壶。座中豪饮谁最多？惟有益柔好酒徒。三江四海仅一快，且挹天河酹尔吾。漫道醉后无歇处，玉山倾倒难相助。"

众人都侧耳听着，到这里为止不过是寻常的豪迈酒诗而已，只见王益柔略停顿了片刻，忽然纵声长啸道："醉卧北极遣帝扶，周公孔子驱为奴！"

一时席间噤若寒蝉，连动筷子的声音都没有了。众人似乎都被王益柔最后这句诗吓坏了。若是把前半句作一顶天立地的伟岸巨人或是飞升银河的神仙来理解，则醉卧北斗星辰之上，当是昊天上帝来扶自己了，如此不敬天帝，岂不是要命！若说按照后半句所举的人世间之圣贤来类比，则上半句应当是以北极喻天子的宝座！何也？北极即所谓宸极，宸极便可以指代帝王和御座皇位，那岂非是说醉卧之后且躺在龙椅上，让官家来扶？这确乎是骇人听闻了……可从名教的角度上来看，后半句还要罪大恶极，因为居然说要让制礼作乐的周公姬旦和万世师表的孔子这样的圣贤给自己做赶车驱驰的奴仆！

须臾，只有苏舜钦在座中为之鼓掌喝彩，道："说得好！吾辈便是要有这气魄！绝不低头，宁伴狂也不做柔媚佞臣！更不能向那些欺世盗名，冒充周、孔的权臣奸邪低头！"

斯文之薄：庆历三案与理想的衰亡　79

王益柔哈哈大笑起来："子美恁地胆小，我这首《傲歌》便是要遣帝扶，便是要周、孔为奴，又如何了？哈哈哈哈……"

众人谁都没有知晓，就在他们欢聚一堂的长庆楼这一层的角落里，有一个独自吃着酒食的人，正自始至终留心倾听着他们的言行举止，实际都不需要说是偷听，因为他们的声音实在是——太响了。

听到那句"醉卧北极遣帝扶，周公孔子驱为奴"，这个独坐一席的人连筷子都惊得掉了，但他随即泛起一抹狰狞狂喜的冷笑，月华与灯烛照在他背对着馆阁诸人的脸上，那不正是太子中舍李定么！

俱是君恩

苏舜钦、王益柔诸人各有心事地喝得酩酊大醉方才各回家中，他们满以为无人知道席间的酒后疯话，可既然已经让李定有心听去了，如何还能做到旁人不知？才几天，进奏院宴会营伎杂坐馆阁诸人之间以及王益柔的《傲歌》等事无不在都下疯传，甚至有人添油加醋地说伎女们与馆阁名流举止全不顾廉耻，到了动手动脚的程度了，而那两句"醉卧北极遣帝扶，周公孔子驱为奴"的前后版本更是传得五花八门。

这便让当时的台长——御史中丞王拱辰嗅到了不一样的味道。说来王拱辰本是欧阳修的同榜进士，也就是官场中最铁关系之一——同年；非但如此，二人都娶了天圣年间参知政事薛奎的女儿，属于连襟。但欧阳修本为礼部会试第一"省元"，到了廷试的时候，状元却成了王拱辰的。史书中说他"元名拱寿，年十九，举进士第一，仁宗赐以今名。"亦即是说，王拱辰本来叫王拱寿，大约父母希望他往福禄寿那边多靠近点吧，才取了这么个吉利名，与欧阳修参加天圣八年(1030年)廷试时，被官家赵祯亲自改名为拱辰——拱辰者，拱卫辅弼北辰也。北辰字面上是北极星的意思，但在这语境里就是指天子，辅弼天子，那便是以两府宰执来期许于王拱辰了，可想而知当着那么多登科进士的面，他王拱辰有多么风光。但在欧阳修想来，这本该是属于自己的风光，两人的交谊大约就这样出现了一点点裂缝。说到拱辰，可怜的是这一年登科的进士里实际上有一名叫柳拱辰的，他也并非无名之辈，其弟柳应辰乃宝元元年(1038年)进士，其子柳平、柳猷等相继登科擢第，人号为"武陵五柳"。但显然，当时官家赵祯肯定压根没注意到柳拱辰此人，否则天子改名，怎么会改了个同榜进士中同名的名字呢,岂不是显得天子没水平?这就说明,虽然朝为田舍郎,暮登天子堂,一朝登科为进士算是打破了阶级壁垒,但要被天子注意到,甚至得天子青眼,那是顶不容易的事。像柳拱辰此君,就绝无状元郎王拱辰的运气,这就是命。

因而王拱辰自然是有资格鲜衣怒马,自许伟岸大丈夫的。但王拱辰起初在政坛上就走了一条与欧阳修等人不同的路,他颇有依附宰相吕夷简之嫌,而欧阳修却是始终站在范仲淹这边的。《岳阳楼记》里大家耳熟能详的"庆历四年春,滕子京谪守巴陵郡"的那位滕宗谅在庆历三年被接替他担任泾州知州的郑戬告发在泾州枉费公用钱十六万贯,随后监察御史梁坚也加以弹劾之后,范仲淹、欧阳修等人无不为其累章辩解,极力救之,当此之时,正是王拱辰力主要求严惩滕宗谅。在滕宗谅一案上,王拱辰已经与范仲淹等改革派大臣结下仇怨。

平心而论,滕宗谅或许的确并未贪污,范仲淹说查下来情况分明,不过是按过去边塞军镇的惯例来犒赏诸羌人部落,以结其心。又时有馈赠游士故人而已,均属于公使钱的合法使用范围。且查下来滕宗谅实际上花的公使钱不过三千贯,之所以一开始御史梁坚称核算下来大致有十六万贯这样的大数字,那是因为算错了,把泾州诸军每月的开销也算进去了。但是,滕宗谅的做法真的没有问题吗?面对前来调查的朝廷专案组,滕宗谅居然胆大到把公使钱使用的账本付之一炬。这不光是对抗组织审查,还属于公然毁灭证据。而且,既然连账本都烧了,那范仲淹说的三千贯和剩下的开支都是诸军月给的明细又是如何知道的呢……更尴尬的是,最早揭发滕宗谅公使钱问题的郑戬甚至和范仲淹是连襟(两人都娶了李昌言之女)。看来连襟在那时都容易闹不痛快,总之这件事是颗在范仲淹刚刚主政时引爆的重磅炸弹,但范仲淹正以参知政事的副相之职被官家赵祯大用,在他的力保下,滕宗谅最初的处置甚至都谈不上真正的贬官。虽然本官由刑部员外郎降为祠部员外郎,又由权知凤翔府调任虢州知州,但是,首先刑部员外郎在宋初是从六品上,祠部员外郎也是从六品上,只不过前者居后者之上,从后来的元丰改制官品来看,刑部员外郎改为正七品朝散郎,属文臣京朝官寄禄官第二十一阶,而祠部员外郎改朝奉郎,也是正七品,只不过属于第二十二阶。换言之,滕子京级别上几乎没有被降级,只是象征性地表示了下,实实在在地略施薄惩。更关键的是,滕宗谅是有馆阁职名的,他是堂堂从四品天章阁待制,这表明他是可以参与国家大政的侍从高官。而问题在于,尽管台谏言官们叫得凶,但滕宗谅的天章阁待制完好如初,根本没有被褫夺,明眼人谁不知道是范仲淹在护着他的同年好友。

于是权御史中丞王拱辰不干了,他说滕宗谅在边为帅臣,盗用公使钱,居然只削一官,还有公平公正可言吗?甚至连账本都敢烧毁,狂悖到了这种地步!既然陛下觉得台谏都说得不对,请贬黜他王拱辰到地方上去,给予一小郡牧守,不敢再任风宪台长。

此时的王拱辰以去职来让官家做选择题,这实际上是很忌讳的,身为臣子只有卖命做事的份啊。当时在官家赵祯的心里,正需要范仲淹来主持新政,有了这一个主要的政治目标,其他小问题都可以忽略不计,滕宗谅那点公使钱上的经济问题算什么呢?便照顾下你们台谏风宪的脸面吧。于是又诏滕宗谅由虢州徙知岳州。岳州自然是离东京更远了,可因为范仲淹的缘故,滕宗谅仍然带着天章阁待制的馆阁头衔,好不威风。官家还不忘敲打王拱辰:台谏言路怎么能动不动请求解除差遣以钓取直名呢?该弹劾进谏就弹劾进谏!

经过滕宗谅公使钱这一雷声大雨点小的风波,王拱辰在权力的游戏里长进了。他明白了一个道理,实际上在朝政斗争中,很多时候对错根本不重要,重要的是天子的心。如果把握准确了官家看问题的角度,设法让自己从官家的角度上去迎合,自然可以四两拨千斤,以帝王之威来黜陟政敌了。

要说王拱辰为何这么怨愤范仲淹、富弼、韩琦、欧阳修等人,除了上述的恩怨纠葛,这里面恐怕还要多问一问欧阳永叔。

如前所述,欧阳修与王拱辰都娶了参知政事薛奎的女儿为妻,属于连襟加同年的关系,本该最是亲密不过。但是,由于王拱辰抢了欧阳修的状元,或许欧阳修内心是很不高兴的。当时王拱辰娶了薛奎的三女,欧阳修则娶了四女,但这位排行第三的女儿嫁给王拱辰后又逝世了,薛奎再以第五女适王拱辰,为其续弦。这本来也算是好事,足见薛奎十分赏识王拱辰,但欧阳修却要当面调笑他,说:"旧女婿为新女婿,大姨夫作小姨夫!"欧阳修才高八斗,他一说什么段子,无不都下疯传,于是闹得士大夫间人尽皆知,王拱辰又最是好面子,便又成了根心里的刺。

据说,王拱辰也曾想表现出一些大度和善意来修复下与欧阳修的友谊,毕竟欧阳永叔名气甚大,自己与他同年加连襟的关系,闹得不开心没得让人看笑话,妨碍自己的清誉令名,若是让官家不喜,误了仕途前程,断了入两府的机会,那可就得不偿失了!于是,某一日王拱辰在牡丹盛开的季节让人送了株甚是名贵的牡丹给欧阳修,以表情谊。欧阳修收下牡丹,又挥毫落笔,以诗句答云"最好花常最后开"——王拱辰年龄上和韩琦、富弼等差得不多,但比起韩琦、富弼入两府,为宰执的风光,这位状元郎已经远远落于人后了。这自然便让王拱辰对韩琦、富弼观感极差。他曾在独对时,向官家道:"富弼亦何功之有?但能添金帛之数,厚夷狄而弊中国耳!"将富弼出使契丹的大功说得一文不值。故综上来看,欧阳修这句话的意思就是,君贶(王拱辰字)兄你最是才干冠世、无与伦比,因而怕是要大器晚成,最后才开花咯!王拱辰看到欧阳修的回书之后,果然气得当着欧阳宅仆人的面将书信狠狠扔到地上。但欧阳修却不以为意,反对人说:"好花不开也。"若确有其事,则不得不说,欧阳修喜欢苏舜钦,包括喜欢后辈中才华更高的苏轼,那都是他们性格像,为人处世上简直一脉相承……

新仇旧怨下的王拱辰仿佛发现了猎物的猛虎一般无比兴奋,他已经在政治斗争中熟悉了规则,成熟了自己的技巧,贵为御史中丞的他,怎么能亲自去弹劾几个像苏舜钦这样的小臣呢?于是他便令自己台中的御史鱼周询和刘元瑜等上章弹劾,理由都已经找好了——苏舜钦、刘巽以监进奏院的部门领导身份,组织、伙同下属盗用公款吃喝享受,公然无视廉政纪律;苏舜钦又与王洙等馆阁官员放荡无行,同伎女杂坐一处,败坏朝廷官员形象,造成了极恶劣的社会影响;与会的江休复、周延让、周延隽三人俱是服惨未除,属于服丧期间不在家里哀恸反而跑出来寻欢作乐,简直禽兽不如;更有甚者如王益柔作《傲歌》谤讪周孔圣贤,人所畏闻,大害名教!综上而论,监守自盗按律当诛,谤讪圣贤按律当诛——一条条都是触目惊心的处罚建议。

进奏院聚餐眼看就要被做成了一桩大案!

除非——这个除非往往只能出自于上,而无法出自于下。不论下面的真相或在常理、逻辑上如何无辜都是完全无效的,只看有话语权的人如何定性和解读这件事。那么这种"上面"一般包括两个方面,一是如滕宗谅公使钱案子时一样,有范仲淹这样的宰执重臣撑腰辩护;二就是天子觉得你这不算啥大事,那就通常真不是个事儿。

官家赵祯在如今的不少人眼里大约是懦弱可欺的一个特好说话的皇帝,实际上他驾驭群臣、掌控朝政的本领一点不差,只是他性子里稳重保守的一面随着年龄增长逐渐占据上风,才颇有些无为而治的假象。可眼下他才三十五岁,一腔雄心抱负在现实面前遭到了狠狠嘲讽之后,他选择了暂时的妥协。因为他已经懂得,与士大夫共天下并非是一句空话,被称孤道寡弄糊涂了的话,就真的可能成为一个独夫,而独夫从来没有能真正掌控住一切的,往往到头来连善终都不可得。此时摆在三十五岁的赵祯面前实际上是两条路,一条是不破不立,将范仲淹、富弼等召回两府,给予他们更大的权力和信任,一股脑将新政继续推行下去,去解决皇考真宗留下来的诸多问题,去追求成为功业煊赫的一代雄杰英主;另一条路是镇之以静,让范仲淹等人继续在地方上,好把纷乱的朝野都稳定下来,需要的时候甚至可以让更多支持改革的官员外出,先去做好一个守成之君,把祖宗的基业至少能保持好,别折腾得国无宁日,到头来士大夫、百姓、史册都不说自己好,何苦来哉?如果选了第二条路,就必须依靠反对新政的那些大臣来处理帝国从上到下无数的日常事务和各种突发事件。官家赵祯已经能明白,天子的权力固然很大,但实际上也是依靠大臣来实现的。譬如要征讨番邦,以彰显天子之怒、大国威灵,那就需要宰执在边境为宣抚使,需要武将带兵去讨伐,需要文臣为随军转运使督办辎重粮饷……没有具体的文武大臣去做事的话,天子的诏令就只是空话,口含天宪的指挥连大内都别想出去!既然要用所谓的保守派大臣们,那就必须安抚那些对新政有意见的大臣和心怀嫉妒等各种原因的不满之人,让他们相信和肯定,皇帝从支持变法转而站在他们这边了,这就必须要有所明示。有时候,在帝国的政治游戏里,甚至于皇帝都要交一些投名状,这是权力规则的博弈,也是帝王的权术。三十五岁的赵祯在这么选择的时候,已经并没有多少心理负担了。更妙的是,他也看透了一点,比起动不动指斥别人为奸邪的这些支持新政的君子之党,那些保守派的大臣们显然更善于团结大多数士大夫。无他,这些人大多数追求升官发财,享乐太平,而他赵祯的底线也就是图个朝野安宁,图个太平。他用范仲淹是为了追求盛世,若是盛世不能至焉,反而闹得纷扰不已,那就不如退而求其次,选太平日子过吧!

就在一个月前,十月头上,西夏李元昊终于上了誓表称臣。要花钱便花钱吧,反正一年才绢十三万匹、银五万两、茶两万斤,加上一些节庆、生日杂七杂八的赏赐,远比军费开支来得划算!西夏既然和大宋议和了,外患的危机已然解除,那关起门来过日子的话,范仲淹似乎也不那么不可或缺了。

既然选好了路,剩下的就很简单了。

九重之内,高高在上的赵祯降指挥,进奏院一案,下南衙开封府根勘穷治!

从后来枢密副使韩琦的话中,似乎可以知道,当时甚至有中使宦官带着文书参与抓捕馆职官员,则似乎是官家赵祯以中旨、御批之类让内侍带着到开封府,指示南衙的"首都市长"立刻将进奏院一案涉案人员全部捉拿起来。

这大约就是我们如今说的"顶格处理"了。

王拱辰的进步就在于他这一次与滕宗谅公使钱一案时完全不同,他终于把握住了官家的心思,官家厌倦范仲淹他们闹得天下纷纷的新政了,更厌倦他们公然以君子党自居的作态,谁能利用好官家的想法,借助好官家的力量,谁就能立于不败之地!

开封府的差役当然不比地方州郡衙门里的那些不晓得上层风向、不懂得察言观色的土包子。他们见到带队的居然是宫里出来的中贵人,又见到天府尹吴育这位"权知开封府事"的"首都市长"亲自训话,谁还不明白这怕是官家要对馆阁里的那些平日他们差役眼中的神仙们来个严惩不贷？于是当苏舜钦、王洙、王益柔等馆职在身的官员一个接一个被抓回开封府的当日,见到这一幕的朝野民众无不骇然。这可是当今仁圣天子的太平时日,谁曾见过清贵馆阁的名流们这样斯文扫地？

这下,可不光是王拱辰任台长的御史台猛烈攻讦苏舜钦等人,龙图阁学士、史馆修撰宋祁与右正言、知制诰张方平也上奏支持王拱辰等台谏言路的弹劾,声称王益柔作《傲歌》诋毁圣贤,其罪当诛。按史料中《续资治通鉴长编》李焘的说法,这是因为王益柔也是由范仲淹举荐的,而宋祁、张方平想要借严惩王益柔而牵连到已经出外的范仲淹身上。新政实际上已经失败,但宋祁、张方平又是为何群起交攻呢？

宋祁与范仲淹的仇怨和矛盾的一大原因大约是他兄长宋庠曾经"请斩范仲淹"。庆历元年(1041年),时任龙图阁直学士、户部郎中、陕西经略安抚副使兼知延州的范仲淹与西夏的李元昊私通书信,又焚毁删改元昊本来长达二十六页纸的回书,这在朝廷中掀起轩然大波。当时有许多大臣认为,范仲淹不应该与元昊自说自话地通以书信,更不可焚改元昊的报书,这岂不是欺瞒愚弄君父朝廷吗？参知政事宋庠便是其中一名极其反感范仲淹做法的大臣,巧的是彼时吕夷简当权,两府宰执大多不敢忤逆他,只有宋庠多次和他理论。于是吕夷简便对宋庠道,人臣无外交,希文(范仲淹字)何敢如此？于是宋庠看到宰相也支持自己,便在御前会议讨论此事时突然提出范仲淹当诛,请斩之以谢天下。枢密副使杜衍马上力言不可,因为范仲淹如此做并不是怯懦畏敌,而是出于为国为民,与元昊虚与委蛇,试探他而已。宋庠以为吕夷简会支持自己,没想到吕相公却说杜衍说得对,最多薄责意思一下就是了,不然往后谁还敢为国家实心办事？宋庠此后在这一年五月被罢参知政事,应当也有此一层原因在。故而宋祁、宋庠弟兄俩,与范仲淹一派结下了梁子。

张方平之反对范仲淹和请诛王益柔则略需费一番思量了,何以他后来十分欣赏行事风格颇不羁的苏轼,却容不下此时的王益柔呢?固然王益柔的诗文才华,必是远逊于苏东坡的,但在当时也是一时之名士,何以如此呢?这或许与张方平年轻时不喜欢张狂、激进之人有关,如其对石介便是十分不屑,在看到石介给苏颂的书信后,直截了当地对苏颂道:"吾弟何为与此狂生游?"后来在庆历六年(1046年)权同知礼部贡举时,张方平亦曾说"至太学盛建,而讲官石介益加崇长,因其好尚,浸以成风,以怪诞诋讪为高,以流荡猥烦为赡,逾越绳墨,惑误后学",对石介的文章风格之评价极其负面。而王益柔《傲歌》之狂慢,则远在石介言行作风之上。再者,苏舜钦动辄"便将决渤澥,出手洗乾坤"以及"掉舌灭西寇,画地收幽燕"的言辞,想来也是令张方平不喜的。这或许就能解释,何以张方平实际上有许多政治主张接近庆历新政,但他仍要与宋祁一起反对范仲淹。因为大家不是一路人啊,没法一起做事!

对于台谏和诸大臣们激烈的反应,官家赵祯自然要装模作样地问问两府宰执的意见。而宰相章得象无所可否,不过是观望官家和其他宰辅以见风使舵而已;枢密使贾昌朝则本就暗中支持着王拱辰等人对范仲淹一党的攻击,于是更加建议严惩重办。

枢密副使韩琦见到御前辅臣们都是如此言语,终于也是按捺不住,道:"益柔少年狂语,何足深治?天下大事固不少,近臣同国休戚,置此不言,而攻一王益柔,此其意有所在,不特为《傲歌》可见也!"

确实,王益柔年少轻狂,酒喝多了说几句傲慢的话,原算不得什么大错,因言获罪也非太平盛世所应该出现和提倡的。更何况,天下间急须处理的大事本来就不少了,而宰辅重臣们近在天子左右,乃是与国同休的士大夫,却放任着要紧事情不建言献策,专把心思放在攻讦王益柔身上,究竟是何居心呢?难道真的只是为了《傲歌》?

此时韩琦的话语自然让章得象、贾昌朝等人极不高兴,合着就你韩稚圭是忧国忧民的社稷之臣,我们因为主张严惩王益柔、重办进奏院案子就都成了别有用心的奸臣?

官家赵祯看着言辞犀利、寸步不让的韩琦,当即好言安抚了几句。但进奏院案子的处罚结果却仍是那么的触目惊心。

庆历四年十一月七日(甲子),诏令下达——监进奏院右班殿直刘巽、大理评事集贤校理苏舜钦并除名勒停;工部员外郎、直龙图阁兼天章阁侍讲、史馆检讨王洙落侍讲、检讨,知濠州;太常博士、集贤校理刁约通判海州;殿中丞、集贤校理江休复监蔡州税;殿中丞、集贤校理王益柔监复州税,并落校理。降太常博士周延隽为秘书丞;太常丞、集贤校理章岷通判江州;著作郎、直集贤院、同修起居注吕溱知楚州;殿中丞周延让监宿州税;校书郎、馆阁校勘宋敏求签书集庆军节度判官事;将作监丞徐绶监汝州叶县税。

这份处罚结果自然让许多人大吃一惊,因为确实太重了!

受到最严重处罚的自然是进奏院的两位主管领导,监院刘巽与苏舜钦。二人的处罚叫"除名勒停"。所谓"除名"即是"追毁出身以来文字"的意思,从官籍中除去,废黜为庶民百姓!"勒停"则是开除一切官、职、差遣,全面停止行使职事的权力!用现在的话来说就是公职全开,并且从国家公务员队伍中扫地出门。废为庶民,这可真是比死还难受了!

王益柔总算逃过一死,但他和其他馆阁同僚们一样,都受到了贬官偏远州郡的处罚,且被褫夺了馆阁职务。

王拱辰一时间恨不得与人弹冠相庆,他长出了口恶气:"吾一举网尽矣!"

梅尧臣虽然未参见此次聚会,但听闻诸人被重罚、贬谪之后,乃写下"主人有十客,共食一鼎珍。一客不得食,覆鼎伤众宾"的诗句(《杂兴》)。这"一客不得食"指的恐怕就是太子中舍李定了。

那么范仲淹、富弼、欧阳修就没有为苏舜钦说几句话吗?虽然三人都已经不在京师中央了,但毕竟还是朱紫大员,就不能为进奏院案说上几句公道话么?

还真不能。

因为就在五天后的十一月十二日(己巳),官家赵祯下达了一道措辞严厉、训诫群臣的诏书:

> 朕闻至治之世,元、凯共朝,不为朋党。君明臣哲,垂荣无极,何其德之盛也。朕昃食厉志,庶几古治。而承平之敝,浇竞相蒙,人务交游,家为激讦,更相附离,以沽声誉。至或阴招贿赂,阳托荐贤。又按察将命者,恣为苛刻,构织罪端,奏鞫纵横,以重多辟。至于属文之人,类亡体要,诋斥前圣,放肆异言,以讪上为能,以行怪为美。自今委中书、门下、御史台采察以闻。

斯文之薄:庆历三案与理想的衰亡　　87

这份诏书,相信范仲淹、富弼、欧阳修等在外的变法派大臣于邸报上看到后必定是近乎心死的。因为天子几乎将新政彻底否定,并指斥变法大臣的队伍中多有无行之人,且将天下最大的弊病归结于"朋党"！而朋党,正是反对新政的大臣们攻讦范仲淹等人最频繁的一个理由,也是夏竦奸计施展之后诸"君子党"重臣唯恐避之不及的一个罪名。

诏书里,皇帝开门见山地说,上古伟大的盛世,贤臣盈朝,人才济济,没听说他们搞朋党！那时候人君英明,大臣睿哲,仁政之光遍布四海而不知其极,这真是盛德难言！想必是现在道德水准下降了,国家和社会才出了问题,那么道德水平变差了究竟是皇帝道德不行了,还是大臣们道德不行了呢？

天子接着先自证清白,他表示自己宵衣旰食,基本都是起早贪黑,天天忙到过了中午才吃上第一口早饭,奋发图强地要向上古贤君学习。可见,道德败坏的责任不在皇帝这儿啊！那只能在大臣身上了吧,是你们道德不如三代时候的八元八恺这样的贤臣。

现在天下承平,大臣们无不是追名逐利,上下欺蒙,几乎人人致力于打造关系网,家家书斋里藏着能够背后捅人刀子的黑材料,又惯于依附用事大臣,见风使舵地钓取直名。以至于到了暗中招权纳贿,表面上则仿佛出于公心举荐贤才的无耻地步！又比如前些时日奉命按察地方的朝廷官员,恣肆妄为地一味苛刻,大搞罗织罪名、严刑峻法之事,导致审刑院、大理寺几乎全是地方监司、州郡官员的案子。但在朕看来,大部分都是无辜的,都是按察使们唱歪了经！

再者,近来朝廷里颇有一些写诗文的官员,大多是些毫无体统之辈,诋毁、指斥先贤,放肆乖张地说一些离经叛道的疯话,把谤讪君父朝廷当成是个性,又以行为怪诞当成品行高洁的美事——这显然是指着苏舜钦等馆阁官员的鼻子在骂了。

因此,从今往后,要令中书门下(政事堂)和御史台多关心这类事情,及时上报处理！

夏竦、贾昌朝这样的人看了这份诏书,当然是高兴坏了。还有一些以章得象为代表的宰执、两制重臣,也是会不动声色地在心里窃喜的。何哉？我们这些大宋官员勤勤恳恳、兢兢业业,力求朝野太平,你范仲淹一伙人偏要显摆自己有能耐,把我们都比成了尸位素餐的庸夫,现在给官家全盘否定,真是苍天有眼,陛下圣明！

章得象是宰相,还有很多和他工作风格相似但远不如他好运和有本事的官员其实就是参透了一个道理:范仲淹身负天下人望又怎样?这所谓的人望不过是你们自号君子的朋党之幻想罢了!老百姓要么是愚昧不堪,要么就是顽劣刁钻,他们大字都不识几个,谁能知道朝廷的政策,谁能勘破重臣们的贤愚?他们只知道畏惧父母官,又或者偷奸耍滑,才不会管什么新政和君子!天下少了范仲淹一派人照样转得起来,但少了其他官员就要寸步难行!因为天底下到底是保守平庸的人多啊!

　　以"朋党"的大帽子扣在范仲淹改革集团的头上,这个时候他们自然是无力抗争和辩解了。

　　正在西部为国戍边的范仲淹看到诏令内容后,立刻上表乞请朝廷罢免自己参知政事的副宰相职位,改知邠州。

　　却说范仲淹的奏疏到了御前之后,官家赵祯心想,这范希文也算是知道进退,便顺水推舟,准许他辞去副相和改知州郡的请求吧!但这毕竟关乎到宰执的罢免,按例通常都是要和两府大臣们商议的。于是赵祯便问自己的首相,关于此事,相公是何看法。

　　章得象虽然无所建树,专以模棱两可、迎合上意为能,平日韬光养晦,但关键时刻的话语却极是毒辣要命。

　　这位昭文相公道:"仲淹素有虚名,今一请遽罢,恐天下谓轻黜贤臣,不若且赐诏不允。若仲淹即有谢表,则是挟诈要君,乃可罢也。"

　　赵祯一听,这章得象说得十分在理啊。范仲淹声望甚著,可谓是闻名遐迩,朝野间其拥趸不少,如果现在他一上奏疏就立刻罢免其副相职务,只怕是天下人要说自己轻易罢黜贤良!因而不如赐诏不允,以示抚慰。如果这时候范仲淹立刻上谢表表示谢恩,不辞参知政事了,那岂不是就可以向天下表明,此乃范仲淹以奸诈之心要挟君父,到时再罢副相那就名正言顺了!

　　十二月初,朝廷正式册命元昊为夏国主,更名曩霄。册文中皇帝赵祯不免要放几句漂亮的场面话。但三川口、好水川、定川寨等的战败,都被一句"向以称谓非正,疆侯有言,鄙民未乎,师兵劳成"给糊弄过去了,李元昊的僭越称帝、边疆的烽火警报、宋军接二连三的耻辱都被一笔带过。不仅如此,反而要强调"而能追念前眚(shēng),自归本朝,腾章累请,遣使系道,忠悃内奋,誓言外昭,要质天地,暴情日月"——原来李元昊认错态度实在太好了,屡屡上章请求重新归顺大宋,派来求和的使者在西北到东京的官道上络绎不绝,真是个内在大大的忠贞,口头上也对天地发誓,忠贯日月、爱大宋的党项好人啊!似乎,是大宋和官家赵祯勉为其难地又接纳了叛逆的西夏。

西夏与大宋的使者就在官道上这样来回往复,西夏得到了实在的好处,大宋得到了一点尴尬的面子,但总算是各取所需,就是不知道能不能算皆大欢喜了。

此时范仲淹的谢表也送到了东京,章得象、贾昌朝都喜不自胜,看来范仲淹棋差一招了啊!

官家赵祯看着范仲淹谢恩的奏表,完全印证了章得象的推断,他范仲淹果然还是贪恋着执政的位子,甚至想要再回政事堂掀起风雨!

恰好这时候富弼自河北赴阙,都快到京师汴梁城外了,刚刚从太常博士升右正言而入谏院为言官的钱明逸便望风希旨,迎合章得象、贾昌朝、陈执中等宰辅的心意,乃向官家进言,说富弼更张纲纪,纷乱国家制度,又结党弄权、打压异己,使得满朝畏惧,奸恶如范仲淹一般。

然后钱明逸又怕官家忘了似的,继续指出,说范仲淹自从庆历四年受命宣抚河东、陕西之后,因为听闻了陛下戒励朋党的诏令,心里不免害怕罪行彰显败露,就诡称疾病乞求医治。然而他才见到朝廷并无处置责罚,于是立刻上章假意请朝廷罢免自己的副相职务,其实不过是为了留住参知政事的执政官衔、巩固权位,以这种手段来平息朝议罢了!可见范仲淹欺诈之言行十分明了!朝廷应该及早将他废黜,以安天下之心,使奸诈之人不敢模仿,以儆效尤!

于是,庆历五年(1045年)正月二十八(乙酉),诏:

> 右谏议大夫、参知政事范仲淹为资政殿学士、知邠州兼陕西四路缘边安抚使;枢密副使富弼为资政殿学士、京东西路安抚使、知郓州。

也就是说,范仲淹和富弼都被罢免了执政官衔,不再是参知政事和枢密副使了。

此时的两府中,首相是同平章事兼枢密使、昭文馆大学士章得象,次相是庆历四年九月晏殊罢相出知颍州后刚刚拜为集贤相的杜衍;枢密使是与杜衍拜相同日升为枢筦的贾昌朝,参知政事是陈执中。而范仲淹与富弼都已出外,韩琦虽然仍在两府之中为枢密副使,但实际上已经岌岌可危。

杜衍是苏舜钦的丈人，又是支持范仲淹新政的宰辅，此时也颇感孤立无援。不久前蔡襄、孙甫因为见到新政夭折，范仲淹、富弼离开东京，便也上章乞请出外。孙甫本就是杜衍所举荐，当时由于谏院缺人，中书便乞留孙甫等在谏院供职。御前会议上，官家赵祯也确实颔首同意了。杜衍回到政事堂后便令文书小吏出劄子，令孙甫等在谏院中供职如旧。随后首相章得象和次相杜衍自己都签署了名字，结果到了参知政事陈执中那里，他却不肯署名了。陈执中提出质疑，说官家并无明确旨意，不过是点头罢了，为人臣子的，应当复奏，再请官家裁断，怎么能这么鲁莽地决定言官的去留？杜衍一听，心生畏惧，乃把劄子烧毁作废了。没成想，陈执中反而借此跑到皇帝面前进谗，说杜衍想要以朋党之私照顾蔡襄、孙甫，好让二人在谏院为其口舌，从而欺君罔上、擅权乱政，等臣察觉了其奸邪之情，居然又焚劄子以毁灭证据，怀奸不忠可谓确矣！

官家赵祯想着陈执中的话，更想到了深层的各种问题，于是在罢免范仲淹、富弼的两府执政之后，又继续下令：今夜翰林学士院锁院，草白麻大制！

这件事，杜衍身为宰相事先居然不知道。翰林院锁院草制，宰臣一无所知，通常只会是故意不让你知道。至于不让杜衍知道的原因其实十分简单，今夜所草的白麻大制正是杜衍罢相的大诏令！

官家赵祯在内东门小殿看着翰林学士承旨丁度所写的制词，若有所思地望了一眼天章阁的方向。只见白麻之上极大的字体分分明明地写着：

自居鼎辅，靡协岩瞻，颇彰朋比之风，难处咨谋之地。顾群议之莫遏。岂旧劳之敢私！……可特授行尚书左丞、知兖州军州事、兼管内劝农使、管勾兖州仙源县景灵宫太极观公事、改赐推诚保德崇仁翊戴功臣。仍放辞谢。

写得真好啊！赵祯这样想着。杜衍自去年九月拜相以来，不知道和范仲淹等人划清界限，不能团结朝臣，也无法得到百官们的支持，反而继续袒护亲信，助长朋党之风，这不是能处身于两府重地的言行啊！既然群情难遏，都说你杜衍百般不是，那也莫怪朕不念你旧时劳苦了！

正月二十九日，范仲淹、富弼被罢执政的第二天，杜衍罢相，以尚书左丞的本官出知兖州。

同日，反对新政的枢密使贾昌朝拜相，以同平章事兼枢密使、集贤殿大学士。曾"请斩范仲淹"的宋庠为参知政事；捉拿苏舜钦等馆阁官员的权知开封府吴育除枢密副使。

三月五日(辛酉)，韩琦罢枢密副使，以资政殿学士出知扬州。

至此，可以说，无论从实际还是表面而言，范仲淹主导的庆历新政都已经完完全全被官家赵祯抛弃了。

盗甥与死人

与这些两府宰执班子相比，或许苏舜钦这样一个小臣的除名勒停就颇不值得注意了，但以他的视角和悲喜际遇正可以给我们理解庆历新政失败后的许多事情以一个切近的参照。

苏舜钦在写给欧阳修的信笺中说：

舜钦不晓世病，蹈此祸机，虽为知己者羞，而内省实无所愧。恐流言奉惑，不避缕述。自杜丈入相已来，群公日相攻谤，非一端也……且进奏神会，比年皆然，亦尝上闻，盖是公宴。台中谓去端闱不远，以榷货务较之，孰近(榷务后，邸中两日作会甚盛)？若谓费用过当，以商税院比之，孰多？舜钦或非时为会，聚集不肖，则是可责也。原叔(王洙字)、济叔(吕溱字)辈，皆当世雅才，朝廷尊用之人，因事燕集，安足为过？卖故纸钱旧已奏闻，本院自来支使，判署文记前后甚明，况都下他局亦然(不系诸处账管)，比之外郡杂收钱，岂有异也(外郡于官地种物收利之类甚多，下至粪土、柴蒿之物，往往取之，以助筵会)？当时本恶于胥吏辈率醵[(lùjù)计算收宴会钱]过多，遂与同官各出俸钱外，更于其钱中支与相兼，皆是祠祭燕会，上下饮食共费之。今以监主自盗定罪，减死一等科断，使除名为民，与贪吏揩官物入己者一同(始府中敕断，追两官，罚铜二十斤；后六日，府中复遣吏来取出身文字，殊不晓)。阁下观其事，察其情，岂当然乎？舜钦虽不足惜，为国计者岂不惜法乎(自有他条不用，私贷官物，有文记准盗论，不至除名，判署者五匹，杖九十，其法甚轻)？审刑者自为重轻，不由二府，苟务快意，坏乱典刑[丁度怒京兆不逐之翰(孙甫字)也]。二相恐栗畏缩，自保其位，心知非是，不肯开言(上有怒意，皆不敢承当)。复令坐客因饮食被刑,斥逐奔窜,衔愤沥血,无人哀矜,名辱身冤,为仇者所快,椎毂之下尚尔,远民冤滥,孰肯更为辨之?近者葛宗古、滕宗谅、张亢所用官钱巨万,复有入己,惟范公横身挡之,皆得末减,非范公私此三人,于朝廷大体,实有所补多矣。……舜钦年将四十矣,齿摇发苍,才为大理评事,廪禄所入不足充衣食,性复不能与凶邪之人相就,近今得脱去仕籍,非不幸也。自以所学教后生、作商贾于世,必未至饿死,故当缄口远遁,不复更云。但以遭此构陷,累及他人,故愤懑之气不能自平,时复嵘嵘(róng)于胸中,一夕三起,茫然天地间无所赴愬(shuò)。天子仁圣,必不容奸吏之如此,但举朝无一言以辨之,此可悲也……舜钦素为永叔奖爱,故粗写大概,幸观过而见察也。苦寒,伏望保重,不宣。舜钦再拜。

新政的高官中,苏舜钦与欧阳修最是亲善,他在这封书信里吐露了许多可怜可悯的心声。苏舜钦虽然在政治上完全不算仕宦的高手,但总也是一个聪明人,他亦知道,自己的丈人杜衍在范仲淹等出外之后拜相,被反对新政的大臣们日夜忌恨,因而进奏院案子说到底,是要借着重贬他们而牵连都宰臣杜衍、范仲淹等。

但就事论事的话,进奏院赛神会筵席,近些年来哪一年不办?官家也曾听闻,知道都是公宴,是部门聚餐;御史台说进院酒会离大内皇宫太近了,全无体统,那敢问和权货务办的筵席比起来,到底哪个衙门的酒宴离宫门更近?何况权货务在进院酒会之后办的那场聚餐,排场之大,御史台都没看到么?如果说公款吃喝,花费铺张,那和商税院聚餐所用开销比一比,到底哪个才是奢华豪侈?

苏舜钦极其愤懑地对欧阳修抱怨说,进院卖废纸的事情过去就曾奏知天子,一直都是进院内部自己开销的,出账入账都十分清楚,更何况京师其他衙门也是这样各有小金库的,别说地方州郡了!再者,当时大家甚至贴了钱,并非全吃的公款!现在居然按照监守自盗定罪,比照死刑减一等判决,把我苏舜钦除名为布衣百姓,和贪官污吏一般!永叔,难道这个事情真的应该如此嘛!与会的馆阁诸人居然因为饮酒用膳的事情遭遇重罚,远窜国门之外,新政已亡,而庸夫奸佞喜不自胜,试问这样下去,京师的文臣尚且不能免于含冤负屈,则地方上的小民黔首,如果横遭陷害,还有谁能为其辩护?

苏舜钦亦是在政治上看不清楚许多事情。他又抱怨说首相章得象和自己的丈人次相杜衍只知道明哲保身,不肯秉公言事。实际上章得象分明是在幕后等着落井下石,而杜衍已经在反对派大臣的包围中成了个光杆司令,纵然两府尚有韩琦,又如何回天?苏舜钦的怨气还没完,他想到滕宗谅一案时,这么大的涉案金额,范仲淹为友人横身挡之,果然最后从轻发落,连天章阁待制的馆阁职名都没被褫夺,可如今却不为自己说一句话!他甚至要提一句滕宗谅等人在公使钱上"复有人已",大约也不是绝对无辜,可见他此时的郁郁不平!

但我们也很难去苛责苏舜钦不体谅范仲淹的难处,苏舜钦当时虽然才三十有八,尚未不惑,却已牙齿松动,长出了些许白发,官却刚刚做到大理评事,俸禄甚至不够一家人体面生活的,如今更是一朝被废为庶民!他一面说自己性格上就不擅长和凶恶的奸佞们相处,更遑论相斗了,如今离开国门到地方上做一个百姓未必是不幸;但一面又说自己愤懑难平,心里面好像有着几座大山似的压着自己,然而天地虽大,却无处可以申诉!他更要向欧阳修重申"举朝无一言以辩之,此可悲也"!

欧阳修比起苏舜钦来,在跌了跟头之后,对当时政治环境的凶险与诡谲是有着更深的理解的。因而即便是耿介率真的他,也未能发一言。

欧阳修只能在书信的末尾写道:"子美可哀,吾恨不能为之言!"又联书一行云:"子美可哀,吾恨不能言!"

欧阳永叔终于明白,在新政已经失败的当下,是非对错根本无关紧要,官家在乎的岂是对错,官家心中装的是朝堂和天下,这任何事情上升到了这种高度,对错已经不是第一重要的了,甚至有时候对错可以完全不重要,黑白颠倒都没有关系。所以他欧阳修知道,说与不说,都救不了苏舜钦,可怜啊,苏子美!在那些反对派重臣眼中,他苏舜钦不过是一个在政争的权力游戏里被碾碎的小棋子,仅此而已啊!

苏舜钦是很有抱负和悲天悯人的情怀的,这一点他与同样字子美的杜甫很像。

庆历四年正月的时候京城下起罕见的大雪,天寒地冻,到了三月时候居然又闹起了春旱。严重的灾情导致东京城郊外饿殍遍地。目睹惨状的苏舜钦曾作诗寄给欧阳修,此即《城南感怀呈永叔》,其中有云:

> 老稚满田野,斫掘寻凫茈(fú cí)。此物近亦尽,卷耳共所资。昔云能驱风,充腹理不疑;今乃有毒疠,肠胃生疮痍。十有七八死,当路横其尸。犬彘咋(zé)其骨,乌鸢啄其皮。胡为残良民,令此鸟兽肥?天岂意如此?决荡莫可知!高位厌梁肉,坐论搀云霓。岂无富人术,使之长熙熙?我今饥伶俜,悯此复自思。

苏舜钦见到天子脚下,辇毂首善之地,尚且在冬雪春旱之后饥荒至于如此,可想而知其他地方!放眼望去,老人带着幼童在田野里寻找荠菜来勉强充饥,挖光了荠菜就只能吃苍耳子当食物了。照道理确实吃一点没大碍,但不少人吃了后却肠胃不适,又无钱延医问药,结果十有七八死在田埂野外。苏舜钦看到的是野狗和乌鸦、老鹰来啄食倒毙在路上的人之皮肉骨血。他情难自禁地质问这天地的无情,然而天意从来高难问,更可恨的是朱门酒肉臭,锦衣玉食的衮衮诸公只会夸夸其谈,什么时候才真正让老百姓安乐度日?

然而才过了没多久,就轮到他自己体验一回布衣黔首的感觉了。苏舜钦收拾行囊,带着家人准备往苏州去。梅尧臣虽然未参加进奏院的聚会,但在这个鲜有人敢来为苏舜钦送行的时候,他来了。

梅尧臣高唱道:"勇为江海行,风波曾不惧。但欲寻名山,扁舟无定处……"

人生至此,或是故作豁达,或是洒泪垂泪,总之是片帆高举,南浦愁烟,断鸿声远长天暮的离别戚戚之意。只道是相逢未几还相别,细雨蒙蒙,明朝去路云霄外,欲见无从了!

苏舜钦一路向南,到了淮阴,他留下一首极堪玩味的《淮中晚泊犊头》:

春阴垂野草青青,时有幽花一树明。晚泊孤舟古祠下,满川风雨看潮生。

好一句满川风雨看潮生啊,潮起潮落的又何止是人生,更是天下间的兴衰事业,或许我们都只是时代大潮里被裹挟着进退浮沉的鱼鳖而已,却曾误以为是弄潮的巨人,到头来不过是善游者溺,就连九重之内、宝座之上的官家赵祯,他便真的自由么?

庆历五年三月初时,韩琦眼见范仲淹、富弼以及宰相杜衍都先后被罢,三十八岁的韩琦终于也忍耐不住,乃上疏为诸人,尤其是富弼鸣冤叫屈。韩琦在奏疏中说:"陛下用杜衍为宰相,方及一百二十日而罢,必陛下见其过失,非臣敢议。范仲淹以夏人初附,自乞保边,朝廷因而命之,固亦有名。至于富弼之出,则所损甚大……窃见富弼大节难夺,天与忠义。昨契丹领大兵压境,致谩书于朝廷,仓卒之间,命弼使敌。弼割老母之爱,蹈不测之祸,以正辩屈强敌,卒复和议。忘身立事,古人所难,故近者李良臣自北来归,盛言北朝自其主而下,皆称重之……去年秋,北朝点集大兵,声言讨伐元昊。朝廷未测虚实,弼以河朔边备未完,又自请行。于今在外,已是半年,经久御戎之术,固已蓄于胸中。事毕还朝,甫及都门,未得一陈于陛下之前,而责补闲郡,中外不知得罪之因,臣亦痛弼有何负于朝廷,而黜辱至此?"

韩琦先是提醒官家赵祯,庆历二年契丹趁火打劫,屯兵边境而遣使索求关南之地,当时宋夏正在交战,辽国又来插足,形势十分危急,但此时契丹颇有势在必得的贪婪要挟之态,出使辽国凶险叵测,竟然无人敢前往,而正是富弼不顾生死与家人,毅然为国远行契丹,终于不辱使命!又说去年秋以来,富弼出为河北宣抚使,到如今已有半年,河朔敌我之情应当是颇为明晰了,事毕还朝之时,照道理边帅赴阙,多是要召对陛见的,何况是宣抚使!结果刚到京师国门之外,还没来得及见陛下一眼,居然便又给打发到地方上去了,朝野中外都震惊莫名啊,敢问富弼有何对不起朝廷的地方,要受到如此的贬黜和侮辱?

韩琦的策略大约是要保住富弼,因为他知道范仲淹、杜衍已经是不可避免地远离朝廷中枢了。然而他向官家提出的改知富弼定州,仍兼都部署职务,令其赴阙奏对河北公事,而朝廷专以北面军务委诸富弼的建议起作用了吗?韩琦甚至还进一步提出,以西面军务委诸范仲淹,然而这个让富弼赴阙陛见,以求在奏对时让官家改变心意,改善其对变法派印象的策略并没有成功。结果很残酷,是"疏入不报",皇帝赵祯完全没有理睬这位枢密副使。

韩琦便也终于明白,于是自请出外,庆历五年三月五日,他被罢免执政,外放扬州。

在河北任都转运按察使的欧阳龙图看到连韩琦都被赶出了东京,执政的差遣也丢了,他义愤填膺,完全忘了之前的朋党嫌疑,也上疏言事,可他并不能预料,就是这一次雄辩的上疏,很快就将给自己惹来难以置信又难以辩解的、天大的麻烦。

欧阳修在奏疏中道:"臣伏见杜衍、韩琦、范仲淹、富弼等,皆是陛下素所委任之臣,一旦相继而罢,天下士皆素知其可用之贤,不闻其可罢之罪。臣职虽在外,事不审知,然臣窃见自古小人谗害忠贤,其识不远,欲广陷良善,则不过指为朋党;欲摇动大臣,则必须诬以专权……臣料杜衍等四人,各无大过,而一时尽逐,富弼与仲淹委任尤深,而忽遭离间,必有朋党、专权之说……盖杜衍为人,清慎而谨守规矩,仲淹则恢廓自信而不疑,琦则纯正而质直,弼则明敏而果锐,四人为性,既各不同,虽皆归于尽忠,而所见各异,故于议事,多不相从。至如杜衍欲深罪滕宗谅,仲淹力争而宽之;仲淹谓契丹必攻河东,请急修边备,富弼料九事,力言契丹必不来;至如尹洙,亦号仲淹之党,及争水洛城事,韩琦则是尹洙而非刘沪,仲淹则是刘沪而非尹洙。此四人者,可谓公正之贤也。平日闲居,则相称美之不暇;为议国事,则公言廷争而无私。以此而言,臣见杜衍等真得汉史所谓忠臣有不和之节,而小人谗为朋党,可谓诬矣。"

欧阳修非常不客气地指出,杜衍、韩琦、范仲淹、富弼等都是官家亲自擢用的宰执大臣,现在接二连三的罢免,中外惊惧疑惑,但陛下圣明,想来总是小人谗言所致!只是奸邪谗害忠良,左右不过是说君子们结成朋党,然后把持朝政、专权祸国。但是考察四人的个性和国事上的纷争,可以看到例如滕宗谅一案杜衍主张严惩而与范仲淹意见不同;庆历四年六月时范仲淹以为辽国必入寇河东,而富弼力言反对;再如修水洛城事,人人都说尹洙是范仲淹党羽,但尹洙与韩琦都反对修水洛城,而范仲淹却支持刘沪这样一个违背文臣节制的小小武臣——可见这就是君子和而不同,纯粹是为了国事罢了,并不会徇私忘公。

欧阳修又继续反驳范仲淹等人专权之说,但他却不过是关心则乱。自古以来,大臣是否结党、宰辅是否专权,这种事情的解释权从来只在天子那里。皇帝需要一个派系去做事的时候,你们就不是朋党;需要一派人去平衡另一派人的时候,则也不是朋党;同样的,官家需要宰臣推行自己的政策时,他不在乎给予宰辅更多的信重和权力。但当皇帝不想用这派大臣了,那你们就是结党营私;想让一个宰执被罢免了,那你就是有专权之嫌!许多时候,帝国政治生态中的最终解释权,哪里是在台谏和大臣们口中,而是仍在最高统治者那里啊!只是这个最高统治者,他亦受到政治制度本身的限制,只能在这个制度体系内去尽可能使用自己的权力。

在奏疏的末尾,欧阳修又使用了大规模杀伤性武器,将反对新政的大臣一概称为奸邪。他说:"(范仲淹、富弼、韩琦、杜衍等)一旦罢去,而使群邪相贺于内,四夷相贺于外,此臣所以为陛下惜也!"然后他也与韩琦一样,开始教官家怎么做事,说范仲淹在西北有四路军务之重任,姑且也就算了,而方此辽、夏纷争之际,正是大有为之机,怎么能把韩琦、富弼这样的贤臣扔在地方上投闲置散呢?因此他便请皇帝三思,还是快重新重用二人为好!

结果仍然是"疏入不报",而被欧阳修骂为奸邪的许多大臣则更加记恨起他来。欧阳修没能等到天子回心转意,等来的却是走了年老的章得象,来了新的昭文相公

斯文之薄:庆历三案与理想的衰亡

贾昌朝拜首相！同日,陈执中由参知政事拜相；隔了一天,吴育为参知政事；丁度为枢密副使……反对新法的大臣们正在弹冠相庆。

而范仲淹新政班子仅剩的几名尚在京为官的"幸存者"或处罚相对较轻的官员也正开始被连根拔起,相继被贬谪重黜。

五月,知制诰兼知谏院余靖被监察御史刘元瑜等人弹劾在出使契丹时有失大宋使者体统,请加罪。是的,又是这位刘元瑜。至于具体的罪名现在看起来十分荒谬,说余靖前后三次出使辽国,颇习得契丹语,曾经在面对辽国国君时作番语诗,如此谄媚外邦,实属辱国！看来外交官懂外语反倒是过错了。于是出余靖知吉州。七月,直龙图阁、知潞州尹洙贬崇信军节度副使,罪名则是公使钱上有经济问题。

然后,便是打向欧阳龙图的狂风骤雨！

却说东京城浚仪桥上正走过几个差役,拘拉着一男一女,汴河自桥下汩汩地流过,两岸的行人不免都驻足观望了一番那被差役押着的男女二人。见那女子穿着一件做工颇考究的直领对襟褙子,此时被拘索着却仍体态婀娜,轻罗碎摺裙随风摆动,直是令人瞩目。那男子却是一身仆役打扮,无甚稀奇。

在开封府的衙门里,坐镇南衙的权知开封府事乃是杨日严。他这会正颇悠闲地享受着午后难得的慵懒惬意。开封府事务极其繁琐,像这样可以点茶品茗而神游物外的时间可是少之又少。

杨日严刚刚喝了一会茶,见府判来到自己身边,耳语了几句,他闻言顿时面色数变,由惊愕而狂喜,再变得仿佛古井无波。于是这位帝国的"首都市长"乃从容站起身道："本府要亲自审问人犯！"

杨日严很快就弄清了事情的来龙去脉,这女子姓张,乃是张龟正之女,故称张氏,而这男子乃是其家中奴仆,名唤陈谏,二人奸通,为人告发,于是被开封府捉拿归案。但若只是如此,那么一桩寻常的女主与奴仆苟合私通案,贵为开封府长官的杨日严是绝对不会留心过问的。然而,这张氏如今的丈夫名叫欧阳晟——他正是堂堂龙图阁直学士欧阳修的侄子！这还只是其一呢。原来,欧阳修早年有个妹妹嫁给了张龟正,但张龟正不久病逝,这女儿张氏则是张龟正与前妻所生,当时不过才四岁。欧阳修的妹妹于是将四岁的张氏一并带回家中,自此便养于欧阳修的宅子里,到了及笄之年,差不多十五岁样子,欧阳修乃将张氏嫁给了自己的侄子欧阳晟。换言之,这样算起来,张龟正是欧阳修的妹婿,张氏也姑且算欧阳修的外甥女。

一个阴谋顷刻间便在杨日严脑海中勾勒出了全貌。他心中不住地冷笑,过往自己在益州为官时,曾被欧阳修弹劾贪污恣肆之事,这下正是所谓天道好轮回,该到你欧阳学士倒霉的时候了!

一个堂堂的帝国京师长官要做一些手脚,自然不需要亲自出马。此时的张氏与仆人陈谏正被拘押于开封府右军巡院的牢狱内。于是得了暗中吩咐的狱吏乃私下说与张氏,教她如何攀诬到欧阳修身上,欧阳修如此大官,自然可救她私通奴仆的大罪。

于是正式提审张氏与陈谏时,张氏乃云,自己未嫁欧阳晟之时,已与舅父欧阳修有染!

虽然从血缘上来说,张氏并非欧阳修妹妹所生,因而实际上不构成舅父与外甥女的亲戚关系,但是从伦理角度而言,张氏既然由欧阳修妹妹抚养,则自然可算是欧阳修的外甥女了,如此一来,二人若私通,那便是淫乱人伦的大罪!若是真被查有实据,那欧阳修的政治生命肯定是完了!

很快,在杨日严的有心传播下,全东京城的官员们都知道了欧阳修与外甥女张氏私通的传闻,甚至连街头上的贩夫走卒和茶坊酒肆里的吃客们闲来也在讨论此事。

曾屡屡弹劾新政大臣的谏官钱明逸见机,立刻论列欧阳修与张氏私通,且欺诈霸占张氏嫁妆而买田据为己有。

不仅如此,钱明逸又跑到首相贾昌朝跟前邀功。

贾昌朝听了之后将信将疑,道:"欧阳学士固然年轻时候有些浮浪,可这私通甥女乱伦一事,仅凭张氏一面之辞,官家那里,可未必相信呐。"

钱明逸谄笑道:"相公日理万机,不知欧阳修作的那些艳词淫曲,下官已经抄录过来,还请相公过目。"

贾昌朝从钱明逸手中接过一卷白纸,展开一看,顿时乐了,却见那上面写着:

"江南柳,叶小未成阴。人为丝轻那忍折,莺嫌枝嫩不胜吟。留著待春深。十四五,闲抱琵琶寻。堂上簸钱堂下走,恁时相见已留心。何况到如今。"

贾昌朝自然知道这是首《望江南》,看钱明逸呈给自己的意思,这自然是欧阳修

斯文之薄:庆历三案与理想的衰亡

所填的一首曲子词了。好一句"叶小未成阴",好一句"堂上簸钱堂下走,恁时相见已留心",好一句"何况到如今"！这完全是欧阳修在不打自招地说自己对外甥女年幼时便起了淫邪念头,待到她十四五岁,即将及笄的年龄,那便是二人私通的时候了！

钱明逸看着贾昌朝的笑意,知道自己这次又做得符合宰相的心意了,遂亦是暗喜不已。他又道："相公,既然欧阳修都在词里承认了,那便有希望做成铁案。便是不成,也要让欧阳修名声臭了,再回不到京师！"

贾昌朝看了钱明逸一眼,淡淡说："这是什么话？欧阳修悖逆人伦,合该受罚,这是国有国法,名教不可乱！"

"是极是极,相公教训得是。"钱明逸在中书门下贾昌朝办公的本厅里低头哈腰着,"只是下官听闻南衙的军巡判官、著作佐郎孙揆颇只肯究劾张氏与陈谏私通事,畏惧欧阳修的凶名与权势,不敢枝蔓到他身上。相公何不奏明官家,派人分析体量,以正其罪？"

贾昌朝略一想,已是有了人选。太常博士、三司户部判官苏安世是自己夹袋里的人,可以派去开封府勘案。由于涉及从三品高官的大案,官家一定还会派遣中使一同根勘,则这不现成有一个前不久欧阳修刚刚往死里得罪过的内侍在等着找机会报复吗？原来,欧阳修出为河北都转运按察使时,本令内侍供奉官王昭明同往相度黄河治理问题。欧阳修愀然不乐,对朝廷表示不欲令中使相随,且道："今命侍从出使,故事无内侍同行之理,而臣实耻之！"言下之意就是,侍从高官领出外差遣赴任,过去的惯例中好像并没有宦官同行的道理,如果非要让臣和中使一起,则是对臣的污辱！

贾昌朝终于露出了一抹笑容,欧阳修,你怕是要多行不义必自毙了！

欧阳修被自己外甥女张氏在开封府攀扯说与她未嫁时便私通有染,这一惊天大案上报到官家赵祯那里,连皇帝都吃了一惊。赵祯看着钱明逸的弹章,想到昔年欧阳修二十余岁的时候,在洛阳担任西京留守推官,他狎妓弄文、游山玩水,却得到以使相身份判河南府兼西京留守的钱惟演极度的赏识和宽容。一次欧阳修和尹洙等人游览嵩山,回城的时候在龙门、香山一带遇上大雪,正当他们发愁如何回去的时候,却见到有人带着美貌的歌伎来到众人附近,原来竟是钱使相派来的人。那人便传钱相的话说："山行良劳,当少留龙门赏雪,府事简,无遽归也。"欧阳修等人一听,那可是高兴坏了,钱相公的意思是大伙爬山挺辛苦的,还是留在龙门赏雪吧,西京河南府和留守司也没多少事务,不用着急赶回来,你们几位小年轻便玩得开心点吧! 钱惟演是投降献土的吴越末代君王钱俶(chù)的儿子,因而在宋朝亦受到厚遇,当时以武胜军节度使、同平章事的使相头衔在洛阳养老。他怕欧阳修等人在龙门赏雪寂寞,甚至连歌伎都派人送过去助兴,眼下他的从侄钱明逸却拼命对付欧阳修——这世道也实在是可堪玩味了。

赵祯想着这一桩欧阳修的往事,这可不正是从伯父善待欧阳永叔,从侄子往死里整欧阳龙图么?但事已至此,查总是要查的。宝座上的赵祯想了想,竟是摇头苦笑了下:既然各方都登场了,那便让贾昌朝和陈执中差人去开封府根勘吧!

于是,朝廷派出了三司户部判官苏安世与入内供奉官王昭明往开封府协助审理此案。

苏安世乃是得了贾昌朝吩咐的,要把欧阳修与外甥女张氏乱伦做成铁案。范仲淹一党每自以君子自居,专好视他人为奸邪与小人,在贾昌朝的算盘里,只要坐实了你欧阳修悖乱人伦的大罪,你们还有脸说自己一党尽是君子么!

在杨日严、苏安世等的诱供、逼供下,张氏自然说了谎话,二人大喜,便准备以张氏的供词成案,以定欧阳修乱伦之罪。就在这时候,曾被欧阳修不屑一顾的内侍王昭明却找了机会私下对苏安世道:"太博,咱家有句话想与太博商量。"

王昭明是中使,对外朝的大臣来说总算是个天子身边的中贵人,苏安世也不敢怠慢,便笑呵呵地应答:"中使有何指教?"

这位宫里的内侍道:"昭明在官家左右,无三日不说欧阳修。今日省判所勘,乃迎合宰相意,明明张氏前后证词颇有矛盾漏洞,却非要给欧阳学士加大罪。太博,中书门下可从来没有一辈子的宰相啊,异日昭明不能奉陪吃剑!"

苏安世一听,心中也是叫苦不迭,贾昌朝是首相,他自然是不敢得罪的;可王昭明也说得在理,就是吕夷简那般的权相,也有下台的一天,万一他日贾昌朝罢相了,欧阳修或是他们一伙的谁东山再起,入了两府,自己岂不是必遭报复?

两人凝望了片刻,忽然都有了计较。

庆历五年八月二十一日(甲戌),诏令下达:龙图阁直学士、右正言、河北都转运按察使欧阳修降为知制诰、知滁州;太常博士、权发遣三司户部判官苏安世为殿中丞、监泰州盐税;入内供奉官王昭明监寿春县酒税。

欧阳修的罪名,最后用的如钱明逸论列的那般,乃是私占外甥女张氏嫁妆中财物买田置产，属于侵夺甥女财产。而苏安世、王昭明的被贬，显然与首相贾昌朝等宰执的意见有关，但也是因为官家赵祯站在了他们一边。在皇帝眼中，范仲淹朋党里的欧阳修是必须要在此时给予贬黜的，实际上不光是天子，满朝反对新政的大臣，谁不明白真正贬黜欧阳修的原因哪里是那点攀扯不清的小小私罪，又哪里是经济问题，完全是因为欧阳修上疏为范仲淹、富弼、韩琦、杜衍等说话，企图让天子再用变法大臣。至于究竟是不是和外甥女乱伦，皇帝赵祯真的在乎这一点吗？

那便去往滁州吧！

环滁皆山，西南诸峰，林壑尤美。峰回路转，有亭翼然临于泉上。苍颜白发，颓然乎山间四时与觥筹交错间的，不正是醉翁之意不在酒，在乎山水之间的欧阳修么！

过往云烟，便如同他在滁州所写的《临江仙》一般：

记得金銮同唱第，春风上国繁华。如今薄宦老天涯。十年岐路，空负曲江花。　　闻说阆山通阆苑，楼高不见君家。孤城寒日等闲斜。离愁难尽，红树远连霞。

昔日登科进士、金榜题名，一同畅游繁华东京的豪情快事，都已成了过往云烟了。算来从景祐三年（1036年）贬官夷陵到如今庆历五年（1045年）黜知滁州，恰好是十年！滁州事少，自己得以悠游林下，且便淡忘了从前吧。欧阳修还不知道，自己将在地方上辗转多处为官，这一次离开东京，一待就又是个十年。

就在欧阳修贬官滁州的一个月前，那位写了《庆历圣德颂》，倡言"众贤之进，如茅斯拔。大奸之去，如距斯脱"的石介病逝了。他到死前仍对夏竦污蔑他为富弼撰废立天子的诏书而耿耿于怀，而他因被视为范仲淹集团的朋党，自然也受到贬谪，临终前不过是一个小小的濮州通判。

此时的夏竦正在并州为官。在欧阳修被贬前几天，朝廷刚刚令资政殿大学士、吏部尚书、知亳州夏竦为宣徽南院使、河阳三城节度使、河东都部署、经略安抚使、判并州。夏竦知悉了石介的死讯与欧阳修的贬谪，正是喜不自胜，在他看来，这便是报应不爽吧。

巧的是，不久徐州狂人孔直温挟妖法诱唆军士为变，阴谋叛逆，这便是俗称的造反了。但因为被人于起事前告发，很快遭京东路提点刑狱公事吕居简捉捕镇压，孔直温在濮州的余党也相继被吕居简擒获伏诛。

但事情并没有就此结束，既然是谋反大案，且孔直温还有个举人的身份，属于读书人，士人受国恩深重，居然阴谋作乱，是可忍孰不可忍！定要彻查谁参与到孔直温的谋反活动之中，绝对不能有漏网之鱼！于是提刑司将孔直温家中里里外外搜了个遍，几乎是查了个底朝天，果然发现孔直温与不少朝廷官员有书信往来！比较显眼的便是太子中允、直集贤院石介和国子监直讲孙复！

不管怎么说，这些信息都是必须上报朝廷的。京东路提刑司便如实禀报了上去。

一日，夏竦在并州的官衙里用着午膳，他是个食不厌精脍不厌细的讲究人，又曾数次出入两府，早习惯了养尊处优，原是吃饭时容不得属下打扰的，可这会却有幕府里的亲信走进来，把一份邸报放在了桌案边。

"宣徽，朗朗乾坤之下，竟有文臣与谋反举子互通款曲。"

夏竦知道这个心腹往日从不妄言，便放下象牙筷子，拿起了朝廷的邸报。才看了一眼，夏竦就瞪大了双眸。上面分明写着山东举子孔直温谋逆，京东提刑司捉拿镇压，搜查出其家中有石介、孙复以下官员书信云云。

只一瞬间，夏竦觉得肚子也不饿了，口也不渴了，他立刻吩咐人撤下酒菜，来到书案边摊开纸张，亲自磨墨，然后挥毫写下奏疏：

臣伏闻山东举子孔直温谋逆事，惊骇如遭雷霆。皇帝陛下化育万邦，泽被苍生，虽四夷化外之蠢氓，五岭山野之走兽，犹颇知圣慈覆载难酬之大恩！如何士大夫知诗书典章如石介、孙复者，反交结匪类，密与晏游而通鸿鲤之私书？如孙复、石介二人，平居皆僭号圣贤，动辄谓得孔孟之传，鼓腾利口，摇惑学子。在朝之日，阿附当途用事之辈，倡为怪诞异言，离间君臣，相与结党，凡所祸乱朝纲典宪与祖宗法度者，无不攘臂而争先，但可谗害忠良贤俊与元老勋臣者，率皆瞋目而恐后。臣虽昏聩，黾勉节钺，又蒙陛下除以南院之荣，敢不忧国忘身，知无不言哉！臣在亳州时，窃闻石介虽归家待次，然常有北客之来，人未得其详实，咸怪之。石介乃诡称此特番人慕中原圣学，来求诗书要旨，乃以夏变夷耳，正功德事业也。乡人稍稍信之，盖以石介大儒，不之欺也。后石介于七月间病卒，颇闻一二怪事。或曰，石介实未逝也，富弼阴使其诈死，而北走入胡，说契丹谋起兵，弼则将举一路兵为内应。臣往日虽与石介见识相左,然以其迂腐,未深责于心,惊闻此说,亦狐疑不信,以为荒谬伦耳,实为其奸诈所绐,此臣大罪!今臣于邸报中得知事由,反复思量,则必无疑焉。料一孔直温何足道哉,定为石介教唆,起兵为乱,而后辽人入寇,富弼响应,则北疆之地,有不忍言之事。或曰,无有是说,此事必不然。臣窃为如此言论惑矣。天下之大,莫过九州。生死一世,皆受君恩。则方此天子圣德之时,而或有枭雄奸邪为乱之谋,可不深察弭乱于未然者乎?倘有人阻挠,则臣请陛下责其爱君父万民之心何在!故臣冒斧锧之诛,愿至尊早降指挥,俾京东提刑司体量石介生死一事,斫其棺椁,验明尸身,以寝奸谋!

夏竦写完了奏疏,满意地吹干了墨迹,他仿佛已经看到官家赵祯读到自己奏疏时候那种"宁可信其有不可信其无"的表情了。其实石介何足道哉,这是夏竦要利用石介的死和孔直温的谋反做文章,来牵扯到正手握兵权的富弼和范仲淹,好让他们被进一步贬黜打压。当年你们把老夫堵在都门之外,不让我回到两府,如今你们也别想有好日子过!

政事堂里贾昌朝和陈执中等宰执看到了夏竦的奏疏后几乎是强忍着笑,这夏竦委实太坏了,但坏得完全符合他们的需要,正该继续整一整富弼和范仲淹!

官家赵祯把这个皮球踢给了他的两府大臣们,现在既然宰执们都主张核查此事,那可就算不得朕刻薄寡恩了,这是朕从善如流,虚心接受宰辅们的建议啊。

于是十一月十日(辛卯),诏提点京东路刑狱司体量太子中允、直集贤院石介存亡以闻!也就是说,朝廷以政事堂的名义下发指挥,勘查石介生死真相!不仅如此,又另有诏下发兖州,令被贬官兖州的杜衍也核查石介生死的具体虚实情况。

曾贵为宰相的杜衍此刻在兖州的府衙内召集官吏僚属,向他们通报了朝廷的红头文件,结果在这种连死人都不放过的高压政治下,兖州的地方官吏们自然是鸦雀无声,莫敢回答。

久之,方有一人高声道:"听闻石介平生为人,正直而诚信,怎么可能有这种暗通辽人,勾结谋反的事情?某愿以全族老小,保石介必定已入土为安!"

杜衍肃然望向说话的人,原来乃是泰宁节度掌书记龚鼎臣。一个小小的从八品幕职官,居然如此有良知和胆识!公道终是在人心啊!于是杜衍从怀中拿出自己早已拟好的奏状,展示给众人看,然后才说:"老夫已经决定保石介必已逝世一事属实,君方年少,见义必为,前途安可量哉!"

兖州的事因为有杜衍在，算暂时就这么过去了，可京东路提刑司正面临着如何勘核石介生死的难题。

朝廷甚至已经下指挥，将石介妻子、儿女等都编管于江淮，一时间石介的家人无不风声鹤唳，丧夫亡父之痛未过多久，便要受到如此屈辱和恐吓，可怎么办呢，家中的顶梁柱没了，而朝廷的旨意他们哪里有抗拒的勇气和力量？

更凶险的是，宫里的中使也到了京东西路，显然是带着政治任务来的，至于是得了官家的吩咐还是两府宰执的暗示可就不好说了。

来自皇宫的内侍中贵人前脚刚踏进京东西路提刑司的衙门，立刻就在臬使吕居简面前道："咱家远道而来，也不与提刑说虚头巴脑的话了。"

京东西路的提点刑狱公事吕居简见到中贵人瞥了下自己身后的僚属，于是屏退众人，又亲自将内侍引入大堂坐下，这才开口："还请天使示下，可是别有指挥？"

中贵人掸了掸身上实际并不存在的征尘，撇了撇嘴道："吕提刑，此番石介涉嫌勾结辽贼，又唆使山东举子孔直温谋反一事，官家震怒；两府的相公们也叮咛咱家，一定要好好配合臬使，务必要查个水落石出。"

吕居简见到这内侍一脸来者不善的凶相，斟酌着字眼说："则可有中书门下的黄纸敕令或是相公们签押的札子，由天使赍来，指示于某？"

中贵人闻言顿时变色不乐道："这却是臬使把咱家当外人了！相公们要咱家与吕提刑同心协力，为朝廷勘案。事关重大，若要知石介生死虚实，则必挖掘石介坟茔，开棺验尸方可知晓，又有何疑问？尚要什么敕令、札子！若都要文书才肯做事，却要我等食君俸禄何用？还请臬使好好三思！"

吕居简乃是太宗、真宗两朝三次拜相的吕蒙正之子，他又是一年前去世的宰相吕夷简之堂兄弟，故并非家世贫贱之人，也断不至于被中使一番话就吓倒。从内廷这位中贵人的话语中，吕居简可以明确两点：一是官家大约没有留下任何书面的文字如中旨或口宣给他；二是甚至两府的相公们也没有下需要奏裁的敕令或宰执签押的中书札子，多半是贾昌朝、陈执中等人有所暗示这内侍而已！

想到此，吕居简道："某以为，如果打开石介的棺椁发现其中竟是空的，则石介果真北逃契丹的话，就算是尽斩石介一家妻儿也不算酷虐。但万一石介的尸身明确无误地在里头，未曾叛国，那可就是朝廷无缘无故剖人坟茔冢墓，将来何以示后世呢？某虽不才，亦能想到这一点。如果开了棺，石介在里面，则官家怎么想？史册上会怎么写？眼下连可以依从的文字指挥都没有,倘若我们处置不当,某实在为天使担忧啊！"

中贵人一听,这确实有道理,他险些给贾昌朝他们骗了,文人真不是好东西！万一要塞天下、后世悠悠之口,他吕居简家世煊赫,又是文官,能有多大事？可自己是个刑余的内侍阉人,轻则贬谪岭南,重的话就是赐死也未必不可能！

中使面色数变,犹豫了许久,终于从怀中掏出一样物件,道："诚如部刺史所言,然则如果不发棺验尸,又如何应对中旨呢！"

原来官家赵祯还是给了这出使京东西路的内侍一道中旨,只是显然提醒过他,不到万不得已,不要把中旨拿出来。这个差事,可见办好了就是立功,办不好可不好说。

吕居简算是明白了,这位官家又想弄个真相大白,好图个安心,又不想在士林舆论和千年史册上留下剖人棺木的恶名。若犯忌讳地私下想一下,这和官家既想要革除弊端,又接受不了朝野的震荡,不愿支持范仲淹他们到底的心态,简直如出一辙！

"既如此,某亦明白了。但此事何难？石介丧葬之时,必定有棺殓之人,且内外亲族及会葬门生少说也有几百人,况且还有抬棺埋葬入土的人。现在可都以提刑司名义令所有人到某此地,我与天使一同劾问,如果众口一辞,都说石介果然已死,且入土为安,则令这数百人并写文书保石介已死,想来如此便可应对中旨了！"

坐在位子上的内侍一拍大腿,深以为然,就这么办！

这之后,京东西路提刑司乃发公文,将石介亲属、门生及入殓尸身、埋葬棺椁的人都一并召集于提刑司衙门内,合数百状,结罪保证石介已病殁。

到了这一步,石介才算勉勉强强逃过被开棺验尸的羞辱。

中贵人带着这数百份状子回到了东京城皇宫大内,官家赵祯看了之后,仿佛颇动容的样子,立刻下旨释放石介妻儿老小还乡。

但讽刺的是,官家赵祯已经通过政事堂下发敕令诏书,以边境无紧急军情,境内盗贼衰止为由,罢富弼安抚使,又罢范仲淹陕西四路缘边安抚使军职。

明眼人谁不知道,这是因为夏竦进谗,说富弼将举一路兵充当辽国大军的内应。而在谣言汹汹之下,范仲淹也借口生病,引疾求解边任,再改知邓州。

这场政治风波或曰高压恐怖,与其说是夏竦发起,贾昌朝等宰执火上浇油,毋宁说是这些大宋权力结构顶层的文臣士大夫们在窥伺上意、逢君之恶而已！官家赵祯难道果真相信石介会勾结契丹谋反么？他真的疑心石介未死，和孔直温作乱相关，甚至富弼会举兵为辽军内应？倘若真是这样，那赵祯这位皇帝未免也太颟顸可欺了。石介并非重臣，借石介生死疑云的谣言，不过是要来敲打范仲淹、富弼、韩琦、欧阳修等变法派大臣。你们不是以君子结党无害国家自傲么？你们不是清者自清，与奸邪势不两立么？不要太自以为是，忠贤奸邪，不过在朕之裁断，并非大臣可定！要用你时，自然是忠了，要贬黜你时，你便是有过，岂有他哉？

当然，从另一方面来说，赵祯的权力自不是无限的。他或许会沉醉于自己日趋成熟的帝王心术之中，但同样的，夏竦、贾昌朝等人也把官家的心思琢磨得越来越透。他们两相利用，互有妥协，某种程度上来说，还是占大多数的守旧文臣制衡了皇权，使得新政流产，也迫使皇帝不断打压变法派大臣，持续给反对派们加砝码，说到底，天子赵祯不过是退而求其次，转而贪图了个太平和清静。

但欧阳修终于还是不愿沉默，他在《重读徂徕集》诗里说：当子病方革，谤辞正腾喧。众人皆欲杀，圣主独保全。已埋犹不信，仅免斫其棺。此事古未有，每思辄长叹。我欲犯众怒，为子记此冤。下纾冥冥忿，仰叫昭昭天。书于苍翠石，立彼崔嵬巅。

石介当然是在死后受到了奇耻大辱，就算没被斫棺，难道就不是侮辱了吗？在欧阳修的心中，显然并不能因为这有政治上的特殊考量，或者说权力斗争本就残酷，就能无视和放过对这种卑鄙手段的唾弃与鄙夷。如果对卑鄙选择了麻木，那么卑鄙就会夺走一切，最后高尚、正直、公义都反而成了不沐王道的谋逆大罪了。只是，活在欧阳修的时代，他对官家固然只能说一句"圣主独保全"。悲哉！

如果我们去考察至和二年（1055年）六月翰林学士欧阳修本将再次离开朝廷，外知蔡州前向官家赵祯所上的奏疏，就会发现十年后的欧阳永叔，对于皇帝有了更深的认识。奏疏中有这么一句"自古人君之用心，非恶忠臣而喜邪佞也，非恶治而好乱也，非恶明而欲昏也，以其好疑而自用，与臣下争胜也"。赵祯和很多皇帝的毛病其实都是这一句话，猜忌好疑、刚愎自用，与前朝群臣之间争斗不已……正所谓，与人斗其乐无穷吧。

欧阳修在奏疏中对宰相陈执中毫无廉耻的指斥，之所以并不为皇帝所在意，也正是因为此。而欧阳修最终未出知蔡州、陈执中终究罢相，其原因又哪里是官家善纳谏呢？更不值一提的，自然是引发倒陈执中浪潮的起因里，那个被陈相公小妾打死的女奴之生命了。官家又岂会在乎一个蝼蚁！左右不过是"台谏官不识体,好言人家私事！"天子赵祯似乎忘了,十年前,他也因为喝酒吃饭的小事和子虚乌有的盗甥阴私乃至于活死人北走契丹的怪谈而大发雷霆,弄得朝野不宁。只能说,雷霆雨露,俱是君恩吧,为人臣子的,怎么能不细细体会呢？

尾声

到了庆历六年,范仲淹应滕宗谅之请,写下了《岳阳楼记》。

庆历四年春,滕子京谪守巴陵郡……

《岳阳楼记》实在是太有名了,以至于都不需要去赘述,"不以物喜,不以己悲；居庙堂之高则忧其民；处江湖之远则忧其君。是进亦忧,退亦忧。然则何时而乐耶？其必曰'先天下之忧而忧,后天下之乐而乐'乎。噫！微斯人,吾谁与归？"——这些文字具有平和却震撼人心的力量,因为它们字字真实,皆出自范文正公肺腑肝肠之内。

范仲淹自庆历三年四月除枢密副使,八月除参知政事到庆历五年正月被罢免,他在两府的时间不到两年。与刚刚开始没多久便宣告失败的新政一样,范仲淹的满腔抱负还没来得及施展多少,就被赶出了朝堂。从此,他再也没能回到两府中复为宰执。

后来有许多人认为,庆历新政没搞成,而神宗朝王安石为相,力行变法,正是北宋亡国之因。在此不讨论熙宁变法功过是非,但实际上韩琦、富弼、文彦博后来都是再度回到中书的,也无一例外,都走上了更高的位置,成为了宰相,但他们并没有继续新政。

富弼再次回到朝廷是在至和二年(1055年)。此年六月,陈执中在台谏和欧阳修的累章交攻下,被罢相而离开中书,以使相衔出判亳州,就在这同一天,文彦博、富弼并相。文彦博自古都长安——永兴军被召回拜昭文相,即首相；富弼自并州被召回,拜集贤相,即次相。

这自然标志着庆历范仲淹的"朋党"问题成为历史了,当然,范仲淹也早在皇祐四年(1052年)逝世了。可以肯定的是,庆历新政的用事大臣可以被重新重用了,韩琦重返东京乃在富弼、文彦博并相的次年,即嘉祐元年(1056年)七月,以三司使召回。

巧的是，就在八月，狄青被罢枢密使，而同日，即除韩琦西府长官，将枢密使授予了韩琦。韩琦对狄青是瞧不上眼的，在他看来东华门外以状元唱出者，才是好儿，狄青这样的武夫粗人，算得什么好儿？居然还敢不知轻重地坐在枢密使的执政位子上，那是武夫够资格当的吗？武臣也配做宰执？

狄青自然是将帅之才，平侬智高之乱亦是功不可没。但他面对的是百年来以文驭武的祖宗家法，是几乎空前的文臣力量。更何况，他的运气还很差，四十七岁的官家赵祯自正月以来，一直龙体抱恙，而狄青在都下更是受人瞩目，每出入府中，则京城小民争相围观，至堵塞交通、壅路不行；甚至传出了狄青家养的宠物狗头上生角的怪谈。但这种怪谈背后往往就是天命所归的各种传说，宋人还没有忘记，百年前太祖皇帝也是这样以武人身份忽然就登极大宝的。

其实何止是韩琦，此时的翰林学士欧阳修便也上奏说："武臣掌机密而得军情，不惟于国不便，鲜不以为身害。请出之外藩，以保其终始。"说得毫无问题，武臣为西府执政，掌本兵军机大权，又得士卒拥戴的话，非但对国家不是好事，对武臣自己也未必不是害了他，不如让狄青出外，反而是保全他啊！只是，目前毫无问题的事情，就永远没有问题了么？

此时富弼、文彦博为相，韩琦为枢密使，欧阳修也在朝堂，但到了十一月，官家赵祯居然又将本已被罢相而判大名府兼北京留守司的贾昌朝也再度召回了京师，亦除枢密使。

这就是赵家天子惯用的异论相搅吧。富弼也好，文彦博也罢，又或者是韩琦、欧阳修，乃至那些你们自许君子的诸人，都不要太洋洋自得了，朕随时可以让贾昌朝再入东府为宰相的，都太平点！

嘉祐三年（1058年）六月文彦博罢相，于是富弼进昭文相，韩琦由枢密使拜集贤相。富、韩并相的局面终于形成，庆历年间没有实现的事情，如今实现了，虽然人还是富弼和韩琦，心却已然不同，新政亦再也无之。倒是欧阳修此时以龙图阁学士的头衔坐镇开封府，韩琦的同年，比他大了快十岁的包拯在韩琦重回两府后得他提携，升迁飞快，刚从开封府离开，到了御史台担任台长，掌风宪大权，要开始有选择地舌战君王与臣僚。

但富、韩二人却渐行渐远，最后几乎到了老死不相往来的地步。

如果初读熙宁年间王安石变法的事情，不免要疑惑，何以反对变法的重臣元老大多就是昔年追随范文正公庆历新政、锐意改革的那些名臣呢？这便要问问富弼那"景物最胜"、亭台楼榭、洞天福地冠绝西京洛阳的园林大宅院和韩琦喜好营建、故乡相州田宅无数的事情了。三、四十岁的时候，满腔热血，看着奋不顾身的范仲淹，他们满心以为能以热血革除承平百年的积弊，能以黜陟净化偷惰苟且的吏治……但当他们的家族开枝散叶，当他们长久地位居帝国权力的最高层，终于，曾渴望排山倒海的他们，成为了巍巍高山和汪洋大海，他们甚至还庇护着无数小土丘和潺潺溪流。原来错的竟不是吕夷简，也不是晏殊和章得象，甚至夏竦、贾昌朝、陈执中也无甚大错。

错的或许是范文正公。

富、韩固然并相，但新政得不到继承和再度尝试，固然也与官家赵祯有关。走了贾昌朝，西府又来了宋庠、孙抃，他总要安排几个或是与富、韩不对付的，或是保守庸碌的宰执，好不让富、韩这两匹头马跑得过快，既可以把他们牢牢抓在手里，也可以大胆放心地偶尔用用二人，则百官、史书当美誉一声"陛下得人矣"。

富弼、韩琦看明白了官家，官家也需要二人装点门面，于是一用便是五年，其中富弼若不是丁母忧，为相时间还或当更长。然而富弼终于是成了个看经念佛的老人，韩琦也只是更多地小心翼翼地去经营、稳固着自己的权力，似乎是如后来朱熹所评论的那样"前日事都忘了"。庆历云烟，终是年少无知，何足追忆！

然而看经念佛的人或许修的是"闭口禅"，不开口则已，一开口则要震动圣人的冕旒衮服，要与差不多三十年交情的老友割袍断义。为来为去，还是为了权位，为了身后名，为了争一口气。

要让富弼、韩琦这样的宰相争夺的，自然是暮年官家赵祯之继位嗣君的大事了。赵祯与太后斗，与群臣斗，与西夏、辽人斗，他这样斗了一辈子，又极力去过太平的日子。可他的子嗣偏偏却一点都不太平，以至于，皇子皆夭折而绝后。

于是在至和年间（1054—1055年）官家赵祯一度病重时，次相富弼便通过官家的曹皇后身边得宠之中贵人张茂则沟通宫府，与曹皇后达成了一致意见，意在册立"十三团练"赵宗实为嗣君。赵宗实是宗室赵允让之子，自幼被选入宫中作为官家赵祯的养子，但始终没有被立为皇子。取得了曹皇后首肯之后，富弼便将这事情告诉了首相文彦博，于是二相乃密与执政王尧臣一同预先写好了诏书，以防官家忽然不豫的非常时刻。韩琦入为枢密使后，富弼便将自己与文彦博和曹皇后议定的册立嗣君之诏草一事告知了他，准备若有变，则诸人共成定策大业，以安国本。但到了嘉祐年间，皇帝的病又好转了些，于是这事情自然始终没有发生。嘉祐六年(1061 年)，富弼因丁母忧而罢相，这里面亦有一小波折，当时天子赵祯准备按过去宰相有起复视事、继续留在中书秉政的惯例，再拜富弼为首相，但韩琦表示："此非朝廷盛事。"加之富弼亦自称，金革变礼，不可用于太平之世。若有紧急军情等事，宰执遇丧起复固然也是并无不妥，但不能用于承平晏安之时，请求让自己为母亲终丧，于是最终还是让富弼离开了政事堂。但此事亦并非关键，虽然韩琦的话语可能会令富弼有所不快，真正造成二人矛盾的还是皇子册立问题。

在富弼离开相位之后的次年，即嘉祐七年(1062 年)，韩琦便率领群臣请立赵宗实为皇子。这时候的韩琦已经升为首相，欧阳修也由枢密副使迁参知政事，韩相公请立皇子的号召几乎是一呼百应。于是，此年八月，赵宗实被官家赵祯册立为皇子，并改名赵曙。在西京洛阳听闻这一切的富弼自然是难以感到高兴的，原本这样建立储嗣以安国本的大功是富弼首倡，又与文彦博、韩琦、王尧臣共之的，是在曹皇后的领导决策下，宰执班子的集体一等功。可现在倒好，却几乎成了韩琦一个人的泼天大功！富弼不满韩琦的理由也很冠冕堂皇，假若请立皇子一事上，官家不同意，则无端而生许多波折，毕竟这是多年来官家的心病，若是令官家与十三团练相互猜忌，则岂非误了国本之大事？在富弼的剧本里，不如顺着官家的心，待有变而以曹皇后和两府宰执的名义册立，岂不是一举数得？富弼对韩琦已经开始起了戒备和埋怨之心。

嘉祐八年(1063 年)四月初一(壬申)，赵曙在曹皇后与两府大臣发布遗诏后登极为大宋的天子。然而，由于这位新官家时常犯病等原因，他对左右宫人都较为粗暴，与太后曹氏也关系不睦。

而在五月，山雨欲来的两宫失和之时，富弼丁忧期满，除丧回朝，立刻授枢密使、同平章事，成为枢相入主西府。

而值得一提的是，韩琦与富弼对待皇帝与太后矛盾的态度、立场截然不同。

六月间，新官家赵曙时常发病，此时曹太后已经垂帘两个月了。两宫之间不和，曹太后便在召见中书宰臣的时候垂泪泣诉，说官家病中语言如何令自己不堪，徒使内侍、宫人暗中见笑。

韩琦早听说内廷中颇有些中贵人嚼舌头离间两宫，五十六岁的他正在自己权势的顶峰，他剑眉一竖，几乎是冷冷地说道："臣等只在外见得官家，内中保护，全在太

斯文之薄：庆历三案与理想的衰亡 111

后。若官家失照管……太后亦未安稳!"

曹太后几乎以为自己听错了,首相韩琦这已经算得上是在威胁自己,也太过跋扈了!这话是什么意思,若官家在内廷有个闪失,她太后也别想有什么好果子吃?难道韩琦是想用两府的权力废黜太后么?这无疑是在暗示太后,宫里再有人进谗,你也别动废立天子的歪念头,否则,别怪我韩琦不客气!

于是曹氏只得说:"相公这是什么话?自家当然是令人用心照护着官家的。"

韩琦仍是沉着声调:"太后照管,则众人自然照管矣!"

次相曾公亮、参知政事欧阳修、赵槩都为韩琦所说的话而吓得缩颈流汗。这岂不是说,太后始终是照顾官家的第一责任人,若是禁中有内侍、宫人照护官家不利,则唯太后是问?且警告太后,你对官家怎么样,别人就学样的,请以身作则!

中书宰臣班子退下后,曹太后心有余悸,稍休息了片刻乃又召见西府执政班列入对。见到为首的枢相富弼和枢密使张昇、枢密副使胡宿、吴奎等执政后,曹太后想到官家和韩琦对自己的一言一行,顿时又是悲泣不已,但却未敢说韩琦如何,只说在内廷受天子诸般委屈等事。

出了内东门小殿,富弼对同列道:"适闻帘下语否?弼不忍闻!"

回到自己府上后,富弼立刻撰写奏疏,他遒劲的笔力在纸上写下了一句触目惊心的话语:"千古百辟在廷,岂能事不孝之主。伊尹之事,臣能为之。"

这是要提醒皇帝赵曙,自古以来朝廷设百官辅弼天子,治理九州,岂有侍奉不孝之主的道理?如果官家你一意孤行,连对太后尽孝都做不到,那么伊尹放逐君主太甲于桐宫,责其改过的事情,臣是有本事、有胆量做到的!这便是警告天子,你不要无法无天!

事情已经到了首相韩琦威胁太后,枢密使富弼吓唬官家的地步了。裂痕、纷争、仇隙都在渐渐形成。

却说官家赵曙在神志清醒的时候看到了富弼的上书,心中亦是颇为恐惧。富弼的话实际上也并非大言不惭,只要得到太后同意,再联合宰辅与两制重臣们,甚至只要几个宰执联手,也完全有可能成功地靠着太后的旨意废黜一个多病孱弱的刚登极的皇帝。

但时常的发病让这位天子无法控制自己,被他刻薄责罚过的内侍和宫人们都伺机在太后处进谗,而未得到拥立定策大功的那些朝臣也颇听闻两宫失和的事情,甚至在私下讨论废立的可能,谁不想分润拥立天子的大功?凭什么只让韩琦等风光一时?

韩琦处理晏驾的大行皇帝仁宗山陵礼仪后乃回到京师,曹太后又遣中使送来一封文书给这位首相。韩琦打开一看,里面所写乃官家发病时填的疯疯癫癫的歌词以及罗列的宫中过失之事。中贵人正等着韩琦的回应,这位相公却当着宦官的面把文书扔进政事堂的火盆里焚毁了!

韩琦乜斜着道:"既然太后每说官家心神未宁,语言举动不符合礼节,又何足怪?悲恸、忧伤先帝过度,这是人臣孝道!你便这样去回太后就是!"

不久,韩琦召对帘前,太后又是呜咽泪语,向其絮絮叨叨地具言内廷之事。

"老身殆无所容,须相公作主!"

看着曹太后几乎可算是哭诉哀求的模样,韩琦却哪里会同情一个老妇人?

"这是因为陛下抱恙,病好了,必然不会这样。况且,天底下若是儿子病了,当母亲的难道不可以多包容一些吗?"

韩琦的话自然令曹太后更加不悦。

而另一方面,在新官家赵曙神志清醒,偶尔接见宰执班列的时候,这位皇帝又说:"太后待我无恩。"

在这种情况下,韩琦自然想要尽快设法令曹太后撤帘,停止她东殿垂帘听政、处分军国事的"最高统治权"。到了次年治平元年(1064年)五月,韩琦见到官家赵曙身体逐渐好转,已基本具备处理国事的能力,于是假意和中书宰臣们商量,说自己要请一乡郡,好方便回家乡养老。众人皆以为不可。

宰臣召对结束后,韩琦独留,也如对中书同僚们所说的一般,表示了自己请乡郡出外,罢相典郡的想法。

曹太后终究是妇人,焉知是计,于是便出言抚慰、挽留首相。

"相公安可求退?老身合居深宫,却每日在此,甚非得已,且容老身先退。"

这本不过是场面话,并无半分实际意思,但韩琦忽然从袖中掏出一份诏书模样的东西,拿到帘幕前朗声道:

"皇太后圣德光大,顷许复辟。今书诏在是,请付外施行!"

太后已经答应还政给官家,书诏也让臣等写好了,就等着颁行了!

太后完全懵了,她如何能想到韩琦还有这一手?

这位大宋的首相此时用仿佛能吃人的眼神瞪视向仪鸾司诸人，厉声呵斥道："撤帘！"

仪鸾司诸人面面相觑地看着彼此，又都望向仿佛呆若木鸡的曹太后。须臾，太后似乎有些狼狈又有些慌乱匆忙地站起身，帘幕也随之落下，韩琦的目光一直注视着帘幕后，只见御屏一侧还能微微看到太后的裙裾。

在韩琦强势的逼迫下，五月十三日（戊申），曹太后出手书还政撤帘，自此日起，不再处分军国事。官家赵曙亲政。

但当日枢密班列入对时，富弼见到只有天子一人在，并不见太后垂帘，才知道已经变天，才知道韩琦瞒着自己逼太后回到了禁中！

盛怒之下的富弼直入政事堂，劈头盖脸地质问韩琦："稚圭，兹事甚好，何不大家相商量！"

韩相公笑道："并不是把彦国当外人，只是怕与彦国万一意见不合，则还政官家的大事不知道要拖到什么时候了啊！"

但这样的回答显然是不可能令富弼释怀的。对富弼来说，他只要把天子赵曙继统的大功归诸太后，那么自己就仍然有机会与韩琦分庭抗礼，长期位居宰辅；但对韩琦来说，他必须横下一条心站在皇帝这边，因为官家赵曙多病，若真让人找机会勾结太后废了天子，到时候自己的定策大功非但泡汤，还成了罪过，他别无选择。这一矛盾，彻底让二人决裂。

熙宁八年（1075 年），韩琦病殁，逝于乡郡，富弼甚至并未遣使吊唁慰问。

庆历新政里范仲淹身旁两位最年富力强的才俊，最终走向了争权夺利，走向了为身后名尔虞我诈的歧路，两人分道扬镳、决裂至此，在让人唏嘘叹息之外，不禁要想，当我们在千年之后惋惜庆历新政的失败时，我们究竟在为何者而扼腕可惜？范文正公庆历新政背后的士大夫精神，能够被传承下去吗？

这大约是需要留给后人思考的问题。

是敌是友：苏轼与章惇之爱恨

诗文独步天下,执大宋之牛耳者,果谁人也?

曾经的一代文宗欧阳永叔曰:"三十年后,世上人更不道著我也。"

能让"醉翁"欧阳修如此夸赞美誉的是谁呢?自然是东坡居士苏轼了。

苏轼一生诗词歌赋及四六骈文、散文等,均达到极高的成就,且非独大宋境内传颂。所谓每有新词,则京师都下无不传唱,连辽国契丹和西夏亦颇有官宦学子仰慕渴读。在民间,不仅有闺中女子倾爱苏词,连已嫁人妇的亦千方百计慕名一见,希冀求其填词相赠之荣。

苏轼不愧为当时的全民偶像、明星官员、文艺士大夫的典型。

在东坡的一生中,弟弟苏辙自然是最亲厚之人,每期以"对床夜雨听萧瑟"这一唐人韦应物"那知风雨夜,复此对床眠"的兄弟夜谈之快意愿景。

在至亲兄弟之外,苏轼一生中尚有一极其重要而纠葛众多的好友,那便是熙宁变法中王安石的得力干将之一:章惇章子厚。

二人的友谊与关系,正好处于北宋熙宁变法、元祐更化、绍圣绍述三次波及天下的政治运动的时代大画卷之中,苏轼与章惇被裹挟其间,浮浮沉沉,各有悲欢荣辱,实在令人唏嘘慨叹。

情深意笃两无猜

元丰二年(1079年)七月,湖州。

"太守"苏轼正与妻子王闰之聊着诗词典故,夫妇间琴瑟和谐,居室之内一派安闲,轩窗外绿竹黄花,时有倦鸟归巢的声音。申时已过,天犹亮着,傍晚的余晖斜射入屋舍之内,映照着伉俪二人。

忽然一阵匆匆的脚步声突兀地打破了此间的宁静祥和,苏轼转过身,看到的竟然是弟弟子由(苏辙字)身边的亲信仆役。难道是子由出事了?!

"老爷,这是九三爷的信。"

苏辙在家族里行第九十三,因此常呼为九三郎。

苏轼接过信笺,打开只看了片刻,王闰之便瞧见丈夫脸上顿时全无血色。

"官人,却是何事?"

苏轼讷讷地说:"是晋卿托人给子由报信,说有东京的御史将来吴兴。"

原来,是京师的驸马都尉王诜给苏辙传了消息,但苏轼没告诉夫人的是,信中还说,御史台的长官御史中丞李定与多位御史一同弹劾苏轼在诗文中谤讪朝廷与皇帝。这种罪名是可大可小的,偏偏自熙宁二年(1069年)王安石为参知政事开始新政之后,苏轼反对变法的事情十年来完全可说是人尽皆知。加之他文名极盛,影响就非常大了。

王闰之知道,自己的夫君必然是没有告诉她全部真相,御史无缘无故怎么会来湖州? 苏轼是湖州知州,乃是地方上的军政长官,御史必然就是冲着他而来!

七月二十八日,太常博士、监察御史里行(见习监察御史)皇甫遵带着御史台的兵卒终于赶到了湖州。他早已得到了位高权重的台长李定的特别吩咐,穿着朝服官袍,趾高气扬地径入湖州州衙内,身后跟着两个白衣青巾的御史台台卒,亦是顾盼左右,狰狞怒目,州郡衙门里的官吏和差役都吓得面面相觑,不知道这京城里来的御史究竟是要对付谁。但他们久在官场,也知晓御史出动,自然不会是来索拿他们这些小鱼小虾的,只可能是那丰神俊逸的苏大府或是祖通判这两位湖州长贰大官才有可能劳动御史台差人来……

州衙里的小吏赶紧跑进去通知一把手知州和副手通判,说是御史已进了州衙。

苏轼闻言更是恐惧,便问通判祖无颇该如何是好。

祖无颇道:"使君,事已至此,无可奈何,只得出去见了台官再作计较。"

苏轼道:"祖通判,眼下朝廷必是以某有大罪,才差御史前来,恐怕我已不能穿官服见之……"

"不可,"祖无颇云,"朝廷尚无定论,使君岂能妄自菲薄,还当具朝服见御史耳。"

苏轼惴惴不安地颔首称是,乃着官服,拿着笏板,出而立于庭下。祖无颇与州郡官吏也都随侍而出,站在苏轼身后。

苏轼先是恭恭敬敬地一揖:"知州苏轼见过天使。"

皇甫遵却也不回礼，只是立在那边，并不答话。

苏轼见到皇甫遵背后的两个御史台卒胸口鼓鼓囊囊，好像是藏着匕首短剑的模样，内心更是慌乱，但只得硬着头皮试探道："轼自来触怒朝廷处甚多，今日必是赐死，死固然不敢辞，乞请允许我与家人诀别。"

州衙里一众僚属听到太守这么说，无不变色而恻然，平日里苏知州是颇好相处的，轻易不责罚他们，反时常与众人一同游山玩水，宴饮作诗，这样好说话的长官如何就要给朝廷治以重罪！

祖无颇也在观察着皇甫遵，这时候这位御史才一字一顿，颇傲慢地开口说话。

"哼，不至如此。"

于是祖无颇进前道："太博必有御史台台牒公文带来，请容某等一观。"

皇甫遵甚至不用正眼看他，只是乜斜着说："你是谁？"

祖无颇道："无颇乃是通判。"

皇甫遵又哼了一声，这才令台卒把怀里的台牒掏出来拿给面前的湖州通判审验。

祖无颇看罢，对苏轼道："使君勿忧，只是寻常追摄索拿、回京处置的文书而已。"

苏轼遂稍稍心安了些。

就在这时，皇甫遵吩咐两个台卒一左一右盯着苏轼，即刻起行，不得耽搁。

看着这一幕，妻子王闰之和年方九岁的次子苏迨、七岁的小儿子苏过刹时泪如雨下。

苏轼心中如何能不痛，但他只能强作镇定，勉为欢颜，安慰道："夫人难道不能像杨朴处士的老妻那样也写首诗给我送行吗？"

原来真宗朝有一位隐士曰杨朴，有诗名。真宗和王钦若搞了天书闹剧而封禅泰山之后，皇帝赵恒广求天下高隐之士。杨朴召对的时候声称自己不会作诗，这便有些欺君的意味了。真宗问他从家里过来，临行可有人作诗为他送行。杨朴回答说，只有贱内作了首打油诗，叫自己千万不要再贪杯误事，落魄不羁，更不可猖狂无知乱吟风雅。如今捉进官府衙门里，怕是这回要断送老命咯！真宗被逗得哈哈大笑，将其放回。

王闰之亦是知书达理的，当下便想到了这一真宗朝趣事，不禁破涕为笑，既担心又薄嗔了丈夫一眼，这都什么时候了，还没个正经。她将年幼的苏迨、苏过紧紧环抱

是敌是友：苏轼与章惇之爱恨 | 119

在身前,看着苏轼随御史台差役离去。

皇甫遵一行御史台人员气势汹汹地冲进州郡衙门,仿佛是捉拿作奸犯科、鱼肉人民的贪官污吏,这阵势早就惊动到城里的百姓们。这会,无数自发而来的湖州士绅民众们都或恐慌惊疑、或潸然泪下地目送着太守苏轼被押解出城,登上往京城而去的舟船。

顷刻之间,拉一太守如驱犬鸡!

舟行过扬子江,苏轼冷静下来后终于意识到这次被拘拿到东京,恐怕情况是极其险恶的。虽然弟弟的信中语焉未详,但既然是御史中丞李定等台官对自己群起而攻之,这事态已经是很严重了。苏轼并非完全不谙政治游戏的阴暗规则及人情世故,只是他倜傥率直,朋友们又多众星拱月般地惯着他,他才毫无忌惮地挥洒着自己的个性,或畅所欲言,或嬉笑怒骂,谁能想到竟然会因言获罪!

但意外吗?实际上又丝毫不意外。苏轼想到,如今两府里的宰执已经变成了王珪、蔡确这样的人,王安石也已退居金陵。可变法仍在继续,新党们正恐慌着官家一念之间就让旧党东山再起……这时候,如果抓住自己这样一个不在京师却名满天下的新政"反对者",痛下杀手,既避免了对旧党的那些元老重臣大动干戈而被官家忌讳,又起到了彰显新党力量、杀鸡儆猴的作用,岂不是一举数得?

苏轼又想到自己曾两上皇帝奏疏,毫不留情面地痛批王安石的新法;自通判杭州后写过许多首讥讽挖苦新政的诗歌……甚至,他当时得意洋洋地将这些诗歌文章寄给了许多士大夫中的好友,此番自己一旦被关进御史台诏狱严加根勘审讯,势必牵连甚广,李定这些人背后站着的王珪、蔡确,怕是想要借着整自己而攀诬、打击到一大片"旧党"大臣们啊!他们这是想要兴起大狱,株连忠贞直言的士大夫们!

既如此,不如投江自尽,好过连累大家!

有了这念头,苏轼便想寻机会一死了之,但可悲而又万幸的是,皇甫遵生怕苏轼夜中泅渡潜逃,于是竟命令吏卒像看押江洋大盗似的不分昼夜监视苏轼。这才终于保住了这位千古奇才的性命。

八月十八日,苏轼在皇甫遵一行押解下抵达了繁华的东京城,但昔日瓦子酒楼的热闹喧哗此时都与他无关,可怜的大文豪被关押进御史台诏狱之中。

这时候,有一个新党的干将却忧心如焚,为苏轼的身家性命和仕途前景而思虑着解救的方法。

他便是章惇。

章惇此时的官比苏轼大得多,乃是以翰林学士、右正言而兼判秘书省的两制高官,此前在熙宁年间更是做过权三司使这一"计相"的职位,离执政不过一步之遥。

他本是与苏轼仁宗朝嘉佑二年(1057年)同榜的进士,但由于族侄章衡殿试高中状元,章惇耻出子侄辈之后,竟当众以冷言冷语讽刺讥诮主考官之见识,遂再将进士及第之诏弃掷于地,众人皆是大骇惊诧。两年后,章惇再次高中,以一甲第五名的殿试成绩进士及第,同榜尚有刘挚等后来的宰执名臣。

这是一个胆识过人、性格果决又卓尔不凡的雄杰人物,很快便得王安石青眼,从此与吕惠卿、曾布等人一道成为新党骨干,平步青云。

苏轼此时在御史台狱中遭受到了李定、张璪等人指使下的严讯逼供,甚至不分昼夜地对苏轼展开疲劳审讯。起初苏轼决口不肯承认与司马光、张方平、范镇、刘攽、李常等人在诗书词章的往来中诋毁、谤讪朝政,但在日以继夜的言辞折磨、厉色勘鞫(jū)之下,苏轼实在不堪侮辱,只得按着他们的意思,被迫一一"承认",确实在诗词中讽刺新法,并以之与诸多大臣诗书往来。

当时被关在苏轼隔壁一间诏狱牢房的大臣苏颂便曾作诗记述此事,云:"御史皆称素长者,府徒半识故将军。却怜比户吴兴守,诟辱通宵不忍闻。"

苏轼"认罪"之后,李定等人欣喜若狂,他立刻上奏,说:"轼起于草野垢贱之余,朝廷待以郎官馆职,不为不厚……轼之奸慝(tè),今已具服。不屏之远方则乱俗,再使之从政则坏法。伏乞特行废绝,以释天下之惑。"

这是说,苏轼出身贫贱,朝廷给他直史馆这样的清贵官职,不可谓不厚待他。而苏轼的奸邪罪恶,他现在已经全部认罪了。如果不把他流放到偏远军州恐怕就会败坏风俗舆论;倘若再使他为官恐怕就会败坏朝廷新法。乞求陛下将他处以极刑,以此来令天下被惑乱的人能够觉悟。

换言之,李定向神宗皇帝建议,干脆杀了苏轼这种乱说话、偏偏又名气太大的人,省得给朝廷的新法添麻烦,整天讥讽新政,败坏陛下名声。这可都是为了官家好,为了新政能顺利推行啊!

于是御史舒亶也立刻上奏,火上浇油地说接受苏轼反动诗文的人里,自张方平以下还有二十二人之多!除了个别小吏外,像张方平、司马光、范镇、刘攽、刘挚等,基本都是先王留下来的大臣,陛下过去曾经以君臣大义来指望他们,他们却怀着如

是敌是友:苏轼与章惇之爱恨

此之心，难道可以放任其危害新政却不诛杀吗？！

自真宗皇帝以来，已经很少有文臣被诛戮，故而人云"国朝不杀士大夫"乃是祖宗家法，但当此际黑云压顶，雷霆万钧之时，旧党诸臣也几乎无不人人自危。

但还有人嫌苏轼或许不死，或是死得不够快。这个人乃是宰相王珪。论治国才干，王珪与那些名相相比，几乎可算一个庸人。他之所以能够拜相，不过是因为神宗皇帝在王安石退居金陵之后需要有一个极其听话的人在台前做首相，他便看中了"三旨相公"王珪（时人讥笑其为相，但知三件事：上殿进呈"取圣旨"、官家可否之后"领圣旨"、退谕同僚"已得圣旨"）。

王珪之与苏轼结怨，大约与他个人心胸之狭隘有关。王珪本是当时文坛颇具盛名之人，其身居高位，诗文作得花团锦簇、富丽堂皇，颇有雍容华贵之气。但实际上论诗歌的富贵气，又是远逊色于前人如太平宰相晏殊的，以至于当时有人将王珪的诗文戏称为"至宝丹"，以其堆砌金玉之多也。于是曾有人拿晏殊儿子晏几道的词与他王珪比较，例如写富贵，王珪作一对联："胫胫化为红玳瑁，眼睛变作碧琉璃"；晏几道之词谓："舞低杨柳楼心月，歌尽桃花扇底风"，则高下立判。当然此联或许未必真是王珪所作，但足见当时人对其的讥诮了。据说，苏门四学士之一的晁补之还笑讽道："能作此语，定知不住三家村也。"换言之，王珪仿佛是穷乡僻壤出来而骤然富贵的土包子，而如晏几道这样才真是有富贵气而不庸俗。

自欧阳修大举褒奖苏轼之后，随着他在杭州任通判、密州任知州开始，其诗词文章都日益飞跃猛进，几乎无人不称颂赞誉。而苏轼之诗文，贵在情真意切，又仿佛行云流水，人们以此为标准评判，更是渐渐看低了王珪的文章功业。

苏轼对王珪本人亦极其鄙视。王安石为相时，王珪曾费尽心思，曲意奉承，到了有称其为"王安石仆隶"的地步，甚至说"王珪奴事安石，犹惧不可"——还怕伺候介甫相公不到位。

因而在熙宁十年（1077年），苏轼知徐州时，在给京东路提刑李清臣的书信中回诗一首，讥讽王珪尸位素餐，庸人在位。其中说："半年不雨坐龙慵，共怨天公不怨龙。今朝一雨聊自赎，龙神社鬼各言功。无功日盗太仓谷，嗟我与龙同此责"。李清臣寄给苏轼的诗不过是一首纯粹的祈雨祷神之作，没有任何影射，但苏轼却大加笔墨挞伐，说半年来干旱不雨，正是因为宰臣懒政，结果人们不怨宰臣反而归之于天子仁政未臻完备。现在总算下了雨，宰臣和百司官员却厚颜地各自邀功，好像平日有多勤勉国事似的。最后苏轼不免自嘲一下，说自己也是碌碌无功，空食俸禄，和不作为的宰臣一样有责。

熙宁十年时，两府里苏轼最看不顺眼的就是宰相王珪，另一位宰相吴充与苏轼关系较好，因此这里苏轼辛辣讽刺的"龙"指的当是王珪，殊无疑问。

苏轼这样的性格，他对王珪的态度大约是掩藏不住，也不愿掩藏的。因而王珪一方面忌恨苏轼这样的文坛后起天才完全夺走了他的"光彩"，另一方面又十分恼怒苏轼这样的小官居然胆敢肆无忌惮地挖苦讽刺和轻视不屑身为东府宰相的他。

如今苏轼被羁押在御史台中，官家赵顼也正在气头上，宰相王珪一看，往死里整苏轼的机会这不来了么？

于是，一日内殿宰执及侍从等重臣御前议事。

王珪忽然进呈一纸文字，道："陛下，苏轼恐有大奸大恶之意，不忠不臣之心！"

皇帝赵顼自认为还是有点了解苏轼的，知道苏轼嘴巴固然大了点，兴致来时手中的笔杆子也是管不住的，但如何会有不臣之心，难道苏轼居然有谋逆的歹念？这岂非天方夜谭？

"苏轼诽谤朝政，固然是有罪的。但若说他对朕不忠不臣，断不至于此。卿是凭借哪一点知道的？"

王珪慢条斯理，从容不迫地说："陛下请看臣所进文字。此是苏轼所作诗。臣看详其中此句'根到九泉无曲处，世间惟有蛰龙知'，陛下飞龙在天，而苏轼以为陛下不能察知其才智，反说世上唯有地下蛰伏之龙方知他苏轼志向。换言之，苏轼以蛰龙自比，不知礼敬真龙天子，他这条蛰龙又究竟志在何处呢？岂非大逆不道、不忠不臣之心？又说什么九泉无曲之处，幽冥黄泉，其心犹不可问焉！"

王珪的谗言非常歹毒，意思是说苏轼既然都坦承自己的志向无人可知，那么敢问，如果是正经的致君尧舜、安邦富民的理想，为什么别人会无法猜测、了解到呢？答案恐怕只有一个，这苏轼是觊觎做真龙的滋味啊！这不是谋逆不臣又能是什么呢？

官家看了看手中苏轼的诗作，题目是《王复秀才所居双桧》，便说：

"诗人写诗遣词造句，怎么可以这样去主观揣测和议论呢？他苏轼这是在吟咏友人居所外的两株桧树罢了，哪里涉及朕身上了？"

王珪本来就是穿凿附会，阴谋构陷，本以为对苏轼诗歌谤讪朝政一事正盛怒不

是敌是友：苏轼与章惇之爱恨 | 123

已的皇帝会被自己成功利用到，没成想上来就遭到了天子的反驳，一时为之语塞。

这时，位列侍从的章惇在旁忍不住了，开口道："陛下，臣以为这是王相忙于国事，竟忘了史书之一二。就算苏轼真是在诗中自比为蛰龙，但龙这样的东西，不止是指君王人主，古时候人臣都可以被称为'龙'。"

皇帝赵顼颔首道："言之有理。自古称龙者多矣，如荀氏八龙、孔明卧龙，岂人君也？"

王珪被章惇这反唇相讥弄得更是不能发一语。

出了垂拱殿，章惇叫住了宰相王珪。

章惇是天不怕、地不怕的个性，他轻蔑地看着当朝宰臣，径直质问道："相公御前一番高论，竟然是想要灭苏轼家满门吗？！"

王珪被这两句话呛得满面赤红，甚至都不敢直视章惇，只是推说："这，这都是御史舒亶说的！乃是审讯所得！本相不过一时失察。"

章惇早见惯了王珪的无耻和怯懦，因而毫不退让，冷笑道："相公真是虚怀若谷，台谏说什么就信什么。只是不知，若真是舒亶所言，惇倒是想向相公讨教一个问题，他舒亶的唾沫难道也可以吃吗？"

王珪几乎怀疑自己听错了，这样的羞辱，简直令他无地自容。

"你，你说什么……"

"亶之唾亦可食乎！"章惇扯着大嗓门又是吼了一遍。

从他们身旁走过的大臣们无不掩嘴而笑，这可真是出乎意料的好戏。

王珪气得面如死灰，一言不发地拂袖而去，只留下一个匆匆离开的背影。

"哼，庸人居相位！这东府宰相，吾早晚为之！"章惇心里这样想着。

作为新党骨干的高官章惇如此公然的表态，也就让旧党的许多官员在舆论上更有了声援苏轼的理由。于是前参知政事张方平、王安石的弟弟王安礼、现任的宰相吴充等人都不同程度地为苏轼辩解、说情。

另一方面，章惇又担心苏轼在御史台阴冷潮湿的诏狱牢房之内染疾生病，乃遣人将防疫的药物等送到他身边。

苏轼收到自然十分感动，他后来回想起乌台诗案中的一切，乃写信给好友章惇，说："平时惟子厚与子由极口见戒，反覆甚苦，而轼强狠自用，不以为然。及在囹圄中，追悔无路，谓必死矣……然异时相识，但过相称誉，以成吾过，一旦有患难，无复

有相哀者。惟子厚平居遗我以药石,及困急又有以收恤之,真与世俗异矣。"(《与子厚书》)

苏轼追忆在乌台诗案之前,亲友中只有章惇和弟弟苏辙极力劝诫自己,不要口无遮拦,妄议新法,又说自己固执己见,刚愎自用,颇不以为然,等到被关进御史台才追悔莫及,几乎以为必死无疑。让苏轼更感慨的是,以前相识的许多所谓朋友,只是在自己风光无事的时候交口称赞、吹捧自己,使他甚至都听不到几句真心话,便飘飘然终于酿成大错。而一旦陷入危难之中,这些人中少有真正哀悯忧虑而为他奔走呼号的。自始至终在帮自己,甚至给自己送来药石,最危急的时候想方设法解救他的,正是章子厚!

朋友,你试过将我营救;朋友,从前共你,促膝把酒,倾通宵都不够……

苏轼与章惇的友情,当是开始于长安。歌如是,人如昨,少年意气登高楼。花不尽,柳无穷,关中长歌怀旧游。所谓:"然轼始见公长安,则语相识。"(《与章子厚书》)

嘉祐七年(1062年)秋,时任凤翔府签判的苏轼与商洛令章惇在长安共同负责秦凤路与永兴军路的解试,苏轼甚至还出题《永兴军秋试举人策问》,"汉唐不变秦隋之法,近世乃欲以新易旧",或许与王安石在去年的《上时政疏》所谓"夫因循苟且,逸豫而无为,可以徼幸一时,而不可以旷日持久"有关。苏轼、章惇两人也因此熟识,而迅速成为了几乎无话不说、可以随意戏谑的挚友。

一日,章惇处理完了事务,正坦腹而卧于床榻之上。恰逢苏轼来找他,苏子瞻见到章惇如此魏晋风度,不免一笑。

章惇看了眼苏轼,乃摸着自己的肚皮,忽然开口问:"子瞻,你博学多闻,我且问问你,我这肚子里装的是什么,你这位大才子可知道?"

苏轼不假思索地笑道:"都是谋反底家事!"

章惇听到苏轼如此戏言,说自己肚子里全是坏水,装的尽是谋反的事情,也是为之大笑。

两人间已建立了相当的信任关系,寻常的寒暄、场面话并不需要多说,朋友间的玩笑倒是可以肆无忌惮。

又一日,二人饮于山寺中,底下吏卒报山间正有一头猛虎逡巡停留,苏轼、章惇这时候都有些喝多了,听到有老虎,便都想去看一看。

于是一位签判、一位县令便策马同往,欲一观百兽之王方罢休。

一行人到了离猛虎不过数十步的地方,胯下的马儿已是能感受到那恶虎的气息,受惊不敢向前,只是在原地打转。

一路吹了吹风,苏轼略清醒了些,想到距离猛虎如此近,不免害怕,于是道:"马尚且如此,我们冒险去看,又有什么名堂,算了吧,子厚。"

章惇见苏轼已调转马头,乃独自鞭马向前,回头道:"子瞻且看我去会一会那大虫,终不过是畜生,我自有办法理会得!"

言讫,章惇勒马驱前,已是离那只体形颇大的猛虎越来越近。他在马背上神色傲慢地俯视着身前不远处的百兽之王,那居高临下的模样仿佛掌握了阴阳生死一般。

众人在后面看着,都替章县令捏一把汗。这时候,那猛虎也注意到了自己附近的动静,铜铃般的双眼正瞪视着马背上的章惇。

章子厚对身后吏卒笑道:"勿忧,且将铜沙锣放在石头上敲打!"

几名吏卒本以为是县令催他们一起向前,听到吩咐乃如蒙大赦,赶紧放下行军用的铜沙锣,在石头上一阵猛敲,顿时铿铿锵锵,叮当作响,仿佛铁骑刀枪齐出,山洪雷电交加。林间顿时惊起一片飞鸟,那大虫受这一吓,径自跳向一边,乃是跑开了。

章惇哈哈大笑,催马到苏轼边上说:"子瞻,日后成就,你定不如我!"

苏轼闻言亦只是一笑,章子厚可真是个可爱的章大胆!

只是他不知道,在章惇心里,苏轼何尝又不是个可爱的胆小鬼。没办法,都是官身了,自然要惜命吧?只怕苏轼还会这样戏言哩。

才过了不到两年,老官家仁宗皇帝赵祯便与世长辞,可怜的他甚至都没有儿子来继位,只能让从小养在宫中的濮安懿王赵允让之子赵曙成为嗣君,这便到了英宗皇帝治平元年(1064年)。

这一年,章惇商洛令任满,于是到了苏轼任官的凤翔府来找他一起游山玩水。二人一路纵谈古今,诗话林泉,畅游楼观、五郡、延生、大秦、仙游等终南名胜。

章惇、苏轼晚上住宿在终南山的寺庙里,据当地人说,山中近来颇有鬼怪精灵作祟,晚上宜紧闭门窗户牖,千万注意安全,不要跑出去。听了这些话,寄宿在寺里的一些游客无不惊骇畏惧,晚上都不敢合眼睡觉了。

苏轼与章惇宿在同一间禅房内,苏轼便问:"子厚如何睡得这般踏实,不怕那妖魔鬼神么?"

"子瞻博学,岂不闻'向里向外,逢着便杀'?管他魔来鬼来,若敢碍着我俩,且都打杀了了事!"章惇已是哈欠连连,翻了个身,竟是呼呼大睡了。

苏轼颇好奇又有些害怕地听着窗外山中的风声,辗转反侧了许久,也不知何时才睡着的,但夜间平安无事,并无鬼怪作祟。

寺中僧人奇之,近来时时有山魈精怪骇人耳目,如何昨夜一处都不曾有?

苏轼揶揄:"子厚胆大,怕是鬼神避舍,吓得都不敢出来了。"

章惇亦颇为自得。

二人出了寺庙,往仙游潭游览。到了潭边,只见下面是万仞绝壁,潭边陆地极窄,根本无法通行。唯有一座独木桥架在潭水上,章惇轻轻推着苏轼往前,并道:"子瞻,我二人且去对岸峭壁之下书写文字如何?"

苏轼看着那独木桥和对岸的悬崖峭壁,直是摇头:"孟子曾经曰过,'知命者,不立乎岩墙之下'。此间景色虽好,看看便是了,不一定要到对岸甚至到峭壁下,吾辈君子,还是要爱惜性命。"

章惇莞尔:"你昔日来这边就不敢过桥,还写诗云'犹有爱山心未至,不将双脚踏飞梯'。不意你今日仍是胆怯,子瞻惜命得紧!哈哈哈!那子瞻且在这里等着,我去去就来。"

于是章惇从容地平步而过,自独木桥上到了对岸,又以随身所带的绳索绑在岸边的一棵大树上,神色不动地走下悬崖峭壁,只见眼前云霓缥缈,乱峰千叠,真是一派仙境胜景。

章惇掏出笔墨,大书石壁之上,顷刻间,便留下了一行字迹:

章惇、苏轼来游。

苏轼见到章惇的身影消失在悬崖边,心里一时十分紧张,生怕章惇出事,便觉得等待尤其漫长。这会见到章惇从峭壁爬了上来,正从对岸独木桥上快步朝自己走来,如履平地,姿态矫捷,便也喜不自胜,向他招手。

章惇到得苏轼身边,向他道以峭壁上所见的诸般景致,苏轼拊其背笑着说:

"子厚他日必能杀人!"

章惇道:"子瞻何以见得?"

苏轼道:"能自拼命者,能杀人也!"

章惇亦是开怀大笑。

仙游潭边尽是二人欢歌笑语,还有什么能比与挚友在山水云树之间寻幽探奇,长歌相答,道人世古今之兴亡,穷天地洪荒之生灭更有趣味快乐的呢?

人之一生,在匆匆短促的光阴里得一旨趣相投、智识相近的知己是何其不易的幸事?因果难猜,顺逆不测,浮生几十年里若荣若辱,皆或有不得已的喧嚣恼人宁静,平添了隔膜障壁;或有庸碌的琐屑折磨麻木了心神,淡忘了明河月影。有的人曾互相靠近,走进彼此的宇宙,有的人渐行渐远,相忘于江湖。

但曾经,他们都在彼此心中,占着一方角落,那里有着少年的模样,有着意气风发,有着共同的约定。

随着英宗驾崩,神宗赵顼登极,王安石拜相,轰轰烈烈的熙宁变法开始了。章惇逐渐成为新党骨干,苏轼始终站队旧党。二人在政见上已经彼此相左了。

但这却并未影响二人的深挚友谊。

熙宁八年(1075年)二月,"春风又绿江南岸,明月何时照我还"的王安石二次拜相。十月,曾搞小动作想阻挠恩师王安石复相的吕惠卿被罢免参知政事而出知陈州;王安石罢相期间与吕惠卿过从甚密的章惇也因此被罢权三司使"计相"之显赫官职,出知湖州。

这对章惇来说无疑是仕途上受到的第一次重大打击,但他似乎心态还不错,写诗给在密州做知州的好友苏轼,相约他日共同悠游林下,归隐山野田园。

章惇挥毫写下《寄苏子瞻》:

> 君方阳羡卜新居,我亦吴门葺旧庐。身外浮云轻土苴(jū),眼前陈迹付篷篨(jǔ chú)。涧声山色苍云上,花影溪光罨(yǎn)画余。他日扁舟约来往,共将诗酒狎樵渔。

当时章惇的老父章俞正在苏州养老,湖州与苏州两地之间相去甚近,因而章惇便说,听闻子瞻老友你有兴趣在常州阳羡购置田宅,我也要在苏吴之地修葺屋舍,好方便省亲尽孝,看望家严。功名犹是身外事,轻如鸿毛不值一提,哪里比得上我们的约定?章惇提醒苏轼,不要忘了他日泛舟太湖,诗酒欢畅的共同理想。要归隐,也要有最好的朋友在身边才有意义啊,否则岂不是吃苦种田?

苏轼也写诗唱和,即《和章七出守湖州二首》(其一):

方丈仙人出淼茫，高情犹爱水云乡。功名谁使连三捷，身世何缘得两忘。早岁归休心共在，他年相见话偏长。只因未报君恩重，清梦时时到玉堂。

章惇颇好修道学仙，苏轼便美誉他虽人在庙堂，却能心游山水云霓之间。熙宁五、六年间，章惇经略荆湖南北路，次第平定梅山蛮、懿州蛮、恰州蛮，将这些原本宋初以来朝廷尚无法管理的地区纳入统治之中，功勋卓著，可谓事功已立。苏轼也深情地回应着章惇，说你我二人早年便有他日一同归隐的心愿，待真的一道戏水沧洲、北窗高卧的时候，相信将有着说不完的心里话。只是眼下，二人都还未能上报君恩，不免心系庙堂之高，共忧君父国家之事。

在另一首中，除了称赞好友章惇精通修道炼丹的长生之术，苏轼还说"两厄春酒真堪羡，独占人间分外荣。"——熙宁八年十月章惇出知湖州时，其父母都还健在，而苏轼的父母早已病殁，因而苏轼以为好友子厚得以奉养双亲，实在是人间值得羡慕的事情。

到了乌台诗案之后，苏轼被贬官黄州团练副使、本州安置。在黄州的日子里，苏轼犹且不忘与章惇书信往来，甚至说以身边发生的细琐之事。

苏轼在元丰三年二月一日抵达黄州，开始了谪居的罪臣生活。十一天后的二月十二日，好友章惇本官迁右谏议大夫，除参知政事，终于成为了两府宰执之一，二人的仕途已经呈现了截然相反的态势。

二人情谊并未因为彼此天差地别的官位悬殊和仕途际遇而有所淡化。相反，苏轼甚至去信章惇，请托他以副宰相的位高权重之职，帮忙赦免一位因与匪人李逢来往而获罪的平民程岳。

原来苏轼在熙宁十年到元丰二年知徐州时，曾招沂州豪右富民程棐出力，缉捕何九郎、阚温、秦平等为祸徐州的大盗巨寇。当时苏轼答应程棐，事后会出力奏请朝廷赦免其弟程岳。然而由于苏轼改知湖州，随后又发生了乌台诗案，他自身难保，当然是无法完成这一许诺了。这事情一直在苏轼心头，谪居黄州时，苏轼便写信给章惇，拜托他帮帮忙。

苏轼在信中说："此事至微末，公执政大臣，岂复治此？但棐于轼，本非所部吏民，而能自效者，以轼为不食言也。今既不可言于朝廷，又不一言于公，是终不言矣。

是敌是友：苏轼与章惇之爱恨

以此愧于心,不能自已。可否在公,独愿秘其事,毋使轼重得罪也。"

苏轼向章惇坦露心迹,说这件事情固然是微不足道,对于子厚兄这样的国家执政大臣来说,根本是不会注意到的细小之事。但程棐对我苏轼来说,本非徐州僚属或百姓,他之所以愿意为捕盗之事出力,那是因为他相信我苏轼不会食言。现在我贬官在黄州,人微言轻,没有权力向朝廷进言请恩,去赦免他弟弟程岳;如果又不对子厚兄说,那便是成了再也不会去说、去做的一件失信于人的事情了。正因为如此,常心怀愧疚,不能自抑。事情能不能办,就由子厚兄决定,但还请不要让人知道是我苏轼的请托,以免我再获罪责。

从信中文字来看,苏轼非常信任章惇,也很自信以他俩的情谊,如此小事,贵为参知政事的章子厚多半会给自己一个情面。正因为是小事,若非二人情深意厚,绝不可能拿这样的微末事务去麻烦一位东府的执政。

此事后来苏轼再未有文字涉及,想来章惇已为苏轼轻易办妥了赦免程岳的事情。对于一个普通富民交往匪盗之事,宰辅大臣若要插手,实在不过是一句话下去,便有有司官吏去处置的,易如反掌。

苏轼开始了在黄州的贬官生涯,甚至躬耕田亩,以陶渊明自居,又效白居易忠州东坡之名,给自己耕种的地方取名为"东坡",且自号"东坡居士"。

而章惇则在东京为副宰相,开始在变法中承担更大的职责,除了元丰四、五年间短暂罢知蔡州,又历陈、定二州之外,始终在两府之内为副宰相或枢密院长官。但由于王珪的阻挠,数年内尽管皇帝赵顼颇有起复苏轼的念头,章惇可能也在其中有所美言,但终是没有改变苏轼贬官的身份。而二人的情谊,在岁月的流逝里仍不曾减损。

天旋地转,波谲云诡

元丰八年(1085年)三月,神宗皇帝赵顼以三十八岁之龄驾崩于大内福宁殿,满打满算,至多才十岁的皇子赵煦继位成为新的大宋官家,也就是哲宗。英宗赵曙的皇后高滔滔——高太皇太后垂帘听政,成为实际上的最高统治者。她是一位完全倾向于旧党的老太太,最喜欢的人乃是"砸缸"的司马君实——司马光。

政治风向完全转变了。此前已经被量移汝州团练副使,后又获准在心心念念的常州居住的苏轼,因而否极泰来被起复了,以朝奉郎(元丰改制后之本官官阶,正七品)、知登州。而资政殿学士、通议大夫(元丰改制后之本官官阶,正四品)司马光应召入京,太皇太后任命其为门下侍郎(元丰改制后的副宰相名称)。熙宁元丰年间被打压贬谪的旧党官员因此开始被大量起复,一些人得到火速升迁,苏轼有幸成为了其中的一员。

九月,苏轼刚到登州,未暇牧民施政,新的诏令又来了,以礼部郎中(即后行郎中,以吏兵前行,户刑中行,礼工后行耳。从六品)召还首都汴京。

数月后,元祐元年(1086年)闰二月,新党的蔡确罢相出知陈州;同日,司马光拜为尚书左仆射兼门下侍郎,成为了首相。

三月,诏令苏轼升任中书舍人(相当于四品)。这一职位通常负责为政事堂起草诏令,职掌外制诏书,已经属于与闻枢机大政的中央领导了。

然而章惇的仕途却遭到了巨大打击。

元祐元年闰二月十八日,刚刚担任右司谏不久的苏辙上《乞罢章惇知枢密院状》。苏辙也与哥哥苏轼一样,在元丰八年尚且只是小小绩溪县令的情况下以秘书省校书郎被调回东京,火速升迁,次年到汴梁即任职言路,成为重要的台谏言官,手握风宪弹劾进谏的大权。

当时章惇正与司马光围绕废除免役法、恢复差役法的激烈矛盾争执得不可开交,甚至到了咆哮于高太皇太后帘前的程度。

本来,自元丰八年年末到元祐元年闰二月这数月中,苏轼与章惇的关系并未受到各自政见不同、各处新旧两党阵营的矛盾所影响,两人甚至仍像多年前那样毫无芥蒂和隔阂地互相戏谑,开着玩笑。

有一日,苏轼与章惇聊起自己在黄州时的生活和诗文心得。

苏轼道:"子厚,某在黄州作得一诗,以为颇得渊明旨趣,前些时日寄给参寥看,他亦说甚好。且由你来品评,如何?"

章惇捋须笑道:"固所愿,不敢请耳。"

苏轼先瞪了章惇一眼,为他假装的客套和生分感到好笑,然后才吟诵道:

"日日出东门,步寻东城游。城门抱关卒,笑我此何求。我亦无所求,驾言写我忧。意适忽忘返,路穷乃归休。悬知百岁后,父老说故侯。古来贤达人,此路谁不由。百年寓华屋,千载归山丘。何事羊公子,不肯过西州。"

章惇听罢,已是笑得前俯后仰。

苏轼不解说:"某这首诗何以令子厚绝倒?"

章惇模仿着方才东坡摇头晃脑的模样,慢条斯理地道:"前步而后驾,何其上下纷纷耶!子瞻,你开头说步行出东城,后面又说驾车瞎晃悠,岂不是一会走路,一会坐车,上上下下,岂非让人笑痛肚皮?"

苏轼闻言一愣,也马上反应过来,确乎这两处是有些矛盾了。本以为自己这首寓意荣华富贵有时竭,因果到头万事空的诗能得章惇褒美,且自己结尾处用东晋谢安外甥羊昙路过西州之门,念及谢公辞世而未能归隐的夙愿,泪如雨下之典故,以暗示簪缨貂蝉之显贵不及隐逸林泉的快乐。自以为便是陶潜复生,也定是称许自己的诗的。

于是东坡狡辩道:"吾以尻为轮,以神为马,何曾上下乎?"

苏轼的意思是说,他把自己的臀部当成车轮,把自己的心神当做骏马,就算是步行也等于是驾车,哪里有什么上车下车的区别?

章惇笑着摇摇头,论才思敏捷、巧言诡辩,世间有几人说得过他苏东坡?

二人关系之和睦,几乎是一如往昔。

这一点,京师朝廷之中,无论旧党新党,都是人尽皆知的。司马光自然也知道苏轼与章惇的情谊,还曾因此拜托苏轼向章惇劝说,不要再公然侮慢自己。原来,章惇曾屡屡当众嘲讽、轻侮司马君实,甚至抓住他几封奏章里各式各样的漏洞,痛加驳斥,司马光心里叫苦不迭,又不及章惇反应敏捷,牙尖嘴利,只好拜托苏轼。

这时候朝廷里争论的焦点在是否罢黜免役法,改回原来的差役法。

免役法是针对百姓繁重的差役而进行的一种改革。当时宋代的差役主要有以下几种:衙前(运送官方财物或看管府库粮仓或管理州郡长官厨房等);里正、户长、乡书手(督催税赋);承符、人力、手力、散从官(供州县衙门随时驱使);耆长、弓手、壮丁(捕捉盗贼)。其中衙前役和里正最是劳民伤财,破家无数。如衙前,所看守府库或运送的官方财物有损耗,则必须赔偿。好不容易运送财物到了京师,碰到接收的小吏刁难往往导致有家不能回;又如里正,遇到村里乡里交不了税赋的或是逃跑了的,还必须垫付税钱,搞得倾家荡产都完不成任务。针对这种问题,王安石提出,废除官员士大夫、有功名的豪强地主免服差役的权利,改为根据具体情况缴纳"助役钱",而原来必须服差役的上四等户则缴纳"免役钱"。收上来的钱则由朝廷统一雇佣人来服差役，是为免役法。

司马光则认为，应当一股脑废除免役法，恢复过去的差役法。

他在元祐元年正月初三上札子说，上户过去虽然要充差役，但年满之后还可以休息数年；现在免役法却要年年交钱，对上户极其有害。

正月十七的札子中却又说，免役钱对于下户来说困苦，因为下户要交助役钱，对上户来说则是优便有好处的。

两道札子奏疏之内，居然前后观点自相矛盾。

章惇立即也上奏疏，加以分析驳斥，指出司马光言论的荒谬相悖。

两府大臣们在高太皇太后帘前议论役法时，便也争辩起来。

此时两府之中，首相左仆射王珪已经在去年五月病逝，递补升迁上来的首相蔡确已经被罢免，韩缜为右仆射次相；司马光为尚书左仆射兼门下侍郎，是执掌朝政大权的当朝首相；吕公著为门下侍郎，即副宰相；李清臣为尚书左丞，吕大防为尚书右丞，此二人亦是副相；而章惇则是西府的执政长官，知枢密院事。

司马光道："旧日下户本不充役，今来一例出钱；旧日所差皆土著良民，今召募四方浮浪之人，让他们作公人则枉法受赃，看守官物资产就侵欺盗用。又譬如农民所有，不过田间麦谷与桑蚕布帛及筋骨力气而已，朝廷不用其力，则令其纳钱，若遇凶年，则不免卖田产而破家矣！况诸路提举常平仓司只想着多敛役钱，广积宽剩钱以为功，希求进用，则幽远之人不被圣泽，难沐天恩。故老臣以为，为今之计，不如由朝廷直接降下敕令，天南地北免役钱之征收，一概罢废！一律按照熙宁以前所定分派差役……"

章惇立刻打断了司马光的进言。

"司马相公此言差矣！且不论相公前后两道札子内自相矛盾，今日又只说免役钱下户困苦不便，单是所谓一律按照熙宁以前役法所定复行差役，哪有这样治国理政的，岂非儿戏？全然不可施行！熙宁元年时，役法所定服役之人数目极多，后来屡经裁减，三分去一，现在怎么可以不加研究核定，就照本宣科，完全按照熙宁以前的旧数目来定差役？况且，今日天下政事，比熙宁元年以前，更改者不计其数。事情既然已经与过去大不相同，怎么能完全照搬熙宁以前的条贯政策？又云地方监司提举恐聚敛邀功虐民，不变役法，百姓不堪其害。臣以为司马相公又未中事理！大抵常人之情,谋己私利者多,而向公爱民者少,若朝廷以积钱多为赏劝,则必聚敛邀功。今朝廷既不许多收宽剩(免役钱、助役钱之外征收的以备灾伤赈济所用的钱),又掊克者必行黜罚,则提举官若非病狂,岂肯力求黜罚?"

司马光被章惇捉住漏洞,一时间无从反驳,便只是说:"老臣以为,俾使地方诸县便依朝廷指挥,尽罢免役法,复行差役,若别无妨碍,则即刻施行;若有所妨碍,则可宽限五天,五日内将利害情况上报本州……"

"司马相公勿作戏说!"章惇又是厉声打断,"免役法关系百姓切身利害,极须详审,不可冒失轻易!只限五天时间,则地方县衙如何调查、询访复杂民情?光是要折腾罢废免役法的事情就根本来不及,哪里还有空去分析利害,上报州府?臣以为,相公虽有忧国爱民之心,但不讲变法之术,措置无方,施行无绪。朝廷良法美意,又将偏废于此时!"

司马光道:"章枢密,尔咆哮陛下帘前,未免无人臣之礼!"

吕公著、吕大防等旧党宰执重臣这会都斜着眼冷冷地看向章惇,而帘幕后面那位权同处分军国事的最高统治者高太皇太后的目光也是凛然森寒的。

很快,御史中丞刘挚、右正言王觌、左司谏王岩叟、监察御史孙升乃至苏轼的弟弟,右司谏苏辙都累章弹劾章惇,至称其为奸佞。

苏辙在弹章中说:

> 臣窃见知枢密院章惇,始与三省同议司马光论差役事,明知光所言事节有疏略差误,而不推公心,即加详议,待修完成法然后施行,而乃雷同众人,连书札子,一切依奏。及其既已行下,然后论列可否,至纷争殿上,无复君臣之礼……且差役之利,天下所愿,贤愚共知,行未逾月,四方鼓舞,惇犹巧加智数,力欲破坏。臣窃恐朝廷缓急有边防之事,战守之机,人命所存,社稷所系。使惇用心一一如此,岂不深误国计。故臣乞陛下,早赐裁断,特行罢免,无使惇得行巧智以害国事。

按照苏辙在奏状中所说,章惇起初假装没看出司马光奏疏中的疏漏差错,等到政策要实施了,就连篇累牍地揭短,这显然是奸邪之人的行为;又说章惇跋扈,无人臣之礼。最不顾事实的是,苏辙声称,差役法是天下人所盼望恢复的,是百姓们喜闻乐见的。据此推想,如果还让章惇在西府执掌军机大权,一旦边境有紧,恐怕章惇还要不顾国家利害,因此请求罢免章惇枢府长官的职位。

但这些话其实罔顾事实、偏激非常。实际上章惇自始至终反对如司马光所说一股脑废除免役法,且身为旧党的苏轼也是持此态度。苏轼以自己为官地方的经验,曾向司马光提意见,指出免役法确有许多利民之处,无奈老相公压根听不进,以至于苏轼在政事堂内不免摇头叹息说"昔年韩魏公(韩琦)为相,君实也曾在中书据理力争,当面辩驳,虽魏公不乐,相公亦不顾。怎么今日轮到公为宰相,却不许我苏轼提点意见了?"苏轼被选派入变更役法的新设机构"详定役法所"后,仍是与司马光意见不同,甚至后来还在此年五月请求辞去详定役法所的差遣。

而即便是苏辙自己,他私下里事实上也是认为免役法只要能够量入为出,不要从百姓那里额外多取免役、助役之钱,则确实是远胜于差役法的。他后来也承认,"君实为人,忠信有余,而才智不足"。

苏辙此时如此激烈地弹劾章惇,与当时的权力斗争情况有关。一方面,实际上新党之人也认为新法中存在问题,可以借此新皇登极的机会加以更正,如章惇正是此类;而蔡确则属于全无廉耻的投机宰相,苏辙曾说他"先帝之所是,确等亦是之,陛下之所否,确等亦否之,随时翻复,略无愧耻"。另一方面,至少在起初,新旧两党在有关"新法"存废的问题上并非如后人常想象的一般,是绝对泾渭分明的。旧党中的重臣吕公著、范纯仁等多普遍认为,新法中存在一些可取之处,至于要变更法度,则须次第缓缓为之。但实际掌握最高权力的太皇太后高滔滔和首相司马光是其中的例外。惯常有说法认为,高氏极力反对新法是因为王安石的变法有伤害到勋贵阶层的既得利益。但如果只持此说,则颇有浮于表面之嫌,究其原因,恐怕还在于司马光在英宗赵曙被立为储君时颇与有力焉,虽不及韩琦"定策之功"那么显赫,但也是起了较重要的作用。且在不久之后的"濮议"(英宗想要以自己的生父濮安懿王赵允让为皇考,韩琦、欧阳修等人都支持皇帝这种背弃仁宗赵祯的行为;而司马光、吕大防、范纯仁等则极力反对,认为应当以仁宗谓皇考,以生父为皇伯)中,司马光应当因此得到了当时尚健在的曹太后相当程度地感激和信任,而自幼由其养于宫中的高氏对曹后感情很深,必因曹后对大臣的认识而认定司马光是忠贞方正的社稷大臣。

基于此,尽管吕公著、范纯仁等人并不主张雷厉风行地一股脑废除新法,但高氏确实对司马光较言听计从,且十分敬重这位倔强固执的老相公。那么,将新党宰执

是敌是友:苏轼与章惇之爱恨 | 135

重臣们悉数赶出朝堂也就成了当时的一大要务。早在神宗皇帝驾崩后才五个月的时候,便有监察御史王岩叟上奏,说"奸邪遂非饰过",又说如果不罢废新法,等于"不绝害源",则"百姓无由乐生";如果不尽斥新党,等于"不屏群邪",则"太平终是难致"。

在台谏系统对司马光的大力支持下,元祐更化乃是在大面积贬黜神宗皇帝留下的熙丰新党大臣的政治清洗下开始的。

司马光其实从来都无意去做一个权臣,或是独掌大权的骄横首相。从他的元祐施政和其提拔举荐的宰执、两制以及台谏官员的言行来看,如果简单地把他们称为是党附于司马光,或唯命是从,这都是不符合事实的。如在此年有关西夏问题上,吕公著、吕大防就反对司马光将神宗元丰四五年间得到的米脂、义和、浮图、葭芦、吴堡、安疆等这些占领自敌手的军寨土地都还给西夏的主张。而司马光在《论西夏札子》中所说的"国家方制万里,今此寻丈之地,惜而不与,万一西人怀怨愤之气,逞凶悖之心,悉举虎狼之众,投间乘隙,长驱深入,覆军杀将,兵连祸结,如向日继迁、元昊之叛逆,天下骚动。当是之时,虽有米脂等千寨,能有益乎? 不惟待其攻围自取,固可深耻;借使敌有一言不逊而还之,伤威毁重固已多矣。故不若今日与之之为美也"。这类论调自然也是要被枢府执政章惇、安焘等新党大臣抨击的。显然,按照司马君实的观点,他首先假设西夏一旦来攻,宋军是断然战败,无法守住领土的,因此为了避免届时受辱,不如先送还给党项人,盖所谓用土地换和平也。

司马光的个性是,只允许搞旧党内部的"民主"和"君子和而不同",对于"新党"这样的奸邪政敌,那是半分"民主"也谈不上的。君子之间可以讲民主,小人怎么可以对他们民主? 他可以容忍吕公著、吕大防、范纯仁等人有时与自己意见相左,但绝不会准许章惇等新党还留在两府宰执的班列中。

故而,正是在这样的背景下,章惇遭到了接连的弹劾,从后来的罢免知枢密院事诏令之制词来看,其中大约又尤以苏辙的弹劾起到了较重要的作用。

单就役法问题来说,即便是在王安石、章惇几乎被极端否定的南宋时期,像朱熹这样对新法持负面评价的人,仍然说司马光"温公忠直,而于事不甚通晓。如争役法,七、八年间直是争此一事。他只说不合令民出钱,其实不知民自便之。此是有甚大事? 却如何舍命争!"

可见,以更支持免役法而攻讦章惇,这是并不公正的。

西府枢密院长官章惇府内。

两个年轻人正坐立不安地在厅堂里来回踱步,话题都围绕着近来无数次被弹劾的知枢密院事章惇。

"自今年正月以来,刘挚、朱光庭、王岩叟、王觌、孙升甚至苏辙,都已经上了不知多少弹章!他们这是趁着先帝仙游,要反攻倒算,推翻新政!"

"二哥,这些事你我哪里插得了手,总须爹爹理会。只是苏子由也参与其间,他不念爹爹与苏舍人的情谊,未免过分了。"

正说话间,却是章惇走了进来,两个年轻人赶紧施礼,原来他们便是章惇的次子章持与四子章援。

章惇径自大马金刀地坐到了主位上,拿起茶壶便倒了一杯牛饮而尽,又嫌不足,大声唤来府中仆役,命去送来饮子。

章持与章援都恭恭敬敬地侍立在下首,章惇喝过一碗饮子方才开口。

"二哥、四哥在此聒噪个甚?吾平日就教你们要沉下心读书做学问,特别是四哥,你尚未会试,朝廷里的事情,是你该置喙插嘴的么?"

章援正要作揖认错,边上章持却道:"爹爹,可是连那苏辙都弹劾你,爹爹与他们苏家往来二十几年,他如何半分情分都不讲?哪有这般做人的?"

章惇笑道:"苏子由之前的弹章你们未见过,若是读罢,才叫股栗汗流。他说'左仆射蔡确,憸佞刻深,以狱吏进;右仆射韩缜,识暗性暴,才疏行污;枢密使章惇,虽有应务之才,而其为人难以独任;门下侍郎司马光、尚书左丞吕公著,虽有忧国之志,而才不逮心。至若张璪、李清臣、安焘,皆斗筲之人,持禄固位,安能为有,安能为无!'他不但说蔡持正、韩玉汝为奸邪,说某不堪专任信重;甚至连司马光、吕公著他也要说才力不足,至于张璪等一概被苏子由说成了见识短浅、气量狭小且尸位素餐混日子的人,你们说,他苏子由跟着现在的情势,弹劾爹爹某,又有甚稀奇?"

章持道:"可是如今台谏这般弹劾爹爹,他苏辙还要落井下石,难道不是盼着爹爹早日被贬出东京么?"

章惇道:"女主称制,官家年幼,如今又是司马光用事掌权,爹爹我虽说曾与人言'不贬不去',但那终是意气不平之话,如何济得了事?观如今形势,东京是不会让某待下去了。台谏那些旧党之流,望风希旨,累章弹劾我,还在乎是刘挚还是苏辙么?

是敌是友:苏轼与章惇之爱恨

总有无数人要跳出来的!"

章援正想示意二哥不要再多说了,但章持已是入仕之人,不似章援尚未得功名,乃竟然仍是开口道:

"爹爹,可我不服!我替你不值!王相公变法时候,吕大参之外,便是爹爹功劳最大,偏王珪、蔡确为相!如今先帝登遐,太皇太后和司马光却要清算爹爹,天理何在?我更气愤的是,这事情任谁都可以弹劾爹爹,独他苏辙不可!昔日乌台诗案,爹爹是如何奔走呼号,顶撞王珪、送以药石?谁不知他俩兄弟是穿一条裤子的,凭什么他可以忘恩负义,凭什么他不劝阻他弟弟,凭什么他不为爹爹说一句好话?我就问他苏轼到底凭什么!"

"放肆!"章惇拿起手边的汤饮盏子就砸向章持脸上,"子瞻是吾至交,为汝等长辈,其名字是尔曹可以这样叫的?都退下!"

在古代,直呼人姓名自然是不礼貌的,如果是小辈这样说,便更不适合了,何况苏轼是官居右史的重要朝臣。

章惇一个人坐在厅堂的太师椅上,他一时间都没有弄明白自己的愤怒究竟完全是针对次子章持的,还是来自于别处。实际上,他固然以为苏辙弹劾自己不足为奇,台谏里现在人人出动,苏辙如果不顺从大势,那才是稀奇古怪。但章惇相信,即便自己终究是要被贬谪出京,但苏轼一定会像与司马光公然争执、反对骤然施行差役法那样,为自己说几句公道话。他一定会为自己这个老友出头!

章惇相信自己和苏轼二十几年的友情。

然而他终究是没能等到苏轼的奏疏,也没等到人前人后苏轼为自己说的哪怕只言片语。

在这个新党全面落败的节骨眼上,苏轼保持了沉默,对自己好兄弟章子厚的遭遇不置一词。

于是,元祐元年闰二月二十三日(辛亥),正议大夫、知枢密院事章惇罢知汝州。

章惇没有在贬官之前等到苏轼为他说话,终于还是要被赶出京师,出知汝州了。

与之相反,苏轼的仕途正一帆风顺。在此年三月十四日(辛未),苏轼由起居舍人升迁为中书舍人,成为掌外制的两制侍从之重臣。

而就在几天后的三月二十二日(己卯),苏轼行使自己中书舍人封还词头的职权,缴还了圣旨,拒绝起草叙复沈起的制词。

沈起者谁人也？他是仁宗朝进士出身，年龄要比苏轼大二十岁，是个颇有干才的官员，做海门知县时筑堤百里，引江水灌溉而开辟良田，百姓立其生祠；做湖南转运使时与商人贸易，所省达十之六七；又曾被时任御史中丞的包拯举荐过，以兵法谒见范仲淹也曾得到过范文正公赏识。熙宁三年时，沈起在陕西都转运使任上，率兵讨平庆州军变，竟还是个懂得行军打仗的文臣。熙宁六年时，桂州知州萧注昔年本倡言有取交趾之谋，但当朝廷要他经略边事的时候，萧注以为今时不同往日，于是沈起以天章阁待制代替萧注知桂州。沈起希求以边事大功而青云直上，于是编桂州当地土丁为保伍，操习阵法，训练舟船水师，又禁止交趾在边境贸易。但此后沈起亦因为边事上强置城寨、杀扰交人的种种举动被罢免了知州，而以刘彝继任为桂州知州。熙宁八年至九年，交趾反而率先入寇，十一月底时既攻陷钦州、廉州，次年初邕州陷落，知州苏缄殉国，交趾贼军屠杀邕州军民凡五万余人。持续近一年的北宋交趾之战虽然最终以郭逵率宋军反攻入交趾，并在富良江击败交人，阵斩李朝洪真太子，俘虏其左郎将阮根，交人求和而告终，但此前交人入寇，百姓多有城陷而被害。郭逵、燕达等率大军入交趾境内，虽然节节胜利但疫病横行，非战斗减员人数极多。据当时人的说法，百姓、宋军的伤亡、病殁也在数十万之多。因此，沈起、刘彝等均遭贬谪。

这事情按说本来与苏轼、章惇的交情并无干系，然而苏轼却在封还沈起叙复的奏状中这样写：

准刑房送到词头一道，三省同奉圣旨，沈起与叙朝散郎、监岳庙者。臣伏见熙宁以来，王安石用事，始求边功，生隙四夷。王韶以熙河进，章惇以五溪用，熊本以泸夷奋。沈起、刘彝闻而效之，结怨安南，兵连祸结，死者数十万人。苏缄一家，坐受涂炭。至今二广疮痍未复。先帝始欲戮此二人，以谢天下，而王安石等曲加庇护，得全首领，已为至幸……诚不忍下笔草词，遂使四方群小，阴相庆幸，吕惠卿、沈括之流，亦有可起之渐，为害不细。伏乞圣明深念先帝"永不叙用"之语，未可改易。而数十万性命之冤，亦未可忽忘。明诏有司，今后有敢为起等辈乞叙用者，坐之。所有告词，臣未敢撰。

这份《缴进沈起词头状》中有一句话最是致命，那便是将好友章惇经略荆湖南北路，平定梅山、懿州、恰州等五溪蛮的事功与沈起、刘彝招致的交趾入寇边祸相提并论，这恐怕是颇不公允的。实际上，单从封还词头这件事情上来说，苏轼完全没必要在奏状中提及章惇，但他却从王安石变法以来的熙河开边谈起，一直抨击到熙宁末年的沈起、刘彝图谋取交趾——这说明，在元祐元年时，苏轼与苏辙达成了一种政治共识，尽管他反对司马光粗暴地全面罢废免役法，但在如何看待新党和评价熙宁变法的问题上，苏轼明确做出了自己的政治选择，他对王安石变法的总体反对态度在压抑了五年后再次爆发出来，十分明朗了。

章惇从邸报上看到了沈起叙复指挥不再施行的记录，也看到了苏轼的《缴进沈起词头状》。可他的剑眉星目之中，只有四十来个字：

王韶以熙河进，章惇以五溪用，熊本以泸夷奋。沈起、刘彝闻而效之，结怨安南，兵连祸结，死者数十万人。

"章惇以五溪用"，我章子厚难道是穷兵黩武，为祸地方而希求幸进的人？！

章惇缓缓放下了邸报，心里好像被什么东西狠狠地砸了一下。

荆湖南北路中蛮人所占的领土自宋初以来，就因为当时无暇顾及，而坐视其至今。虽然太宗赵光义时曾一度兴兵讨伐，但仍没有解决这一问题。反而南北江之蛮猺常劫掠、杀害附近百姓。雄心勃勃的神宗皇帝自然想要解决这一问题，而章惇也确实达成了平定群蛮，纳土归民的目标。这一层功绩，应当是不能被抹去的。

但平生得意的功业，却被挚友区区六个字就击得粉碎，原来我章子厚乃是"貂蝉本自出兜鍪"，是靠着杀戮地方才爬上执政之位的刽子手！与沈起、刘彝的区别，大约不过只有侥幸而已了！

章惇只得收拾行囊，离开寄托了他政治抱负和恩怨情仇的大宋京师。

而留在东京的苏轼，正步入自己仕途最辉煌的一个时期。九月十二日（丁卯），苏轼升任翰林学士知制诰（正三品），掌内制大诏之职责，其地位犹在中书舍人之上，许多宰相皆由翰林学士而宣麻拜相。因此这一职位也历来视作"储相"之职。成为翰林学士，标志着苏轼正式成为宋朝大政决策圈的一分子。

到了十一月二十四日（戊寅），由于此前改知扬州的除命被台谏阻挠，章惇请求提举杭州洞霄宫,方便奉养老父,于是朝廷下诏:正议大夫、知汝州章惇提举洞霄宫。

在外人看来,章惇似乎是心灰意冷地乞请宫观,自处闲散之地了。他只是个政治斗争中失败的丧家之犬而已了,再不是那个意气风发、睥睨傲岸的章子厚。

章惇此时成了提举宫观的祠禄官,自然是不需要去洞霄宫点卯放衙的,他一路回到吴中,老父章俞尚且健在,章惇也得以尽孝于左右。

一日晌午,章子厚正在院子里散步,阳光正暖,却遮掩不住萧疏寒峭的冬意。江南的寒气初来乍到时似觉不如北方,刚过天命之年的他正处在一个政治家最年富力强的黄金年龄,却遭到重大打击,远离了权力中枢,心事郁积之下,章惇只感到吴中风月非是怡人心目,反而是在湿冷的悄怆里,幽咽地诉说着往昔。

就在章惇负手信步走于园中,遐思难抑的时候,四子章援忽然到了父亲面前。

"爹爹,苏学士的信笺。"

"知道了,你且下去。"章惇打发走了儿子,颇有些激动和焦急地拆开信封,双手拿着信纸一目十行地看了起来:

轼启。前日少致区区,重烦诲答,且审台侯康胜,感慰兼及。归安丘园,早岁共有此意,公独先获其渐,岂胜企羡。但恐世缘已深,未知果脱否耳?无缘一见,少道宿昔为恨。人还,布谢不宣。轼顿首再拜子厚宫使正议兄执事。十二月廿七日。

子厚兄你平日喜欢修道参玄,想要归隐山水田园之间,这种念头早年哥俩都有啊。现在老哥你独自先走一步,去享受林泉隐逸之乐,我苏轼何止是企盼羡慕啊!只是恐怕子厚兄你啊,曾贵为执政,入世太深,不知道果真能脱离红尘烦恼吗?

好一句"归安丘园,早岁共有此意,公独先获其渐",好一句"但恐世缘已深,未知果脱否耳",好一句"岂胜企羡"!

这些话表面上看是在安慰和劝诫老友章惇,甚至颇有些羡慕之意,但考虑现在的实际情况,苏轼贵为翰林学士两制重臣,帘眷正隆,当时还颇有人认为他不久便能入两府;而章惇自枢密院长官的执政之位上被罢免,成了个靠边站的宫观使,且弹劾自己最猛烈的人中就包括苏辙,可子瞻却无一言相救,一句话也没为自己说过。如今却在信里说什么早年共有归隐的心愿,而我章子厚反先实现了梦想,这岂不是在讥笑讽刺?!

从苏轼的角度来说,纸面上看,确实是宽慰章惇,让他好远离东京的纷争,侍养老父,悠游林下。但章惇从本质上来说是一个胸中有文韬武略,想要治国平天下的文人士大夫,如今新法被废,己身遭贬,怎么会一点想法都没有?以他睚眦必报的性格,读到这封信,难道会觉得大受安慰而不是适得其反?

天上宫阙,已是闾阖不通;朝野之身,或虞再受窜逐。苏轼的劝诫在章惇看来大约完全变了味,成了高高在上的垂怜和训斥。

但这还不是最打击他的。更伤害他的是苏轼的这种态度,这种空洞的场面话。

章惇想在信里看到的难道是这些吗?

他想听到的是昔年的那些戏谑,那些毫无顾忌的真心话。

章惇几乎要晕厥过去,他勉力站住了身子,痛苦地闭上了双眼。

自己的次子章持上《为父惇辨冤状》,甚至言及章惇在汝州打坐吐纳时因大风吹倒屋内门扇致左右手足麻痹的惨状;可是章惇还是没有等到苏轼在朝廷里为他说上哪怕一句好话,反而等来了这封让他"痛何如哉"的信笺,一封在章惇读来冷漠、官面的书信!

对苏轼来说,其实他的朋友和崇拜者很多;可对章惇而言,最好的朋友或许只有一个,那便是苏子瞻。

但,回不去了。

此后,二人之间竟再无诗文往来。

青云之上,岭外风浪

苏轼此后因为所谓"洛蜀朔"的党争而在朝廷中进进出出,时而以极高的级别在地方为官,时而被召回东京,再入禁林,或是位列六部尚书。

弟弟苏辙更是在元祐六年(1091年)二月初二(辛卯)自龙图阁学士、御史中丞升迁为中大夫,除守尚书右丞——正式成为副宰相执政。

但另一方面,垂帘听政的老太太高氏也离生命的终结越来越近了。

元祐四年(1089年),旧党还发起了一场大案来贬窜已经被谪守邓州的前首相蔡确,这便是有名的车盖亭诗案。当时次相范纯仁和副相尚书左丞王存都认为不应该以语言文字之间的暧昧不明之过而诛窜大臣,但在首相吕大防、副相中书侍郎刘挚及台谏言路的坚持下,加之高太皇太后对蔡确的怨恨,这位神宗朝的宰辅蔡确竟然被贬为英州别驾、新州安置,赶到了当时位于岭南烟瘴蛮荒的广东去了,这显然是不想让蔡确再活着回到五岭以北了,后来蔡确果然死在新州。苏轼曾以朝廷大局为理由上疏请求赦蔡确无罪,但高氏不能听。熙丰新党与元祐党人的裂痕进一步加深了,逐渐变得无法弥合。

元祐八年(1093年)九月,临朝称制、垂帘听政、权同处分军国事的高太皇太后驾崩。十八岁的哲宗赵煦亲政,开始真正成为大宋的官家,执掌天下的大权。

苏轼很快被以河北西路安抚使(相当于军区司令)知定州的差遣,赶到了北方边境军事重镇去。按照惯例,苏轼作为两制以上的近臣高官,出为边帅,必然是要在离开东京前陛辞的,即受到官家召对,君臣交流边境军政情况,当面聆听皇帝的谆谆教诲,然而官家赵煦居然不想见苏轼,让他直接去定州赴任。

苏轼终于明白,年轻的皇帝甚至根本不念自己为翰林侍读学士时数年来的"师生情"。

历史本该有个元祐九年的年号,直到此年四月,官家赵煦大诏布告天下,改元绍圣。新的年号不言自明,即是要继承神宗皇考的文治武功,要继续变法!换言之,元祐更化的一切施政,现在官家全部要推倒重来,重新恢复熙宁元丰的政策。但元祐年间,高太皇太后所用之人,几乎尽是当年极力反对王安石变法的所谓旧党大臣,怎么可能还全用这批人去"绍圣"呢?尤其是两府的宰执班子,调整辅臣的事情,刻不容缓。

实际上官家赵煦在八年的观政中已经逐渐学会了如何玩转朝堂的政治游戏。在改元之前的三月初四(乙亥),都堂首相尚书左仆射兼门下侍郎吕大防罢相,以观文殿大学士出知颍昌府,后二日,改知永兴军。三月二十六日(丁酉),苏辙罢门下侍郎副宰相一职,出知汝州。

绍圣元年(1094年)四月二十日(辛酉),官家赵煦忽然召见新除的翰林学士知制诰曾布,对他道:"卿今日须锁院草白麻大诏。"

原来,自唐代玄宗开元二十六年改翰林供奉为翰林学士后,凡是朝廷拜除、罢免将相,则用白麻,宋代因袭之,凡翰林学士所拟内制,并用白麻,以别中书舍人所草外制,常以拜免三公、宰相、皇后、太子等。而翰林学士遇到草拟这样的大诏诰命,即须锁院,以防泄密,连夜草制,之后进呈皇帝。

次日(壬戌),阁门使带着两份内制大诏直抵都堂。此时两府的宰执尚有如下数人:次相尚书右仆射兼中书侍郎范纯仁、副相中书侍郎李清臣、副相尚书左丞邓润甫、副相尚书右丞郑雍、知枢密院事韩忠彦、签书枢密院事刘奉世。

阁门使打开了第一道大诏圣旨,开始念道:

门下。为政之道,无竞惟人。思得骨鲠挺特之纯臣,遹修弥纶康济之绪业。图我旧德,冠于宗工。孚号大廷,播告多士。资政殿学士、降授通议大夫、提举杭州洞霄宫、上柱国、豫章郡开国公、食邑三千七百户、食实封一千八百户章惇……

次相范纯仁早已自知国是将变,已经累章请退,这会听着制词,才听了个开头就知道是宣麻拜相的大诏。那个名字出来之前都是些套话,说国家为政之道,在于选对无与伦比之人。(朕)想要用耿直刚正、超群特出的忠纯笃实之臣,要做经天纬地、安民济世的祖宗留下之伟大事业。因此使此德高望重之老臣,位列诸卿尊官之上。今宣布于外朝,广告于百官……

然而那个名字居然是章惇!

范纯仁忽然想到了车盖亭诗案时,自己和昔年的副相尚书左丞王存一起留下来向年轻的官家说情,希望官家劝一劝太皇太后,顾全些先帝的体面,不要如此重罚前首相蔡确。当时小皇帝阴郁沉默、不发一语的那神情,如今范纯仁想到之后,顿时不寒而栗。

耳边仍在响着拜相大诏的声音:

食实封一千八百户章惇,器博以大,志刚而明。才之所施,则酬酢万变而无穷;学之所造,则贯通百家而不惑……肆予缵服之初,身任受遗之托。定策社稷,底宁邦家……

具官章惇,才器广博浩大,志节刚正光明。才干之施展,则可应对万变而无穷;学问之成就,则贯通诸子百家而不惑……朕继位之初,尔章惇受遗命辅政,有定策社稷,安定国家的大功。

> 方政令出于帘帷,权柄归于廊庙。善政良法,多所纷更。正色危言,不惮强御。十年去国,一德保躬。虽风波并起乎畏途,而金石不渝乎素履……

范纯仁越听越冷汗之流,这一段居然说的是,当时政令出于太皇太后之口,权柄归于朝廷中旧党之手,先帝神宗皇考的善政良法多被更改破坏——这几乎是在明着抨击宣仁太皇太后了!是要全部推倒元祐更化!——尔章惇正色危言,不畏权臣,虽离京师十年,却仍是恒以一德,不忘君父朝廷。虽风波谗言不时而至,但尔志节坚如金石,如素履之往,初心不忘……

> 眷求真宰,秉我国成。是用起尔燕闲之中,位诸公辅之上。超进禄秩,宠陪户封。南山岩岩,久隆师尹之望;赤舄(xì)几几,行俟衮衣之归。于戏!贤能相推而庶官和,号令必臧而下民若。如治梓材,汝惟丹雘(huò);若作和羹,汝惟盐梅……

对章惇天花乱坠的赞美还在继续:
朕殷切寻求真正堪为宰辅的大臣,来辅佐吾治理国家大事。因此起复章惇于祠禄闲暇之中,使尔冠绝百僚,加官进爵,食邑封赠。章惇十年之间德高望重,俨然如南山之高迈,赤履威严,等待尔如此功勋卓著之元老归朝。呜呼!贤相能臣相继而百官和睦,尔之辅政,号令必能嘉善而使下民服从。譬如制作精美的梓木器具,尔便是红色的彩饰;又如烹调汤羹,尔便为盐梅之调味……

> 可特授左正议大夫、守尚书左仆射、兼门下侍郎,加食邑七百户、食实封三百户,勋、封、如故,主者施行。

章惇这是在提举宫观的闲散职位上,一朝拜相了!而且是拜为首相!昨日,章惇还是个祠禄官,靠边站的无权之人,如今白麻大诏降下,他便是大宋的尚书左仆射兼门下侍郎,司马光曾做过的首相宝座,现在属于章子厚了!

次相范纯仁、副相中书侍郎李清臣、尚书左丞邓润甫、尚书右丞郑雍、知枢密院事韩忠彦、签书枢密院事刘奉世俱表示领旨。

接下来还有一道大诏,范纯仁知道,这必然是自己被罢相的制词。

绍圣绍述的路,无人可以阻拦了。

吊诡的是,在元祐八年年末之时,首倡绍述,请用熙丰大臣如章惇、安焘、吕惠卿、邓润甫、李清臣等,并乞召章惇为宰相的人正是由苏辙提拔、引用的"杨三变"杨畏。

更讽刺的是,在章惇拜相前的十天,即四月十一日(壬子),正在定州做着军区司令员的河北安抚使苏轼忽然就横遭重贬。

侍御史虞策言:"吕惠卿等指陈苏轼所作诰词,语涉讥讪,望核实施行。"

殿中侍御史来之邵说,"轼在先朝,久以罢废,至元丰擢为中书舍人、翰林学士。轼凡作文字,讥斥先朝,援古况今,多引衰世之事,以快忿怨之私。行吕惠卿制词,则曰'始建青苗,次行助役、均输之政,自同商贾,手实之祸,下及鸡豚,苟可蠹(dù)国而害民,率皆攘臂而称首';行吕大防制词,则曰'民亦劳止,愿闻休息之期';撰司马光神道碑,则曰其'退于洛,如屈原之在陂泽'。凡此之类,播在人口者非一,当原其所犯,明正典刑。"

这些恶毒言辞的意思是:"苏轼在先帝(指神宗)时,被罢官贬职很久,到了元丰年间擢拔为中书舍人、翰林学士这样的两制高官。然而苏轼凡有诏令制词,都是些讥讽抨击先帝施政的悖逆话语,援引古代之事,穿凿附会我皇宋圣朝,又多引征衰亡败落朝代之事例,以满足自己久被废黜的私愤私恨。他撰写贬谪吕惠卿的制词,就在里面写'(吕惠卿)起初施行青苗法,之后施行助役、均输之法,使得朝廷体面扫地,有如商贾作风。手实法导致民间互相检举甚至贪财诬告的乱象之祸,遍及地方小民。只要可以危害国家百姓的乱政,他吕惠卿都撸起袖子卖力得不得了,这股起劲的丑态堪称第一';撰写吕大防制词,就说'老百姓困苦不堪,希望听到有可以与民休息的日子';撰写司马光的神道碑,又说司马光'(熙宁新法时期)退居洛阳,就如同屈原受谗讥而处湖泽之中'。凡是类同这些的反动话语,传播在朝野士大夫和百姓间的数不胜数,应当追究他所犯的罪责,明正典刑!"

然而这虞策、来之邵本就是元祐时期的台谏,且其进用,大约也都有苏辙的作用在。可这些人并无仁宗时期台谏的气节,反而练就了见风使舵,观望反复的本领。

很快,中书舍人蔡卞(王安石之婿;徽宗朝宰相蔡京之弟)所撰写的贬官诏书下达,制词中说:

> 轼行污而丑正,学僻而欺愚。顷在先朝,自取疏斥,肆予纂服,开以自新,弗讫尔心,覆出为恶,辄于书命之职,公肆诬实之辞。凡此立法造令之大经,皆曰蠹国害民之弊政。顾威灵之如在,岂神理之可容!深惟厥辜,宜窜远服,祇夺近职,尚临一邦。

这份圣旨对苏轼的指责看起来颇为触目惊心。其中说,苏轼此人行为奸恶而又嫉恨正直大臣;学问邪险而喜欺诈愚蒙憨直。过去在先帝之朝,咎由自取被贬斥地方,等到新帝即位,擢拔起复苏轼令他重登重臣之列,却不能令其感化,又多做奸恶之事。在翰林学士知制诰任上,公然放肆地撰写诬蔑实情的制词。凡过去神考创立之法度、颁布的诏令等国家大政,苏轼此人把这些都说成是害国害民的弊政。看苍天在上,神灵所在,这样的言行岂是神灵天理所能容忍!深思苏轼的罪过,应贬斥远州,现只褫(chǐ)夺殿阁馆职清贵近臣之名,尚且仍给予其牧守地方的官职。

对苏轼的处分也下来了:落端明殿学士兼翰林侍读学士,依前左朝奉郎(正七品)知英州(广东英德)。

苏轼遭到了断崖式的降级,此前他已经贵为礼部尚书,职务上到了从二品,殿阁馆职为正三品的端明殿学士,又兼翰林侍读学士,可谓是位高权重,班列上稍次于执政。如今却被打法到岭南广东为知州,确属极重的贬谪了。而这一切,甚至发生于绍圣改元前的一天。

苏轼成了元祐大臣中重贬的第一人。官家赵煦对元祐更化的仇恨,对宣仁太皇太后垂帘听政的不满,竟然都在苏轼身上率先爆发出来。

两天后,四月十三日(甲寅),侍御史虞策又言:"苏轼既坐讥斥之罪,犹得知州,罪罚未当。"于是,朝廷下诏,苏轼再降充左丞议郎(从七品)。

已经乞求出外的次相范纯仁在当时忍不住出言相救,且不留情面地揭穿了台谏言路的无耻嘴脸。

范纯仁说,如今台谏中仿佛众口一词地弹劾苏轼的这些言官御史,大多为元祐年间,太皇太后垂帘时所进用之人,既然他们说苏轼在翰林学士任上,于诏令制词中

是敌是友:苏轼与章惇之爱恨 | 147

多行诋诬之事,如何当时不察不谏不劾,今日却似乎上下观望,首鼠两端,始有弹奏?范纯仁劝诫哲宗皇帝,如此大面积贬黜元祐用事大臣,恐怕将"玷垂帘之圣明,妨陛下纯孝之德",他乞请对苏轼"特加容贷,不惟可全国体,亦可稍正浇风"。范纯仁出自公心的建言,认为宽贷苏轼可以全朝廷国家之体面,且能正言路浮薄邀宠之歪风,但他或许不能深知,或许不愿认识到的是,越提醒哲宗皇帝要顾及已故的太皇太后元祐更化之"垂帘圣明",也就必然越发激怒到亲政的皇帝。

官家怎么会听呢?

章惇此时尚在苏州,诏书送达,看着皇宫里的中贵人满脸堆笑,小心阿谀的样子,他忽然放声大笑,心里竟想起李白的两句诗:"仰天大笑出门去,我辈岂是蓬蒿人!"

可李白又怎么比得了自己?李白诗才固然冠绝古今,但于为政治国之术,却皆是夸夸其谈,幼稚得很!我章子厚却是早就做了多年执政的人,如今风水轮流转,终于轮到我宣麻拜相,入主东府的这一天!

妻子张氏却在这时候病重了,躺在床榻上拉着章惇的手道:"官人,你就要回东京作相公了,妾身只有一事相求。"

章惇看着陪伴自己多年的老妻,想到很可能这次便要阴阳两隔,不免也是悲从中来。

"你但说何事,我都依你。"

张氏费劲地道:"官人此去为宰相,惟独不可报怨!"

章惇一愣,最熟悉自己的恐怕还是枕边人。老妻这是在劝自己不可依仗权势,公报私仇。

然而,自熙宁到元祐这二十六年来,发生了许多的事情,这天下间、朝堂上,还分得清什么是公事,什么是私怨么?

章惇只能微微颔首,言不由衷地答应了妻子。

想要分清公私,要弥合新旧两党的鸿沟,只怕是难比登天!他章子厚仕宦三十几载,还能不懂么?

章惇一路自苏州而至东京郊外,只见满朝的文武近臣早已迎候自己多时,他乃从车上下来,坦然接受了大臣们前呼后拥的行礼与声震城廓的各种谀词,然后才稍稍一揖以示回礼。

司马光昔年入京,布衣百姓们数千人围着他,高喊"公无归洛,留相天子,活百姓!"的声势排场是怎样的,章惇没见过,但如今文武近臣郊迎宰相的风光,他章子厚终于是体会到了!

闰四月三日(癸酉),苏轼在定州收到了自己贬谪英州的除命公文。这种遭遇对他来说,或许未必感到意外。毕竟自己出知定州时,已经多少感受到了官家赵煦对自己的好恶。苏轼心里更清楚,这种好恶并非针对他一人,而是整个元祐大臣的旧党团体。

官家赵煦对自己的父亲神宗赵顼的感情似乎很深。苏轼在熙丰、元祐年间的诗文、策论题目、诏令制词等,屡遭台谏论列,有所谓谤讪、讥讽神宗的嫌疑,虽然元祐更化时期有宣仁太皇太后撑腰,这些论列都被定性为穿凿附会、子虚乌有。可似乎在赵煦亲政后,他并不这么想。高太皇太后喜欢的人,他一概厌恶之;高太皇太后认定的事情,他也基本要一概推翻。

哲宗皇帝对元祐诸人仿佛有着切肤之恨。如后来在绍圣二年八月二十一日(甲申),曾布独对于内殿,曾问道:"更有一事。大礼恩宥在近,去岁贬谪人,不知何以处之?"这是在问绍圣元年时被贬谪的元祐大臣们是否可以根据通常的大礼恩赦加以宽贷量移到相对靠近京城的州郡安置之类。官家赵煦立刻回答:"莫不可牵复?岁月未久,亦不可迁徙!"

也许不可以复官叙用吧?加上他们贬谪的时间还很短,当然也不可量移近州名邦,山水甚好之处!——哲宗之恨,可见一斑。

当苏轼打点行装,从河北路定州离开,准备赶往万里之外的广东英州时,朝廷里的台谏言官们却丝毫没有忘记他。

闰四月十五日(乙酉),监察御史刘拯先弹劾工部尚书李之纯前为御史中丞时,阿附苏轼,为其所用,排挤忠良;接着又弹劾苏轼以私忿形于制造中,对先帝神宗全无臣子忠荩之心,捎带又弹劾秦观乃浮薄小人,影附于轼,请一并贬窜重罚。

闰四月十六日(丙戌),诏令下达:苏轼合叙复日未得与叙复;李之纯落宝文阁直学士,降授宝文阁待制,差知单州;秦观落馆阁校勘,添差监处州茶盐酒税。

这是苏轼在短短的一个多月内受到的第三次黜责,且意味着苏轼的政治生命遭受到了致命的打击。所谓叙复是指官员贬谪后到一定时间可以重新考察政绩、资历等,若有功劳或遇大礼恩赦,仍可叙用、升迁。而这道诏令的意思是说,苏轼不管立

是敌是友:苏轼与章惇之爱恨 | 149

下多大功劳,到了叙复日时也不能被升迁,这等于将东坡的政治生命判了死刑。

苏轼自京师东北渡过黄河而向南,他仍要走上至少五千多里,才能抵达遥远的岭南英州!

苏轼此时亦是有着悲愤不平的,乃写下一首《黄河》:

> 活活何人见混茫,昆仑气脉本来黄。
> 浊流若解污清济,惊浪应须动太行。
> 帝假一源神禹迹,世流三患梗尧乡。
> 灵槎果有仙家事,试问青天路短长。

党争险恶,污清纷争混杂,岂有停歇之日?起伏升迁惨烈不堪,如黄河惊涛骇浪。人世忧患,何其之多,何其之剧,不知尧乡桃源所在何方,恐已被这无边烦恼所阻塞,去之不得了!而人生在世行路之难,宦海仕途之浮沉,虽有灵筏济水又如何?果能御而登天,达于仙府吗?青天之路凶险难测,自己侍读多载,有仿佛帝师之亲近皇帝,又尽心国事民政,却得了个排云叫阍之不能!悲哉!恨哉!

就在苏轼南下贬谪左迁的漫漫路途之中,东京汴梁城里却正在酝酿对元祐大臣们更大范围的全面黜责。

不久前的闰四月十四日(甲申),熙丰新党的安焘除门下侍郎,成为副宰相,新党的力量又得到了进一步加强。

五月十一日(辛亥),旧党的刘奉世罢签书枢密院事,从执政的位子上被罢免。

五月十四日(甲寅),殿中侍御史郭知章翻起旧账,说元祐年间司马光等人将先帝开疆辟土所得的军寨要塞、险要土地居然拱手送还给西夏敌寇,乞请黜责。司马光早在元祐元年九月便去世了,但只有全面否定司马光,才能彻底将元祐更化的政治路线全面推翻,从而"绍述"先帝的新政,继续变法。

于是章惇作为首相肯定了台官郭知章的弹章,进而开列了当初同意放弃领土和军寨的大臣名单,自司马光、文彦博而下凡十一人!一时间不免人心惶恐。

章惇为了贯彻自己的意志,在当国秉政之初,主要选择了两个人来作为自己的爪牙,不幸的是,这两个人与苏轼都有着恩怨情仇。

此二人便是张商英与林希。

张商英与苏轼一样是蜀人,小东坡六岁,是个长身俊伟、玉树临风的美男子,早年曾在章惇经略荆湖南北路群蛮的时候在章子厚麾下与他共事过,当时也颇得章惇赏识,后来还将其举荐给宰相王安石。元祐初年,张商英见到苏轼、苏辙兄弟帘眷颇重,正得到宣仁太皇太后大用,便以同为蜀人的乡谊写信给苏轼,在其中打暗语,说"老僧欲住乌寺,呵佛骂祖"——张商英平时笃信佛学,所谓"呵佛骂祖"本是《景德传灯录》所记载的德山宣鉴大师的禅语机锋,大体说的是佛性吾人本自具足,不可执着外在的名相。而张商英在信里的意思是说,自己想要去乌台(御史台)当御史,求东坡举荐自己,到时候必然听苏轼的话,让他弹劾谁,就弹劾谁。结果苏轼把这事告诉了宰执吕公著,并说张商英人品奸邪不可用为御史,于是出之于外,让他担任河东提刑去了。另一种说法则是当时司马光本想用张商英为台谏,但苏轼却以上述理由阻止了此事。可见,元祐年间苏轼确实阻挠过张商英谋求台谏的计划,这便当然是结下仇怨了。

林希则是苏轼的同年,即同榜考中进士的过硬关系。苏轼与林希原本关系很好,元丰八年(1085年)十二月十八日(戊寅),苏轼除起居舍人,当时东坡曾请见首相蔡确,向他提出林希往年与自己同在馆阁,又年长于自己,请将起居舍人的职务让给林希。但蔡确并未允许。再往后在元祐六年(1091年),林希为杭州知州,便在此前苏轼所修筑的西湖长堤上让人立了块碑,上面刻字:苏公堤。这便是今日西湖苏堤的来由。

绍圣元年五月十四日(甲寅),右正言张商英弹劾苏轼,说苏轼在元祐七、八年间朝廷议论祭祀天地礼仪之事的时候,妄论天地合祭之说,是诬天造命,罪在不赦!

按照三代之礼,冬至祀天于南郊,夏至祭天地于北郊。所以张商英才敢说"南北异郊不违经训"。到了王莽元始年间改为合祭。到元祐六年的时候,唯以冬至祀天,这便遇到了地祇没被祭祀的问题了。于是朝廷在元祐七年令群臣讨论,要出一个解决的方案和依据。当时许将、顾临、范纯礼、王钦臣、孔武仲、杜纯等各执一说,一时间莫衷一是。直到次年三月苏轼一说话,群议便皆废,无人有能力再质疑苏轼的观点,朝廷最终也采纳了东坡的意见。则可见此事在元祐八年时已经梳理清楚,张商英此时忽然旧事重提,完全是居心叵测,想要继续往死里整苏轼了。

台谏的论列在绍圣元年可谓尘嚣滔天,气焰凶猛。到了六月份,新一轮针对元祐大臣们的大面积贬黜开始了。苏轼、苏辙两兄弟自然是不会被遗漏的。

六月初五(甲戌)，苏轼受到第四次贬黜：左承议郎、新知英州苏轼责授宁远军节度副使，惠州安置！这比原来的英州还要偏远，几乎到了大宋国境的最南边。

同一天，太中大夫、知汝州苏辙降授左朝议大夫、知袁州。

当时草制的正是中书舍人林希。

《苏轼散官惠州安置制》中林希写道："朕初嗣位，政出权臣，引轼兄弟，以为己助，自谓得计，罔有悛心。忘国大恩，敢以怨报。若讥朕过失，何所不容？乃代予言，诬诋圣考。乖父子之恩，害君臣之义。在于行路，犹不戴天；顾视士民，复何面目？"

这些诋毁是颇为丑恶的，林希为中书舍人"代王言"，以皇帝赵煦的口吻说：朕初即位，权臣(当是指司马光为首的元祐大臣)专政，擢拔二苏，于是你苏轼自以为奸谋得逞，毫无悔改之心。居禁林内制之尊，专致力于种种途径，如策题、制词等诋毁朕之圣考。可谓离间朕与神考父子之恩，又大害尔与君父君臣之义。简直不配走在光天化日之下，亦无脸面见士林同僚、天下百姓！

林希又作《苏辙降官知袁州制》，其中说：

> 太中大夫、知汝州苏辙父子兄弟，挟机权变诈之学，惊愚惑众。辙昔以贤良方正对策于庭，专斥上躬，固有异志。……与轼大倡丑言，未尝加罪。仰惟二圣厚恩，宜何以报？垂帘之初，老奸擅国，置在言路，肆诋先朝，以君父为仇，无复臣子之义。……至与大防中分国柄，罔上则合谋取胜；徇私则立党相倾，排嫉忠良，眩乱风俗。

林希作为曾与苏轼交好多年的友人，在贬谪苏辙的制词中，居然连兄弟俩已经过世多年的先父苏洵都捎带着辱骂上了，从苏辙嘉祐六年(1061年)参加制科考试批评仁宗皇帝一直说到了元祐高氏女主垂帘，甚至用"老奸擅国"这样的辞句来抨击宣仁太皇太后和司马光，最后说苏辙与宰相吕大防合谋专权，欺君罔上，又结党营私，排挤忠良……

林希是看到了皇帝赵煦的好恶，窥探了章惇和二苏的恩怨，这才将自己和苏轼的交情弃如敝屣，选择在制词中丑化、诋诬苏轼兄弟的行径来作为进身之阶，讨好天子与首相。

世态炎凉，人情冷暖，一至于此！

如张商英者,甚至在召对时说:"愿陛下无忘元祐时,章惇无忘汝州时,安焘无忘许昌时,李清臣、曾布无忘河阳时。"言下之意,元祐年间官家你大权旁落,政令出于女主之垂帘,新法尽废于司马之专权;而章惇等熙丰新党俱遭罢废贬黜,如此大仇,焉能忘记?

类似这样依靠新旧党争的激烈政治风波而见风使舵,以巩固权位或谋求升迁的人很多,苏轼兄弟正处于一生中最危难的境遇里。

南宋人王大成《野老纪闻》中曾说林希草外制,极尽诋毁、诬蔑二苏之能事,乃是因为"时相风旨",即全出自首相章惇暗示、授意。宋室南渡之后,将北宋灭亡的责任都往前推到王安石变法上,仿佛与徽宗的昏庸荒淫和钦宗的错乱指挥无关,连带地,章惇、吕惠卿等都成了所谓的奸臣。故不可尽信。但可以确信的是,林希、张商英之流,窥伺上意,企图邀宠是无疑的。

而章惇此时作为独相的尚书左仆射兼门下侍郎的都堂首相,虽则官家赵煦不喜二苏兄弟,但若章子厚肯稍微照顾二人一些,或许不至于令二人后来如刘挚这样的元祐宰相一般都被远谪岭南。

章惇的心里对苏子瞻与子由,大约是有恨的,但绍圣年间贬谪元祐大臣,更多的因素应当是残酷的政治斗争之考量。苏辙曾任职台谏,甚至做过御史中丞,弹劾过太多太多熙丰宰执与两制大臣,后来更是以副宰相身份跻身执政;而苏轼为翰林学士,贬谪新党的制词,多出于他之手——无数新党人士对二苏都恨之入骨,大约仅次于恨宣仁太皇太后与司马光等少数几个人而已。因此在这种情况下,作为绍圣新党旗帜的宰臣章惇,他如果想要坐稳东府首相的宝座,几乎别无选择,即使他能放下心中的恩怨,但任何对苏轼、苏辙施以援手的言行,无疑都会被绍圣新党们视为软弱和调停,甚至是对熙丰路线的背叛,是对他们这一利益共同体的背叛。这一点,纵然章惇也没有这个胆量与所有新党大臣为敌。

一人之下万人之上,也未必有自由可言。

苏轼只带着第三子苏过与侍妾朝云开始了远赴惠州的贬谪之路。妻子王闰之已于去年八月离开了人世,年近花甲的老苏刚承受了第二次丧妻之痛没多久,便又连遭四次重贬。但他仍是强打起精神,一路上在各地友人的送行下走走停停,往岭南而去。

但故作豁达的乐天安命,只能豁达于一时,酣畅淋漓的挥毫赋诗亦不能酣畅一世。

八月初，苏轼渡过彭蠡湖，到了吴城山望湖亭上，看着烟波浩渺之下余晖遍染的萧瑟景象，他想起自己近四十年的仕宦官途，想起远在蜀中眉山的故乡，东坡不禁悲从中来，于是题诗亭上：

> 八月渡长湖，萧条万象疏。
> 秋风片帆急，暮霭一山孤。
> 许国心犹在，康时术已虚。
> 岷峨家万里，投老得归无。

俯观森罗万象，尽是一派萧疏，只有那暮色氤氲里的一座孤山如此突兀孑然，不合时宜地醒目于人世间熙来攘往的青白眼帘之内，矗立在覆载万千品类的天地间——这何止是一座孤山，不也是知音半零落、寂寥向南行的东坡自己么？

自仁宗皇帝嘉祐二年进士及第以来，往前是范文正公的庆历新政，后来是苏轼亲历的介甫相公的熙宁变法，再后来是自己被关进御史台，贬官黄州，王安石不做宰相了，变法却还在继续，直到神宗皇帝登遐，于是又开始了元祐更化，自己则和弟弟一起平步青云……眼下，却是新账旧账一起算的绍圣绍述了。昔年的挚友，老兄弟章惇已经成为了首相，可如今二人哪还有再见的一天，哪还有把酒言欢的理由和场合呢？都回不去了。

苏轼自嘉祐六年制科考试之时，便自许才智无双，指点大宋百年江山之积弊，千载典故政事信手拈来，沉疴顽疾都在他笔下鞭辟入里，帝王将相俱依其评鉴优劣分明……反对熙宁新法时，苏轼也以为自己是洞察利弊的，可这些许国的雄心，忧民的焦虑，如今还有什么用呢？毕竟自己不是能匡扶时代的伟人啊！朝堂中大臣们陷入党争，分裂得如此严重，这样的危难局面，自己并无任何办法来挽救，实实在在是"康时术已虚"！这便让人想到了李白在安史之乱时逃入庐山避难，所痛苦承认的那句诗："吾非济代人，且隐屏风叠。"

岷峨云浪，锦江春色，故里先君父母之坟茔旁，不知昔年种下的几棵树木如今长得如何了？家在万里之遥，此生垂老之年可还有机会归居乡里吗？

八月七日，苏轼入赣，在江西赣江惶恐滩又赋诗一首：

> 七千里外二毛人，十八滩头一叶身。
> 山忆喜欢劳远梦，地名惶恐泣孤臣。
> 长风送客添帆腹，积雨浮舟减石鳞。
> 便合与官充水手，此生何止略知津。

东坡感慨自己头发花白，险滩湍急之前，空忆家乡渺远，重峦叠嶂竞相阻隔。而这惶恐滩头自己孤危之身，如何能不惶恐凄恻呢？既然雷霆雨露，俱是君恩，便且做一个摆渡泛舟的水手艄公吧，因为自己此生命运多舛，不知经历多少风浪，何止是略知渡口水文呐！这真是读来令人落泪的自嘲。

一路向南，九州大地风物繁盛，东坡不断给自己鼓气，他俯仰星河宇宙之大，游目山川风月之灵，当他在九月间过了大庾岭，已经算初入岭南之时，他忽然倔强地要向天地气运呐喊，更要抒发一切的不平。

东坡居士拿起他用了一生的武器，这一杆普普通通的笔在他手中仿佛是钟阴阳造化之神秀，他愤然题诗于古寺龙泉大钟之上：

> 一念失垢污，身心洞清净。
> 浩然天地间，惟我独也正。
> 今日岭上行，身世永相忘。
> 仙人抚我顶，结发授长生。

苏轼对于佛老之说，都颇有涉猎，与许多高僧有诗文往来，交游甚密。他大开大阖的笔触摹写出一个阮籍大人先生般的形象，也勾勒出一个仿佛李太白桀骜难驯的清高之姿。

俯仰霄壤古今，可知这世间，受命于地，唯松柏独也正，在冬夏青青；受命于天，唯尧舜独也正，在万物之首！

何必要致君尧舜？人皆可以为尧舜！只要我东坡保有这股浩然正气，试问庙堂里的明枪暗箭，又怎么能击垮我？想到《庄子·德充符》里的话语，苏轼更坚定了信念。昔年白居易亦有诗云"可怜身与世，从此两相忘"，是极是极！放下红尘烦恼，如

是敌是友：苏轼与章惇之爱恨

青莲居士李太白那样,与大道冥合,吾人之精神不死,自可长生!

好一句"浩然天地间,惟我独也正"!

苏东坡没有屈服。他的独立人格,并没有被贬黜所击倒。

这或许就是他独步大宋的力量所在。

绍圣元年十月二日(庚午),苏轼一行终于抵达惠州贬所。然而才安顿下来不过两个月左右,一个可怕的噩耗传来了。

苏轼的姐夫程之才被任命为广南东路提点刑狱公事,惠州自然在其广东提刑司的管辖范围之内。可姐夫为所属路州监司领导,乃妙事,怎么是噩耗呢?

程之才亦是仁宗朝嘉祐年间的进士,是苏轼母亲程氏的侄子,从这一层关系上来说,他本身即是苏轼的表兄。苏轼一辈上,尚有一位嫡亲姐姐小名八娘,乃在仁宗皇祐二年(1050年),二八妙龄之际,适表兄程之才为妻。于是苏、程两家亲上加亲,程之才便又成了苏轼、苏辙兄弟的姐夫。

然难以确知何故,八娘嫁到程家之后,居然被公公程濬、婆婆宋氏极为不喜,又得不到丈夫程之才的理解呵护,大约甚至颇受欺辱,按照后来父亲苏洵的说法,苏八娘生病之后,程家竟未延医问药,而苏轼可怜的姐姐嫁过去才两年,便在十八岁如花似玉一般的年龄病发而死。于是苏程两家彻底交恶,虽有程夫人这层关系,仍不能弥合。尤其以对程之才的仇恨为最剧。

程家几个兄弟中,程之元、程之邵因为与八娘之死无关,总是母亲程氏的侄子,故而苏轼、苏辙与此二表兄弟关系还算不错,苏轼也与他们有诗文信笺之往来。但对于程之才,苏轼是一概不理的,从来不与他书信问候,更遑论交游相好了。熙宁二、三年间,程之才甚至捕风捉影,找了门路跑到宰相王安石身边告苏轼的刁状,说苏轼丁忧回乡的时候利用官船贩卖私盐苏木牟利,这便导致后来侍御史知杂事谢景温以此弹劾苏轼的一场风波。

在此种往事纠葛的背景下,苏轼对于即将巡按惠州的程之才是感到恐慌的。两人之间,四十二年断绝来往,只怕这次前来,绝无好事,甚至可能是挟私报怨,要来刻意羞辱甚至折磨自己。

按照司马光门人邵伯温之子邵博和南宋时人周密等的说法,选派程之才为广东提刑,便是当时宰相别有用心,要进一步折磨苏轼的手段。绍圣年间,章惇始终是独相,东府之内并无其他宰相。

但远在岭南惠州的东坡一定会揣测,这一切是否便是老友章子厚的手脚,他想要利用程之才与自己的仇隙,利用程苏两家四十年的怨恨,来置自己于死地?

在惴惴不安之中,广东的一个侯县令先来到了惠州。他见到苏轼,开门见山地说自己是臬使程提刑派来见他的,要自己先告知苏轼来意。

可怜呐,曾经堂堂端明殿学士,官至从二品六部尚书级别的东坡此时身为罪臣之身,见到一个似乎不怀好意而来的小小正九品县令,犹不能免左一句"长官",右一句"明府"。

然而意料之外的是,侯县令十分客气,说程提刑是让自己来传达善意,说此番来惠州,绝无为难之意,请他尽管放心。

苏轼不禁愕然,原来程之才这是想要冰释前嫌,两家人毕竟是亲戚,四十年前的事情,或许便让它过去吧!

于是程之才并没有前来迫害苏轼,相反二人言归于好,二人甚至此后频繁通信,仅流传下来的便有七十一封之多,且东坡在信中,常以"老兄弟"相称。谁能料想得到,相识三十二年之久的好友章子厚如今与自己成了比政敌更可怕的仇人,他一朝宣麻拜相,却轮不到自己"窃效贡公喜",反而是诏令五下,将东坡贬谪到五岭以南;而四十二年不相往来的表兄却最后与自己化解了两家多年来的仇怨,人世间的事情,居然如此不可思议!

另一方面,绍圣元年拜相后,首相章惇便开始贯彻皇帝赵煦的意志,一步步恢复被司马光等人罢废的新法。首先是恢复免役法,将当年司马光极力恢复的差役法再度罢废;然后在各路复设提举常平官,准备恢复青苗法。

次年九月,诏恢复青苗法,以元丰七年条例实施。

绍圣三年,以常平、免役、农田水利、保甲等总为一书,名《常平免役敕令》,颁之天下,此标志熙丰新法已基本全面恢复。

同时,章惇主导下的新党开始了内外两手抓,对内进一步查清、整肃元祐大臣;对外坚决打击西夏,夺回被司马光等人送走的军寨、土地。

对内方面,主要着眼于国史与奏状文书的核查修订。元祐年间官修《神宗实录》,绍圣新党认为诋诬神宗皇帝变法,因此范祖禹、黄庭坚等修实录大臣都受到不同程度审查问罪和贬黜降官。于是令蔡卞等主持重修《实录》。

更要命的是,绍圣二年开始对元祐年间大臣所上的章疏进行全面审查,这显然是类似于事后清算了。审查的核心自然在于元祐年间某某大臣是否曾阿附奸党,诋毁神宗熙丰新法,参与罢废新政,诸如此类。编类审查的范围大体在曾任两府宰执、侍从、台谏这样的重臣近臣之间。这场政治清算被称为"编类元祐臣僚章疏"。这便颇有些政治恐怖的色彩了,在宣仁太皇太后女主称制的元祐更化时期,只要是两制以上得到重用的大臣,几乎就没有不对熙丰新法非议批评的,更是大多参与了罢废新法、恢复旧法的决策和实施。

编类章疏之外尚有"看详诉理文字"。原来,元祐年间曾成立过一个叫"看详诉理所"的机构。当时朝廷表示,太后与皇帝陛下在上,拨乱反正、大恩浩荡,特许熙宁元丰年间被贬黜责罚的官员申诉原委曲折,若果真蒙冤负屈,许据实际情况恢复原职、名誉等。这样一来,当时在看详诉理所内便有负责处理申诉状子的官员、有申诉成功谢恩的贬官等不少人。元符元年(1098年)开始逐步"翻案重审",当初被所谓洗刷冤屈的都多按原先谤讪先朝圣政等罪名,重新处罚;负责当年断案的,涉及而谢恩的也一并处置。

在这样的审查、翻旧账式的政治氛围下,自庆历、熙丰以来士大夫以天下为己任的节操便逐渐丢失殆尽了,从此以后宰执、两制大臣们也都往往学会了战战兢兢,唯上不唯下,以自我审查和阿谀奉承甚至是逢君之恶取代了出于公心的直言进谏,取代了君子和而不同。而文臣士大夫一旦彻底沦为了帝王意志的附庸和争权夺利的小丑,则文臣官僚集团对皇权的遏制也将失去效力,大宋正开始走到悬崖之边。

哲宗时期,开边的武功是不容忽视的。实际上,元祐初年司马光为相时弃地予贼的策略丝毫没有奏效,西夏反而不断侵扰西北边境。绍圣二年八月下诏罢熙河等路与西夏之地界划分,开始积极与西夏交战。到元符元年三月,昔日拱手送给西夏的军寨已经被全部收复,同时又加筑了新的军事要塞多达十余座。经过平夏城大捷和唃厮啰吐蕃政权瞎征之归降,西夏终于表示臣服。河湟地区的形势,也基本回到了神宗年间利于宋朝的局面。

就在章惇大权在手,得意于文治武功之际,对东坡更丧心病狂的贬谪通过诏令下达了:绍圣四年,闰二月十九日(甲辰),宁远军节度副使、惠州安置苏轼责授琼州别驾,移送昌化军安置。昌化军治所在当时的儋州,即位于现在之海南岛,宋时乃是烟瘴蛮荒之地,猛兽毒虫出没,东坡六十有二,不得不凄然渡海,去往大宋版图的最南端。这时候他的身边,其至连陪伴自己二十多年,最宠爱的侍妾朝云也已病逝,而远方的好友佛印禅师了元亦圆寂。

在此前的二月,故首相司马光追贬清海军节度副使,故司空、同平章军国事吕公著追贬建武军节度副使,并夺子孙恩泽——这是连死人和后辈都不放过了;前左相吕大防责授舒州团练副使,循州安置;前次相刘挚责授鼎州团练副使,新州安置;前副相苏辙责授化州别驾,雷州安置;前副相梁焘责授雷州别驾,化州安置。连旧党中可算是比较温和的敦厚君子,前右相范纯仁也被责授武安军节度副使,永州安置。除了范纯仁所贬永州在现在湖南境内,其余诸元祐宰执基本都给贬谪到天涯海角的五岭以南,到了如今的广东。这在当时,与死刑也没什么太大区别了,乃是用当地的瘴疠疫病、水土不服和蛮荒不毛来钝刀子磨人,比一刀痛快了结还要可怕。至于其他被贬的元祐大臣,更是不计其数。这还真应了当年范纯仁拉住吕大防所说的那句话:"此路荆棘七八十年矣,奈何开之?吾侪正恐亦不免耳!"昔日元祐四年的车盖亭诗案,蔡确被贬英州别驾、新州安置,八年后,轮到了旧党重臣们被一一贬到岭南!

章惇的狠戾,元祐大臣们在这几年当中是感受得很深了。苏轼无从幸免地,也成为了感受到这一点的一分子。

于是东坡不得不离开刚刚费心费力建成的"白鹤新居",值得欣慰的是,五月与被贬雷州的弟弟苏辙会于藤州。苏轼在诗中写道:"莫嫌琼雷隔云海,圣恩尚许遥相望"。与亲生兄弟生不能长此相聚相依,却仍不得不口称皇帝圣恩,悲哉!

苏轼和苏辙贬官南迁,相遇于梧州、藤州一带。两人同行时,路旁有卖汤面的商贩,于是兄弟俩一同买了吃将起来,结果大约是在岭南蛮荒之地吧,这汤面的味道粗恶不堪,简直难以下咽。苏辙元祐年间贵为御史中丞,后来甚至做到副宰相,如何吃得下这样的东西,便放下筷子长声叹息。没想到东坡已经吃得精光了,当哥哥的便拖长着声调取笑弟弟道:"九三郎,你难道还准备细嚼慢咽了再吃下去吗?"东坡说完也不顾苏辙,大笑而起。后来秦观听说此事,便说这是先生饮酒的秘诀,只管喝,从不管味道。于中不难见苏轼之旷达乐观,随遇而安的潇洒气度,是不是颇有些颜回一箪食,一瓢饮,在陋巷,不改其乐的味道呢?

兄弟别后,七月二日(癸丑)东坡渡海来到儋州。蛮荒瘴疠的环境令他困病不堪,他在《到昌化军谢表》中对皇帝说:"而臣孤老无托,瘴疠交攻。子孙恸哭于江边,已为死别;魑魅逢迎于海上,宁许生还?"个中惨烈,令后人不忍卒读。此时的东坡亦不自知,他与弟弟子由,已再不能相见。

大宋首都汴京,皇城西角楼附近星罗棋布着三千余间气势恢宏严整的屋舍,这些朱漆肃穆的大院便是修建于元丰五年的新尚书省及下属六部诸司,以其规模之大,无法如中书、门下二省及枢密院那般选址于禁中。故元丰改制后,左相要先在门下省理事,右相则先于中书省办公,遇紧要问题,则两府宰执聚于都堂集体决策,事毕,左右相则去尚书省处理政务,包括一些已经经过两府商议妥当,交由六部办理的具体政事。

翰林学士承旨蔡京正快步走进尚书都省,他乃是要去首相章惇的本厅面禀机要事务。

蔡京刚走进尚书都省,便见到几个小吏面无人色地从尚书左仆射兼门下侍郎的办公本厅内退出,知道必是底下人办事不利,令独相章惇发了脾气。

蔡元长(蔡京字)生了副修长英俊的好皮囊,他略正衣冠,好整以暇地与几个慌张的吏员擦肩而过,颇从容又不失恭敬地走进了首相章惇在尚书都省内的办公本厅。

蔡京礼数极是到位地一揖,道:"下官见过相公。"

章惇似乎是在看着公文,头都不曾抬起,只是说:"元长所来何事?"

蔡京道:"相公令下官在同文馆勘问文及甫等,其已供认不讳,证词抄本,下官这会带来,还请端揆过目。"

遂将袖中抄本递给了一旁的文书小吏,由后者交到了章惇手中。

章惇听着蔡京这一声"端揆",明明亦不过是宰相的旧时别称,心里仍颇有一分舒服。近来蔡卞、蔡京兄弟越来越有势力高涨的苗头,饶是自己亦不得不留着心眼。蔡京这厮,面子上倒是恭顺,可若只是来送文书,何必劳他堂堂翰林学士承旨亲自跑一趟,想必是另有用意。章惇也不点破,乃翻开抄本,以他之能,自是一目十行,顷刻间竟是看完了。

原来,前新党首相蔡确之子少府监主簿蔡渭上奏,说自己的叔父蔡硕曾在邢恕那里见过一封太师、平章军国重事文彦博之子文及甫写给邢恕的私人信笺。其中有这么一句"司马昭之心,路人所知,济之以粉昆,朋类错立,欲以眇躬为甘心快意之地。"真实的情况是,文及甫丁母忧期满之后,因为过去曾被刘挚弹劾,且刘挚更曾力言文彦博不可为三省长官而位宰相之上,因此文及甫便怀恨已久。这句话里,文及甫的本意是将刘挚比作司马昭,韩忠彦比作粉昆(俗称驸马都尉为粉侯,而韩嘉彦尚公主,于是称其兄长韩忠彦为粉昆),眇躬指的是文及甫自己——言下之意就是,宰辅刘挚作为朔党领袖,继承了司马光门下的许多势力,专权乱国,韩忠彦是枢密院长官,与他沆瀣一气,二人朋党众多,想要狠狠整文及甫,方能心满意足。

但时移世易,绍圣年间新党重新掌握了大权,于是御史中丞邢恕便把文及甫的信交给了蔡渭,教了他如何操作此事,兴起风浪好将旧党被贬谪的前宰执重臣们彻底整垮。于是蔡渭上奏,云文及甫私信中有奸臣大逆不道之谋。朝廷便令翰林学士承旨蔡京、权吏部侍郎安惇在同文馆中根勘此事。文及甫在威胁之下,便重新解释了自己书信中暗语的意思,说刘挚确实是比为司马昭,但眇躬指的却是国朝天子,是大宋官家!又说粉昆指的是前签书枢密院事王岩叟和前尚书左丞梁焘两个执政——因为王岩叟脸白,面如傅粉,故曰粉;梁焘字况之,以况为兄,故曰昆。这么一来,文及甫那句话就完全变了意思,成了昔日刘挚有司马昭废立皇帝之心,勾结王岩叟、梁焘等朋党,想要对当时尚且年幼的天子不利,欲立宣仁太皇太后之子雍王赵颢为帝!文及甫又供认,说父亲文彦博临终前曾屏退左右,把察觉刘挚等有废立陛下的阴谋之事告诉了他,还说所以当时刘挚等人急着要罢免文彦博平章军国重事,让文太师致仕退休云云。

总而言之,这是要给已经被贬谪到岭南诸远恶军州的旧党宰执们最后再盖上一块厚厚的棺材板。

蔡京注意到章惇的目光很快便从抄本上离开了,他知道这位才思迅捷的首相已经看完了,便道:"相公,文及甫黯弱不堪,不能及其父万分之一,因此虽然说了刘挚、梁焘等人如何,却终是蠢笨,眼下来看还做不成铁案。"

章惇这时候心里正琢磨着向太后的立场,便瞟了一眼蔡京说:"元长必是已有了办法,知此间事如何理会了。"

蔡京又是一揖,乃道:"端揆容禀,譬如刘挚,乃是昔日司马光门下头号亲信奸贼,今司马光、吕公著皆侥幸身死,逃过国家典宪处置,未快公论人心。但刘挚、梁焘辈犹苟活于世,若有小人蒙蔽圣聪,得复用之日,为害非细!下官以为,此间事,有无铁证并不重要。为君父、相公分忧计,下官虽愚,有一策欲进。"

章惇道:"元长且说。"

蔡京便又开口接着往下说:

是敌是友:苏轼与章惇之爱恨　　161

"下官思虑,或可差河北路漕贰吕升卿、湖南路仓使董必为广南西、东路察访使。此二人出于岭外,奸党之人,纵如刘挚、梁焘之凶焰,想必亦惶惶不可终日。"

吕升卿是吕惠卿的弟弟,为人尖刻而貌丑,当时士大夫背后叫他"说法马留",即是说法猢狲的意思。吕升卿眼下正为河北路转运副使,而同为酷吏风格的董必则是荆湖南路提举常平等事。

蔡京小心翼翼地窥探着章惇的神色,他知道,这位不可一世的章首相绝对能听明白自己刚才那番话的全部暗示。吕升卿、董必都是凶神恶煞之辈,以此二人按察岭南两广,刘挚、梁焘之辈极可能受不住惊吓便一命呜呼,甚至自寻短见,都是可能的。若到时候玩一些手脚,让他们误以为天子赐死,那就更有好戏看了。但唯一需要小心的是,那个苏子瞻也在岭南,正在儋州!虽说他章惇拜相后,苏轼算是被贬到了最南面的地方,但想来二人三十几年交情,外人谁能知道苏轼在章惇心里到底有多少分量,到底还有没有分量?

章惇这会已把刘挚和梁焘等辈当成冢中枯骨的死人了,蔡京的计策确实很毒,说不准这一路南下,就能巧杀许多元祐旧党!只是有一个人,让章惇仍在琢磨这事,那便是苏东坡!

苏轼和吕惠卿是有大仇的,在元祐元年吕惠卿被贬时,苏轼当笔撰写了"吕惠卿责授建宁军节度副使本州安置不得签书公事"的制词,其中将吕惠卿这位王安石变法的大将、前参知政事猛烈抨击得一文不值,最后还要说"尚宽两观之诛,薄示三危之窜"——尚且宽恕尔本所应受的孔圣加诸少正卯之两观极刑,薄加虞舜窜逐四凶于三危的惩处,好好谢恩吧!因此吕氏一门自然与苏轼、苏辙结下了死仇。

吕升卿之去察访广南西路,确乎可以起到重重折辱、打击旧党的目的,尤其是那个刘挚!章惇心中永远不会忘记司马光和他背后的门生给自己的耻辱,犹记得元祐元年十月,自己本来已经收到了由汝州改知扬州,从而得以就近孝养老父的除命敕书,结果回京途中,居然得知台谏攻讦,自己改知扬州的除命又给取消了。都门之外,彼时的章惇仿佛听得到九天宫阙里台谏言官们的嘲笑,看得到两府里旧党宰执们轻蔑鄙夷的眼神……

可是苏子瞻……

章惇终于开口了:"便如此。"

蔡京深深一揖,他知道自己又赌对了。

尾声

绍圣五年（元符元年，1098年）三月二日（辛亥），吕升卿与董必察访两广的事情就快要落实为省札公文发布下去了，这会枢密院内殿奏事完毕，西府的长官知枢密院事曾布请求留对。

至多二十三岁的年轻官家赵煦坐在御座上已经略显倦容，亲自执掌这个帝国已经有差不多五年之久，但恢复新法、窜逐旧党以及子嗣问题都在耗费他本就不是很充沛的精力。

曾布道："臣备位政府，无所作为，本不该一一烦渎圣聪，但事关重大，臣不敢缄默。自去年秋以来，闻朝廷差蔡京、安惇究察勘问文及甫信笺之事，日久未决。但这些事并非臣之职守，因而未敢询问三省，本不知内里详细。"

官家正在认真听着曾布的这番话，这些看似进言之前的套话此时被曾布暗藏玄机，说得十分巧妙。表面上看，似乎说自己是知枢密院事，主管的是军务，政务属于三省宰相所管，自己因而没去过问，实际是在向皇帝暗示，章惇、蔡卞等人未免专权得太过分了。因为照道理，大事需要两府共聚三省都堂商议的，眼下曾布却说自己根本不清楚细节，还不说明问题么？

曾布接着又谈到元祐时期内廷的貂珰宦官陈衍，说连蔡京都承认，此番从郴州招来张士良勘问陈衍是否同元祐诸大臣如刘挚等谋划废立当今天子，结果并无此事；接着开始说到前副相梁焘，即便再重罚，也不过是更迁于岭海而已，难道还诛杀大臣吗？话里话外的意思，便是提醒官家，不要做了章惇、蔡京手里的刀，臣子祸福黜陟，都应当出于人主之独断。

皇帝果然说："祖宗未尝诛杀大臣，今岂有此。"

曾布要的就是官家说出这句话，他立刻进言："陛下圣明！既然如此，那么又何必再遣使察访？何况吕升卿与苏轼、苏辙兄弟乃是切骨之仇，天下所知。苏轼兄弟听闻吕升卿来察访，岂能不震恐慌乱？万一苏轼兄弟张惶无措，望风而自裁求死，则陛下仁德，朝廷本无杀之之意，恐怕就会有伤仁政。何况吕升卿凶焰可怖，天下所畏，又助之酷吏董必，此乃尤其令人惊骇啊！臣以为，不可令吕升卿察访广南西路，否则多半有元祐大臣畏惧自裁，人将归于陛下也！"

皇帝虽然厌恶元祐诸人,但曾布的话终于是打动到他,赵煦也不想史册上给自己一个逼杀众多文臣士大夫的恶名。

"此中道理,独卿对吾说,章惇、蔡京等如何不分说明白?"

曾布说:"三省大臣,无一人为陛下明白裁处此事,使中外疑骇,皆大臣之罪。陛下知章惇、蔡卞近来失和,每事更相猜忌贰心,议论之际,互相观望,莫肯启口……大约皆谋身而已。昔相朋比,今相疑忌,莫非为私计,未尝志于国事。"

这一番话,直接攻击章惇、蔡卞等人只知道图谋自己的权位利益,却不知道和衷共济,为君父朝廷办事。曾布的目的达到了。一方面,苏轼与曾布、曾巩兄弟俩交好,苏轼虽与曾布政见不同,一旧一新,但私谊一直还不错,元祐年间都还有诗书往来,故曾布不忍见苏轼、苏辙为吕升卿所害;更重要的是,曾布不满章惇把自己堵在政事堂之外,不让自己入东府拜相,他正迫切地要从章惇、蔡卞手中夺取更多权力。

皇帝的身体、子嗣的问题,加上蔡卞、蔡京、曾布等人的窥伺,大宋此时唯一的宰相章惇,他的权力已经开始慢慢动摇。

不久,吕升卿察访岭南的指挥果然被叫停,但董必则由察访广东改为广西,这大约仍有章惇、蔡京的手脚在其中,使哲宗皇帝亦不得不只罢止了吕升卿察访的指挥。

苏轼逃过了吕升卿的魔爪,可终是逃不过董必的折辱欺虐。

东坡虽然远贬儋州,在整个大宋帝国最南面的蛮荒海岛上,仍然有许多人尊敬他,帮助他。可是董必一到昌化军,就蛮横粗鲁地将苏轼赶出了所住的官屋。原来,按照当时的规定,左迁贬谪之官,不可居于官舍,或是占用公家资源。此前董必先是巡察至苏辙贬官之所,他察知地方官员如雷州知州张逢、海康县令陈谔善待子由后,立即弹劾,导致苏辙被移循州安置,张逢勒停,陈谔贬官。对于这样一个带着"使命"来的不速之客,东坡有什么办法呢?无奈之下,他只能重新费尽心血又盖了一间茅屋聊以遮风避雨,作为栖身之所。这事情甚至并未就此结束,次年元符二年四月,因董必奏疏弹劾,朝散大夫、直秘阁、权知桂州程节降授朝奉大夫;户部员外郎谭掞降授承议郎;朝散郎、提点湖南路刑狱梁子美降授朝奉郎,皆是坐犯不察东坡贬所昌化军使张中体恤苏轼,为他安排住所之罪名,而张中本人被贬死于雷州监司。

苏轼大约也恨过相交三十多年,如今贵为首相的章子厚吧!

他在一篇类似传奇故事的《广利王召》中有这么一段讽刺,说自己曾醉卧之中梦游龙宫,南海广利龙王祝融便款待东坡,同席的仙人请苏轼题诗。东坡一挥而就,参加宴会的神仙们看后都夸其文采甚妙,只有龙王身旁的鳖相公板着脸说:"苏轼诗歌中云'祝融为异号,恍惚聚百怪',这是不避大王名讳,殊为无礼!"广利王遂大怒。东坡不由感叹:"到处被相公厮坏!"

大约,这谗言祸害自己的"鳖相公"便有暗指章惇之意吧?区区一董必,有何资格以相公而称之?

只是,用猥琐的龟丞相之形象来比拟人高马大、丰神俊逸的章惇,也确乎有些令人感到反差的戏谑了。

就在苏轼以为自己大约要老死于岭外海岛的时候,转机很快就来了。

元符三年正月十二日(己卯),满打满算年仅二十五岁的皇帝赵煦驾崩于福宁殿,是为宋哲宗。

由于并无子嗣可以继位,在谁来做官家这一关键的问题上,首相章惇和神宗留下的皇后、哲宗之嫡母——向太后发生了激烈冲突。

在帘幕前,向太后想要立端王赵佶为皇帝,章惇却主张立哲宗同母弟弟简王或是以长幼而立申王。

然而此刻的两府宰执们,都抛弃了跋扈的章惇,投靠了向太后,定策之功和平时傲慢自专的首相,选哪一边站,根本不用犹豫。

幸运的赵佶兄终弟及,继承了皇帝位,这也就是《水浒传》里的宋徽宗。倾向旧党的向太后暂时垂帘听政,而章惇则留下了一句"端王轻佻,不可以君天下"的致命把柄。

向太后在政治上本来就倾向于旧党,于是此年五月,苏轼被诏移廉州安置(位于广西)。八月又改舒州团练副使,永州安置(今湖南境内)。这说明苏轼已经要被逐步起复了,至少北归是肯定的。果然,十一月,诏令又下,以朝奉郎起复,提举成都府玉局观,且可以任便居住。

苏轼重新到了大庾岭以北,终于不再是岭南之人了。此时苏轼的政治生命实际上已经近乎复活过来,当时的大臣颇认为朝廷很可能重新大用苏轼。

而章惇却因为反对赵佶登极,自然是要被事后算总账的。

元符三年(1100年),九月初八(辛未),章惇罢相,出知越州。结果这不过是大浪掀起的一个开头而已,章子厚还没能到越州,便被责授武昌军节度副使、潭州安置。

建中靖国元年(1101年)二月,诏令再下,章惇再贬雷州司户参军——这一回,竟轮到章惇远谪岭外了。

到底是天道好还,还是历史吊诡?

当时已有传言,说苏轼不久将被召回京师拜相。恐慌之下,章惇之子章援甚至因此写信给苏轼,颇惧怕东坡之后报复父亲。

苏轼在回信中明确地告诉章援:

某与丞相定交四十余年,虽中间出处稍异,交情固无增损也。闻其高年寄迹海隅,此怀可知,但以往者更说何益,惟论其未然者而已。……又丞相知养内外丹久矣,所以未成者,正坐大用故也。今兹闲放,正宜成此,然可自内养丹,切不可外服物也。

东坡终是放下了恩怨,他说自己和章子厚相交近四十年,虽然因为种种原因,人各有志,但交情上在自己看来并没有什么私怨而导致的友谊受损——这当然是比较豁达的漂亮话了,想让章援放心,自己绝不会报复章惇。但我们的确可以看到,东坡是关心章子厚的。他让章援记得提醒其父,不要痴迷炼丹,那样很危险,道家的吐纳修道,还是要练内丹。

但两人终于是没有机会再见了。

无论是苏轼也好,章惇也罢,他们都无法预知,东京离沦陷于异族之手,仅剩下二十六年。届时,徽、钦二帝将被俘虏,北宋将灭亡。

苏轼与章惇的恩怨是宋代令人唏嘘的一段往事。我始终认为,对苏轼来说,他有许多朋友和真心的崇拜者,可对章子厚而言,他最喜欢的朋友只有一个人,那便是苏子瞻。

人之于世,即便武功文名压百代,纵然貂蝉簪缨冠一时,都何来绝对的自由可言?有时候,在历史洪流里的人们,纵然是名留史册的大人物,也一样无从选择自己的爱与恨。

大约,便如这首歌所唱:

不知你是我敌友,已没法望透,被推着走,跟着生活流。来年陌生的,是昨日最亲的某某。生死之交当天不知罕有,到你变节了,至觉未够。多想一天,彼此都不追究,相邀再次喝酒,待葡萄成熟透。但是命运入面,每个邂逅,一起走到了,某个路口。是敌与是友,各自也没有自由。位置变了,各有队友。

是非功过谁人说：
张浚的文武乾坤

张浚是南宋初年一个极其重要的大人物。但由于岳飞、秦桧等人太过知名,以至于不少人甚至没怎么听说过张浚此人。偶有听到的,还与另一位"张俊"不幸混为一谈,便以为张浚即是害死岳飞的帮凶之一。

在或多或少知道张浚的人眼中,他又是宋初最具争议的一个人。

张浚是文臣,并非张俊那般的武将,其在儒学文章上,尤其是易学领域极有研究,且一度是"总中外军政"的右丞相兼知枢密院事、都督诸路军马。南宋中兴四大将韩世忠、岳飞、张俊、刘光世,都要听从张浚都督府节制调遣。

纵观张浚的一生,有成败,有荣辱。称许他的人,有说其仿佛诸葛孔明与范文正公的,谓其有补天浴日的功勋;抨击他的也有比其为仅次于秦桧的,将中兴不成的责任归诸其身,更论他志大才疏云云。

然若要熟悉或考察南宋高宗建炎以来至孝宗隆兴年间的大事,则许多都与张浚有关,或是他直接参与甚至主持的。这样一位人物,或埋没于历史的故纸堆中,或挂齿于今人的交口攒毁,窃以为,都是不那么公正的。

张浚是个大时代背景下风云际会中诞生的重要角色,虽然要分辨他的是非功过、才情高下都有着这样那样的困难,但他仍是一个绕不开的,必须去重构其故事,猜测其中原因的历史人物。否则,非黑即白的二元论将让后来者满足于快餐历史的肤浅。

挽天倾

建炎三年(1129年)三月五日(癸未),杭州。

城里的老百姓们自上个月见到天子的车驾,到现在还不到一个月的光景。街头通衢酒肆,人们无不谈论着官家改州治衙门为行宫,又下了罪己诏等事。但无论是坊郭户里的豪右富商,还是贩夫走卒,大家关心最多的,还是金人会不会一路杀过来,官家是不是就留在杭州了。做天子脚下的京师百姓,那福利待遇与得意劲儿可是他处享受不到的,人们盼着杭州变成行都,盼着传说中可怕的虏人铁骑不要渡过长江,饮马太湖。

战火好像离这里很遥远又很近,随着皇帝一行浩浩荡荡的扈从队伍之到来,杭州街肆瓦子里的生意都越发热闹起来。冠带簪缨的官绅富户们穿着昔日东京流行的褙子,戴着各式各样的幞头在酒色红粉的包间里,置酒高会、莺歌燕舞。趾高气扬的内侍中贵们在道路上赫然摆设下大帐,带着酒食,满嘴粗言秽语地观赏着钱塘江大潮,仿佛正是太平光景。

官家赵构刚刚做了三年不到的皇帝,二十三岁的他这会正和文武百官刚刚举行完自己祖父神宗的忌日祭祀。若是泰陵(哲宗赵煦)活得长一点,或是有子嗣留下,原本这皇位是轮不到其父亲赵佶的。若非金人南下,大约也决计轮不到自己。

奉国军节度使、制置使刘光世除检校太保、殿前都指挥使的制书也在百官行香后宣布。刘光世虽然领兵乏善可陈,但胜在贪财好色好拿捏,又算是最早一批来支持自己称帝的亲信文武大臣,还是得以高官厚禄宠着呐!

却说官家正在想着近年来天翻地覆的遭遇,他的亲信王渊——这位新除的签书枢密院事正骑着马从州治衙门外一路向城北走来。

王渊虽然刚刚以武人身份被升迁为枢密院的次长官,可眼下却高兴不起来。他早年在熙河与羌人交战,从而崭露头角,后来参与过镇压方腊的战事,与金人南北攻辽时战败被俘,却大难不死,靖康时节又带兵投奔尚为康王的赵构,从此平步青云。王渊犹记得,三年前官家即位,考虑到诸将互不统属,难以协调指挥,于是成立御营使司,任命自己为御营使司都统制,成为诸军军事长官,位在刘光世、张俊诸将之上,累月扈从陛下左右,那可真是何等风光!

可那几个大将不以同为武人而敬重听命于自己,反而颇多谗言诽谤!一个月前,金人攻扬州,自己正与官家身边得宠的内侍康履一起扈从镇江,刘光世这厮居然一把鼻涕一把泪地在天子面前演戏,控诉自己专管江上海船,却不安排他刘光世所部数万大军渡江!前些日子除拜枢筦佐贰,可那群丘八武将却不服气自己成为执政,沸反盈天,官家只好免了奏事签书的权力,成了个挂名执政,不能实际参与枢密院事务!

王渊一路骑着高头大马,满脑子咬牙切齿的恨意。今日刘光世倒还得了检校太保的头衔和殿前都指挥使的恁大名号!不过自己终是得官家信重,又与中贵人康履交好。说来也是可笑,若是刘光世、张俊想在背后搞点小动作,倒也罢了,前几日听说自己麾下两个小小的统制鼎州团练使苗傅和威州刺史刘正彦居然在谋划点对付自己的暗招!简直是蚍蜉撼大树,早给入内内侍省押班康履手下的人发现了眉目,还打着暗语押字"统制官田押,统制官金押"——两个没文化的蠢货,以为别人偶然得到了看不出么,田即是苗,金即是刘(劉),他们想要在城外动手的事,如今我早就洞若观火,已派了亲信卫队去城外埋伏好了,只等他们自投罗网。

这样想着,王渊嘴角又不禁扬起一抹轻蔑而仿佛志满意得的笑意,他策马从城北的石桥上下来,正想着去哪里快活会儿,忽然间只听得刀剑铿锵,两边桥下刹那便冲出了无数披坚执锐的兵丁,打头的那不正是苗傅和刘正彦二厮么!

王渊这下受惊不小,竟是不能发一语,已给两边苗刘二人的亲兵揪下了马背,狼狈不堪地跌倒在地,几把刀剑都已是架在了他脖颈上,直是动弹不得。

"反了你们!我是堂堂国家执政,更是你们这群丘八的都统制!你们长了几个脑袋!"王渊被揪下来一摔,吃痛之下倒终于缓过神来,颇有了几分当年在西北的凶劲,"有见识要活命的,就放开我!否则砍了你们!"

众军士纵是苗刘二人亲兵,这会见王渊如此,也是颇有些畏惧。那边刘正彦见状,上来就是两个大嘴巴子抽掉了王渊几颗和着血的板牙,厉声道:"你这腌臜泼才勾结阉人谋反,辜负赵宋天恩,还有脸说是国家执政?今日便替天下除害!"

话音刚落,刘正彦已经是拔出腰间匕首,狠狠刺进了王渊的脖子里,自是立刻不活了,乃又命左右割下了他的首级,绑在行军的认旗上。

苗傅道:"须得即刻围了那阉贼康履的宅子,另外差人捕杀阉竖,凡城中成年男子无须髯的,统统杀了!"

原来,宦官康履手下得到的那有苗刘二人暗号押字的文书,不过是故意泄露出去的,好让他们误以为苗刘将集合在城外的天竺寺于明日早晨动手作乱,从而麻痹王渊等人,使其亲卫精锐尽出于外。

苗傅、刘正彦拥兵行宫北门的消息传来时,官家赵构正召见刚刚在三月初二(庚辰)拜右仆射兼中书侍郎的右丞相朱胜非。

朱胜非道："陛下勿忧，吴湛在北门下营，以为宫禁非常之任，若果真有变，当有报。"

赵构颇有些六神无主，也只是说："还未见人禀报。"

君臣尚在猜疑外间情形，中军统制官吴湛已派人入内奏禀：

"统制苗傅、刘正彦手刃签书枢密院事王渊，以所部兵马来，言欲奏事。"

赵构再也按捺不住心中的恐慌，不觉起立。

他不由得想起一幕幕近在眼前的往事。

靖康年间，父兄两位帝皇被迫北狩，无数妃嫔财货也被金人掳走，自己若非侥天之幸，如何能得文武百官拥护，登极御宇，令宗庙社稷得存续，使苍生黔首有依凭？文功武治，贤如尧舜？顺天应民，中兴大宋？这些谀美之辞，赵构心里再清楚不过，完全是底下大臣们拍马屁的场面话，平日听着舒服，金人兵马面前，只怕这些人投降得比谁都快！

他脑海中还清楚地记得，自己在建炎元年称帝后自应天府而往扬州驻跸停留，本欲稍安之。谁曾想次年年末，女真人就以自己赐死金人所立的"大楚皇帝"张邦昌为由，分三路兴兵南下。随着宗泽病逝，无人可挡完颜宗翰，建炎三年二月间，即连陷楚州、天长军，金人兵锋所指，已经近在扬州！然而大宋布置在扬州防线上数以十万计的御营兵马居然不堪一战，在金人区区数百精锐铁骑的冲击下，阵脚大乱，一溃千里。

而事情传到他耳朵里的时候，他正在一个新近宠爱的侍御那粉雕玉琢的赤裸身子上耕耘，发泄着心中的压抑和恐惧呢。他此刻才明白，那种被俘虏而失去一切的危机又到了！他恐慌地一瞬间便全没了寻欢作乐的兴致，声称要御驾亲征，实际上不过是在左右内侍的伺候下披挂上甲胄，连夜出逃。他完全顾不得尚存放在扬州的大量财货物资，一路逃到了镇江府。

更令他这位大宋官家羞愤不已又难以对人言的是，自那次惊吓之后，他失去了生育能力……

金军入扬州烧杀抢掠，无恶不作，凶残可谓罄竹难书。但这又有什么关系，在乱世之中，保住性命，保住权力才是唯一的真理！踩着无数人的尸体，保住头顶上的皇冠冕旒和享用荣华富贵的这具肉身皮囊才是唯一的真实，其余不过是虚无缥缈的伦理说教，要之何用！

金军在两淮抢掠得心满意足,已在二月下旬从扬州撤军,赵构本以为大祸已去,居然又变生肘腋!

原来,此时韩世忠、刘光世等人的军队都驻扎于江宁府到秀州一带,恰巧驻跸于杭州的皇帝赵构身边,眼下便只有苗傅所领八千人与刘正彦所领三千人扈从。

右丞相朱胜非连叫了数声陛下,这才把赵构从不堪回首的记忆里拉回了现实。

"陛下,苗刘二人既然已经杀害王签书,反状已著,臣请以宰臣之身,亲往质问!"

赵构连连点头。

朱胜非乃与尚书右丞张澂(chéng)、门下侍郎颜岐、签书枢密院事路允迪等宰执一同登上行宫阁楼,便见到苗傅、刘正彦等率领着全副武装的甲士们列阵于北门外,用一个根长杆子挑着王渊的首级。

吴湛便对宰执们说,此时苗、刘所将军兵已经迫近在行宫门外,形势所逼,不可开门了,请令其所遣使者入内奏事。

不得已,宰执乃又与吴湛和苗傅所派的使者回到天子面前。

吴湛一揖,道:"陛下,臣以为苗傅不负国家,止为天下除害罢了。"

赵构闻言一惊,若是此刻吴湛手中为数不多的士兵也站在了苗、刘二人那一边,那就再无转圜的余地了。

恰这时,杭州知州康允之也率官员们叩门求见,直言情势危急,请陛下御楼接见苗、刘二人及其所率兵马,慰谕军民,否则必定无以止变!

日头看着便要午时了,这可真是到了万不得已的时候。

赵构只得咬着牙随百官登上行宫门楼,他凭栏而立,刚温言软语地问苗傅、刘正彦拥兵北门的缘故,门楼下的两位将军此时已经怒发冲冠。

苗傅厉声喝道:"陛下信任阉竖,赏罚不公,军士有功者不赏,内侍举荐说好话的就得到美官。黄潜善、汪伯彦误国至此,虽然罢相,却不远窜岭南!王渊遇敌不战,因交结宦官康履,居然得除为枢密!臣自陛下即位数年以来,立功不少,却止作遥郡团练!臣已将王渊斩首!内侍在外者都已伏诛,更乞陛下将康履、蓝珪、曾择三名阉贼问斩,以谢三军!"

赵构心里恨不得将苗、刘二人挫骨扬灰,嘴上只能道:"内侍有过,当流放海岛。卿可与军士归营,朕自有理会。"

苗傅丝毫不避讳天子的眼神,直视着赵构说:"今日之事,尽出臣意,不干三军士卒们。且天下生灵无辜枉死,就是因为内侍专权乱政!如果不杀康履、曾择等,臣恐怕三军将士,不肯归营!"

赵构不得已道:"朕知道卿等忠义,已除卿为承宣使、御营都统制,刘正彦可授观察使、御营副都统制,今日参与的军士一概赦免放罪!"

结果赵构预想中的山呼万岁并没有出现,苗傅甚至更猖狂言道:

"我等如果只求升官,只需要牵两匹骏马送给这群阉贼就行了,何苦率三军至此!"

赵构此时恨极了苗傅的跋扈,可他这会哪里还有办法,哪里还有皇帝的威权可用?

左右的官员们纷纷劝赵构将康履等貂珰宦官交给苗傅、刘正彦处置,以绝此兵变大患。

皇帝于是令吴湛捉住康履,并交付苗刘二人。

苗傅狞笑着看向颤栗不止的中贵人康履,当即喝令左右,便在门楼下将康履腰斩!

望着那一地殷红和惨死血泊之中似乎犹在抽搐的康履,赵构强忍着晕眩,见到苗、刘二人的亲兵又将康履首级割下,也插在长杆顶上,只得柔声道:"如此,将士们当可回归营寨之中矣。"

苗傅却道:"不然!二圣尚在,陛下本不当即大位!又使国事如此!假如将来渊圣皇帝(即赵构兄长赵桓)归来,臣不知陛下何以处之?"

赵构与百官听到苗傅如此言语,都是惊愕失措,难道他们居然想要天子……

右丞相朱胜非在官家的命令下让人在身上绑了一圈绳子,晃晃悠悠地从门楼上吊下去,纡尊降贵地与苗刘二人交涉。

原来苗傅与刘正彦竟要求隆祐太后(哲宗孟皇后)垂帘听政!这是在向赵构的皇权发起挑战了。

朱胜非回去后只得把这一形同谋逆的要求禀告皇帝,但形势比人强,赵构认了。

于是,下诏书,恭请隆祐太后垂帘,权同听政。这时候百官都从行宫门楼下来,到了外面向苗刘二人宣读诏书。没成想,苗傅、刘正彦闻诏不拜,却道:

"臣所谓请太后同听政,非是与陛下同处分军国事。陛下失德,国事至此,自有皇太子可立!况且道君皇帝禅让渊圣皇帝,已有故事!"

苗傅的幕僚张逵又道："民为贵，社稷次之，君为轻。今日之事，当为百姓社稷。天无二日！"

大臣们无不惊愕失色，这苗、刘二人居然是要废立天子，让当今官家禅位给他年仅三岁的皇子赵旉，还大言不惭地举了赵佶禅位给儿子赵桓的事。

百官只得复入行宫，但说苗、刘二人不肯跪拜听诏。

赵构已是五内俱焚，立刻劈头盖脸地问以原因，结果大臣们面面相觑，没有一个人敢回答。因为苗傅、刘正彦的要求何止是大逆不道可以形容！

这时候，浙西安抚司主管机宜文字时希孟道："陛下，事急矣。想来必是请陛下退位。为今之计，一则陛下率百官死社稷；二则从三军之言。"

杭州通判章谊厉声斥责道："这是什么话！三军作乱，大逆之语，岂可从之？"

可就在这个时候，赵构开口了。

他对身前离自己最近的右丞相朱胜非说得很慢，声音也不高，但表达的意思十分清楚。

"国家艰危，朕岂忍诸卿蒙难。但当退避，只是须禀告太后。"

这位在天崩地坼中才坐了三年帝位的大宋官家，妥协了。

三月八日（丙戌），平江府（今苏州一带）。

御营使司节制平江府、常、秀、湖州、江阴军军马行辕。

以礼部侍郎和御营使司参赞军事两个官职而节制五军州的张浚此时正看着手中刚刚送到不久的朝廷赦书，他已经令平江府知府汤东野派遣亲信去弄清状况了。

张浚是此地战时的最高首长，但他实际上不过三十三岁，刚过了而立之年罢了。他的童年是在没有父亲的岁月中度过的，年仅四岁其父便撒手人寰。靖康之难后，金人强立当时的北宋左丞相张邦昌为伪楚皇帝，彼时的张浚不过是个小小的从八品太常寺主簿，管着点检、出纳文书和朝廷礼乐上的一些事情。逃入太学之中的他在听闻康王赵构即位后，立刻策马驰赴南京应天府。这个决定改变了他的一生。他很快实现了由太常寺主簿到枢密院编修，然后虞部司员外郎（正七品，尚书省工部四司之一的次长官，掌山林湖泊物产开采等政务）、殿中侍御史的三级跳。

张浚在殿中侍御史任上做了两件大事。一是大将韩世忠麾下有人逼得谏官坠水溺亡，张浚上奏弹劾，使韩世忠被罢观察使，时人谓，"上下始知有国法"。南宋刚刚建立的时候，形势是颇不容乐观的，朝廷作为国家的象征，其权威亦在当时并未受到中外臣民尤其一些武夫足够的重视，国法纲纪更是有许多废弛混乱的地方。在这种局面下，张浚的弹章确实起到了严明法度、伸张典宪的作用。

但第二件事在后来的历史上就颇有争议甚至是非议。

原来，北宋末年主战的李纲在南宋初建时被皇帝赵构召为左丞相，然而在相位仅仅七十五天就被罢免。当时身为殿中侍御史的张浚便曾弹劾李纲，措辞极其严苛，后世认为张浚之白简弹章，在罢免李纲相位的过程中颇有重大作用。李纲之罢相，起初由于河北转运副使、权北京留守张益谦阿附右相黄潜善而弹劾李纲所用之人——河北招抚使张所，其弹劾大体都属于颠倒黑白，如云自从成立了河北招抚司，河北路盗贼聚集群聚山林，气焰日凶等。实际上是因为河北百姓饱受战火摧残，无家可归、无田可耕的流民便不得不聚而为盗，所以才设置招抚司进行招抚措置，期以用为民兵来作为河北抗金的一支力量。值得一提的是，张所麾下当时正有着八字军（面刺"赤心报国、誓杀金贼"八字而得名）领袖王彦为其都统制，更有着以"效用"（南宋之效用，约等于北宋之"勇敢效用"，乃是一种低于使臣，高于普通军兵的上等军士）为军中"准备将"（位次于副将的统兵官职，其上尚有副将、正将、统领、统制、副都统制、都统制）的岳飞！可见，张所河北招抚司的工作应当是较为出色的。

因此李纲极力维护张所，与右相黄潜善、知枢密院事汪伯彦、同知枢密院事张悫（què）等宰执的矛盾都更加激烈起来。不久，李纲又在如何处理河东经制副使傅亮的问题上与黄潜善等人全然相左。就在这种情况下，时任殿中侍御史的张浚写了重磅的弹章，弹劾李纲十几条"大罪"，说他以私意杀侍从、杜绝言路、独擅朝政等。历来认为，这是因为建炎之初，张浚曾投靠过右相黄潜善，因而党附于当时的主和派、投降派，竟卑鄙无耻地赶走了主战的宰相李纲。但这样理解张浚弹劾李纲，是较粗疏的。实际上真正促成这次弹劾的，应当是所谓"以私意杀侍从"。

建炎元年六月的时候，右谏议大夫宋齐愈曾在入对时论及李纲招军、买马、劝民出财以助国政策的不当。当时的张浚还是尚书省虞部员外郎，他与宋齐愈颇为交好，谈论起这件事。宋齐愈当时笑道，说李丞相三议，无一可行者！因为战火频仍，老百姓的钱财不可能尽力再搜刮来（那必然更加激起民变）；西北的良马现在都得不到，但东南的马矮小多不堪征战之大用；又如增募兵士，如果州郡各增两千军丁，则一年军费要多支出千万贯以上，这笔费用从何而来？

看着宋齐愈自信不已的模样，张浚提醒他，如果宰相不胜其任，做得不好，那么被弹劾罢相，固然是谏官言路的职责。但哪有刚做了宰相没多久，向天子建言三策就被你统统全力反驳，不留一点面子的呢？难道李纲竟不会大怒而怨恨于你？

宋齐愈终不能听，向官家赵构提出了此三事多有不当之处，出了殿经过尚书省，还和张浚得意地说起此事，谓官家颇重视自己的意见。张浚急得搓手，说："公受祸自此始矣！"

就在宋齐愈准备再次撰写弹章论列宰相李纲的时候，他的厄运来了。恰巧有个他的老乡往日对宋齐愈暗恨在心，竟将弹章的草稿偷出来送到了李纲的相府上。当时朝廷中正赶上对金人所立的傀儡政权"伪楚"的僭逆附伪罪行之清算，而宋齐愈在女真立张邦昌为伪楚皇帝的过程中，并不是置身事外的无辜者，甚至是首书张邦昌姓名的人。靖康东京沦陷后，二帝北狩，金人便谋划着立赵氏以外的异姓为伪皇帝，当时吏部尚书王时雍问于众人，金人所欲立者谁？众人皆三缄其口，谁敢说这种大逆不道的话？恰逢宋齐愈自金人处来归，王时雍问之，宋齐愈便在纸上写下"张邦昌"三字。

换言之，宋齐愈并非是没有黑材料的，而是恰属于底子在当时看来是很不干净的。在建炎元年六月五日（癸亥）时，早已投奔赵构而放弃所谓"伪楚皇帝"身份的张邦昌遭到贬黜，这一天诏太傅、同安郡王张邦昌责授昭化军节度副使、潭州安置。但是，张邦昌被赐死一直要到此年的九月二十五日（壬子）。

然而在此之前，宋齐愈便被抓起来审讯定罪，他本以为不过如王时雍一般贬谪岭南而已，没想到在七月十五日（癸卯），宋齐愈便在东市被腰斩处决了！

王时雍等人皆能免于死罪，何况张邦昌尚且还活着，为何宋齐愈就非死不可，还得是极其痛苦残忍的腰斩？这些念头在张浚的脑海中挥之不去，年轻的他怀着朋友遇害的悲愤，错将炮弹全部打在了李纲的身上。李纲确实未对宋齐愈腰斩处死一事有过反对意见，但他并非加害宋齐愈的凶手，而是当时的御史王宾大约得了皇帝赵构的暗示，极力构陷宋齐愈，做成所谓谋叛的死罪。但显然张浚仍把主要的责任怪在了左丞相李纲的头上，因而弹劾他"以私意杀侍从，典刑不当，有伤新政，不可居相位。"不久，李纲被罢为观文殿大学士、提举杭州洞霄宫。

这件事情成了张浚早年的一个污点，甚至被人说成党附黄潜善、汪伯彦的证据之一。张浚的一生都处于如此这般毁誉参半的漩涡里。

实际上，要把张浚当成黄潜善一党，这也是难以符合事实的。皇帝赵构驻跸扬州时，张浚便倡言："中原天下之根本，愿下诏葺东京、关陕、襄邓以待巡幸"，在力劝天子不可放弃中原这一点上，他甚至和李纲是一样的，因而也触怒到当时的宰相黄潜善、汪伯彦这些主和的决策层宰执。张浚本已被出之于外，以集英殿修撰的贴职去兴元府做知府，结果还未离开皇帝左右，赵构反超擢其为礼部侍郎。才过而立之年的张浚，已经官至从三品的高位，赵构确实非常欣赏他，甚至对他说："卿知无不言，言无不尽，朕将有为，正如欲一飞冲天而无羽翼，卿勉留辅朕。"

张浚正想着这三年来的一幕幕往事，平江府知府汤东野火急火燎地冲进来，不遑施礼便道："侍郎，大事有变！"

汤东野将袖中的文字递给张浚看，这位年仅三十三岁的御营使司参赞军事、节制数州军马的一方封疆看后不动声色，只是吩咐：

"如今府中军民已听闻有赦书，劳烦汤府公登谯门（城门望楼），宣有旨犒劳诸军一次，则人心一时尚可安定。"

目送知府汤东野风驰电掣而去后，张浚立刻招来亲卫，令其拣选精明能干之人入杭州，暗探虚实。不久，同样领兵在外的同签书枢密院事、知江宁府兼江东制置使（即所辖地区军事长官，南宋初年权责较重，地方安抚使、监司、州郡等并受其节制。制置使位次于宣抚使和招讨使），执政吕颐浩之子——两浙转运司干办公事吕摭（zhí）派人送来密封的蜡书给张浚和其父亲，果然其中也证实了苗傅、刘正彦叛乱，逼迫天子禅位等事。

张浚看到自己和这个国家都仿佛置身于长夜可怖的黑暗之中。两年前，凶残野蛮的女真人才刚刚攻入东京，掳走二圣，人杰地灵的汴梁城一百六十七年积蓄下来的皇室和民间财货也被掠夺一空……整个中原盗贼蜂起，金军的铁骑已经杀过两淮，到了扬州。大宋危在旦夕！这个时候，如果没有官家作为天子号令四方，大事便再不可为！到时候女真再扶持一个傀儡政权在淮河以北横征暴敛，江南各个野心家割据一方，贼寇们占山为王，无数百姓流离失所，届时便是白骨露于野，千里无鸡鸣的处处萧条；便是生民百遗一，万姓以死亡的惨剧！

决不能让这一切发生！

张浚当然是自负有经纶天下之才的，固然，两年前东京沦陷，金人立张邦昌为伪皇帝的时候，自己曾一度逃进太学里避难，也曾害怕过，犹豫过……但现在，整个天下的命运危如累卵，或许就在自己能否勤王救驾这件事上，时也命也，张浚必须有所觉悟。

而他也正是如此想的,舍我其谁?

于是张浚决策举兵讨逆!

这会虽亥夜已深,但张浚仍在自己节制司的衙门里接见一个人。

只见此人执礼甚恭,作揖道:"宗伯召见下官,未知有何吩咐?"

张浚此时是礼部侍郎,实际只能当一声"小宗伯"之称,按照《周礼》宗伯乃是指现在的礼部尚书。但张浚也受下了这一声美称,颔首道:

"赵臬使,杭州之事,可有闻乎?"

原来,坐在张浚下首的乃是两浙路提点刑狱公事赵哲,他这会听着上司张浚将苗傅、刘正彦的谋逆狂悖之事说与自己知道,尽管此前亦有传言,但在张浚这里得到证实,仍是颇为胆战心惊。

张浚道:"可尽调浙西提刑司下属的射士(应即是隶属于提刑司的弓手,为地方治安力量),以防备长江北岸军情为名,集结等候我命令开拔!"

赵哲虽然在心里腹诽着你张浚贵为御营使司节制平江府、常、秀、湖州、江阴军军马,有调动、指挥五个府州军兵马的权力,居然先把主意打到自己提刑司头上,难道要让那些弓手、土兵打头阵?但他颇不露声色地立刻应承下来,反正见招拆招,如今若是不从,张浚弄不好直接把自己给处理了也未可知!

张浚如何不知道弓手射士未必堪用?但要的就是不能打草惊蛇,以防苗傅、刘正彦狗急跳墙,铤而走险害死了官家!因此先调动提刑司下属的弓手,最不易使得苗、刘二人警觉,则他正好可以令汤东野安排钱粮辎重等事,然后联络各方大军,从容布置,最后瓮中捉鳖!

就在张浚开始布置勤王讨逆大计的时候,苗傅、刘正彦在自己的幕客右文殿修撰王钧甫、直龙图阁马柔吉、王世修、张逵等的谋划下,也在开始防备江南统兵在外的将帅们,正紧锣密鼓地用孟太后和小皇帝的名义发布调动的诏令。

局面对张浚极其不利了。

三月十日(戊子),一份尚书省省札被送到了平江府。

省札自然就代表帝王的意志和两府的指挥,其中意思非常明白:令具官张浚速赴行在,将所部人马尽移交两浙提刑赵哲节制。

张浚一时间压着省札没有在平江府内宣布,但有尚书省省札发来,这是不可能瞒住的事情。张浚自然知道,这是苗傅和刘正彦操纵下的朝廷指挥,但此刻他们仍有着朝廷的名义在。本来自己以礼部侍郎和御营使司参赞军事的身份节制平江府等数州军马,麾下任何人都不可能有胆量违背自己,但如今哪怕是赵哲或许都能凭着省札夺走自己的兵权!苗、刘二人想要的结果很简单,那便是自己孤身一人,无兵无将地去杭州,如果能就他们范围,那便好说;如果不能,那还不是任他们搓圆搓扁?

是夜,张浚难以入眠,披衣起坐,万千愁绪直是不知如何排遣。

如是天明,平江府知府汤东野忽然不暇敲门便仓皇直入,看到张浚正坐在桌前,急声道:"侍郎,秦凤路副总管张俊的大军已到了平江府城外!若无朝廷指挥,大军擅自行动,形同谋逆!莫非是苗、刘二贼遣来对付我们的?!"

应该说,汤东野的判断是比较准确的。御营使司前军统制、秦凤路马步军副总管张俊本来率军驻扎在吴江县,苗傅便以朝廷名义令其将兵至平江府,以所部兵马归属提刑赵哲,令其往凤翔。

汤东野犹自在那里说着平江军民如何恐慌,张浚已经是拍案而起。

"真天助我也!顺逆自有定数,岂是苗、刘二小丑所能只手遮天!"

汤东野道:"侍郎何出此言?"

张浚道:"官家待张伯英甚厚,现在他领兵而来,必是我们可以争取的力量!速开城门,迎其师旅入城!"

汤东野见眼前这位年轻的从三品高官成竹在胸,心意已决,便也不复多言。张浚却唤来亲卫为自己穿上文官服饰,竟是也往城门处策马而去。

一身戎装的张俊骑着高头大马也不正眼瞧平江府知府汤东野,他今年四十有四,正是武将年富力强的黄金岁月。曾在种师中帐下参与过太原会战,是真正领略过金人兵锋的将军。他这会见到汤东野等平江府官吏身后的通衢大道上,还有一人一骑的身影正在视线里向自己走来,待看清来者的身份后,张俊当即下马行礼,等候在一旁。

此举令得平江府一众官吏都是瞠目结舌。张浚缓缓按辔而行,到得这位御营使司前军统制面前,径直道:

"太尉知道官家为什么禅让么?诏词云'畏天顺人',此盖苗傅、刘正彦等欲危害社稷,逼迫陛下!"

言未讫,张浚已是热泪盈眶,慷慨激昂。

张俊拜于道旁,亦是大哭:"某一武夫耳,本无主张,今全凭张侍郎主持大事!"

张浚这才从马背上下来,扶起了比自己还大十一岁的张俊道:

"官家为贼人所迫,社稷有内外之忧,但大义在我,若得太尉之助,某再以蜡书约同吕签书、刘太尉一并起兵勤王讨逆,大事何患不成?"

"愿听从侍郎节制!"张俊又是重重一拜。他是一个政治嗅觉十分敏锐的武臣。靖康之难后,张俊立刻奔赴康王赵构处拥立其登极,且确有劝进之大功。但他也看出,天子对另一位"张浚"的赏识。而他自然明白,武臣再风光,大宋的天下,终究是要靠文臣来掌舵。

平江府大小官吏看到张侍郎令这位跋扈的太尉服服帖帖,都是松了一口气,他们可不想看到八千凶神恶煞的大兵进来血洗平江府,杭州的事情波谲云诡,底下的官员们大多先求自保,谁还有心思去想社稷、天下?保住了自家的富贵才有天下!

很快,张浚就遣人将蜡书送往同签书枢密院事、知江宁府兼江东制置使吕颐浩和奉国军节度使、殿前都指挥使刘光世处,又令张俊先遣精兵两千控扼吴江。

就在张浚开始布置勤王事宜的时候,杭州城里,苗傅、刘正彦操纵着朝廷改元了!

三月十一日(己丑),诏改建炎三年为明受元年,苗刘正在完成他们政变内禅的合法性,留给张浚的时间不多了。

张浚明白,在集中起勤王大军前,还不能和实际上控制着朝廷名义的苗傅、刘正彦二人撕破脸皮,否则此二匹夫必畏惧罪莫大焉,来个鱼死网破,那么官家、皇子、太后的安危都将得不到保障。因此张浚一面在军事上联络各方,一面在文字上又亲自写奏疏和信札麻痹苗、刘二人。

汤东野、赵哲等都在张浚的命令下各自上奏,声称金人未尽退,又有贼寇靳赛窥伺平江,且张俊人马突然到来,如果失去张浚的弹压、指挥,平江局面恐怕不堪设想,因而都请求不要让张浚赶赴行在。

张浚则手书信笺,云:"太母垂帘,皇帝嗣位,固天下所愿。向所虑者,宦官无知,时挠庶政,今悉戮其无状者,最快人望。惟睿圣退避一事,若不力请,俾圣意必回,与太母分忧同忌,中兴之业,未易可图。二公忠义之著,有如白日,若不身任此事,人其谓何!浚愚拙,死生出处,当与二公同之。"

是非功过谁人说:张浚的文武乾坤 | 183

这段话里,张浚表达了三层意思。一是苗兄、刘兄你们俩是天下的大英雄,杀那些败坏国政的阉贼,请孟太后垂帘都是大快人心,大家是肯定你们、拥戴你们的;二是官家禅位的事情略有不妥,如果不和太后一起共处分军国事,那么国家中兴大业在这样复杂的内忧外患面前是很难做到的;三是苗兄、刘兄你们是大大的忠臣,这样的有利国家与百姓的事情还是要靠你们来做,我张浚也是和你们一条心的。

这就是欺负苗、刘二人武夫无知了。

三月十二日(庚寅),苗傅、刘正彦二人俱拜节度使,又召吕颐浩令其回枢密院供职,命他将兵马交付龙神卫四厢都指挥使、建武军节度使、节制江南东路军马杨惟忠统领,这是要如对付张浚一般,解除吕颐浩的兵权,让他回到行在好随意安置。同时,诏尚书礼部侍郎、充御营使司参赞军事、节制平江府、常、秀、湖州、江阴军军马张浚试礼部尚书——也就是说,用一个升为正三品六部尚书的高官厚禄诱惑张浚投靠苗、刘二人,承认他们兵变确立的政治新秩序的合法性。

杭州与平江府两地之间的计谋正在轮番上演。

三月十五日(癸巳),在苗、刘二人的操纵下,朝廷派遣御营使司统制官俱重持诏书来到了平江府。在俱重带着诏书的情况下,那便是"天使"的身份,平江府自然一时间无人能阻拦他宣谕军民。原来,苗、刘二人派俱重来取代张俊,统领他的所部兵马,敦促张俊前往凤翔。这是要通过支开张俊达到削弱张浚的目的,听上去很拗口,但这种阴谋十分直接有效。

俱重到了平江府后很快便去找了张俊,对他说:"张太尉为何不速往凤翔为官?此正是骑鹤上扬州,享富贵之时,还问天子干什么!"

俱重的话意思很明白,人活一世,谁做皇帝不是皇帝,只要自己能享高官厚禄就是了,瞎操个什么心,反正轮不到我们这些底下人做天子!这种想法在靖康、建炎时候,是很有一定市场的。天崩地坼,自有天水赵家顶着,我们且自求多福罢!

张俊有点没主意了,他其实是个色厉内荏的人,对于掌握权力的一方,他从来都惯于服从。于是他赶紧去找另一位"张浚"商量此事。

"侍郎,前番省札让某将兵马交付赵提刑,这回他们见一计不成又直接派御营司统制俱重来接管……苗、刘占着太后、陛下的朝廷名义,这样下去,为之奈何?"

张浚年仅三十三岁的脸庞上已然有着漂亮的髭须,显是平日经过精细的打理。此刻他听着张俊忧愁满腹的话语,只是轻蔑一笑:"俱重此人何足惧哉!太尉莫虑,在下已有计较!且如是如是……"

却说当日张浚在平江府他的节制司衙门里设宴招待俱重,当地重要的官员都是座上宾,席面上张浚话说得极漂亮,又令人送上厚礼,俱重喝酒吃菜不亦乐乎。如此酒过三巡,菜过五味,俱重乃挺着个肚子起身如厕去了。

待俱重走出筵席的大堂,张浚一使眼色,早有左右的亲兵将一封飞书(匿名信)放在俱重席位旁,只等他回来发现。

俱重自外头走进来,心里正想着晚上在平江府里寻几个妙龄妓女快活一番,自恃天使的他大大咧咧地坐将下来,正待吃酒,忽然瞥见自己座位旁有一封信笺,他心思一乐,这张侍郎是个会做人的,上个厕所还给自己又备了份礼单。俱重又吃过几口菜,却是个没城府的人,乃看大家都在吃酒,便打开信封,才看了几眼,顿时冷汗直流,醉意全无!

原来这封飞书里写的竟是不满俱重接管张俊兵马,将校士卒颇有怨气,甚至要动手杀他的威胁之意!

俱重一时间愣在座位上,几乎不能动弹,他这才想到自己虽然带着诏书而来,贵为天使,可如今势单力薄地在别人的虎狼巢穴里,若是一个不慎,当此变幻莫测的朝局,自己便是人头落地,他们推说三五无纪律之士卒作乱,又能如何!

张浚看着俱重的神色,知道他已然中计,便道:"俱统制可是觉得这酒菜粗疏,不合胃口?某这便即刻令人再去准备。"

俱重业已仓皇失措,他弄不清这到底是谁在针对他,是张俊还是张浚,或是其他人,他此时实在分不清。但他知道,只有明确逼此刻平江府最高的权力拥有者张浚表态,才能保住自己的性命。

于是俱重竟从座位上干净利落地一跃而起,手捧飞书,恭恭敬敬地快步趋赴张浚的座席前,道:"宗伯,适才下官如厕回来,居然发现座位上多了这封飞书,里头竟是对朝廷不恭之言,甚至声称要谋害下官啊!下官请宗伯为我做主,救我一救!"

言讫,便深深一揖,拜礼下去。

张浚立即从座位上走过来,扶起了俱重,朗声道:"此是某的不是了。某治军无方,居然出了这等冒犯朝廷与天使的丑事,但俱统制请稍宽忧虑,某定会勘查到底,严惩不贷!请俱统制住进某节制司的厢房里,某会令得力亲卫日夜保护天使,定不令有毫发之伤!某在此先向天使请罪,然后再上奏朝廷自劾。"

俱重听到张浚这样说，心里一块大石头终于落地，至少他确信，张浚并不想要自己的命，其余的他才不管，便只是道："宗伯言重，宗伯言重了，赖宗伯保全，下官感戴莫名！"

就在同一天，张浚麾下节制司幕府里的冯轓也已经到了杭州，他得了张浚的命令，要他游说苗、刘二人，至少哄骗住此二贼，暂时尽可能稳住他们。冯轓起初住在苗、刘二人的心腹马柔吉家中，不久往军中见苗傅、刘正彦。

冯轓向苗、刘二人从容说以大义曲折，说自古废立之事在朝廷，不在军中。苗、刘两位太尉本来就有为国之心，怎么能因为一腔热血反而背负了天下的毁谤误解呢？且太后深居掖庭九重，不可能统领兵马与金人周旋，睿圣皇帝的子嗣才三岁，暂时也当不起天子的重任，天下自有公论，还是应当设法还政给睿圣皇帝。苗傅、刘正彦在与王钧甫、马柔吉等耳语商量之后，乃同意派人与冯轓一同回平江府，并去信张浚，约他来杭州面谈睿圣复辟一事。

固然，此间苗、刘二人也是鬼蜮心肠，虚虚实实，既有商量留退路的打算，也有谈不拢就把张浚扣在杭州的阴谋，但不管怎样，张浚此番派冯轓来游说，都起到了效果，让苗、刘二人相信他张浚还是不敢对占据着朝廷名义的他们用兵，仍是寄希望用谈判的方式解决，这就为张浚联络各方军马争取到了宝贵的时间。

且苗、刘二人为了表示诚意，又操纵朝廷下旨，同意张浚统领节制张俊所部兵马，从张浚奏疏所请。这又使张浚直接领导的兵马力量名正言顺地扩大了。

但不利的情况亦有。

张浚已经屡次三番派人送信给刘光世，要他一同起兵勤王，又派节制司参议军事杨可辅到镇江去催促他，结果刘光世按兵不动。刘光世此人乃是徽宗宣和年间与女真人南北攻辽，统兵十万却不战自溃的债帅刘延庆之子。他不光是子承父业，更是老子英雄儿好汉，完美地继承了父亲的"统帅"基因，鲜有在金军面前不溃逃的。建炎三年初，金军破楚州，攻陷天长军的时候，正是刘光世率军迎敌，结果望风而溃……

这时候，从杭州来了个逃出城的小官，保义郎（武官小使臣正九品）甄援，请见张浚。得到接见后又诡称说，曾见睿圣皇帝于别宫，亲耳听到睿圣说，今日张浚、吕颐浩必定起兵，刘光世、韩世忠、张俊等武将也必定竭尽全力辅助他们，你甄援速去告诉他们，叫他们早来解救朕！

张浚知道这个甄援根本不可能见过睿圣皇帝,不过是想在此番的变局中通过站队谋求一飞冲天的大富贵罢了,但他却并不点破,反而意识到这个从杭州城出来的小武臣乃是奇货可居的一个棋子,便派甄援到张俊军营中去宣谕睿圣皇帝的词旨。张俊与一军将士听到睿圣皇帝赵构这样期待着他们,无不感忾义愤,高呼要杀贼勤王。

于是,张浚便再派甄援往韩世忠、刘光世处宣谕所谓的睿圣皇帝要他们起兵勤王的词旨。张浚看出甄援此人虽是武官身份,却能言善辩,极有急智,到了韩世忠、刘光世军中后,果然诸将人人自以为被睿圣皇帝所倚重期望,无不感泣争奋。张浚的策略奏效了。

三月十七日(乙未),刘光世所部终于也开拔动身了,与吕颐浩所部会于丹阳。次日(丙申),韩世忠所部抵达平江。

三月十九日(丁酉),冯辙与苗、刘所派遣的宣议郎赵休一同回到了平江府,并带来苗、刘二人给张浚的书信。苗傅、刘正彦在信中有诸多不合情理的要求,却又诡称,如果张侍郎肯来杭州面议,则社稷可安、国家大利、兵戈止息。马柔吉、王钧甫也致信张浚,请他前去。

张浚这时候年轻气盛,颇认为苗、刘不能拿自己怎么样,竟准备带着亲兵去杭州与二贼面决,要想方设法说服他们让官家复辟。这真是有些大义凛然,也有些冒失刚愎了。

果然,韩世忠、张俊都极力反对,他们告诉张浚,苗、刘二贼知道侍郎你是主盟勤王之人,一个谈不拢就会加害于你,怎么会跟你讲道理呢?千万不能去!恰好这时,吕颐浩、刘光世的书信也到了,都告知张浚,他们的大军不日便至。

于是张浚不禁大喜,自然也打消了以身涉险,为吕颐浩等争取更多时间的想法,他令人在节制司行辕内大置酒宴,犒劳张俊、韩世忠两军将校。

筵席酒酣,张浚引诸将到庭院中,屏退左右小卒,指天而问:"今日之事,张某敢问孰逆孰顺?"

这是在直指人心地问大家,究竟谁是谋反的逆贼,谁才是忠君爱国的英雄。

众人见状,都停止了嬉笑,无不敛容正色道:"回禀侍郎,今日事,乃是我顺彼逆!"

张浚猛然拔出佩剑道:"好,说得好!确实是我顺彼逆!若诸位中有人迷天悖人,可今日直取浚头颅归二贼,听闻以观察使衔求某首级,若有人贪图,则即日可富贵矣！"

众人皆连声道不敢，绝无异心。

张浚喝道："好！既如此，便当尽遵吾号令，一有退缩，则以军法从事！"

韩世忠、张俊率先作揖，其余诸将亦立刻拱手，俱朗声道："诺！"

张浚终于将韩世忠部和张俊部以及自己节制司的兵马都牢牢控制在手中，他有了充足的勤王讨逆的军事力量了。

三月二十(戊戌)，御营使司平寇前将军韩世忠率领所部军马自平江府出发。张浚又担忧苗傅等操纵朝廷，伪传诏命指挥来干扰韩世忠所部，于是令韩世忠麾下的偏将张世庆严加搜查来往邮传，凡是从杭州方向来的，一律当做传递苗、刘二贼命令的，全部扔到水里喂鱼！

另一方面，苗刘二人继续以高官厚禄劝诱张浚前往杭州，甚至拿出宰执位子作为交换，在信中说："朝廷以右丞待侍郎，伊尹、周公之事，非侍郎其孰当之！请速赴行在。"

面对尚书右丞这样副宰相的执政之位的诱惑，张浚令冯轓再入杭州，在回信中义正言辞地说：

> 自古言涉不顺，则谓之指斥乘舆；事涉不顺，则谓之震惊宫阙。至于逊位之说，则必其子若孙，年长以贤，因托以政事，使之利天下而福苍生。不然，谓之废立。废立之事，惟宰相大臣得专之，伊尹、霍光之任是也。若不然，则谓之大逆，族矣。凡为人臣者，握兵在手，遂可以责其君之细故而议废立，自古岂有是理也哉！今建炎皇帝春秋鼎盛，不闻失德于天下，一旦逊位，似非所宜。浚岂不知废置生杀，二公得专之？盖其心自处已定，言之虽死无悔。呜呼！天祐我宋，所以保佑皇帝者，历历可数，出质则金人钦畏而不敢拘，奉使则百姓讴歌而有所属。天之所兴，孰能废之？愿二公畏天顺人，无顾一身利害。借使事正，而或有不测，犹愈于暴不忠不义之名，而得罪于天下后世也。

苗傅、刘正彦二人看到这封报书，皆是大惊失色。此前张浚与他们的书信往来中，都语态柔和，从未言诛罚问罪之事，如今却说他们指斥乘舆、震惊宫阙，还说他们搞废立皇帝的事情属于大逆不道，劝他们为了身后名着想也要悬崖勒马。

苗、刘二人再有勇无谋也明白，张浚此前语态柔和是缓兵之计，现在他集结了大军，所以开始有底气了，要讨伐他俩了！张浚这是要拼个你死我活！

二人与自己的幕客谋士和党羽们一商量，决定分化张浚的势力。于是，三月二十三日(辛丑)，苗、刘操纵朝廷下诏：新除捧日天武四厢都指挥使、定国军承宣使韩世忠为定国军节度使；新除捧日天武四厢都指挥使、武宁军承宣使张俊为武宁军节度使——苗、刘为了拉拢分化，将节度使的大印送给了张俊和韩世忠，以期二人与张浚离心。

对于张浚，自然另有诏令安排：

新除礼部尚书张浚，阴有邪谋，欲危社稷。责黄州团练副使，郴州安置。令平江府差兵级防送，经由行在赴贬所。

孟太后派了个小黄门内侍到睿圣宫告知赵构的时候，他正在喝汤，听到内侍说"张浚早来不得已郴州安置……"，惊得汤都洒到了手上。

赵构只能在心中默默祈祷，希望张浚能压服住周围的文武官吏，带着勤王大军来救自己，若是他不幸真的无力抗拒苗、刘二贼的伪诏，被一道圣旨便贬谪去了郴州，那真是大势去矣！

苗、刘又派遣御营都统司统领官苗瑀、参议官马柔吉带着北方幽燕之人组成的赤心队和王渊旧部中的精锐驻扎在临平，以阻击勤王之师进军杭州。

三月二十四日(壬寅)，吕颐浩率军至平江府之北。张浚乘轻舟相迎，一副宽袍博带的儒生打扮，好生潇洒！可就在来的路上，张浚手下的亲卫送来了截获的驿传邮筒，打开后看到的正是贬往郴州的谪居之命。张浚从容对左右道："朝廷催促我率军赴行在，令我即日起发！"

于是，张浚与吕颐浩、刘光世、韩世忠及平江府、两浙路监司官员联名发布讨逆檄文，以韩世忠兵马为前军，张俊以精兵为侧翼，刘光世以选卒为游击，吕颐浩、张浚统兵为中军，又刘光世亲统兵殿后。

至此，张浚终于完成了集结勤王大军，公开讨逆的任务！刚刚建立不到三年的南宋，在张浚的努力下，重新获得了存续下去的可能。

三月二十八日(丙午)，吕颐浩、张浚大军自平江开拔。

次日，张浚和吕颐浩大军已经抵达吴江县的消息传到了杭州。苗傅、刘正彦二人更是恐慌，恰逢宰相朱胜非又召二人至都堂商议皇帝复辟之事，二人已经颇为动摇,有了请赵构复辟,再赐予他们俩丹书铁券,也就是免死金牌而保全富贵与性命的念头。

这一夜,乃是三月的最后一天,二十九日(丁未)。苗傅、刘正彦仓皇无措地请朱胜非转达他们要去睿圣宫拜见赵构的意愿。赵构开门纳二人,苗、刘乃请太上皇帝赵构降御札命令,以使勤王之师不要再向杭州进军。

赵构看着苗、刘二人道:"人主御笔亲札,并不是就可以取信于天下的。能取信于天下的,是御宝印玺。现在朕退处别宫,不与国事,用什么符玺以为信物?自古废君,都是闭门思过,岂敢更预军事?"

苗傅、刘正彦连忙大礼叩拜,直是磕头,说了一大通软话。

赵构便叫左右的内侍拿来文房四宝,亲笔写了份手诏,让苗、刘可派人送交韩世忠军中。

苗傅、刘正彦看到手诏中说"知卿已到秀州,远来不易。朕居此极安宁,苗傅、刘正彦本为宗社,始终可嘉。卿宜知此意,遍谕诸将,务为协和,以安国家",顿时喜不自禁。两人不约而同地以手加额,庆幸道:"乃知圣天子度量如此大!吾辈无忧耳!"

出了睿圣宫,二人立刻命杭州兵马钤辖张永载带着太上皇帝赵构的手诏往秀州去宣谕韩世忠停止进军。然而韩世忠看到手诏后却说,主上如果立即复位做皇帝,事情就可以稍缓。不然,仍是以死相搏!

得到张永载禀报,苗、刘二人更是大为恐惧,他们意识到除了请赵构复辟之外,可能别无他法来阻止勤王之师向杭州的步步逼近。

四月一日(戊申),苗、刘完全妥协了,赵构复辟,赵旉被立为皇太子。

这一天张浚、吕颐浩的中军也已抵达秀州,与韩世忠所部汇合。形势已经大大有利于勤王大军们。

夜幕降临,秀州的官衙里张浚正在灯下思虑着后续之事,他沉浸在其中,以至于灯烛燃尽,他甚至都未察觉。

忽然,只听得门吱吱呀呀地被从外面推开了,月华斜照进屋子里,伴随着一阵晃动的白光,那是一把拿在手中的刀!

竟然是苗、刘二人差来的刺客!

这刺客窥见张浚屋中灯火已经暗了许久,以为他这时候必是入睡了,此刻走进来却瞧见张浚如一尊木雕似的正襟危坐在太师椅上,当下大惊。

张浚道:"壮士若是夜来求书,怕是失了求学的礼数;若是来求财,某倒可以给你,但心术却是不正了。若是来取某项上人头,壮士可知这其间干系?虏人还在扬州一带,中原都被这些金贼占据,朝廷里还要闹,这老百姓还有活命的日子么?"

那刺客闻言,羞愧得收起了兵器,抱拳道:"仆乃河北人,粗读书,知道顺逆忠奸,哪里肯真的为贼所用?只是过来想看看侍郎这里防备如何,提醒一下罢了。"

张浚也不点破,反从座位上站起,走到刺客身边,拉住他的手道:"壮士姓甚名谁,有一身本领,又知诗书,何不在我帐下为国效力?"

刺客道:"侍郎麾下人才济济,何须某这般人物。只是切须谨慎,恐二贼再派人害侍郎。"

说完,竟是不告而去了。

杭州城,初二日(己酉)。

赵构与孟太后垂帘,诏四日后撤帘,又以御营使司都统制苗傅为淮西制置使,副都统制刘正彦为副制置使。这是为了让苗、刘二人放心,令其以为可以保住富贵,到淮西去做军政大员。

初三日(庚戌),诏恢复建炎年号,废除明受。赵构却仍没有安心,因为苗、刘二人还在杭州,他们的军队仍然控制着这座城池。想到此,赵构亲书御笔:

张浚除中大夫(正五品本官,为执政所带阶官)、知枢密院事。

于是,自寇準以来,又一位如此年少的执政诞生了,这便是张浚。

赵构又再次下诏,加苗傅、刘正彦为检校少保,允许他们带着所部去淮西赴任,他心里只盼着苗、刘二人及早离开杭州。

就在同一天的临平,勤王大军和苗、刘二人安排在外阻击的重兵交战了。

苗翊、马柔吉二人负山阻河而布阵,又于河水中流安置巨木以为鹿角,从而梗阻勤王军舟船。

张浚、吕颐浩并在中军,韩世忠部先与苗翊所部缠斗,张俊和刘光世部随后投入战场。一时间苗刘贼军占据着地利和主客优势,韩世忠所部竟有稍稍向后退却的颓势。韩世忠令麾下马彦溥率骑兵冲锋,攻敌侧翼,然而河边浅滩十分泥泞,骑兵竟是没法全速冲起来。

韩世忠见状下马,持矛奋杀于前,大喊道:"今日各以死报国!若面不带几箭者,必斩之!"

连吕颐浩也披挂铠甲站在水中观战。张浚却是笃定,笑道:"破贼军,必世忠也。"

果然,在韩世忠身先士卒的激励下,前军的阵线稳住了,而张俊和刘光世所部这时候也已经杀入阵中,苗翊、马柔吉所部开始溃逃。胜负已分!

消息传回杭州,苗、刘二人惶惶不可终日,求见皇帝赵构,请赵构立誓,两不相害。这二人是何其愚蠢无知,虽然此时他们还掌握着杭州城,赵构不得不同意他们的请求以防狗急跳墙,但胁迫天子而得到的盟誓,又怎么能指望皇帝不转眼撕毁呢!

于是,赵构一一答应了苗、刘二人的要求,此刻的苗傅、刘正彦看在赵构眼中,其实已经和死人没什么区别,他只是在等待把这两个人骗出城,而苗、刘也正急不可耐地要逃跑。

苗傅、刘正彦面圣之后到了都堂,说以御赐丹书铁券之事,于是宰相朱胜非命有司制作,交付给二人。入夜,苗、刘引精兵两千人,从杭州涌金门仓皇出逃,又命兵丁纵火,想制造混乱,拖延勤王大军入城后追击他们的步伐,结果居然天降大雨,火不能起,只得径直逃遁。当老天完全不站在你这里的时候,做官做贼都难得很,有时候想做一条太平犬也不可得。

赵构确知苗、刘二人率部已经逃出杭州城后,他真是彻彻底底地如释重负,但随即而来的便是怒不可遏的羞辱感,他立刻令尚书省发布省札,檄知诸路、府州军监剿灭叛军、缉捕苗、刘等。

韩世忠、张俊、刘光世率所部驰入杭州城,韩世忠先至行宫门外,守门阍者报知天子,赵构高兴地一路步行到宫门,握住韩世忠的手放声恸哭。张俊、刘光世随后亦到,并于内殿之中觐见皇帝。

这场苗、刘兵变或者说明受之变,实际上已经在张浚的努力下,成功瓦解了。

次日四月初四(辛亥),孟太后撤帘。张浚与吕颐浩率领勤王大军次第入城,杭州市民们经历了风声鹤唳的苗、刘之变,此时无不夹道耸观,各个踮着脚、伸长了脖子要看一看勤王之师的风采,看看大宋是不是还有真正能戡乱安邦的军队。老百姓们看到骑在高头大马上的张浚和吕颐浩以及二人身后颇为威武的亲卫队伍,欢声雷动之下都是以手加额,致以敬意。

一番觐见召对后,官家赵构又特召张浚入禁中。

二十三岁的天子在宝座上感慨万分地看着长自己十岁,同样年轻的张浚。他心里明白,此次苗、刘二贼谋逆,侥幸一时得逞,但情势确实十分危难。若不是张浚首倡勤王讨逆,联络各方,又以书信和冯康国(冯辅已改名康国)与苗、刘虚与委蛇,麻痹此二贼,如何能有今日以勤王之师压城下而以大势迫使苗、刘还政给自己并出逃之结果!

张浚的忠心和能力,都毋庸置疑!

想到这一点,赵构解下自己腰间玉带令内侍赐予张浚,这才开口道:"卿极是舍身为公,不止是朕知道,隆祐皇太后也晓得卿忠义,想要一识卿面目。方才太后已垂帘见卿从庭下经过。"

张浚深深一揖,惶恐称谢。

赵构道:"卿救社稷于大难之中,更是救朕于不测之间,卿忠君爱国,又倜傥大才,卿现在知枢密院事,虽为执政,犹不能慰卿再造乾坤的大功,也不足以发挥卿全部的才干。朕的意思,想要这几日间就宣麻拜相,令卿为朕的宰臣,卿意何如?"

张浚道:"陛下乃圣天子代天牧民,自有天命,既非苗、刘二小丑可忤逆,也并非臣区区之力有所微劳,总是陛下圣德,祖宗庇佑。陛下欲拜臣为相,臣不胜惶恐之至。臣尚年齿未长,又晚进不若他人,岂可遽为宰相,乱大臣除拜升迁之制?陛下三思,臣不敢受如此非分之恩。"

张浚的头脑在此刻犹能如此清醒,是很不容易的。他固然知道自己此番力挽天倾,功勋甚大,但他的年龄优势某种程度上在这个时候也是个劣势,他三十三岁已贵为执政,再要宣麻拜相,位列诸公之上,未免太遭人忌惮。别的不说,此事之后朱胜非必然离开相位,吕颐浩就极可能拜相,如果自己坦然接受了相位,吕颐浩会如何想呢,能与自己同舟共济吗?精通易学的张浚,决定谦退守雌,他心里更关心的并非是此刻的权势地位,而是还在肆虐各方的金人!

他已有了新的打算。

富平的玩笑

四月初六(癸丑),朱胜非罢右相,以观文殿大学士出知洪州,在相位仅三十三日。

同一天,吕颐浩特迁宣奉大夫(正三品本官)、守尚书右仆射兼中书侍郎兼御营使,正式拜相,接替了朱胜非的相位。

次日（甲寅），刘光世除太尉、御营副使；韩世忠为武胜军节度使；张俊为镇西军节度使……

初八日（乙卯），赦天下，诏用仁宗法度，开始录用元祐党籍。仿佛北宋的灭亡，果然要完全归咎到王安石变法的问题上。在此后的六月，因当时司勋员外郎赵鼎之进言，朝廷果然下诏，罢王安石配享神宗庙庭。

在四月间，张浚以知枢密院事的西府执政身份，时常得到皇帝赵构召对，张浚多次陈说了愿往西北、经略川陕，与金军周旋的想法。在张浚看来中兴要自关中始，只要在川陕战场上能设法打败金军，占据关中，那么恢复中原的事情就开了个极好的头。

于是，建炎三年五月初一朔日（戊寅），诏令：

知枢密院事兼御营副使张浚为宣抚处置使，以川陕、京西、湖南北路为所部。亦即是说，张浚成为了川陕、京西、荆湖南北路广大边境诸路的最高军政指挥官宣抚处置使。赵构许张浚便宜之权，黜陟将校臣属皆可先行裁决，又亲作诏赐之。

五月十二日（己丑），张浚又做了一件令时人震惊不已的事。

当时有一巨寇薛庆占据高邮，麾下凡数万人，往投附者络绎不绝。张浚竟亲自以国家执政之尊，带着不满百人的亲卫直入薛庆寨垒，出黄榜示朝廷恩意，薛庆也被张浚的胆识和诚意所动，乃感佩大拜，表示接受朝廷的招安。然而薛庆又企图谋求高官厚赏，便置酒高会，留张浚在寨中住了三日。这下可好，外间人以为张浚被薛庆扣留了，宰执为贼寇所关押，则国家体面荡然无存。吕颐浩便进言，不如罢免张浚枢筦，派兵剿平薛庆。

于是，十八日（乙未），张浚罢为资政殿学士，提举杭州洞霄宫。

结果到了二十四日（辛丑），张浚又从高邮回到行在了。皇帝立刻将张浚官复原职，重新除为知枢密院事。但此番被留在贼寇寨垒中三日的事情，不得不认为，对张浚后来的处事风格是存在一定影响的。他本是喜好冒险之人，自此之后，则轻易绝不涉险，这又对许多事情造成了影响。

五月间，苗傅、刘正彦在福建兵败被韩世忠所俘，随后被送往刚刚由江宁府改名的建康府，此二人后于七月间被凌迟处死。

在七月起身往川陕赴任前，张浚还顺手除掉了跋扈的庆远军节度使范琼。

范琼率军赴阙，公然拥兵自重，入对时不仅傲慢无礼地向皇帝赵构提赦免逆党等无理要求,甚至请赵构除授自己殿前司的美差,并语带威胁地暗示,说自己招抚了淮南、京东盗贼凡十九万人,皆服从自己节制,绝无二话。

刚刚经历了苗刘兵变的赵构自然怒不可遏,张浚便奏请诛杀范琼,以正国法,也给其他想要跋扈蛮横的武将敲一敲警钟。

得到官家允许后,张浚与自己枢密院的下属权枢密院检详文字刘子羽谋划了具体实施的办法,当天晚上便将枢密院内的文书小吏锁在张浚府中,令其将一应文书都准备好,只待明日发动。

七月十一日(丁亥),张浚以西府长官的身份召集诸将都堂议事,诈称将派张俊遣人统兵千余渡江,捕剿盗寇。于是令张俊率兵披甲而来,以备不测。

当时范琼一路走进都堂,身后的亲卫各个趾高气扬,竟不将两府办公的地方当回事,范琼自己也是洋洋自得、神气十足。

由于今日退朝已近中午,范琼等便在都堂用饭,吕颐浩与诸人面面相觑,不敢妄动,张浚却示意刘子羽动手。

于是刘子羽立刻取来已经写好的黄麻文书,大声道:"有敕令!将军可到大理寺配合办案!"

范琼正错愕间,张浚从座位上站起,接过话说:"范琼!你靖康时节以刀兵逼迫道君皇帝,大逆不道,罪恶贯盈!又交结苗、刘二贼,不听吾号令进兵讨逆,观望逗留。今敢以亲兵狂悖行在,胁逼天子,皆是死罪!"

正说话间,张俊麾下的士兵便按约定冲进来抓住了目瞪口呆的范琼。

张浚又派刘光世到都堂外安抚范琼所部的将校兵卒,云只杀范琼一人,将士们皆是天子的师旅,并无罪过。

嚣张得仿佛不可一世的节度使范琼便这般波澜不惊地被张浚轻易拿下了,随后自然是问罪赐死。范琼被诛,对当时许多颇为跋扈,不听号令的将帅们都起到了警告的作用,对树立朝廷的威信、统一军事指挥、稳定当时的复杂局面,也起到了较为积极的效果。

在范琼赐死的前一天,七月十五日(辛卯),杭州升为临安府。

在张浚启程前,官家赵构多次召对,与他商议川陕的情况,谈论得最多的除了金人便是川陕的大将曲端。

宝座上的官家颜面带忧色地说:"卿此去川陕,朕余事都放心,以卿之才勇忠荩,想来都可措置妥帖。惟独这曲端,王燮、谢亮回到朝廷里都说其跋扈难制,甚至想以下犯上,有杀王庶的意思。二人都提醒朕,说曲端或有反心。恐他以后投了金人去。"

原来,去年六月,官家赵构以集英殿修撰、延安知府王庶为龙图阁待制、"节制陕西六路军马",并任命曲端为吉州团练使、节制司都统制,使曲端隶属王庶麾下。结果,曲端恃才傲物,以为王庶不过庸才,岂能节制自己?于是他不服指挥,自行其是,多次不从王庶节制司的军令,致使制司将官贺师范在八公原战死,曲端反因此得到泾原兵权。建炎二年十一月金人细作谍知曲端、王庶不和,于是遣大军进攻鄜延,曲端时屯兵泾原,驻于淳化,兵将精锐,却拒不听从王庶的调度,对要他救援延安府的命令置若罔闻,王庶前后派遣使臣、进士官吏十几人前往曲端军中,皆无用。王庶只得派节制司属官鱼涛往其军中督师,促其进兵,结果曲端阳奉阴违,毫无开拔行军的意思。于是延安陷落,王庶进退失据,只得将军队交付温州观察使、知凤翔府王燮统领,自率百骑与节制司属官们赶往曲端当时所在的襄乐一带劳军。结果曲端给了王庶一个狠狠的下马威,令王庶及其属官、亲卫等,每过一道营门,便留下一半人马,且不得驰于军营之中,等王庶好不容易到了曲端的帅帐,身边只剩下几个随从了。曲端明明按制度要受文臣王庶的节制,却反而声色俱厉质问王庶延安失守的事情,呵斥说:"节制固知爱身,不知爱天子城乎?"王庶也反唇相讥,说:"吾数令不从,谁其爱身者?"曲端立刻发作,又翻起旧账,说在耀州时自己屡次提出正确意见,王庶却昏聩不堪,言不听计不从!言毕便拂袖而去。曲端甚至动了在军中斩杀王庶,夺其兵柄的念头。但他毕竟是武将,要直接这样杀了顶头上司,那是极其忌讳,形同谋逆的。于是他在夜色中亲自策马驰赴宁州,求见陕西抚谕使(建炎元年五月置,抚谕百姓、采访利弊、按察官吏,或临边抚谕军马,激励士气)谢亮,对他说延安是陕西五路襟喉,现在因为王庶守御无方而沦陷敌手,请谢亮与他一同诛杀王庶以谢陕西军民,然后联名上奏朝廷。在曲端想来,若是得了抚谕使谢亮的支持,他们这两个陕西的文武高官共同找个譬如里通金人的叛国罪名将王庶杀于军中,朝廷只能捏鼻子认了。但谢亮却说:"今以人臣擅诛于外是跋扈也,公为则自为!"意思是这种胆大包天的事情,曲将军你要做就自己做,别带上我一起背锅!曲端一计不成,只得回到自己军中,却扣下王庶的节制司属官们,又夺走了他的节制使印,才放王庶离开。

这些事,身为知枢密院事的执政官张浚自然是一清二楚的。官家在他面前提曲端,是担心张浚入川陕而如王庶那般无法压服曲端,导致最后出乱子。但另一方面,想来官家也是很信任自己,看中自己平定苗、刘二贼和诛杀范琼的果决,或许是在暗示,曲端生死,便在张浚你自己判断,能用则用,不能用则以川陕形势为重,果断控制住他!

张浚脑海中想到上述往事,在心里推断帝王心思的时候,赵构还在继续说着:"前些时日,朕以御营使司提举一行事务的差遣召曲端赴行在,此事卿在枢密院,尤为知悉。结果曲端竟然不奉召,台谏皆有疑曲端有反谋的。卿如何看?"

张浚道:"陛下,自古以来人心最为难料。若从疑而断,则典兵在外而有违节制的大将,几乎皆有可杀、必杀之处。然而古之名将,亦多有将在外,君命有所不受的情况,却能战必胜、攻必克。曲端此人,早年即悍勇有谋,与西夏交战,屡败党项人;在陕西又极得军民之心,臣听闻他治兵泾原,招流民溃卒,所过人供粮秸,道不拾遗,其得民心如此,必有大将之材。臣以为,川陕关中乃中兴事业重中之重,方此用人之际,或许不必求全责备,臣愿保曲端绝无反心!臣亦有信心令其为臣所节制,若他果然跋扈,臣能诛范琼,亦能杀曲端!"

赵构很是满意张浚的回答,笑道:"卿的本领,吾是知道的。只是擒范琼在都堂,有张俊兵马埋伏,若曲端有反心,卿在川陕军中,千万要小心,朕恢复之大业,还须卿来主持!"

张浚惶恐起身,深深一揖。

于是,张浚辟集英殿修撰、知秦州刘子羽为宣抚制置司参议军事;兵部员外郎冯康国为主管机宜文字;武功大夫、忠州防御使王彦为前军统制;又明州观察使刘锡、赵哲、阁门祗候甄援等俱随张浚入川陕,为其宣抚制置司幕府中的属官。

九天后,七月二十四日(庚子),知枢密院事、御营副使、宣抚处置使张浚率亲兵一千五百人、三百骑自行在出发往川陕。他将开始自己经略川陕的三年,这三年几乎关乎宋金之间的命运,也关乎他一生的谤誉。

就在张浚前往川陕的时候,金人再次入侵江淮的计划开始实施了。

完颜宗弼(金兀术)为南侵大军统帅,兵分三路,意欲渡过长江,生擒赵构,将刚刚建立不到三年的南宋扼杀在摇篮中。

于是获悉金军入侵意图的赵构匆忙再次派大臣往金军中求和,并致信女真左副元帅完颜宗翰云:

古之有国家而迫于危亡者，不过守与奔而已。今大国之征小邦，譬孟贲之搏僬侥耳。以中原全大之时，犹不能抗，况方军兵挠败，盗贼侵交，财贿日朘(juān)，土疆日蹙？若偏师一来，则束手听命而已，守奚为哉？自汴城而迁南京，自南京而迁扬州，自扬州而迁江宁，建炎二年之间，无虑三徙。今越在荆蛮之域矣，所行益穷，所投日狭，天网恢恢，将安之耶？是某以守则无人，以奔则无地，一身彷徨，跼天蹐地，而无所容厝，此所以朝夕鳃鳃(xǐ)然，惟冀阁下之见哀而赦已也……

　　书信中所言，固然是赵构想要拖延金军南下的步伐，但措辞之卑，简直无法想象是一个皇帝在给一位他国将军写信。其中说，古来国家有了危亡祸患的，不过死守或逃跑罢了。现在大金征讨敝国这样的小邦，就好像战国时候的大力士孟贲来打《列子》书中所谓的身长一尺五寸之僬侥国小人。敝宋小邦拥有中原全盛时候，尚且不能抗拒大金的天兵，何况现在屡战屡败，境内盗贼蜂起，财赋日以缩减，疆土日益局促？第二层意思则说两年来，敝国已经从汴梁到应天府，从应天又到扬州，然后到了江宁府，等于说两年中惶惶不可终日地跑了三回了。大金再打过来，恐怕是要守御则无兵无将，要逃跑则也不知能去哪里了，天地虽大，恐怕无置锥之地，因此终日恐惧不安，只盼望宗翰阁下怜悯敝人与小邦，就饶过我们吧！

　　只有当认识赵构的这种极端利己主义的心思，才能对建炎、绍兴年间的许多事情有更合理的认识。赵构作为一个帝王来说，其水平实际上还属于较一流的档次，但他私心之重、人格之无耻，极大地拖累到他本身的水准，以至于许多事到了后来，都呈现出一种仿佛赵构智力堪忧的假象。实则恰恰相反，他具备几乎全部帝王心术层面的小聪明，本身应当是个极其有头脑的人，但他从未将社稷、天下、万民这些帝王最应该去承担的重任放到自己偏安一隅的利益之前。

　　闰八月，南宋朝廷考虑到防御力量的不足，只得放弃两淮，将防线重点布置在长江一带。刚刚被拜为右相的杜充出为江淮宣抚使，镇守建康，将兵十数万人，为主要防御力量。又安排了韩世忠为浙西制置使，驻防镇江；以刘光世为江东宣抚使，守御太平(今安徽当涂)与池州……

　　闰八月二十六日(壬寅)，赵构自建康府乘御舟出逃，随时准备入海躲避金人的兵锋。

十月二十三日(戊戌),张浚抵达了兴元府(今陕西汉中市东)。他满怀壮志豪情地写奏疏给赵构,其中云:"窃见汉中实天下形势之地,号令中原,必基于此。谨于兴元积粟理财,以待巡幸。愿陛下早为西行之谋,前控六路之师,后据两川之粟,左通荆襄之财,右出秦陇之马,天下大计,斯可定矣。"

张浚在提出要经略川陕时,应当已经有了全盘的规划,有了至少数年的谋算。因此他明确提出,要在兴元府广积粮草军饷,他还再次向天子提出希望,请他要有巡幸川陕的计划,以天府之国丰饶的粮食物产和荆襄九郡的财货、秦陇所产的良马,居高临下地自关中而恢复中原——张浚认为这是中兴事业的大谋略!

与此同时,张浚开始调整陕右帅臣,将端明殿学士、知熙州张深调任利州知州兼利州路兵马钤辖、安抚使,将随自己而来的武臣们纷纷安排到各地:以明州观察使刘锡为熙州知州;赵哲帅庆;刘锜帅渭……诸路帅臣,张浚都授予了武人。

但张浚此时尚不知晓,东南的战事已经到了何种程度。

就在他抵达兴元府后不久,金军便击败南宋军队,兵分两路自黄州、和州等地渡过长江,其中东路大军由完颜宗弼亲自统率,立刻进攻建康府。到了十一月下旬,宋军在马家渡战败,金兀术兵抵建康,建康府留守、户部尚书李棁,显谟阁直学士、沿江都制置使陈邦光献城降敌,完颜宗弼不费一兵一卒就进入了建康府。于是负责抗击金兵的前线最高指挥右丞相杜充只得率部退守真州。而官家赵构知道前线战败的消息后,也在左相吕颐浩的建议下,乘海船出逃,往明州而去。时局十分动乱了,扈从隆祐太后的卫队居然有上万人逃散,甚至其中将校也出逃为盗寇,走散遇害的宫女内侍、慌乱中丢失的御用服饰、被抢夺偷窃的内藏库金帛等更是不一而足,一派纷乱之象。

张浚在十一月抵达秦州,随后便出行关陕,巡视各地。他要处理好的第一个川陕大员便是在陕西极有军民人望的大将曲端。

曲端在见到张浚第一面的时候亦是小心拘谨得很,他知道张浚不同王庶,乃是官家极其赏识倚重的枢密院长官,是国家的宰执大臣,如今又以宣抚处置使的身份节制川陕、京西、荆湖南北路,有便宜行事的独断大权,谁敢犯他虎威?

于是曲端道:"末将见过相公。闻说相公在官家面前百般为我申诉忠诚委屈,末将今日性命富贵,都是相公再造之大恩,末将必定为相公粉骨碎身,在所不辞!"

张浚看着朝自己行大礼的曲端,乃笑呵呵地从帅案前走过来,将他扶起。

"正甫,"张浚一开口并未以曲端的泾原路经略安抚使差遣来称呼他,而是以表字称,"你是有大将之才的,这陕右形势关乎中原之恢复成败,退一步来说,陕右失则川蜀难保,四川若沦陷,则金贼顺流而下,东南也无!某此番前来川陕,便是要与正甫同心协力,共击虏人!"

曲端听到张浚左一个正甫,又一个正甫,知道这是张枢密在笼络自己,心下大喜,明白自己欲杀王庶的跋扈已经被朝廷忽略了。

"相公抬爱,令某这粗人惶恐无地。某只知道相公乃是代表官家而来,相公叫某带兵往哪里,某就带弟兄们冲哪里,绝无二话!"

张浚拿起帅案上的一道文书,递给曲端看,并道:"正甫且看看这上面写的什么?"

曲端双手近前恭恭敬敬地接了过去,才看了一眼便大喜过望,原来这是张浚以便宜黜陟的大权,直接任命自己为威武大将军、宣州观察使、宣抚处置使司都统制、知渭州!

"正甫,某经略川陕,正须用得到你的大才。还当筑坛拜将,令将校士卒都知道正甫为我宣抚处置司第一大将的喜事!"

数日后,张浚承制筑坛,正式拜曲端为威武大将军、宣州观察使、宣抚处置使司都统制、知渭州。曲端登坛受礼,大营中无数军士欢声如雷。

张浚初到关陕,达成了先收曲端为己所用的第一个目标。经宣抚制置司参议刘子羽的举荐,张浚又提拔了忠州刺史、泾原路兵马都监吴玠为统制,命其弟吴璘执掌自己帐前亲兵。重用吴氏兄弟,后来证明是一步极对的棋。

此时张浚在关陕面临的对手乃是金人中第一流的大将完颜娄室,此人一生战绩非凡,几乎参与了女真崛起、灭辽、克夏、破宋的每一场重大战役,且多是居功至伟,虽宗翰、宗望等皆不能过之,连辽人中后来在中亚建立西辽、打得塞尔柱帝国望风披靡、最是枭雄的耶律大石,也曾被娄室在奉圣州之战中打得一败涂地,遭到俘虏之辱!更不要说被耶律大石打得满地找牙的宋军将领了,更多是娄室手下败将。至于后来民间故事里的四太子,也就是金兀术——完颜宗弼,固然在谋略上确乎是女真人中的佼佼者,但论行军打仗,宗弼是远不及娄室的。

这是张浚此前从未遇到过的对手,可能也是当时他所能面临的军事上最可怕的敌人,这位年轻的三十三岁大宋执政,还能像苗刘兵变时那样力挽狂澜,在关陕之地,创造奇迹吗？娄室曾率几千女真骑兵就能冲杀得数万乃至十万数目的辽军一溃千里,这样的女真第一名将,张浚能战胜他吗？

就在此年的十二月,完颜娄室率先进攻了！

他的数万金军猛攻陕州(今河南陕县),将领李彦先死力守御,至于军粮都全部吃完,仍在据城死守。张浚起初拒绝了派出三千骑兵增援陕州的计划,原因无他,骑兵对于大宋来说是十分宝贵的机动力量,把三千骑兵扔到娄室面前,很可能非但解不了陕州之围,还要被吃个精光！

于是张浚命令曲端率部救援陕州,他在这个时候想到能倚赖的正是知兵善战又甚有军心民望的曲端！然而曲端平日一直忌惮李彦先在关陕宋军中功勋、地位等超过自己,竟然拖拖拉拉,并不打算出兵救援陕州！

到了建炎四年(1130年)正月十四日(丁巳),在内乏粮草、外无援军的情况下,陕府被娄室攻陷。当时张浚宣抚制置司的直属部队到了长安却被娄室的偏师阻挡,寸步不能救援陕州。城破后,李彦先在巷战中身披数创,最后投河而死,其麾下文武属官凡五十一人,全部壮烈殉国,无一人投降。由于遭到激烈抵抗,金军在艰苦的攻城战中也颇有伤亡,愤怒的娄室大肆屠杀陕府百姓,史书中留下了这样一句话：陕民无噍类矣——陕州的百姓几乎没有几个活下来了,都被杀害殆尽。

娄室的兵马此后便得以闯入潼关,关中危在旦夕。这时候,曲端才派麾下泾原路马步军副总管吴玠等人率军阻击娄室的先头部队,双方在彭原店发生遭遇战,娄室军中将领撒离喝被吴玠击败,甚至到了"惧而泣"的程度,也就是俗称的给打哭了,以至于金军中亦笑话撒离喝为"啼哭郎君"。但随着金军增援,而曲端主力尚在彬州(今陕西彬县),本已两战告捷的吴玠寡不敌众,乃先胜后败。曲端见状,率军退扼泾原,又恐张浚责罚,反弹劾属下将领吴玠违背自己节制指挥,导致兵败。

一条又一条的坏消息由前线传回宣抚制置司幕府内,更糟糕的是,东南的形势也因为宗弼连克州府、官家出逃海上而狼狈危急到了极处。张浚开始逐渐感受到来自两方的巨大压力。

原来,早先皇帝赵构乘坐海船出逃时,曾命张俊所部留在明州阻击宗弼的金军,然而张俊竟然畏战而托辞,赵构只好手书御札,许诺如果阻敌成功,当封张俊以王爵,张俊这才勉勉强强留在了明州。但他的军队不是与明州百姓团结一致,准备抵抗女真,反而是如土匪一般趁乱在明州城内外公然抢掠财货！在这种情况下,虽然张俊麾下刘宝、杨沂中等将领各凭其锐勇，能一时间与来犯的金军周旋，但最终明州还是沦陷了，张俊率部逃跑。这充分暴露了这位后来所谓的"中兴四大将"究竟是个怎样色厉内荏的无耻之辈，当张浚、吕颐浩等文臣主盟，占着大义，又有勤王复辟大功的诱惑时，面对苗、刘这样的敌人，张俊尚敢于博取富贵，假装忠君；但当面临女真大军凶残的气焰，面对金兀术这样的对手，他立刻闻风丧胆，连官家的指挥都不顾了。

完颜宗弼在明州曾派兵马去追击赵构，但终是因为金军缺乏大海船，加之风雨天气等原因，并未能完成"活捉赵构"的战略目标。在明州已逗留十七日之久的金兀术遂在二月三日（丙子）狂傲地倡言："搜山检海已毕。"于是宗弼命令金军自明州撒军返回临安。离开明州前，完颜宗弼凶残地吩咐下属如扬州时一般，烧杀抢掠，焚城屠杀后再撤退。二月七日（庚辰），金军抵达临安，又是纵火杀掠，大火三天三夜不绝。二十五日（戊戌），宗弼率金军入平江府，掳掠金帛女子殆尽后，又是如法炮制，纵火焚城，火光百余里外尚可睹见，五昼夜方灭！

而就在三天前的二十二日（乙未），赵构得知了自己的右丞相杜充叛国，向四太子完颜宗弼投降。金兀术诱惑杜充的条件是将中原之地封给他，如张邦昌那样立其为中原皇帝。在金军摧枯拉朽一般的攻势和糖衣炮弹之下，杜充变节了。甚至此时，吃菜事魔教也在各地起义作乱，四月时刘光世便遣麾下王德在贵溪围剿王念经。东南局势，可谓是糜烂不堪。

一直要到三四月时，宗弼的十万大军抢得盆满钵满，各个无心恋战，急着渡江北归，这才被韩世忠以八千士卒和海舟巨舰阻遏在长江南岸，甚至被赶到了黄天荡这样兵法意义上的死地，以至于不可一世的宗弼请求归还劫掠所得，放金军渡江归去。但终是因为有汉奸献计，加上敌众我寡，在四月二十五日（丙申），宗弼选择了一个晴朗无风的天气发动突围战，韩世忠所部的大海船都无法移动，被金军火箭射中，江面上大火连天，金兀术便趁此击败韩世忠，渡江北去了。

三月初七（己酉）时，得知天子陷入岌岌可危境地的张浚不得不亲率步骑数万人从西北往东南星夜行军，到了房州（湖北房县）时，才收到了官家赵构在二月二十三日（丙申）发布的宽恤诏书，也就是所谓的"德音"。当时赵构自海船登岸温州，遂发德音宽释天下徒刑。张浚在房州闻敌骑渐退，便终于还是率部回到关陕。

张浚感受到了一种左支右绌的苦恼。

他原本的打算是要在关陕之地经略五年后,才以精兵良将会战金军的,然而形势远比计划要艰难和不遂人意。早在去年十月二十六日(辛丑),张浚便以自己宣抚处置使的便宜大权,承制直接任命"同主管川陕茶马监牧公事"赵开兼任宣抚处置司随军转运使,给予他专一总领四川财赋的大权,命他筹措军费,以为练兵造甲与他日大战之用。赵开亦未辜负张浚的擢拔赏识,他在四川大变榷酒政策,使得四川的酒科税赋从过往的一年一百四十万贯激增到六百九十余万贯。可见,张浚对经略川陕有着通盘的考虑,他是准备广蓄军粮,扎扎实实地在关中与娄室率领的金军决战,以图恢复的。

然而事实上,这一切并不能如愿。

金国方面,右副元帅完颜宗辅和权倾朝野的左副元帅宗翰也被陆续派往关陕督战。完颜宗辅女真名为讹里朵,乃是太祖阿骨打的第三个儿子。至于宗翰,便是大名鼎鼎的粘罕。女真人尚为部落时,首领继承上多是兄终弟及和选贤任能并用的。金太祖完颜阿骨打死后,兄终弟及,传位给弟弟吴乞买,也就是所谓的金太宗完颜晟。当时颇有传言,说本来阿骨打想要以选贤任能的规矩传位给国相撒改的儿子粘罕,即完颜宗翰,实际上撒改也算是阿骨打的堂兄弟。因为撒改是金景祖乌古乃的孙子——总之,金人内部血统十分复杂,后来阿骨打死得突然,没来得及指定继承人,他的弟弟斜也和庶长子宗干就在国论移赍勃极烈宗翰不在场的情况下,拥戴吴乞买即位。但宗翰长期统兵征战,在军队中有极高的威望,女真皇帝吴乞买无可奈何,只能默认宗翰大权在手,甚至在即位后便诏宗翰曰"寄尔以方面,当迁官资者,以便宜除授。"给了他上百道空名的宣头诏书,等于名正言顺地给了宗翰专权的名义。

可见此时,金人对关中、川陕都是势在必得,已经派出了最高规格的阵容。

时间便在这种双方紧张的对峙中到了八月。

川陕宣抚处置司行辕内,张浚召集了幕府中的大多数文臣武将,正在议事。

张浚环视诸人,他从这些座中的文武僚属各自不同的神情中看到了犹疑,看到了畏惧,看到了故作镇定,也看到了貌似恭顺……思虑再三,他终是开口了。

"诸位,东南军报想必都已知悉。虏人左监军完颜昌与宗弼尚领大军滞留淮东,闻或以秋高马肥而伺机再次渡江南寇。去岁以来,官家避敌海上,与贼人周旋,东南百姓,罹难战火者不知凡几,又杜充叛国,诸将震恐……我意以关陕王师,出兵与娄室等会战,使虏人不暇再犯天子,迫使金军调宗弼所部入援娄室,以解东南之围!诸位以为如何？"

这会众人忽然听到宣抚处置使张浚这位川陕和京西、两湖的军政最高权力者发话，居然要准备不日便对金人用兵，可完颜娄室的凶名谁人不知，谁人不晓，且听军报，那位高高在上的完颜宗翰也来到关陕了，岂是可以轻视的？

就在一众文武面面相觑的时候，座中地位甚高的都统制、威武大将军、宣州观察使曲端发话了。

"相公，某以为关陕平原之间，开阔旷野，虏人铁骑便于冲锋驰突，而我军不少战士未尝习战。况且金人乃是这些年新崛起的蛮夷政权，确实凶锐非凡，难与争锋。末将以为，暂时还是应该训兵秣马，以守住关陕、力保四川不失作为第一战略目标。"

曲端一派的武将一时之间都在小声附和，各个点头称是。

张浚道："然则曲大将军认为，何日出师决战为稳妥？"

曲端偷偷抬眼瞄了瞄高坐帅案之后的宣抚处置使，把心一横，说："末将在相公面前自然知无不言，以末将浅见，待十年之后乃可议论决战之事！"

张浚心中顿时震怒，他知道这曲端是想保住手下的兵马，有数万听命于他的关陕大军，则无论赵宋的天下如何，他曲端都可以在宋金之间进退自如，若是有军心民望和机遇天命的话，侥幸为关陕割据的一方诸侯，也未必办不到！如今官家的朝廷在金人三番五次的大肆侵略下风雨飘摇，只要曲端手下有兵马，就有在这个乱世中立足和富贵的资本，要他同心协力，与金人博生死，确实是难如登天！

但张浚并未怒形于色，反而是神情平淡地说："莫非曲都统制认为虏人必不可战胜，我王师必不能奏捷？前者吴副总管在彭原店之事，两战皆能力克金军，则我大宋亦有能战之将，有能御寇之师。吴刺史，尔以为如何？"

吴玠闻言，心中也是叫苦不迭。他一方面十分感激张枢密这位高权重的宣抚制置使对自己的提拔与保护，甚至还让自己的弟弟吴璘执掌宣抚制置司的帐前亲兵，他很想凡事都唯张枢密马首是瞻；但另一方面曲端又是自己的顶头上司，彭原店之战前后已经看出曲端对自己颇多忌恨，而曲端麾下的亲信们也与他变得水火不容。更关键的是，就事论事的话，虽然曲端说十年之后方可议战属于夸大其词，连吴玠也明白曲端是有拥兵自重的嫌疑，但眼下就立刻与金人会战，确实并非良策！

吴玠思前想后之下，道："相公忠君爱国，有经天纬地之才。且相公眼光之远大，末将这样的武夫是断不能知晓和妄测的。但如果相公只是问关陕军略，与虏人决战的事情的话……末将以为,如果令我大宋王师驻守在高山峻谷之中,则金人骑兵固然骁勇果毅,但甲兵厚重,终不能仰山脊而驰突逞凶。我大军若是占据嵯峨显要,控扼城塞,谨守关辅之地,虏人就算大举来寇,也决计不能占到什么便宜。"

张浚仿佛完全不在意自己擢拔信重的吴玠没有支持他,只是又看了看自己以之为谋主的文臣——宣抚制置司参议军事、徽猷阁待制刘子羽。

"既如此,某当三思。彦修,你且留下,其余人等,且先各自回衙署与军营理事。"

听到张枢密叫自己的表字,刘子羽知道这是有真正想和自己商议的话要说,待众人退出张浚的议事大堂,他方才开口道:"相公,曲端虽然居心叵测,但也有说得在理的地方。而吴副总管所言亦是持重而值得考虑的。相公难道不记得陛辞时候,天子对相公所说的么?"

张浚沉默了。

他感受到一种颇为无力的孤单。自己被皇帝赵构授予了如此大的方面军政之权,几乎将川陕、京西、两湖广大的区域都托付给自己。可在关陕一带,曲端的势力盘根错节,自己拉拢了吴玠仍不足以吸引曲端的麾下听命于他这位枢密院长官和宣抚制置使。本来自己可以五年为期,慢慢经营川陕,逐步分化、瓦解曲端这样的本地将帅的力量,建立起自己如臂指使的军队指挥系统,广积军饷粮秣,操练兵马之后才寻找合适的会战机会。离开天子行在的时候,官家对自己说,当以三年之后才可用兵关陕,张浚甚至还要谨慎,给自己定了五年的计划,可如今东南已遭金军蹂躏,各地贼寇甚至吃菜事魔教徒四处作乱,完颜宗弼虽然北渡长江,却仍在淮东,谁能保证他今年秋高马肥之际,不会再度南侵?!如果官家不幸与二圣一般被俘,到时候便真的是社稷鼎隳,到处是割据的武将和摇身一变为野心家的文臣,到处是占山为王的盗寇,也绝不会少了卖国求荣的汉奸引金人南下……等真到了那个时候,莫说恢复中原了,便是川陕、东南的半壁江山也绝对保不住!对张浚来说,年轻的天子赵构是不是能中兴大宋的贤君,这个问题他既不能以臣子的身份去狂悖地揣测,也无法揣测!因为只有皇帝在,朝廷的名义才在,天底下的疆臣和将帅才有畏惧,整个大宋江山的力量才能被努力统合起来,去抗击金人,如果没有了皇帝,这一切都将分崩离析,更是不堪女真一击!

可即便是自己最倚重的刘子羽,也在天下大局的眼光上不能与自己统一步调。这该死的时局,给自己的时间太少,给自己的掣肘太多!张浚心里明白,虽然他贵为西府执政,堂堂正二品的知枢密院事,又是得便宜黜陟文臣将帅大权的宣抚制置使,地位权力犹在宣抚使之上,但是,这是朝廷给自己的权力,如果连朝廷都没有了,曲端分分钟敢拿刀杀了自己!比生死更可怕的是,自己担负着国家宰执的重任,如果把天下给亡了,那才是令生民涂炭,令自己遗臭万年!

张浚看着比自己还大上十岁的刘子羽,苦笑着摇头。"吾宁不知此?顾今东南之事方急,不得不为是耳!"

刘子羽亦是一愕,是了,难道张枢密不明白曲端、吴玠和自己所顾虑的敌我情况么?只是东南形势危急,逼不得已啊!

张浚又接着说:"事情就有这般不可拘泥道理和正确的时候。万一宗弼再次南侵,官家被迫再来一次海道之行,大海上如果变生不测……彦修,吾辈就算还想再经略陕西,号令诸将,你认为,还会有人听我们这些文臣的么?莫说你,就是我恐怕也别想指挥得动曲端和他下面的将校了!到那个时候,川陕、东南都会暗无天日,天下事,再不可为!"

刘子羽沉吟了片刻才道:"相公对我有知遇之恩,若非相公,某岂能遽为待制侍从之列?相公一片赤诚,固然是为国为民,但贸然与娄室开战,设若不利,轻则相公清誉令名受损,重则关陕不保,相公只怕是要背负百年骂名啊!"

张浚朝东南面拱了拱手道:"官家几乎将如今一半的疆土交付给我,信重之专,古来罕有!我三十三岁得拜为执政,仿佛寇莱公,如此君恩,吾岂能不顾天子、百姓,而只管自己的荣辱虚名?彦修,吾治易学,今有数言与你参详。"

刘子羽立刻道:"恭请相公赐教。"

张浚正色道:"一念之起,发之涓涓,流之江河。人不能正心诚意,多是因为做不到止心于静,无这静止之功,若要守住心,便要思不出其位。故为人子则思孝,为人臣则思忠。在士则思学,在朝廷则思治。在上则思所以利下,在下则思所以事上。如此推而广之,乃合乾坤之道,乃或可体天地之心!天地之心,要在百姓之心!若我贪恋权位富贵,如曲端一般拥兵自重,不知解君父之危,不知疾东南万民生死,则何必学圣人之学!"

刘子羽知道,这位年轻的张枢密已经下定决心了。他的这番话,就是"虽千万人吾往矣"的宣言了。此刻刘子羽甚至感到有一些悲壮的错觉,但他安慰自己,若是小心措置,未必让金人占了大便宜,只要能把宗弼给调虎离山,在关陕与娄室、宗弼的金军干上一场,即便是个平手,也是极有利于稳定时局的。

想到这里,刘子羽又被张浚的易学胸襟所折服,当即起身深深一揖。

"某虚长相公十年,直是不知道如此道理,今日谨受教!"

张浚摆摆手,吩咐说:"曲端此人,还是要争取,否则这仗没法好好打。彦修,待曲端回到渭州之后,你且令主管机宜文字张彬跑一趟,以招填禁军为名,去看看能不能说动曲端改变主意。"

然而可惜的是,张彬并没有能说服曲端,张浚争取曲端的努力失败了。能言善辩的曲端驳得张彬反而不能再发一语,张彬气愤地禀报到张浚处,年轻的张枢密、宣抚处置使一个人在帅案前沉思了很久,最终,他开始下达命令。

威武大将军、宣州观察使、宣抚处置使司都统制、渭州知州曲端以彭原店之战观望逗留,临战胆怯,不肯救援吴玠所部,罢兵权,与宫观。

很快第二道命令又是承制而发,曲端再责授海州团练副使,万州安置!其麾下统制官张中孚、李彦琪并诸州羁管。

曲端从关陕大将一下子跌落到泥坑里,在张浚的便宜黜陟大权下,竟然是沦为了团练副使这样的罪臣,被安置到西蜀中去了,一时间关陕军心浮动,将校士卒颇多不悦而疑惧难安。

于是,张浚既然已决策动兵,便公然移檄金军的左副元帅完颜宗翰,向其明兴师问罪之意,以使金人调遣主力增援西北;又命宋军收复永兴军路,再次光复长安,随后进一步重用吴玠,以吴玠为权永兴军路经略司公事,升其武职阶官为忠州防御使。

张浚依靠着宣抚处置司的大权,至少在表面上重新调整了关陕宋军的指挥系统,加之这时又有官家的御笔命令传来,也是以金军犹在淮东,催促张浚宜以时进兵,令他由同州、鄜延、延安等路批亢捣虚,攻敌不备。于是张浚更是以天子的御笔号令关陕宋军,乃命环庆路经略使赵哲出兵收复鄜延、延安诸郡,又召集熙河经略使刘锡、秦凤经略使孙渥、泾原经略使刘锜,命他们各自率领所部会和,一并出师。

这时已然是建炎四年九月,金人方面,由于张浚的连番动静,本在淮南的完颜宗弼被一纸命令调往了陕西,他亲率两万精锐增援娄室,大战一触即发!而张浚的战略目标,应当说也已经实现了一半,即引诱金人从两淮抽调走兀术和其精兵,减轻东南的压力,以保护皇帝赵构和朝廷及东南百姓的安全。

张浚既然罢了曲端的兵柄，于是以刘锡为实际指挥五路大军的宣抚制置司都统制，九月上旬，宋军抵达耀州富平。此时，五路宋军共有骑兵六万，步卒十二万——这六万骑兵可是关陕西军全部的家当了，真是决战的态势，加上转运粮草军饷的民夫等，富平几乎聚集了四十万大宋军民。

张浚的宣抚制置司则也抵达了距离富平两百里开外的邠州，他将在这里督战。但倘若我们回首发生在一年多前，也就是建炎三年五月的降服薛庆事件，当时张浚被留在寨中三日，以至于朝廷以为张浚为贼寇薛庆所扣押，一度还罢免了张浚枢密之职，这次有惊无险的意外是否在一定程度上改变了张浚的处事风格，使他倾向于持重谨慎了呢？总而言之，此番张浚并未随五路大军抵达富平，而是将前线的临战实际指挥权交付给了都统制刘锡。

此时，金军反而是完颜宗弼所部从两淮经洛阳兼程至陕西，先抵达了距离富平仅八十里的下邽县，而娄室所部正在从千里之外的绥德军赶来与宗弼会师的路上。

于是宣抚处置司内，有不少人请张枢密发令，率先发起进攻，趁娄室之军尚未到达，先寻求歼灭宗弼所部的机会。但是张浚拒绝了。

后世多以为张浚是愚不可及，或是迂腐不堪，窃以为这样的认识是有失偏颇和流于表面的。考察张浚此时的行事风格、能力与个人性情，则必以之前苗、刘兵变中张浚的所作所为来作为参考。张浚首倡勤王，是为忠君爱国；移文遣人与苗、刘虚与委蛇以及利用甄援鼓舞士气，是为智谋权变；令张俊、刘光世等能听命于自己，是有统帅之能；促成苗、刘妥协，赵构复辟，二贼出逃，杭州得安，是为有从全局着眼，从细节入手的能力；轻而易举诛杀跋扈要君的节度使范琼，亦足见张浚的手段……则何以，才过了一年，张浚忽然就颠顶无能、弱智如此了？底下僚属能看到的所谓将金军各个击破，先攻击孤军无援的宗弼所部之机会，后世读史之人亦能看到这样的机会，难道张浚竟然一叶障目，偏看不到？

这并非用肉食者鄙四个字就可以定性的。或许还是要从张浚主动出兵的动机上来找原因。他如果想要追求突然袭击金军的效果，又何必一开始移檄完颜宗翰问罪？张浚第一个战略目标是要将金军的至少两支主力精锐部队都吸引到关陕来，只有将娄室、宗弼所部都拖在陕右，则东南的危险局面才能得到缓解，官家与朝廷才有喘息之机，来镇压境内四处作乱的贼寇和所谓起义。就在九月九日（戊申），金人已经在大名府正式立刘豫为伪齐的"皇帝"，建立了伪齐傀儡政权，继续保持对南宋的压迫态势。因此减轻东南压力的目的必须要实现,所以张浚决心要等,等娄室的军队与宗弼会和。这是比较可能的第一个原因。第二个原因,或许张浚对主动攻击宗弼所部,是十分缺乏信心的。他深知陕西五路宋军并非往日的西军了,军中许多士卒是刚招募的,久经厮杀的锐卒勇士并不占多数,加上曲端被罢,其派系将校和底下士卒都颇有怨望,打起仗来,有许多不确定的因素。况且宗弼所部乃是从两淮兼道而来,多是精锐骑兵,宋军主动出击,不如结阵于营寨壁垒之后,打防御战来的稳妥。

于是张浚命军中遣使往金人军营约日会战,金人不作理睬,只是等待娄室到来。娄室大军到来后,与宗弼合兵一处,与宋军在富平对垒。

这位女真战神完颜娄室拖着病躯亲率数十骑登上富平县的一座山冈,他远眺宋军仿佛一望无际的营寨,对左右亲卫道:"宋军自称有大军四十万,今日见之,人虽多,壁垒如此混乱不堪,可称得上是千疮百孔,极易攻破!"

左右皆是发出虎狼般的嚎呼,一时之间,响彻山头。这就是白山黑水中杀出一片天地的女真勇士们。

娄室所部与宗弼会师的消息由前线传回了邠州宣抚制置司的行辕,张浚便遣使约战,金人许诺后,到了约定的日子却又并不出兵。张浚以宣抚制置司名义发布悬赏,大战之时,若能生擒娄室者,无论将校士卒,虽白衣百姓亦授节度使,赏赐银、绢以万计。娄室得知后,亦出一榜文悬赏,云能生擒张浚者,赏驴一头,布一匹!

由于娄室不肯应战,宣抚处置司内便有幕客请以巾帼妇人之服送给娄室,张浚看着幕府中这些对自己颇多阿谀,以为胜券在握的僚属们,他按捺下心中的忧虑,反而装作以为娄室胆怯的样子,迎合众人道:"吾破敌必矣!"

前线富平。九月二十三日(壬戌)。宋军大营。

都统制、熙河路经略使刘锡将另外四路经略使都请到了自己的帅帐中来,其余诸将也几乎来了大半。

权永兴军路经略使吴玠主张趁金军不战,逐渐将营垒移到地势较高处,以削弱金军骑兵的巨大优势。秦凤路提刑郭浩也赞成吴玠的建议,认为金军悍勇,未可争锋,应当五路大军分地扼守,以待金军之弊。

刘锡问以诸将,大多都说,王师数倍于虏人,而且两军对垒的中间又有一大片芦苇沼泽,金军骑兵恐怕难以施展,发挥其优势,何须移屯别处?

刘锡看着环庆路经略使赵哲、秦凤经略使孙渥、泾原经略使刘锜等大将，见此时并无异议，便仍是继续议论当下的作战方针。刘锡又想着借曲端的名号吓唬金人，乃又令中军大营升起曲端的帅旗，殊不知，曲端一系的将士无不讥笑不平。

次日（癸亥）凌晨，就在宋军还在大营中呼呼大睡的时候，娄室与宗弼已经披挂了铠甲，令数个猛安（金军军制，可粗略认为是一千人的编制）的精锐骑兵都在营帐中用好餐饭，一概不许有炊烟冒出。他们准备发动突袭，打宋军一个措手不及！

却说娄室、宗弼命令麾下将领赤盏晖先率三千精骑，各自带着阿里喜（随从），负柴囊土，准备填进沼泽里，踏着木柴土块越过这片芦苇泽，直扑宋军大营外围诸路转运粮草的乡民以车马结成的小寨。在娄室与宗弼看来，宋军此时阵中的前线统帅刘锡简直是个酒囊饭袋，焉有令民夫的小寨阵于大军军营之前的？两军开战时，只要骑兵冲进乡民的小寨里，无数转运的百姓一乱，必定掉头冲进宋军大营中，则宋军人数再多也是陷入混乱不堪的局面，还怎么抵御进攻？

赤盏晖领着三千铁骑与人数倍之的阿里喜到了芦苇泽前，却发现这片看似不深的沼泽十分泥泞，尽管扔下一袋又一袋的柴土，骑兵通行仍然是步履蹒跚，十分困难。他焦急地一边喝令阿里喜们加快速度，一边观望着宋军大营的动静，祈祷着不要被宋人发现。

但宋军中的哨探还是在清晨出营后发现了金军的动静，于是火速回营禀报给上级。刘锡立刻召集诸将，对于人数处于劣势的金军此前屡屡在约定的时日不肯出兵会战，今日却不告而来，突然袭击，他大感意外与慌乱，当下召集众人举行军议。

泾原经略使刘锜立刻请战，他本就对刘锡愚蠢地令乡民结寨于大营外的举动十分忧虑，但刘锡是自己的兄长，岂有作为弟弟与属下的反对哥哥的道理？刘锜只得把一肚子的担心都掩藏起来，这会却主动请缨，要去阻击金人骑兵的试探性进攻。

刘锡十分爽快地答应了，他亦明白，金军用兵十分凶悍，每每一旦由试探性的攻击撕开缺口，便将精锐部队火速投入战斗，迫使敌军望风而溃。因此，给予这支正在囊土填沼的金军骑兵以迎头痛击，是十分必要的作战手段。

刘锜点起自己泾原军中全部骑兵与步卒，他治军有方，无多时，全军便集结完毕，随他一马当先冲出了宋军大营。

到得芦苇泽附近，刘锜见到金军尚在其中填土以进，乃命骑兵一律下马，与步卒结阵，各具弓弩，入芦苇泽阻击金军！

不久,娄室、宗弼在大营中得到了赤盏晖于芦苇泽陷于泥泞,战况不利,骑兵无法驰突,反被宋军弓弩和步卒缠斗,伤亡颇重的军报。兀术坐不住了,表示要亲自率所部精锐先克芦苇泽中宋军!

于是完颜宗弼率麾下骑兵与阿里喜出大营,见状亦令女真武士下马,冲杀进芦苇泽内。

刘锜望见完颜宗弼的认旗,心中大是兴奋,若在此处击败兀术,金军锐气必然大挫!于是他抖擞精神,身先士卒,杀得周围金军人头滚滚,泾原军见到自己的统帅如此神勇无畏,于是也各个高喊杀贼,一时间竟以极其高昂的士气,仿佛以一当十般将赤盏晖所部围杀得狼狈不堪。

另一边,在刘锡的命令下,赵哲统帅的环庆军也出了大营,娄室见到后也点兵出阵,至此,大战终于打响!

泾原军越战越勇,赤盏晖所部已经且战且退,完全靠着宗弼的援军才没丢盔卸甲,阿里喜们早不知道跑了多少,但都被宗弼安排在芦苇泽外的督战队给砍了,于是赤盏晖部只得仍是苦战。但泾原军人数毕竟有限,芦苇泽的左侧,娄室的人马开始逐渐填土以过。但刘锜看到,娄室所部的目标不在自己,显然,他们是要冲击宋军大营方向,想通过令民夫们逃跑而制造宋军大营的全面混乱,以达到用最小代价令宋军不战自溃的目的!

刘锜招呼着自己的亲卫往身边靠拢,他高呼道:"别的都莫管,给我只往兀术的认旗下杀,谁斫了兀术的鸟头,我让张枢密保谁做太尉!"

刘锜的亲卫自是泾原军中最悍不畏死的锐卒,听到主将的这句话,都兴奋地嗷嗷乱叫,随着刘锜一个劲地往宗弼所在方向杀去。赤盏晖所部兵丁这会有些给泾原军的疯劲杀怕了,竟然阻拦不住,眼看着宗弼的认旗正越来越近!

战场的另一边,娄室的几个猛安的骑兵终于人牵着马,阿里喜背着武器跟在后面出了芦苇泽,远处赵哲的环庆军居然只是列阵以待,并不主动阻击。于是,这数个猛安的几千女真铁骑当即向宋军大营外的无数民夫小寨发起了冲锋,而他们身后陆续踏过芦苇泽的金军则正在集结列阵,准备冲击环庆军。

刘锡在中军大营得知环庆军经略使赵哲居然出营后按兵不动,坐视金军渡过芦苇泽,他气得几乎跳脚。"叫人去让赵哲这厮动起来啊!传我的话,他若再是没个动作,我非把他绑了送到邠州张枢密那里发落!"

而娄室所部先踏过芦苇泽的数千精骑正全速冲向宋军大营方向，刘锡慌乱地令诸军在大营中各自结阵御敌，在他想来，以营垒御敌骑兵，再正确不过，若是由他弟弟刘锜指挥，便决计不会犯这样的错误。因为已然将最无纪律，最容易胆怯逃跑而导致军营陷入混乱的民夫营寨安排在最外围，则此时须是立刻派骑兵和步卒，出营列阵，阻击金军，然后安排民夫们有序地撤离。但刘锡又一次酿下大错。

金军铁骑才转眼间便冲杀进了乡民们各自以州县结成的小寨，早在金军越来越靠近的时候，乡民们便你推我搡，转身而奔，冲进了宋军的大营中，一时间，刘锡等诸路兵马的阵列全被十余万转运的乡民们冲乱。

另一边，刘锜带着亲卫和泾原军竟然已经压制住了宗弼的整个右翼金军，虽然宗弼统帅的右翼兵马已经几乎全部陆续投入到芦苇泽中，但在江南"搜山检海捉赵构"而傲慢自得的他此时因为轻敌，过于靠近厮杀的最前线，居然陷入了刘锜率领的一批泾原军锐卒的包围中！

宗弼身边的燕人将领韩常拼死护卫着尊贵的四太子兀术，这时候惨烈的战斗已经厮杀了快三个时辰了，不知从何处射来的一支冷箭流矢，竟直接射中了韩常的左目！他直接拔出箭矢，随手抓了把泥土便塞进眼眶里止血，状若凶神地继续砍杀着冲到周遭的泾原军士卒，始终护着完颜宗弼的周全。宗弼身边的亲卫被韩常的武勇一激，顿时也恢复了不少士气，各个血气上涌，以身体保护主帅兀术，终于是渐渐稳住了阵脚。

从宋军的方向来看，战场左侧娄室所部越来越多的踏过了芦苇泽，除了此前数千冲向环庆军的女真武士，大部分金军都冲杀向宋军大营而去。

战斗已经厮杀到了下午未时，刘锜所率的泾原军迫使宗弼的右翼金军几乎不断在退却，但始终无法完全击败或擒杀宗弼；而宋军大营中的混乱还在继续，导致无一路大军能够成建制地出营支援环庆军。

此刻金军的数个猛安正在猛烈攻击环庆军的阵列，曾随张浚一起平定苗刘兵变的赵哲此刻才算见识了什么叫做"女真不满万，满万不可敌"的可怕。他已经派人往大营催促了几次援兵，然而都毫无音讯，这会他在亲卫的簇拥下却双腿止不住地颤抖着，若非坐在马背上，大约早已无法维持站立的姿势。看到视线里几乎能分辨其野蛮而凶残表情的女真武士和溅起的一道道血光，赵哲再忍耐不住了，他对左右几个将校僚属道："吾亲往大营中请刘都统制发援兵，你们在此好生抵御贼人，不可轻忽!"

言讫,赵哲带着几十个亲卫,竟然是从阵中疾驰而出,擅自离开了自己指挥的环庆军阵列,离开了他所应在的战场!

环庆军本就并非赵哲所多年统率的部队,他不过是依靠着跟随张浚参与平定苗刘之变才得到了一路大将的美差,这会军中将校们见到主将居然拿一番鬼话来糊弄他们,自己却临战脱逃,让他们在这里送死,顿时都不干了。于是将校们各自不约而同地带着亲卫往大营方向逃跑,正在厮杀的环庆军士卒见到当头的长官们都撒腿不打了,谁还愿意卖命?只听军中到处是漫骂声:"赵经略丢下我们跑了,还打甚仗,都跑了吧!"

至此,环庆军忽然一军全遁,兵器都不要了,扔了一地,各个掉头狂奔,唯恐落于人后。

刘锜正率领泾原军压制宗弼的右翼金军,双方缠斗厮杀得猛烈无比,他派出了多名亲卫去往大营要求刘锡发兵,因为此刻的右翼,如果宋军继续投入力量,宗弼所部就很可能崩溃!但迟迟不见大营中出兵,这时候刘锜才得到亲卫的禀报,说是环庆军全军溃逃了!

刘锜闻言完全惊呆了。他极目远眺战场的左侧,只见到尘土冲天,那必定是几千金军在追着差不多两万环庆军……他知道,大势已去。

如刘锜所料,本就陷于混乱中的宋军大营见到环庆军溃逃,慌张失措的底层士卒,尤其是其中新近招募,尚未经过多场血战洗礼的,这时无不转身逃跑,大面积的全军溃逃开始了!

早在环庆军开始有溃逃迹象的时候,娄室便敏锐地捕捉到了这个决胜的机会。他下令,投入全部剩余力量,增援宗弼所部的左翼金军,击溃刘锜的泾原军!

很快,在娄室的右翼援军到来后,已经退却中的宗弼彻底稳住了阵脚,开始反击泾原军。看到即将被包围的形势,刘锜知道,他再孤军奋战下去也不可能改变大局的胜负。这位三十出头的年轻将军仰天长叹:"撤退!"

宋军和随军转运的民夫们全线溃逃,一路几乎逃跑到了张浚宣抚制置司行辕所在的邠州才人心稍定。金军宗弼部伤亡不小,加之宋军人数众多,四散逃跑,娄室深知兵法奥妙,此时不如让宋军的恐慌在溃逃中继续酝酿,宋军留在富平大营内外的粮饷甲兵和战马物资等都是巨大的收获!于是娄室下令金军得胜而不追,开始清扫

是非功过谁人说:张浚的文武乾坤 | 213

战场,搬运丰厚的战利品。要知道,为了此战,张浚以便宜大权,贷了关陕百姓五年的税赋啊!

大宋这场为了挽救东南局势,为了保护皇帝和朝廷才被迫提前发动的富平之战,败了。

可说来讽刺的是,实际上赵构也好,张浚也罢,他们并不知道,金人的左副元帅宗翰固然有令宗弼继续渡江南侵的计划,但宗弼坚决不肯,同时又得到了右副元帅完颜宗辅的支持。因而大约在建炎四年的秋天,金军本来亦未必会再次渡江南寇。可对于刚刚建立,风雨飘摇的南宋朝廷来说,赵构赌不起,张浚也赌不起。

张浚在邠州见到陆陆续续溃逃回来,狼狈不堪,兵将甚至互不统属的宋军,他自然知道,这一场会战打输了。张浚明白,接下来关陕要守住只怕是千难万难,而如果关陕尽失,四川就十分危险。西蜀若丢,则金军顺流而下,长江天堑便与虏人共有,东南乃不可保。

想到这些,张浚痛苦地闭上了双眼。

建炎四年十月初一(庚午)。

待诸将都逃归邠州后,张浚在宣抚处置司的行辕衙门里召集众人议事。

张浚立于堂上,诸将帅都低着头站在堂下,并无人敢与他对视。

年轻的知枢密院事兼宣抚处置使道:"误国大事,谁当任其咎者?"

一众将帅沉默了片刻,忽然都众口一词地回答,说是环庆军先临战溃逃的。

张浚阴沉的眼神顿时扫向了五大经略使中站在最边上的环庆经略使赵哲,他看着赵哲那哆嗦的模样,心里的愤恨再难压抑,他想到过富平的会战可能会受挫,但从未想到败得如此之快,如此之轻易!若是赵哲也能如刘锜那般死战,宋军现在应该还与金人在富平对峙!耗下去未必没有机会打垮人数劣势的金军!可赵哲率先逃跑,令整场会战在瞬间结束了!可恨自己能用的人只有这些,可恨曲端不能为己所用!

张浚忽然大声下达命令:"左右,拿下罪将赵哲,推出行辕门楼外,斩了!"

宣抚处置司内张浚的亲卫立刻上来一左一右夹住了颤栗不止的赵哲,但他这会反倒又有了力气,拼命挣扎,又嚷道:

"张相公啊,张相公!我不服!出兵是你定的啊,怎么怪到我头上?!何况我有勤王功劳,我拥戴官家复辟啊,张相公啊——我在平定苗、刘的时候就跟着你,是你的亲信啊,你饶了我,相公你饶我这次——"

张浚使了个颜色,他的贴身校尉便上前重重地打了赵哲几个大嘴巴子,登时满口是血,嚷嚷不清楚了。于是环庆路经略使赵哲在诸将众目睽睽之下,被推出了宣抚处置司行辕,当即斩首示众。

张浚看着战战兢兢的诸将,又开口道:"本司都统制、明州观察使、熙河路经略安抚使刘锡指挥无方,措置乖张,致使富平王师转瞬溃败,责授海州团练副使,合州安置!"

刘锡双腿一软,想到赵哲被斩首,他半句都不敢辩驳,已是被左右亲卫架着出去了。

张浚道:"诸军将士无罪,某为宣抚处置使,亦有罪过。"

众将皆道不敢,云是自己万死,未能力战。

张浚随即出黄榜,放诸军罪,又命各军将帅各自回本路歇泊驻守,招收逃散的本路兵丁。张浚自己也率幕府一众僚属退回秦州,整个陕西已经暴露在金人的铁蹄之下。

回到秦州的张浚看着各路统计上来的数字,此番富平虽然战败,但万幸只是被击溃,并未被打成歼灭战,各路仍然收拢了逃散回来的不少兵士。但张浚又深知,经此一战,明明宋军占据人数优势却遭遇惨败,陕西诸军的脊梁骨大约是被打断了,此后要再与金军在关陕鏖兵,怕是困难重重,心气上怕了。

更要命的是,原曲端麾下的张中孚、李彦琪等将领见机出逃,叛国而投降了金人,大散关很快失守。

次年,绍兴元年(1131年)正月。张浚将宣抚处置司从此前的兴州又移司阆州(位于今四川省东北部)。尽管他上书待罪,但皇帝赵构反而下手诏慰勉,正月二十一日(己未),又特迁张浚本官为通奉大夫(从三品),诏令中谓其出使川陕日久,御捍大敌,备著忠劳。

张浚此时颇想再用曲端,认为经过罢免兵柄,贬责万州的波折,曲端桀骜不驯的脾气应该有所收敛了,而若能用好曲端,则关陕虽危,但保住四川还是有一定机会的。

这时候的宣抚制置司内,原先被曲端差点杀害的文臣王庶正任利夔制置使,他多次提醒张浚,说曲端决不可用,此人目无王法,反心狷獗。而忠州防御使、知渭州吴玠也因为彭原店等事极其憎恨曲端,甚至一次来到宣抚制置司向张浚禀报军政情况的时候,在等候张浚的间隙,于手心写下了"曲端谋反"四个字,然后待张浚到来后便给他看。这种事情自然是不能明说的,因为曲端固然桀骜不驯,但还没有实际做出谋反的行为。吴玠、王庶反复向张浚游说,说如果再用曲端,此人睚眦必报,非但不会感恩,反而要因为之前被贬而不利于张枢密!张浚自然也明白曲端与王庶是不共戴天的死仇,又要倚重吴玠为大将统兵,他心中的天平便无可选择地开始倒向二人。王庶等窥知其中关节,便又向张浚进言,说曲端曾在柱子上公然题写反诗,指斥乘舆,肆无忌惮地诋毁天子。原来曲端曾有诗云:"不向关中兴事业,却来江上泛渔舟"!这岂不是在指着鼻子骂皇帝赵构不敢来关中与金人鏖战,却在东南偏安一隅,甚至要乘船避敌,在江涛海波中狼狈不堪?再加上曲端部下投敌,又是一桩罪责,于是张浚终于将曲端关押进恭州监狱,并专门选择了一个与其有切齿仇恨的武臣担任夔州路提刑。绍兴元年四月二十一日(丁亥),曲端在狱中被杀。

杀死曲端后,虽则关陕军中其旧部多暗中对张浚愤恨和恐惧,但由于扶正了吴玠,任命其为陕西诸路都统制、秦凤路经略使,宋军在川陕边界又逐渐站稳了阵脚,开始布置防御的准备。此年五月十日(乙巳),数万金军在将领没立与乌鲁、折合带领下,兵分三路,分别由凤翔与阶、成二州向和尚原进发,吴玠此时正以数千散卒驻扎和尚原,军器粮饷的储备都十分匮乏,金军的来袭,巧妙地抓住了这个宋军尚未来得及以大量主力驻守和尚原的时机。运气似乎又站在了女真人这里。

和尚原是由关陕进入汉中的重要关口之一,可以说乃是扼入蜀咽喉之冲要形胜的兵家必争之地,和尚原若失,四川几乎必然难保。

此时和尚原中不少将士的家属因为富平之战后金军大肆占领关陕州县,而已经陷落敌手,数千散卒与将校都是毫无斗志,甚至有人已经开始图谋劫持吴玠、吴璘兄弟俩,投降金人,献出和尚原。吴玠得知这些密谋之后,却并未大肆捕杀,他深知此时严刑峻法只能激起兵变,和尚原也决计守不住。于是吴玠召集诸将,歃血而誓,又以大义与封赏激励将校,武人往往对坦荡的英雄怀有一种盲从的信任,这亦是自古名将的魅力所在,因而在当时那样一种煽情的气氛下,众人都感泣泪下,士气为之一振。

就在这一天,乌鲁、折合二将以精锐骑兵先期而至,吴玠率军出其不意地与金人野战,四战皆捷!没立统兵来后,亦被击败。这便使完颜宗弼极为震怒,由于娄室已经在去年十二月病逝,关陕金军此时的主要前线指挥权,基本由兀术来负责。于是宗弼调集十万左右的金兵,架浮桥于渭水,结营垒石,而经过五月的战事,张浚也将大量兵马屯驻和尚原,交由吴玠统率,于是宋金军队乃隔着渭水对峙。

十月十二日(乙亥),宗弼亲统师旅猛攻和尚原,著名的和尚原之战爆发。经过三日激烈残酷的搏杀,吴玠大败完颜宗弼,金军光被俘就超过万人,连兀术自己都中了两箭,金军粮道又被吴玠所断,加之宋军巧设伏兵,金军阵亡的将校士卒极多,逃窜时几乎也溃不成军,宗弼仅以身免,甚至在慌乱中剃去自己的须髯,生怕被活捉。和尚原大捷是金军所遭遇的空前的惨败,吴玠以功被张浚保举,于是得除镇西军节度使。

此后,吴玠又曾驰援饶风关,与金人血战六昼夜,终因汉奸叛国而导致饶风关失守。到了绍兴四年,吴玠又与弟弟吴璘一同取得仙人关大捷,力克宗弼、撒离喝等率领的十万金军。

因而史书云:"浚在关陕三年,训新集之兵,当方张之敌,以刘子羽为上宾,任赵开为都转运使,擢吴玠为大将守凤翔。子羽慷慨有才略,开善理财,而玠每战辄胜。西北遗民,归附日众。故关陕虽失,而全蜀安堵,且以形势牵制东南,江、淮亦赖以安。"应当说,还是比较公正的。

张浚带着皇帝赵构的信重和寄托来到关陕置司,以枢密院长官和宣抚处置使的身份节制西北与京西、两湖,权力之大,可谓在有宋以来为罕见。但东南任用杜充的失败和宗弼金军的凶悍,导致张浚不得不推翻自己与刘子羽等商定的经略川陕五年之后方用兵的策略。他被迫在还未收服诸将的时候就拿下曲端,被迫主动寻求与金人会战。他达成了将完颜宗弼所部吸引到西北来从而减轻东南朝廷压力的战略目的,但他未能亲临前线,又任刘锡这样不堪大任的人为主将,最终还是输了会战,丢了关陕。杀曲端一事,历来有人以之非议张浚,以为他讳败而诿过,把责任都推到被杀被贬的曲端、赵哲和刘锡等将校身上。但考察曲端所作所为,虽然以所谓"指斥乘舆"而杀之于恭州,属于以非罪杀之,但曲端之死果真冤枉么?从南宋朝廷的角度来看,宋室南渡,艰难之中延续国祚,建立起的朝廷才几年,各地手握重兵的大将多少都有些跋扈,但如曲端这样连朝廷派过去节制他的文官上司都敢动脑筋要擅杀而夺印,谁能保证当时局不利的时候,他不会带着麾下的陕右军旅,尽杀文官而献土投敌？故《建炎以来系年要录》云："然议者谓使端不死，一日得志，逞其废辱之憾，端一摇足，秦、蜀非朝廷所有，虽杀之可也。"杀曲端固然有操之过急、排除隐患之虑，但经历过苗刘兵变，不论是皇帝赵构自身还是文官集团，他们对武臣的跋扈和不服节制自然最是痛恨，因而张浚之诛曲端，除了为宽抚王庶与吴玠，主要也是迎合了宋朝钳制武将，防止武人作乱的国策。即便贵为宰执，又作为宣抚处置使被给予了便宜黜陟的大权，可张浚仍处在历史的漩涡里有着许多身不由己。他本可以有更多的时间来争取曲端及其派系的支持，从而做到在关陕军中如臂指使；也可以从容布置，不动筋骨的分化曲端一派，达到控制关陕大军而架空曲端的目的，然而时间并不站在张浚这一边。他仓促地要和金人决战，以至于与他在苗刘兵变时表现出的谋略才干，简直判若两人。读史至此，不得不慨叹，倘若能有三五年的时间给张浚经营川陕，无论是收服曲端还是重用吴玠，或许关陕的局势就大为可观了。我们完全也有理由去期待这种"本来"，毕竟张浚慧眼擢拔的刘子羽、吴玠吴璘兄弟都在阻击金人侵略四川的过程中居功至伟，吴氏后来还成为了保卫四川的将门世家，直到韩侂胄开禧北伐时候才出了变故。

富平的惨败实则只是命运捉弄张浚的一个缩影。

川陕之人曾为民谚：一事无成，二帅枉死，三军怨恨，四川空虚，五路轻失，六亲招擢，七书旋学，八位自除，九重怎知，十诚不会。

淮西的命运

张浚在富平的惨败虽然被官家赵构庇护，甚至得到手诏慰勉，之后又予以特旨进三官，但在朝野中仍然有许多声讨他的声音。而重用吴玠取得两次大捷，将金人阻于川蜀之外也未能让这些抨击他的声响减弱。

这数年中，都堂经历了左相吕颐浩与初次拜相的秦桧之争斗，经历了秦桧的罢相和朱胜非再入为右相，但吕颐浩与朱胜非二人正是非议张浚较多的宰执重臣之代表。

绍兴四年三月，张浚自蜀还朝，此时吕颐浩已被罢相，但张浚也因为被辛炳、常同等言路官员反复论列，甚至称其跋扈僭越，专权恣肆而大误国事，又欺君罔上云云而遭到行遣发落。于是三月十五日（乙丑），诏令下达：检校少保、定国军节度使、知枢密院事张浚罢为资政殿大学士,提举临安府洞霄宫。

这位三十七岁的宰执,甚至可以美称一声使相的张浚被靠边站了,成了个奉祠的闲官。暮春多雨,暖风熏燥,此行去往福州谪居,山水正妖娆,却是一派风卷江湖,雨暗村郭的景象,仿佛这秀丽的南国胜景别有着一番恼人的戏弄意味,打湿了征衫,也打湿天地间以伟岸自许却归于落寞的心弦之一端。闽江的两岸,群峦竦峙,连绵起伏的不光是山脊,更有猿猴鸟雀的啼鸣,仿佛随着舟船行进在水面上,荡开两排雾蒙蒙的江波,也荡开了天上白云的倒影。

就在张浚贬谪福州居住的时候,没过几月,危机又一次降临到南宋头上。

七月末的时候,伪齐"皇帝"刘豫便采纳了其臣下罗诱的南征宋朝的建议,于是派其伪枢密院长官卢伟卿求见主子——女真皇帝完颜晟(完颜吴乞买),请金军与伪齐共同攻打南宋,侵占两淮吴越之地。左副元帅宗翰并不赞成,但右副元帅宗辅却认可这一请求,于是吴乞买下令调集渤海、汉儿军五万人援助刘豫伪齐军队南侵(金人正规军中,女真地位和战斗力最高,待遇上渤海次之,又契丹次之,再次即汉儿,最次为南人。汉儿即原辽国境内的汉人;南人则是原北宋统治地区的汉人),并命左都监宗弼统领前军。到了九月十九日(乙丑),神武右军都统制张俊便已向朝廷透露了金人大举入寇的消息。随后,谍报传来,金军与伪齐先头部队的骑兵已经自泗州方向直扑滁州,步军自楚州而攻承州,一时间举朝震恐。甚至有再劝官家赵构他幸彼处,其实也就是逃跑的意思,但执政赵鼎极力反对,赵构终于是没有慌乱出狩。

赵鼎此时任知枢密院事,本要以执政身份都督川陕荆襄诸军事,但两淮再次面临敌军大举入侵,便留于行在,并未动身。巧的是,赵鼎昔年在东京时,便与张浚、宋齐愈、胡寅结为至交,在这样的局势下,赵鼎开始在皇帝赵构面前寻机会举荐起复张浚。

九月二十六日(壬申),金军与伪齐军队分兵渡淮,楚州知州、和州防御使樊序弃城逃跑;淮东宣抚使韩世忠不得已从承州退保镇江府。由于赵构已经决心要抵御此番金人和伪齐的入寇,于是他拜主战的赵鼎为右相兼知枢密院事。

赵鼎拜相后没过几天便继续建言起复张浚,称当此危急存亡之秋,国家用人之际,张浚可当大事,观今日朝廷中的执政,无有能出张浚其右的,若官家终不弃,此正是大用之时!

于是,谪居七个月的张浚在福州被朝廷起复了。

是非功过谁人说:张浚的文武乾坤 | 219

十月八日(癸未)，诏左通奉大夫、福州居住张浚起复为资政殿学士、提举万寿观兼侍读，不许辞免——张浚在谪居的时候，原先的资政殿大学士殿阁职名都被褫夺了，眼下起复他为侍读，这是要他赴阙行在的意思。

十月间，前线的战事宋军有胜有败，韩世忠所部两度击败金军，但金人摧城拔寨的势头并未减弱，濠州便在十月下旬沦陷。而在金军十万众入寇陷城、警报交驰的时候，赵鼎秉政的都堂命张俊以所部援韩世忠，而命刘光世移军建康，张俊却借口"坠马伤臂"，不肯出兵；刘光世则自淮西率部逃遁，竟暗中遣人对赵鼎道"相公自入蜀，何事为他人任患！"这无疑让赵鼎十分恼怒，他更感受到非张浚节制诸大帅，则无人可弹压住跋扈的张俊、刘光世这样的建节太尉、方面宣抚。因而赵鼎更是屡次请再拜张浚为宰执。当此危局，曾受张浚擢拔重用之大恩的吴玠新除川陕宣抚副使，他便也在奏疏中请求情愿辞免宣抚副使的高位，而对张浚、刘子羽"少宽典刑"，他亦深知，非张浚出马，则如此局面又恐不堪。

不久，金人再陷滁州。在赵鼎、吴玠等内外文武大臣的反复进言下，皇帝赵构终于在十一月十四日(己未)，再次除张浚为知枢密院事，使他回到宰执的班列。对赵构来说，若天下承平，则张浚可有可无，但金军与伪齐来袭，则确实找不到比张浚更适合信重和托付的文臣了，他需要张浚为自己到前线去统率、节制诸将。

十二月，张浚领命至江上督军，召集韩世忠、张俊、刘光世等方面大帅措置军事，将士们见到张枢密视师，一时间士气高涨，以为朝廷确有力战敌寇的决心，所以才派遣张相公前来。张浚于是令韩世忠遣人持书信抵金军主帅完颜宗弼大营。

兀术收到书信后，颇震惊，他犹记得娄室与粘罕等人所说，宋人战斗力固然不如女真的本族武士，但张浚却是自他们攻陷东京后极少数十分坚决、甚至可说一意孤行敢于和金军对抗的南朝最高层宰执文官。他更记得张浚麾下悍勇的刘锜所部泾原军差点打崩自己当时统领的金军左翼部队，倘若张浚亲临富平指挥，而不是让那个蠢笨的刘锡摆出一个民夫结寨于大营外围的取败之阵，加之有张浚在前线督战，宋军右翼环庆军将帅未必敢临阵脱逃，则很可能富平将打成一场艰苦的拉锯战，娄室又已经病重，胜负犹未可知。

完颜宗弼看着手里的书信，乃问韩世忠麾下送信的王愈、王德二人："我听说张枢密已经被贬谪岭南，安得在此？莫非是你们韩太尉以为我糊涂可欺？！"

王愈立刻道不敢，并拿出张浚在前线视师时所下的命令文书，宗弼一看，果然是张浚的签字书押，神色乃为之一动。此时金军虽然颇攻城略地，但时值寒冬，雨雪交加，粮道不通，伪齐军队战力又堪忧，困于补给之苦的宗弼十分忧愁。张浚到镇江府总领前线军事，而此番这位张枢密麾下不再是刘锡这样的酒囊饭袋，而是有韩世忠这样让宗弼吃过大苦头的猛将，恐怕不好占到便宜了！

兀术心念一动，忽生一计，于是温言软语地吩咐左右款待王愈、王德两位使者，自己则去信给右副元帅完颜昌，让他以此次南侵金军最高统帅的身份以书信和宋军约战。若是张浚再如富平时候那般急于会战，则金军的机会便来了，困局也就解开了。赶在天气进一步变寒冷和士气进一步衰退前，一战打垮宋军，再迫使宋人和谈，大事可成！在宗弼想来，不妨学汉人田忌赛马，把刘豫的那些人马丢给韩世忠去吃了，自己则与挞懒（完颜昌）率领金军主力击破张俊或者刘光世所部，那么南朝必然恐慌失措，张浚也极可能再次被贬，到时候那赵构小儿还不是任我女真铁骑随意揉搓！南朝宗室里，又哪有什么真男子、大丈夫？

数日后，一部金军在庐州又为荆湖北路制置使岳飞麾下统制官牛皋、徐庆所击败。在寒冬的战事里，由于粮饷补给等问题，深入敌境的金军已经越来越走向宗弼担心的态势，在士气衰减中战斗力明显减退。

所谓右副元帅挞懒便是完颜昌，论其辈分，十分贵崇，乃是金太祖完颜阿骨打叔父辈的完颜盈歌之子，与阿骨打是堂兄弟关系。因而此时在军中，地位犹在俗称的四太子兀术之上。但挞懒也颇认可宗弼的谋略，于是去书宋军大营，意图约日会战。

然而这一次，张浚对金人的约日会战完全无动于衷，他没有表露出丝毫的兴趣，这也足见他并非宋襄公式崇尚贵族、君子战争的不通权变之人。

十二月二十四日（戊戌），张浚上奏捍御敌军骑兵锋锐的种种策略，皇帝赵构览奏后，不禁感叹："浚措置如此，敌必不能遽为冲突。"又说："朕得浚，何愧王导！"将张浚比之为辅佐琅琊王司马睿渡江，再造晋室的名相王导，足见张浚此番的措置确有许多可取之处。

两天后，二十六日（庚子），金军宗弼部大营。

此时，完颜昌所部在泗州，宗弼屯于竹墊镇。韩世忠所部牢牢阻遏着金军。天寒地冻之下，粮草辎重供给不上，野外亦无所可掠夺，军士们私下甚至到了杀马而食的地步了。金军中渤海、汉儿等番汉军士都十分怨愤，被强行签发征调而来的"签军"们更是不愿在冰天雪地里忍饥受饿，坐以待毙，签军中的将校士卒们上下串联，写了匿名的"飞书"丢在完颜宗弼的帅帐前,直言"我曹被驱至此,若过江,必擒尔辈以献南朝!"

宗弼看着这些签军们扬言如果强迫他们渡江苦战赴死,就要发动兵变将自己活捉了献给南面宋国朝廷,又已经得知皇帝吴乞买病重,心里也开始掂量起来。其亲信大将韩常便道:"现在将士们多无斗志,过江而必定不叛乱的,恐怕此刻大营中只有我韩常一人而已,其他都说不准。何况陛下病笃疾重,宫府恐怕有变,四太子若在外,非但绝捞不到好处,甚至是取祸之道!应当迅速班师为上!"

兀术深以为然,自古若是皇帝驾崩,宗室或权臣领兵在外,这多半是死无葬身之地,除非率部谋反。皇帝病重,万一真的龙驭上宾,这可就是谁不在京师,谁就自认倒霉,分不到权力果实还是小事,弄不好命都丢了!女真内部的争权夺利也是十分残酷的,于是宗弼再无迟疑,当夜便下达了撤军的命令。

宗弼所部在撤退中才将消息传达给伪齐皇帝刘豫的儿子刘麟及其弟弟刘猊,于是刘麟等伪齐军队于恐慌中抛弃辎重,仓皇逃遁,昼夜兼行二百余里,逃到宿州才敢停下休憩。

金军与伪齐的撤退自然令天子赵构狂喜,他虽然愿意屈从金人,但他知道伪齐只要存在一天,就是对自己统治最大的威胁,因为对金人来说,他们可以让刘豫在中原做傀儡皇帝,也可以把淮河以南征服之后转交给刘豫统治,在中原另立傀儡政权或划为金人直接统治,女真人只要坐享儿皇帝或派往中原横征暴敛的官吏之供奉上缴即可。

因此赵构自然要封赏宰执班子,对当国秉政的决策层加官进爵。绍兴五年(1135年)二月十二日(丙戌),赵鼎进左丞相,张浚授左宣奉大夫(正三品阶官)、守尚书右仆射、同中书门下平章事兼知枢密院事,都督诸路军马!

张浚正式拜相,且兼领枢密院军务,同时往江淮视师,开都督行府,统率诸路宣抚使、招讨使、三衙管军等大将,像岳飞、韩世忠、刘光世、张俊这样已经贵为节度使头衔的方面大帅,都必须听受张浚节制与指挥,服从都督府的军令。都督行府的权力在当时是极大的,得"行移依三省体式,其与三省、枢密院往来文字,依从来体例互关,合行事件待报不及者,听一面施行"——亦即是说,都督行府平时的命令文书只需要和三省、枢密院互相关送传达就可以了,倘若遇到应该立刻实施,来不及关送的,就都可以先行实施,有很大的便宜行事之权。

这一年，张浚三十九岁，甚至还未到不惑之年，他已经可算是做到了位极人臣，权倾一时。张浚离开行在的那日，皇帝赵构命百官出城饯行，风光一时无二。

张浚抵达镇江府后，召淮东宣抚使韩世忠，令其率军往北移屯楚州，以撼山东，世忠欣然承命。张浚又往建康府，按抚两浙西路、江南东路宣抚使张俊军，至太平州按抚淮西宣抚使刘光世军，"军士无不踊跃思奋"。

在视师按抚诸军之后，张浚开始着手对付盘踞在洞庭湖一带的巨寇杨幺。

杨幺本是钟相之部下。钟相是湖南武陵人，早岁在洞庭湖周边借悬壶济世的行医之名，招揽信徒、秘密结社，是一个搞民间宗教的大忽悠。他以旁门左道迷惑民众，自号天大圣，言有神灵与天通，能救人疾患，又对自己的信徒们宣称："法分贵贱贫富，非善法也。我行法，当等贵贱、均贫富！"于是自然容易欺骗到在北宋末年处于各种横征暴敛之下的穷困百姓，数百里间小民无知者翕然从之，带着钱粮参谒钟相，谓之拜父、拜爷，如此者二十余年，钟相便积蓄了巨额的财富。钟相倒也曾在靖康年间派长子参加勤王的民兵队伍，但到了东京沦陷，北宋灭亡之后，钟相迅速意识到或许乱世已至，他的野心促使其加速谋划起事。建炎三年末正遇上巨寇孔彦舟进入荆湖南路，钟相便率众迎头痛击孔彦舟，次年，他趁着金军入侵的机会，乃正式起兵，自称楚王，一时间洞庭湖周边贫民投附者络绎不绝，不久便占领了十九个县城的土地。当时的湖北路制置使傅雱便招安巨寇孔彦舟，令他讨伐钟相。三月末，起兵不足两个月的钟相被孔彦舟在夜色中，依靠混入钟相军中的众多细作里应外合偷袭击败，自己与妻子、儿子等都被俘虏，随后被朝廷处死。

钟相殒命之后，杨幺等人却逃了出来，继续领导余部占据湖泊沼泽为寇。杨幺本叫杨太，因为在兄弟中排行最小，故曰幺。他具备军事指挥的天赋，又拥立钟相未被俘获的幼子钟仪为太子，自号"大圣天王"，遂逐渐成为这一支起义军的实际领袖。在具备一定政治手腕，从而统合了内部，攫取了权力之后，他又能以洞庭湖地利，制定了陆耕水战的发展策略。杨幺在洞庭湖一带建设了几十个大小水寨，各自形制都是背水而面朝陆地，方便耕种和水战，又建造在船身两侧装有车轮的"车船"，大的旗舰甚至有上下三层，能载兵士千人。在杨幺的指挥下，数年间，朝廷派去围剿的军队居然屡战屡败，而杨幺的势力却越发壮大，在洞庭湖一带变得根深蒂固。

张浚是希望官家赵构可以长期驻跸建康，以图恢复中原的。但建康府作为东南都会，若作为南宋朝廷的行都，则日常的钱粮货物都需要漕运走水路而来。眼下巨寇杨幺占据洞庭,位于上流,势力日盛,壅遏漕运,阻塞形势,万一杨幺投靠伪齐和金人,使得金军可以顺流而下,局面就不堪设想,故而实在是心腹大患。

闰二月间,张浚便请往平定早已被朝臣们视为烫手山芋的巨寇杨幺,没有人敢做的事情,张浚常敢以身任之,这是他非同一般的地方。

三月二十二日(乙未),张浚经过一番深思熟虑之后,已是定下了剿抚并用的策略,又以都督行府命令派遣荆湖制置使岳飞先率兵往湖南措置。

五月十一日(甲申),张浚亦抵达荆湖南路的治所潭州。此前岳飞率部移军至此,一路所过不扰百姓,军行整肃,如有乡民私下赠予将士酒食,无不立即偿付钱贯,纪律之严至于如此,张浚到来后听百姓们交口称赞岳飞军队的种种表现,乃为之叹服。朝廷闻知后,更是下诏褒奖岳飞治军有法。

张浚这位年轻的宰执与三十三岁的岳飞开始了将相合作。

岳飞虽然是"勇敢效用"出身,地位相对比较卑微,但如今做到了制置使的高位上,人情世故已经懂了许多,他又是个极聪明的人,当下见到张浚便欲行大礼参拜,张浚见状立刻从帅案后过来扶住了岳飞。

岳飞道:"有相公亲临湖南指挥,何愁湖寇杨太不平?飞只恨未能早些在相公都督行府帐下听令!"

张浚客气地请岳飞坐下,又令亲卫上祛暑解渴的汤饮,这才道:"岳制使乃是军中极为年轻的帅臣,想来与某初为执政时正是年岁仿佛,一样是三十三岁。真是后生可畏。"

岳飞立刻道:"相公抬爱,飞实在惶恐。飞不过一武夫,侥幸会些粗浅的拳棒功夫,得官家信重,却如何与相公这般的文曲星君下凡之人相比?相公盛赞,飞愧不敢当。"

张浚笑道:"鹏举(岳飞字)何必过谦,若说如今建节的几位大将,便以鹏举最为年轻。某未记错的话,乃是去年八月由镇南军承宣使擢升为清远军节度使。国朝建节的诸将,以某观来,除却韩世忠、吴玠之外,便是鹏举了,其余之人,何足道哉。此是你我二人方说的话,外间吾自是不能如此说。"

岳飞闻言,心中已是明白张浚这般推心置腹的作态是何意思,他张浚以右相兼知枢密院事的身份开都督行府,可节制众宣抚使级别统帅身份的武臣,实在是代表天子在前线统御诸将,可眼下他却说张俊、刘光世之流都是不足挂齿的水平,言语间对自己推崇备至,显然无非是要取信于自己,好精诚协作,平定湖寇杨幺了。想来,张相公定是对曲端之事导致的富平战败耿耿于怀,深以为戒吧!

一瞬间转过了许多念头的岳飞接过话说:"相公不以飞粗鄙,如此赞誉,飞感恩之至,定服从相公都督行府差遣,奋勇平寇!他日若官家恢复中原,则舍相公而谁人也?那时还请相公用飞统前军进讨胡虏,必为官家、朝廷与相公旗开得胜!"

张浚捋须而笑,这岳飞能三十二岁建节,不光是军事才干过人,脑子实在也是转得快!他已经能闻弦歌而知雅意,表达了会在此番平定杨幺的军事行动里全力服从自己调遣的意思,又表达了日后在北伐时于自己帐下效力的愿望,这是暗示要成为自己派系的人,以自己为主战的领袖。好一个玲珑心的岳飞!

张浚道:"然则杨太此人盘踞洞庭湖数年,又屡败官军,鹏举以为当以何策平定?"

岳飞拱手道:"这自是要先听相公教诲指示,飞一武夫,如何敢先相公而置喙。"

张浚乃令亲卫拿来笔墨纸砚,却道:"不如你我二人书之于其上,且共比对,何如?"岳飞也不推辞了,拿起毛笔,以遒劲的笔力写下了四个大字,待亲卫呈给张浚看后,张浚哈哈大笑起来。

张浚令亲卫也将自己所写拿到了岳飞的身前,岳飞一看,亦是朗声大笑。原来,二人所书都是四个大字:剿抚并用!

张浚道:"醴陵牢狱中有数百人,皆是杨太所遣之细作谍探。我意召此数百人抚问,许其立功自效,尽释其缚,将招安的文书给他们,让其带回湖寇水寨之中,广为水寨中的兵丁和家属宣说,便云:'今既不得保田亩,秋冬必缺粮少食,难免饿死,不如早降,朝廷并赦免死罪。'用这样的方法,动摇湖寇之军心民意,再以大兵迫之,则平贼不难也!鹏举以为何如?"

岳飞起身揖道:"相公高屋建瓴,真神机妙算,飞愿蝇随骥尾,但请听相公吩咐而已,必能荡平杨太,还两湖南北、长江上流以清静太平!"

张浚十分满意岳飞的姿态,他本以为这位三十二岁便成为从二品节度使的庞钺大员多少会年轻气盛,仗着军功和能力,不知尊敬朝廷宰执,没想到却是令人如沐春风,且言辞之中,显然又是读过些书的,当下更是对岳飞高看了许多。实际上,张浚美誉岳飞为韩世忠、吴玠以外少有的大将之才,也并非完全是场面话,观其麾下军队之纪律,与刘光世、张俊那种军匪一家的作风何啻天壤之别!

是非功过谁人说:张浚的文武乾坤 | 225

在张浚的布置下，醴陵牢狱中的数百名杨太细作都被放了回去，这些人欢呼雀跃地返回各自水寨之中，湖寇中的几个主要将领黄诚、周伦等便都动摇起来，甚至开始暗中遣人与张浚通文书之往来。另一方面，张浚令岳飞分兵屯鼎州、澧州、益阳，压以兵势，如此一来，湖寇中的许多将领更是恐慌，渐渐都动了叛变投降，接受招安，以保性命和富贵的心思。

五月二十五日（戊戌），岳飞亲至鼎州城外，开始建设宋军水寨，并排列战舰，令将士熟悉水文环境，又派已经接受招安的潭州兵马钤辖（本为将帅之职，建炎时地方文臣长官带兵马钤辖，武臣副之；绍兴三年后罢文臣长官带钤辖。之后遂逐渐成为给予官宦子弟或安置闲人所用）杨华率过往的亲信部曲，潜入洞庭湖贼寇水寨中，与意图投降的湖寇将领们串联谋划，争取对杨太采取斩首的行动。此时正闹旱灾，湖水干涸如深冬之浅，湖寇历来赖以张狂的水军便难以发挥优势，人心更加不安起来。

却说张浚亲临洞庭湖观察形势之后，更是疑虑，若招安不成，不能令湖寇不攻自溃，恐怕短期内未必容易从外部攻入如此多的水寨之中，一战而毕全功，更难抓获其首领杨太和钟相的幼子。恰好这时候又有朝廷的急诏抵达，原来是要召张浚暂时还朝，与宰执、侍从等商议防秋之计。如今虽是夏日，但秋高马肥之时，万一金人再次入寇，又该如何，这是皇帝赵构最关心的问题之一。

张浚便对岳飞道："现在朝廷急诏令我赴阙还朝，我如果留在此间用兵，恐怕误了防秋军议的大事，不如等我回来后，从容布置，分化招降湖寇各将领，至明年再一举讨伐杨太，鹏举以为如何？"

岳飞拿出洞庭湖地图，摆在张浚的帅案上，将攻讨出入洞庭之要道都一一指陈出来，然后才说："相公，平湖寇不难，擒之易耳！"

张浚与岳飞接触下来，已经知道这位年轻的制置使并非夸夸其谈之人，在军事上有着极其敏锐的嗅觉和过人的天赋，他略一斟酌，便对岳飞说："若某推迟启程还朝的时间，留在此地，与鹏举一并平寇，需要多少时间？"

岳飞几乎是不假思索地回答道："除开行军往来之路程，八日内飞必定为相公平定湖寇！请相公留在潭州，暂时不要赴阙，必得成功。且杨太盘踞洞庭一带已经数年，再拖延下去，万一他勾结金人与刘豫，则夜长梦多；二是若朝中言路论列相公迁延无功，诋毁于相公，官家虽然乃是圣明天子，但一向是重视台谏意见的，届时恐不利，飞窃为相公忧！"

张浚幡然动容,岳飞的话的确切中平定湖寇的关键和朝局中的斗争,而八日平寇的话语,又深深打动了张浚,于是他情不自禁地将双手按在岳飞宽阔的肩膀上,然后道:"好,鹏举说八日内平贼,某相信绝无虚言!某就为鹏举在潭州措置粮饷,安排各方配合鹏举,再多留这十来天,静候鹏举佳音!"

岳飞得了张浚的许可,很快便拿到了张浚签押的都督行府军令,于是开始部署出兵。

岳飞治军极严,军中才两鼓之后,将校无不齐聚。于是岳飞乃道:"任统制、王统制、郝统制何在?命尔三人统所部兵马战船,往剿湖寇,三日不能平贼,皆斩!"

之前王璲为制置使统兵围剿湖寇杨幺,颇有荆湖南路统制官任士安、王俊、郝晸(zhěng)等不遵号令而导致惨败的缘故。岳飞率部抵达潭州后,当众鞭打任士安,赏罚功过将士,于是三人畏服,一军士卒因此乃知有军纪国法。

任士安、王俊、郝晸三人都慑服于岳飞的严厉,被他的眼神瞪着连大气都不敢出,皆是领命。

岳飞却道:"尔曹可放出声音,便向湖寇诈称,岳太尉大兵二十万顷刻便至!可明白了?"

三人俱道:"末将明白了,诺!"

任士安、王俊、郝晸率军入洞庭湖,湖寇大将杨钦本已听闻岳飞二十万大军将至的消息,此时见到只有任士安等人,便轻敌出战。三日后,岳飞大军仿佛神兵天降,自四下合围,一战便将杨钦所部的湖寇尽皆击溃,杨钦大恐,遂率领三千人投降岳飞。而杨钦在湖寇中最为勇悍,常为先锋击败官军,是杨幺的得力大将,于是岳飞厚待杨钦,张浚也承制授予杨钦正七品武略大夫的官职,以示正式被朝廷接纳。杨钦之降,对湖寇集团的士气打击是较大的。

八天后,岳飞率麾下统制牛皋、傅选、王刚乘胜急攻湖寇水寨。在张浚先期招降湖寇、动摇其军心的布置和岳飞大兵围剿的威胁之下,湖寇中的许多将领都生起二心,开始叛变。湖寇之军节节败退,杨幺眼见大势已去,乃跳湖欲自尽,却被另一湖寇大将黄诚砍下头颅,杨幺余党等除夏诚外几乎尽皆投降。岳飞率军入水寨,贼军负隅顽抗者多半被杀,夏诚以三面临江、背倚峻山的大寨拒不投降。于是岳飞亲自勘探得大寨附近水浅之处,择军士中嗓门大而善谩骂者二十人,入夜往骂夏诚,又令兵丁运草木放之上流,大寨中湖寇听闻骂声,便争相扔瓦块砖石妄图砸到骂人者以泄愤,而草木被瓦石所压,一天内很快便将水浅处填满。岳飞见状,下令麾下官军长驱入寨,湖寇无不以为从天而降,夏诚亦被生擒!黄诚则带着杨幺的首级和钟相幼子钟仪奔都督行府邀赏归降。

六月十一日(癸丑),荆湖制置使岳飞大破湖寇最后的抵抗军夏诚所部。至此,盘踞洞庭湖数年的湖寇杨幺终于被平定镇压。四天后,湖寇黄诚带着"伪太子"钟仪至潭州都督行府。这标志着湖寇之乱彻底平息。平定杨幺,朝廷获丁壮凡五六万之众,老弱不下十余万。张浚遂妥善安排,加以抚恤处置。

值得一提的是,在平定杨幺的过程中,岳飞缴获了两艘巨大而奢华的楼船,他选择送给了淮东宣抚使韩世忠和江东宣抚使张俊。原来,岳飞与刘光世、韩世忠、张俊相比,基本都要小上十几岁,又是"效用"列校这样的低微出身,如今一样与韩世忠等为节度使,韩、张二人尤其意不能平,颇敌视岳飞。岳飞曾言辞谦卑地去书二人,韩、张都根本不予理睬,完全不回信。但这回收到楼船,昔年军中号称泼韩五的韩世忠倒喜笑颜开,终于觉得岳飞人不错,对其改观了。而张俊却意识到,岳飞此人尤其不可小觑,反更加忌惮他。

湖寇既平,南宋在腹心地带的祸患也就被解除了,六月二十三日(乙丑),皇帝赵构手书赐张浚慰劳:"览奏,知湖寇已平,非卿孜孜为国,不惮勤劳,谁能宽朕忧顾?奏到之日,中外欢贺,万口一词。以谓上流既定,则川陕、荆襄形势连接,事力倍增,天其以中兴之功付之卿乎?"

赵构对平定杨幺的意义之评价实际上并非夸大,因为杨幺为乱洞庭数年,据湖山之险,阻吴蜀之通,倘若他有朝一日投靠伪齐、金人,则东南与川陕的联系就将完全被切断,形势将会危如累卵。因而平定杨幺是刻不容缓的事情,无奈官军数败,直到张浚和岳飞精诚合作,才将湖寇完全镇压招抚。

此年八月二十八日(己巳),诏左宣奉大夫、守尚书右仆射兼知枢密院事、都督诸路军马张浚特迁左金紫光禄大夫(正二品寄禄官,由元丰改制前吏部尚书本官改称),以平湖寇之功也。但张浚先后五次辞免,不愿接受本官的升迁。

十月十六日(乙卯)时,以观文殿大学士身份提举西京崇山崇福宫而赋闲在家的李纲被起复为江南西路安抚制置大使兼知洪州。原来,张浚谪居福州的时候,李纲也寓居于闽,二人相见后已经尽释前嫌,更因为共同的主战理念和恢复中原的目标而惺惺相惜,终于不但达成了和解,更是彼此间厚善非凡。张浚也在还朝重新为宰执后，多次在官家面前称许李纲之忠，加之赵鼎也多有赞美李纲之处，李纲的起复也就水到渠成了。

此时朝廷里赵鼎与张浚左右丞相一内一外，二人又是东京时节的莫逆之交，尽管如参知政事孟庾、沈与求皆认为张浚都督行府权力太大，造成了"三省、枢密院奉行行府文书"的现象，但赵鼎却并不计较；另一方面李纲也被起复，闹得最凶的湖寇杨幺又被平定，中外一心，形势似乎大好。

张浚亦认为，应当做好各方面的准备，进军中原，消灭伪齐刘豫的傀儡政权。于是，绍兴六年（1136年）张浚召集诸大将议事于江上，张榜明示刘豫僭越谋逆的大罪。这位刚及不惑之年的右丞相乃以都督行府的军令，命韩世忠驻屯承州、楚州以图淮阳；命刘光世屯合肥以招北方义军；命张俊练兵建康，进屯盱眙；命杨沂中领精兵为后翼以佐俊；又命岳飞进屯襄阳以窥中原。

都督行府的命令下达后，张浚又渡江至两淮按抚诸将大营，完成了这些布置之后，他便入觐行在，请官家赵构驾幸建康，激励将士用命，以图消灭刘豫，收复东京。

此时的伪齐也急须向金人证明它仍有存在的价值。当是时，金太宗吴乞买刚驾崩不久，新登极的女真皇帝合剌（即金熙宗完颜亶，太祖阿骨打嫡长孙）基本处于诸叔父辈功勋大臣的辅政之下。颇有将领认为，当初立刘豫为伪齐皇帝，乃是为了其扼守中原，压制南朝，而金人得享太平，结果现在刘豫进不能取，退不能守，兵连祸结，则刘豫的傀儡政权是否还有必要存在成了一个十分现实的问题。于是刘豫强行在中原地区签军出征，命其子刘麟、侄儿刘猊、将领孔彦舟率领三十万伪齐大军，在绍兴六年的十月初，兵分三路大举入侵南宋。

然而刘麟又颇有些狡诈的奸谋，乃命先头部队穿上女真盔甲，在河南诸处千百为群，招摇逞凶，河南的百姓与宋军在当地的细作都以为金军与伪齐合兵入寇，便将消息报回军中。

淮西宣抚使刘光世得知后，大为恐慌，他幕府中的文人僚属便为其代笔上奏，诡称庐州无险可依，不利守御贼寇；又遣人暗中往行在送密信于左丞相赵鼎，请允许他率军退保太平州。因为在当时，赵鼎也以尚书左仆射的宰相身份带都督诸路军马之头衔，但实际上前线军政都是由张浚负责的，可刘光世知道自己怯战后撤的念头绝对得不到那位右相的支持，于是绕过都督行府，想谋求较为保守持重的左相赵鼎来支持自己。

是非功过谁人说：张浚的文武乾坤 | 229

而江东宣抚使张俊正驻屯在泗州,这时候也百般夸大敌军声势,好像完颜宗弼带着二十万金军南下一般,他便不约而同地亦主张后撤为保江之计,要放弃盱眙,将淮南拱手送给敌军。

当时的南宋,禁军已经沦为了地方治安部队,相当于北宋时的厢军,而原本的厢军更等而下之,全无战斗力可言。绍兴六年时的宋室半壁江山,实际上真正能派上用处的只有五支建节大帅手下的军队,即淮东的刘光世军,淮西的韩世忠军,进屯盱眙的张俊之江东军,荆襄、京西的岳飞军,以及川蜀地区的吴玠所部。如今仗还没打,两支主力野战集团军的统帅都已经想不战而逃,形势又是岌岌可危!

张浚立刻以都督行府的名义上奏,称金人此时正因为北方民众起义、蒙古等少数民族反抗统治等原因而疲于奔命、自顾不暇,决不可能倾国而来,必定只是伪齐刘豫的兵马!

但此时由于边境传回来的谍报前后不一,刘光世、张俊这两位宣抚使大帅又不停向朝廷请求后撤与增援,行在宫府内外一时间众情汹汹,颇有认可张俊从盱眙撤退,甚至提出要召岳飞所部以大兵东下,驰援长江防线的。

张浚在都督行府内无疑感受到了那些远离前线的怯懦文臣之可笑,好在自己毕竟有着节制诸大将和天下兵马的大权,于是他亲笔写信警告刘光世与张俊二人:"贼豫之兵,以逆犯顺,若不剿除,何以立国?平日亦安用养兵?为今日之事,有进击,无退保!"

张浚的意思十分清楚,现在刘豫是以臣子谋逆的身份和举动,犯上作乱地大举入侵,这种情形下尚且要退保长江,不敢和其正面交锋,还谈什么存续社稷、国祚?那养兵千日,岂非无用功!故而,他警告刘光世和张俊,如今你们必须是有进无退!

若二人只收到了张浚都督行府的命令,那以他们对张浚的了解,恐怕就未必敢违背节制,率军撤退了。但偏在这个时候,刘光世此前遣人交通赵鼎,请退保长江的干请奏效了。赵鼎与签书枢密院事折彦质请官家亲书御札给张浚,要采纳大臣们和刘光世、张俊的建议,令岳飞所部火速东下驰援,准许刘光世、张俊、韩世忠还师江南,以为保江之计。

收到二人书信的张浚顿时拍案大怒,他万料不到在这样重要的关键时刻,自己的老友、左相赵鼎居然如此掣肘,完全和自己的策略对着干!

这时候更有人请官家赵构回临安,将诸将军队都集中到长江防线。

张浚按捺下怒火,在桌案上又是亲自奋笔疾书,他写道:"若诸将渡江,则无淮南,而长江之险与虏共。淮南之屯,正所以屏蔽大江。使贼得淮南,因粮就运,以为家计,江南其可保乎?今淮西之寇,正当合兵掩击,况士气甚振,可保必胜!若一有退意,则大事去矣!又岳飞一动,则襄汉有警,复何所制?愿朝廷勿专制于中,使诸将不敢观望。"

张浚提醒赵构,如果诸将的兵马一旦不战而退,将淮南拱手送人,那么实际上长江天堑也就和敌人共享了。何况淮南屯驻大军,本就是为了屏藩拱成长江的,倘若使伪齐得到了淮南之地,得食于两淮,免转运之劳,便能随时南侵,则江南半壁还保得住吗?至于所谓调岳飞驰援,如果襄汉再有军情警报,那让谁去抵御?丢了襄汉,到时候川蜀和东南就被分割为二,不用说也知道是什么结果!因此张浚请赵构不要被文武大臣所动摇,而跳过本来定下的都督行府的体制,直接从行在发指挥,那样反而只会使得心存侥幸胆怯的将帅们首鼠两端,左右观望!言下之意便是,陛下你既然任命我张浚为在外统兵的右丞相,得都督诸路军马,就应该始终以事权专付于我,岂可忽然间又以朝廷诏令支持将帅们的逃跑请求?放任这种现象下去,就将无法节制诸将!

赵构看到张浚的奏疏后终于改变了主意,可签书枢密院事折彦质仍然密奏云:"异时误国,虽斩晁错以谢天下,亦将何及?"这是将张浚比作汉景帝时主张削藩而导致七国之乱的晁错,万幸的是,这一回官家赵构总算没听进去,反而派吏部侍郎、都督府参议军事吕祉往刘光世军中督师。

另一面,刘麟自淮西渡河,伪齐贼军十万众已经抵达濠州、寿州之间。张浚对另一位张俊也是极不放心的,于是派杨沂中率部驰援泗州,与张俊会师。张浚不忘恩威并施地提醒杨沂中,说:"官家待你甚厚,正该及时立下大功,取节钺之荣,成为建节一方的节度使才是!如果临战畏缩不利,浚必不能徇私枉法,轻饶于你!"

十月四日(戊戌),杨沂中率军抵达濠州,而刘光世早已带着麾下五六万大军丢下庐州逃跑了。张浚乃带着亲卫离开都督行府,星夜驰赴采石矶,站在滚滚长江岸边的他命人将自己的亲笔书信交付刘光世,且传达自己的命令,必须率军从合肥复返庐州!

却说当晚刘太尉正在帅帐中吃着极为考究的酒食,忽报有右丞相都督行府来人,言有重要命令传达。刘光世满不情愿地从白虎皮制成的软垫上起身,让亲卫带人进来。

一番寒暄后，刘光世打开了张浚给自己的信笺，只见其中写道：

请太尉率军复还庐州，上报陛下与朝廷之厚望，下保社稷与万民之存续。倘不然，若有一人渡江，即斩以徇！

刘光世又气又怕，这张相公居然说他老刘军中但凡有人敢渡江撤退，不管是谁，都要给斩首示众！刘光世想到范琼、曲端、赵哲，又想到张浚前些年怎么把苗、刘二人耍得团团转，顿时冷汗直下。他刘光世贵为三镇节度使不假，手下有着五六万兵丁也不假，但须知在大宋的宰相面前，何况还是兼枢密院事的都督诸路军马，他刘光世也硬气不起来。

于是刘光世这才率军与杨沂中相呼应，又派遣手下骁勇善战的统制官王德、丽琼率精兵出击。王德、丽琼所部遇到伪齐军队后，三战皆捷。数日后，刘猊率数万伪齐军过定远县，欲取道宣城而进犯建康府，杨沂中乃在越家坊阻击刘猊所部的先锋，也将其击败。

十月十日（甲辰），杨沂中率军至藕塘，与刘猊主力相遇。伪齐军据扼险山，列阵外向，弓弩齐发，声势颇为骇人。杨沂中所部兵力人数势劣，利以勇锐之气速战，于是令摧锋军统制吴锡率五千精锐骑兵突袭敌阵，伪齐贼军果然阵脚慌乱，杨沂中乃令全军猛攻，自己则亲将精骑，自侧翼穿插砍杀于敌军中，短兵相接之时令左右亲卫俱大呼："破贼矣！"伪齐军大恐，恰这时江东宣抚司前军统制张宗颜等自泗州南来，与杨沂中所部汇合，于是伪齐军大败，死伤狼藉，溃不成军。俘虏伪齐将校数十名、兵士万余人，此即是淮西战役中有名的藕塘大捷。

刘麟时在顺昌，闻刘猊惨败，立刻拔营而逃，刘光世乃令王德追击，王德与杨沂中所部一路追至寿春而还。另一路孔彦舟正兵围光州，听闻刘猊之败，于是亦仓皇退兵。宋军所获伪齐舟船达百艘，车数千辆，兵器铠甲、金帛钱米、伪交钞告敕等军需之物更是不可胜数。

至此，在张浚的一力主战下，加上他督促甚至是逼迫、恐吓刘光世进兵，以及杨沂中所部的英勇奋战，伪齐三路大军的进攻都以退兵而告终。淮西战役因为张浚力排众议、统御诸将而获胜，这也令张浚的声望一时间达到了一个顶峰。

杨沂中奏捷之后，左丞相赵鼎再也坐不住了，他主动向皇帝赵构请求辞去相位，声称过去固然与张浚情同手足、义如兄弟，但眼下二人因为淮西战事意见相左，吕祉等人又居中离间,两位宰相之间已然难以共同辅弼天子。又说皇帝陛下志在迎二圣、复故疆,那就应当继续以兵戎大事,全权交付张浚。如今张浚成功于淮上,自然应当让他展布底蕴,以副陛下中兴之志。而自己则只有奉行诏令,经理庶务的中人才具而已,故目前的局势下,张浚当留以决中外大事,自己则当离开相位。

十一月四日(戊辰),朝廷再次下诏,特迁张浚本官为左光禄大夫,不许辞,张浚乃请回授给兄长直徽猷阁张滉,即将升迁转授给了自己的兄长。两天后,张浚被召还行在。官家赵构此时正驻跸平江府,张浚随宰执班列入见,赵构十分动容地说:"却敌之功,尽出右相之力!"在这种情况下,左相赵鼎更是感到惶恐惭愧,再次乞求辞去相位。而官家此时对张浚的倚重很可能导致赵鼎出外,张浚成为都堂的独相。

但就在张浚抵达行在之后,他犯下了人生中可能最大的一个错误。

这个错误甚至远比富平之战中身不由己导致的关陕沦陷以及后来隆兴年间的事情还要严重。因为他向皇帝赵构举荐了一个人,这个人叫:秦桧。

秦桧进入宰执班列是在绍兴元年的二月,当时他以试礼部尚书兼侍读除为参知政事,在七月范宗尹罢相后不久便于次月拜右仆射,成为右相。但一年后,秦桧即因为未能做到对皇帝赵构的许诺而被罢相,并成为了提举江州太平观的祠奉官,给靠边站了。秦桧起初哄骗官家说"我有二策,可以耸动天下",结果秦桧在拜相后与金人的议和丝毫没有实质性地积极进展,女真人当时仍在猛烈进攻川陕,同时支持刘豫的伪齐南下入侵大宋,这便让赵构十分失望。以至于秦桧曾言"南人归南,北人归北",被赵构当众讥讽为"朕北人,将安归?"

不过秦桧此人的无耻卖国,在这时尚未完全显露出来,相反,在数年前的靖康之难时,秦桧倒确有一番忠勇的表现。靖康东京沦陷后,赵桓(即钦宗皇帝)被金人废黜,女真又准备别立异姓为傀儡皇帝,当时朝臣不得已,推举左相张邦昌为人选。由于金人恐吓,云若别有异议具状,当按军法。言下之意,如果不同意立异姓皇帝,那么就别怪我们女真人不讲道理了,于是大部分留在东京城里的官员都屈服了这一结果。少数请立赵氏的大臣立刻便被金人凶狠地押出东京,掳至北方。在这种情况下,御史中丞秦桧上状呈金人,云:"若张邦昌者,在上皇时,附会权幸之臣,共为蠹国之政。今日社稷倾危,生民涂炭,虽非一人所致,亦邦昌为之力也。天下之人,方疾若仇雠,若付以土地,使主人民,四方英豪,必共起而诛之,终不足以为大金屏翰矣。如必立邦昌,则京师之民可服,而天下之民不可服;京师之宗子可灭,而天下之宗子不可灭也。桧不顾斧钺之诛,戮族之患,为元帅言两朝之利害,望稽考古今,深鉴忠言,复嗣君之位,以安四方之民。"秦桧提醒金人,张邦昌这样的奸佞,正是北宋灭亡的责任人之一,是被天下人所仇恨的,立他为"皇帝"的话,非但起不到做金人屏藩的作用,反而四方英豪都要起兵反对张邦昌的统治。况且即便汴梁百姓表面臣服了,但天下百姓终究不会臣服,因而秦桧表示自己不惧身死族灭的惩罚,也要请金人恢复赵氏帝位,以安天下。秦桧因此便被愤怒的金人掳掠至北方,应当说,彼时的秦桧还是颇有气节的,也使他在士大夫中赢得了较广泛的赞许。如果认为当时的秦桧便是极有心机地在沽名钓誉,恐怕失之偏颇,也过于以结果而论了。但秦桧厉害之处在于,被掳掠至北方后,他不知以何手段,居然令金人中的大贵族挞懒,也就是金太祖阿骨打堂兄弟完颜昌十分赏识,最后也促成了自己的南归。

因而张浚以为秦桧既然在靖康时节不畏生死,反对割让三镇及为张邦昌属官与金人和议,又力持立赵氏为皇帝的主张,乃是一个可与之共谋天下恢复大业的人物,加之他自己与赵鼎的矛盾,更感到需要援引一个助手安置在宰执班列之中。于是张浚便在官家赵构面前大力举荐秦桧可用,应当召回朝中。此时的张浚刚刚在淮西统御诸将击退伪齐三十万大军,正是最得信重之时,赵构便在十二月初一下诏,令行宫留守秦桧赴行在奏事。这显然是要重用秦桧的前奏了。

张浚与赵鼎本是东京时的好友,除了淮西之战时军事方针上的龃龉,究竟还有何矛盾呢,以至于张浚想到援引秦桧为助手,在宰执班列中安插一个听自己话,不会掣肘的人?

原来,张浚还准备对差点坏了淮西战事的刘光世动手!

刚刚来到平江府的张浚便在次日上奏,重点提到了如今伪齐大败,恢复中原的希望正当其时,如果朝廷明确北伐的态势,就能遏制"怀偷安苟且之心的三四大帅"这一问题。显然这"三四大帅"是在不点名地指向一两位建节的宣抚使级别大帅,也已经向官家暗示了收拢兵权,确立朝廷指挥和威信的问题。同时,张浚又在奏疏中进一步分析,如果官家的车驾返回临安府,远离江上,则人心失望,以为朝廷无图回天下的决心,一旦金人伪齐联合南寇,水陆并进,就算襄汉目前在朝廷控制下,官家身处临安,亦未必万全!

张浚希望借此坚定皇帝赵构支持他北伐中原的信心,不要退回临安府。览毕奏疏,赵构也对"使敌有余力,水路偕进,陛下深处临安,亦能安乎"这一句质问十分在意,于是召张浚独对。

君臣一番寒暄之后,张浚立刻道:"陛下,今四海之心,孰不想恋王室?淮西大捷,正陛下宵旰忧劳,祖宗庇佑所致。臣以为,当乘胜追击,取河南而光复汴京,擒刘豫父子以快公论,则祖宗陵寝之地,亦得洒扫祭拜,了慰陛下哀恸孝思之心。"

赵构闻言也是频频颔首,若能趁此机会收复河南,夺回东京城,那自己中兴大宋的功业便算是成了。但他仍对刘豫背后的金人有着恐惧,便道:"刘豫此贼固然不足道也,但一者北虏为其撑腰,二者战事一起,胜负难料,将帅在外,朝廷指挥之间,或有路途遥远之虑……"

张浚自然明白赵构担忧的正是刘光世、张俊之类的大帅阳奉阴违,避敌逃跑,于是便见机开口:"陛下,臣以为刘光世骄惰不战,难堪大将之任。譬如以往北虏之来,常临敌观望,怯懦避逃,今伪齐乌合之众,竟亦不敢扼敌战斗,陛下待以少保、三镇节度之荣,畀以淮西宣抚之任,如何上负天心,下愧万民?请陛下降以天威,罢黜刘光世!否则异日进取河南,刘光世再有逗留,贻误战机,为害非细,祸国者实不可尽言!"

赵构自然也很看不惯刘光世胆小畏敌又跋扈自专的个性,但要罢免刘光世这样一个方面大帅,对于如今的朝廷来说也并非易事。于是赵构略一沉吟,才道:"相公可与赵鼎商议过此事?"

张浚一听,便知道这位宝座上的天子还在犹豫。

出了临时的便殿,张浚便找到了赵鼎,他开门见山谈到罢黜刘光世的想法,想争取赵鼎的支持,不料这位左相却一口拒绝了。

"德远(张浚字),此事断不可为啊!我知道你想收复河南,想恢复中原,想要光复东京。可刘豫固然仿佛砧板上的肉而已,但刘豫背后还有金人!不知道若是擒灭刘豫,得到了河南之地,难道就能使得北虏不再南侵,一定守得住么?"

张浚本来与赵鼎年轻时意气相投,淮西之战的矛盾也是为了国事,但这会听到赵鼎如此说,心中不禁是嗤之以鼻。在张浚想来,你赵鼎此前还被刘豫吓得要让诸将退守而为保江之计呢!现在倒说什么刘豫乃砧板上肉!恐金的毛病,却在你赵鼎身上暴露无遗!简直荒谬可笑!

赵鼎仍在喋喋不休地劝说着:"德远,这是其一。第二,刘光世乃是将门世家,将帅士卒出于其门下者,不知凡几,如果就这样无故罢黜,恐怕人心不可,易出乱子啊!"

不如徐徐为之,所谓治大国若烹小鲜。"

张浚本已自认极有涵养功夫,可以做到不怒自威又或唾面自干,但对赵鼎,他总是有着一分往日的情谊,这会便忍不住反唇相讥起来。

"赵相公读孔孟圣贤之书,如何说这般黄老之术,不是先王之道!如今听闻女真政局不稳,争斗惨烈,伪齐新败,正是用兵之时,此时不罢刘光世,更待何时?待刘光世之罢,诸将帅便知朝廷威严、国家典宪,自能号令如一,进取河南!以某观之,河南河南,便有何难!"

赵鼎被张浚一声"赵相公"叫得心灰意冷,他没想到自己与多年老友已经生了这样的隔阂,但仍是好言劝道:"德远,我知道你志向远大,又忠君爱国,是要做擎天补日的人物。但细细想来,朝廷十年间艰难万分,与北虏强弱不敌,还是应该先守住如今的江山,未到进取河南,恢复中原的时候啊!"

张浚全不愿听赵鼎如此言语,竟是拂袖而去,留下赵鼎一个人在寒风中呆呆地伫立着。

于是,此年十二月,赵鼎罢相,以观文殿大学士出为两浙东路安抚制置大使兼知绍兴府;折彦质因为依附赵鼎在淮西之战的决策,同样被罢签署枢密院事的执政之位,提举临安府洞霄宫。而另一方面,朝廷又命吏部侍郎、都督行府参议军事吕祉往建康府措置天子移跸事务,皇帝赵构采纳了张浚巡幸建康,以激励将士进取河南的建议。张浚成为了总中外军政的独相,又得官家的信重,此时的他无疑达到了人生的至高处。

绍兴七年正月初五(丁卯),张浚本官连进四官,由左宣奉大夫特迁从一品"特进",官阶上仅次于开府仪同三司,诏令中明确表示,是赏淮西破贼却敌之大功。张浚再次恳辞特进不果,终于接受除命诏令。

二十三日(乙酉),诏令增加枢密院事权,依祖宗故事,重置枢密使副,以宰相兼任,其余知枢密院事以下照旧。

自北宋神宗皇帝元丰改制之后,枢密院便不再有枢密使,一直延续至今。而现在张浚大权在握,他本就是宰相兼知枢密院事,又都督诸路军马,已经可以说是总中外军政,何必还要重设枢密使副的职位,凌驾于知枢密院事之上呢?对张浚来说,应当并无区别,不妨碍他抓军务。

就在朝中大臣议论纷纷之际,两天后,这个答案终于揭晓了。

二十五日(丁亥),诏令下达:观文殿学士、醴泉观使兼侍读秦桧为枢密使,恩数并依现任宰相条例施行,且不许秦桧归第辞免,亦即是说,给予秦桧当朝宰相的恩数待遇,同时不须回家上表辞免走形式,即刻到枢密院赴任!

朝臣们闻知诏令,这才恍然大悟。这完全是张浚的风格,这是张浚主导下除秦桧枢密使,让他回到宰执班列!而秦桧昔年已经做过宰臣,再除执政则颇为不妥,因而重设枢密使副,使其事权恩数都高于执政,以示笼络。一时间,有人称赞这是张相公敬重秦会之靖康时的气节,英雄相惜;亦有人小声与友朋讥讽,谓张浚竟如此僭越跋扈,拿国家名器当儿戏,用来拉拢秦桧,结党营私,专权至于如此!

秦桧本来因为巧言欺君,被赵构厌恶而罢相,颇惴惴不安,愁着不知如何回到朝中,得到张浚援引举荐,重为宰执,直是兴高采烈。于是秦桧随宰执、侍从班列奏事,唯观望张浚意思,绝不敢说二话,但他口若悬河,轻易间又不似阿谀宰相的模样,极是振振有词、不遗余力地支持着张浚。这便让张浚感到,赵鼎罢相,秦桧起复为枢密使,实在是一步好棋,相信感恩戴德的秦桧定会辅助自己恢复中原,以自己马首是瞻,断不会再有掣肘之事!

但张浚如何能逆料,他这是大大地看错了秦桧的气节,低估了秦桧的野心,更不知秦桧的奸猾用心与歹毒刁钻的手腕。秦桧对他的恭敬不过是一种猛兽袭击前装作萌物的假象,只要时机一到,什么大恩大德,秦桧他从来不在乎。如果说改变是从何时发生的,大约便是在北方的那四年,秦桧变成了另一个人,又或许应该说,秦桧找到了真正的自己。他悟出一个道理,人不为己,天诛地灭!

完成了宰执决策层班子的人手调整之后,张浚再度向官家赵构进言,建议罢黜刘光世。赵构此时既然已经令赵鼎罢相出外,他对张浚也就更加倚重,且中兴的功业如今看来似乎是近在眼前了,只需将刘光世这样畏敌怯战的绊脚石搬开就好。于是赵构终于同意了张浚的想法,但要罢免刘光世,还要防备其他几位建节的宣抚使大帅们有"物伤其类"的反感甚至跋扈的举动,于是君臣一合计,他们选择暂时拉拢一个人来稳定局面,打开收拢兵权、统一指挥的缺口。

他们选定的人正是武胜、定国军节度使,湖北京西宣抚副使岳飞!

于是召岳飞以亲兵赴行在。

内殿召对之时,皇帝赵构大大夸赞了岳飞的功勋,忽然仿佛唠家常似的问起了岳飞所骑的马匹中可有千里马。

岳飞道："臣过去确实有两匹骏马，即便是令其具装马铠而奔驰，起初不甚急速，但百里之后越来越快，可以再行两百里而恍若无事。不幸都死了。如今所乘的马匹，食量也小，秣不择粟，饮不择泉，臣刚一上马，便踊跃疾驱，不过百里便力竭汗喘，仿佛要累死倒毙的样子。以臣所见，这是因为寡取易盈，好逞易穷，不过是驽钝之材罢了。"

宝座上的皇帝赵构不由地赞叹道："好一句'寡取易盈，好逞易穷'！如今国家祸变非常，只有依靠将相协力合作，才能图谋恢复河山的大业。因而便如卿所言，不可时时规划着贪取小利，所谓小器易盈。略有逞能之处就奏功邀赏，真正大敌当前，却猥琐观望，这就是好逞易穷！卿今议论极有见地，非往日武臣格局矣！"

岳飞当即表示惶恐，不敢当陛下谬赞。

赵构道："卿以为刘光世如何？"

岳飞一惊，但他也已听闻朝中重臣们对刘光世多有不满，便道："刘太尉乃将门子弟，胸中当有韬略。自陛下登大宝以来，亦颇有劳苦。但近闻其消息，似乎大约略失锐勇之气，或须陛下戒谕一二乃可。"

赵构知道岳飞尚不至于直接对刘光世大加痛骂，但他已和张浚商定，要借岳飞来稳定军心，便道："朕今日实话说与卿知道，刘光世的事情，吾已经与张相公议定，要放出消息，让刘光世自觉乞退，给他留个体面。淮西之时，几乎全因他坏事，他日北伐，岂能留他统率数万大军？朕和相公的意思，都是要将刘光世所部交予卿一并节制，则恢复中原之事，还正要赖卿与张相公同心协力才好！"

岳飞做梦都没想到，天子居然要将刘光世麾下五万余人交给自己，则一旦北伐，他便能统率十万大军，其力量便不可同日而语！岳飞赶紧说了一通大表忠心和感恩戴德的话，忽然间又感到得遇如此明主，被天子这般信重，有些话实在不吐不快。

"陛下待臣如此，臣自当肝脑涂地。臣犹有一事要奏与陛下。此本陛下家事，臣不敢妄议，但所谓天子之事，即天下事，臣以为陛下虽春秋正盛，但国家不宜无储君。臣斗胆奏请陛下正建国公皇子之位，以安朝野之人心，以定社稷之国本。"

这时候，忽然一阵寒气直入内殿，风动纸摇，岳飞这般精壮的身子竟感到一阵刺骨的冷意，后面的话居然声颤不能成句了。

宝座上的赵构语气也正式起来："卿言虽忠，但卿手握重兵在外，国家储君之事，非卿所当干预也。"

岳飞的神情终是黯淡下去，他忽然明白自己感恩于天子的信重，却把君臣的尊卑主从错当成了情谊与交心，自己的一腔忠言，居然引来官家的讥讽。是自己得意忘形了！

召对之后，过了十几天，二月二十五日（丁巳），诏令下达：检校少保，武胜、定国军节度使，湖北京西路宣抚副使岳飞为太尉。次日，升宣抚使。这里岳飞被授予的太尉衔是武臣的最高官阶，正二品，恩数待遇上次于执政官，但位在节度使之上，与平时美称的"太尉"是不同的，乃是实打实的岳尉府了。岳飞的武职已经都做到了顶峰，又为节度使，又拜太尉，同时还是两路宣抚使，如果说张浚做到了位极人臣，那岳飞至少也是位极武臣了。

于是岳飞乃扈从赵构往建康府驻跸。

朝廷中弹劾、论列刘光世的声音越来越猛烈，多说刘光世退保长江沿岸之当涂，几乎误国而危社稷，又说淮西军纪律不整，士卒恣横，应当解除刘光世兵柄，对淮西军严加整顿。张浚便再度以独相兼枢密使、都督诸路军马的身份进言："光世沉酣酒色，不恤国事。语以恢复，意气拂然。乞赐罢斥，以警将帅！"官家赵构当即表示认可群臣的意见。

听闻这些消息的刘光世大为恐惧，加上收到都督府参议军事吕祉的密信，向他传达了皇帝和宰相的意思，言辞中软硬兼施，于是刘光世的跋扈劲一下子全瘪了，赶紧让自己幕府中的文人代笔写了引疾乞祠的奏疏。二月二十八日（庚申），三镇节度使、淮西宣抚使刘光世乞求在外宫观的奏疏送到了行在，他这是表态要求解除兵权，安享富贵了。

就在同日，又升岳飞之子岳云为正七品武德大夫，然而岳飞再辞不受。数日后三月初二（甲子），又加恩岳飞麾下大将王贵与牛皋，二人并落阶官，一跃迈进了正任贵品的武官行列。王贵为棣州防御使，牛皋为建州观察使。

三天后，吏部侍郎吕祉试兵部尚书，升兼都督府参谋军事。

罢刘光世军职，整编刘光世麾下五万余人的工作正在一步步施展。

三月九日（辛未），官家赵构的车驾抵达了建康府，岳飞扈从御辇，不久便被召入寝阁，赵构再次谈到了将刘光世的淮西军交给岳飞的问题，并口吻亲切地再次表示："中兴之事，朕一以委卿！"听到皇帝说要把收复中原的重任交托给自己，岳飞无疑是感戴莫名的。

三月十四日(丙子),张浚的都督行府下发《令收掌刘少保下官兵札》给岳飞:

> 诸路军事都督府勘会：淮西宣抚刘少保下官兵等,共五万二千三百一十二人,马三千一十九匹,须至指挥。统制官、通侍大夫、武康军承宣使王德下官兵等五千七百三十一人,马三百八十七匹。中侍大夫、武泰军承宣使郦琼下官兵等五千五十五人,马三百五十四匹。左武大夫、和州团练使王师晟下官兵等四千八百九十人,马二百三十一匹。翊卫大夫、和州防御使靳赛下官兵等五千七百二十一人马二百八十二匹……
>
> 右札送湖北、京西路宣抚使岳太尉照会,密切收掌,仍不得下司,准此。

都督行府这一道札子的发布标志着张浚已经准备将刘光世所部交给岳飞统率节制。从当时制度来说,整编军伍、调整隶属这样的军机大事,应当由枢密院出札子,但张浚以宰相兼枢密使,又开都督行府,确实也具备了法理上将刘光世所部交予岳飞的合理程序。

不仅如此,岳飞还收到了官家的亲笔御札,令岳飞转交给刘光世所部大将王德。其中云：

> 朕惟兵家之事,势合则雄。卿等久各宣劳,朕所眷倚。今委岳飞尽护卿等,盖将雪国家之耻,拯海内之穷。天意昭然,时不可失。所宜同心协力,勉赴功名。行赏答勋,当从优厚。听飞号令,如朕亲行！倘违斯言,邦有常宪！

御札的意思十分明确,乃是告诉王德,现在朕令岳飞统率尔等,将要大有作为,功名爵禄都将从优而不吝赏赐；并要求王德必须服从岳飞号令与节制,如遵天子命令一般,若有违背,则国法处置！

有了都督行府的命令公文和官家赵构的御札,岳飞已经按捺不住内心的激动,他仿佛看到刘光世麾下五万余人已然并入自己营中,王德、丽琼、靳赛等骁勇善战的猛将都在自己帐下听命……而他岳飞将要率领十万王师,渡淮北伐,生擒刘豫父子,收复东京河南,更要再取关陕,北驱河朔,与金人鏖战！直到还我河山！能得到这样一位明君和贤相的信重,岳飞心里无比的感恩与狂喜。北定中原的伟大事业,正在等着自己去完成!

然而岳飞不会想到,所有这一切都将因为一个人而被改变,不光是他自己,就连此时总中外军政的独相张浚和还做着中兴雄主美梦的赵构,都将被一个人玩弄于股掌之中。

建康府都堂临时办公的衙门里,张浚正在看着各处送来的公文,这时候枢密使秦桧由张浚都督行府的贴身校尉引进了厅堂,来到宰相办公的桌案前站定。

秦桧恭恭敬敬地深深一揖:"下官参见大丞相。"

张浚也并未起身,只是自座位上笑着让人给秦桧搬来椅子。

"会之如何过谦,你原先便是宰臣,如今掌本兵重地,是枢密使,倒还与我这般虚礼。"

秦桧立刻谄笑起来,但他的谄媚却毫无做作,反令人如沐春风。

"大丞相哪里话。某不知天下事之难,妄进和议之策,被官家贬黜,本是恐怕再无起复重用的机会。全赖大丞相搜扬侧陋,以某微不足道的一点忠君之心,屡屡举荐于官家,这都是形同再造的大恩!桧没齿不敢忘!"

张浚听着一位枢密使在自己面前这般唯唯诺诺,感恩戴德,心里确也十分受用,忽想到若是赵鼎还在相位,哪里有这样的好事?自己一个人总中外军政,又没太多原先的掣肘,等到收复中原,自己怕不就是大宋第一宰相了?

"会之说这些作甚,本来便是为了国事,岂有他哉。恩威祸福,都出自主上,会之再莫作是说。"

秦桧不留痕迹地观察着张浚的神色,他见到张浚明明眉间有着受用的喜气,嘴上却冠冕堂皇,于是道:"桧近来思虑军政事,有一点顾虑想说与大丞相听,或者可以愚者千虑亦有一得?"

张浚颔首,示意秦桧说下去。

"前几日官家下御札给岳太尉,都督行府也发札子。这自是大丞相与官家商定的,要将刘光世所部交付给岳太尉。桧昨夜反复思忖此事,有一些小小的想法。岳太尉确实治军有方,沉鸷多谋,想两年前平定湖寇时,亦在大丞相麾下听命。不过,桧窃以为,待刘光世正式罢兵柄,好不容易处理了一个跋扈又怯战的大帅,却扶持起一个实力倍之,有十万大军的建节太尉……此殊不合祖宗家法。"

秦桧一边说一边在窥探张浚的心思,他的话说得十分巧妙,倘若说成岳飞统率十万兵马,届时北伐立下大功,抢了大丞相的风光,人人都称许岳太尉而忽视了大丞相,那就绝对会适得其反。因为秦桧知道,张浚慨然以恢复旧疆为己任,又自许是圣学传人,你如果当着他的面把他说成这般小心眼的不堪之人,那才是大大得罪到张浚!但秦桧却话锋一转,只说武将权力太大,不符合赵宋重文轻武、强干弱枝的祖宗家法,这确实挑不出错,至于背后的东西,那聪明如张浚者,自会思量!

"会之言之有理,只是岳太尉不同刘光世,极是敢任艰难,一心北伐,志在恢复,乃是忠君而勇锐之人。"张浚捋须,缓缓说道。

秦桧敏锐地注意到张浚实际上已经有所微微动摇,便继续说:"桧近来又听闻,说岳太尉宣抚幕中参谋薛弼曾酒后对人言,谓岳太尉尝密奏请官家立建国公为皇子,以正储君之位。大丞相,国朝岂有大将典兵在外,而插手嗣君之事的?况且官家春秋正盛,虽然这些年没有子嗣出生,但以后也说不准。以桧观之,或许岳太尉也不是要急着谋求一个定策大功,当还是出于忠心,但他终究是武人,心思上欠缺了些。又闻岳太尉与张太尉不合,据说岳太尉幕府中也颇有轻锐宾客,专教以威福之术云云。因此桧以为,为了保全岳太尉令名,也为了省去许多这样那样的麻烦,是不是不妨如此,且将刘光世所部兵马,全部暂由大丞相的都督行府直接统御,设若他日北伐,再相机交付岳飞或韩世忠等统率,岂非两全其美?"

张浚的心里仍在权衡,但他知道,秦桧说的是有道理的。岳飞忠君而果勇并不假,他敬重文臣宰执也不假,但人心是世间最靠不住的东西。别的不说,昔年平定湖寇杨幺,那时候的岳飞尚且知道把缴获的豪华楼船送给韩世忠和张俊,可如今已然与张俊形同陌路,公然翻脸,这是岳飞逐渐位高权重,不一样了!谁能保证岳飞的心不会变,谁能保证他手下的武夫们没有贪图富贵的妄念?只有祖宗家法不能变!

闪过这些念头的同时,张浚开口了,却只是说:"会之说得很深刻,容某好好想一下。"

秦桧离开张浚办公的本厅时,心里已经一阵冷笑。他在官家和张浚要罢黜刘光世的风波里极其眼光狠辣地注意到了一个宝贵的机会。张浚是一力主战的,如今的大好形势下,连官家都支持主战,官家想着要依靠张浚统御诸大将来实现他中兴大宋的美梦,只要是个皇帝,谁不想流芳百世?但秦桧想得很清楚,如果自己就此跟着张浚的步伐,那他永远只能依附在张浚的背后做一个影子,甚至做一条摇尾乞怜、等待他恩赏的鹰犬而已!自己能不能再为宰相,就永远要仰人鼻息,看张浚的脸色!

可他秦桧偏不要！秦桧要的是一人之下万人之上，要的是像张浚那样总中外之政。在权力的攀登游戏里，谁都可以背叛，谁都可以让自己狠下心去捅两刀！但张浚功业正盛、君宠正专，该怎么办呢？秦桧苦思冥想之后，他想出了一个办法。

说起来，这个办法十分简单，就是张浚要向左，那他秦桧就向右！张浚要主战，利用的是官家要做中兴雄主的痴梦；秦桧便主和，利用官家苟且懦弱的赵家天子本性。只要让皇帝明白，恢复中原不过是个遥不可及，到手了也守不住的梦，而保住帝位和半壁江山，活下去享受天子的荣华富贵才是真。到时，张浚也就可有可无，甚至反而是个惹人厌的障碍，他秦桧却是可以促成和金人和议，南自南、北自北的中兴大功臣！在秦桧看来，和与战不过是皇帝手中的两张牌，两枚棋子，不过是为了天子自家的富贵和权力。若说和议，近日要派遣徽猷阁待制王伦赴金人所在不就是一个明证么？而将岳飞几乎到手的这五万多人借助张浚和赵构之手再度夺走，只是第一步！你们等着吧，秦某人的手段还多着呢！

数日后，三月二十二日(甲申)，诏令下达：少保、护国、镇安、保静军节度使、淮南西路兼太平州宣抚使刘光世为少保，仍三镇节度，充万寿观使，奉朝请，封荣国公。刘光世为了富贵和保命，还将所管的金谷百万都献了出来，一时颇有人笑他拿钱开路。

但所有人都注意到，诏令中刘光世所部并非如之前所说的那样交由岳飞统率，而是——直属都督行府！

张浚遂将刘光世所部分为六军，在归于自己直属的情况下，又命都督行府参谋军事、兵部尚书吕祉往节制。

得知诏令的岳飞深感被戏弄的耻辱，他仿佛是怒发冲冠，再难自抑，便直接找到了宰相张浚。这时候的他，已经忘了自己在平定湖寇前后对宰相的毕恭毕敬，岳飞曾以为自己学会了官场上的文化，学会了文尊武卑的观念，但当自己率十万大军北定中原的理想几乎可说是得而复失的时候，他失控了。

"相公！中原遗民多有自东京而来者，每必曰刘豫自淮西战败后，意沮气丧，其党羽无不面怀二心，已是崩溃之兆！金人也谓刘豫必不能立国，而民心日望王师之来！此正是大用兵以恢复中原之时！刘豫又何足道哉？岂足飞平之？若给飞十万兵马，横截金境，使虏人不能来援，则刘豫势孤自败，中原何愁不复！只是飞不知，可还有机会领兵十万，为国征战！"

是非功过谁人说：张浚的文武乾坤 | 243

一时间,宰相办公的本厅内只听到岳飞的咆哮声。

张浚并未打断站在自己桌案前须发皆张的岳飞,他静静地听完,然后才缓缓说道:"岳太尉,此事要问官家,我做不得主。"

"相公岂以飞为陌路乎?绍兴五年平湖寇,相公待飞以信重,如何今日就拿这般言语敷衍!"岳飞声音竟是越说越响,"飞斗胆问相公,如今罢刘光世兵柄,其所部五万余人皆骁锐而无纪律之悍卒,又将校多巨寇出身,知国法者少,胆大妄为者众,不知相公欲如何收拢、节制淮西之军?"

岳飞的问题已经有犯上无礼的嫌疑了,但张浚也并不发作,只是道:"姑令吕祉以督府参谋节制,直属都督行府,有何不可?"

岳飞道:"吕尚书虽通才,但不习军旅,恐不足服众!"

张浚立刻说:"则张宣抚如何?"

"张太尉暴而寡谋、色厉内荏,郦琼等将尤其不服,岂能以张太尉节制淮西军?"岳飞一听到张浚说张俊,直是忍耐不住反唇相讥起来。

"然则杨沂中尔?"

岳飞又道:"沂中虽以藕塘之功建节,但其平日不过能与王德同等相视而已,岂能驾驭淮西五、六万大军?"

张浚终于是变了神色,怒容可见地徐徐开口:"某固知这淮西五万大军非太尉不可!"

"飞以相公为朝廷中流砥柱,才如此直言不讳,岂以得兵为念耶?难道飞是要拥兵自重之人?!"

岳飞极为忿忿不平,草草一揖,便告退而走,竟是去求见皇帝去了。

张浚此刻对岳飞既是愤怒又是无奈。在他想来,岳飞乃是个聪明人,非一般武臣,如何不懂自己的苦心?将淮西大军纳入都督行府直属,真的到了北伐中原之时,自己作为宰相兼枢密使、都督诸路军马,这五万余人要拨给谁来具体指挥,还不是自己便宜黜陟、临机专断时的一句话?岳飞如何就这般不信任自己,误解自己,如何这般跋扈!

误会的种子已经在将相之间埋下了。这便是秦桧的手段,以祖宗家法和迎合天子帝王心术而巧妙地离间将相,夺走岳飞直接名正言顺统御淮西军的机会,进一步削弱北伐成功的可能,为自己的和议路线铺路。无所建明,没有路线方针的宰相,那岂是抓得住权力的好宰相!

于是岳飞在内侍的引领下,进了临时的便殿入对于御座前。他便直接提出,由商、虢取关陕的进军路线,并再次提出要求并统刘光世淮西军出征的愿望。

赵构待岳飞一口气说完才开口问:"若如此,则何时可毕?"

岳飞道:"请陛下给臣三年时间,定能扫荡妖氛,克复中原,届时班师凯旋,献俘行都!"

赵构微微一笑:"卿忠则忠耳,乃有所不知。朕驻跸于此,以淮甸为屏蔽。若将淮甸之兵尽付与卿,而必能平定中原,朕亦有何可惜?但恐中原未及收复,而淮甸失守,则行朝未得奠枕而卧也。"

皇帝的话仿佛一把冰刀插进了岳飞的耳中。这言下之意分外清晰,几乎是字字讥讽地在质问着岳飞,你张口就是要调走淮西兵马三年之久,万一在这三年里中原没恢复,可淮甸失守,建康被围,则你岳太尉要让天子和满朝大臣们靠什么来保护?

岳飞顿时语塞,竟无言以对。

三月下旬,岳飞离开建康。

绍兴七年四月十六日(丁未),岳飞过江州而还庐山,居然丢下了军队,借口为母亲继续守丧,住到庐山去了,并上奏自称:"与宰相议不合,求解帅事。"明眼人都知道,这是岳飞在耍性子了,既然朝廷出尔反尔,那岳某人就撂挑子不干了!但岳飞毕竟不能直接把矛头对准皇帝,那就成了指斥乘舆了,因而只能说"与宰相议不合"。

然而在宋代,武将公然目无宰臣,甚至自请解除高级军职,这无疑有要挟朝廷和跋扈僭越的嫌疑了。于是三天后,诏令下达,命刚刚升为权兵部侍郎、都督府参议军事没多久的张宗元往岳飞军中任权湖北京西宣抚判官,至鄂州监岳飞所部,给予他节制湖北京西军的权力。

但另一方面,张浚在往太平州、淮西视师前,又大约与自己提拔的左司谏陈公辅沟通过,后者乃上疏为岳飞说了许多辩解的话。在张浚心中,如岳飞、韩世忠者,仍然是北伐时需要倚重的大帅。

时间很快到了五月初。这时候张浚还在太平州、淮西按抚刘光世留下来的五万余兵马,并不在行在。秦桧意识到,机会来了!

却说秦桧自打做了枢密使,便留心着枢密院中另一位同僚——沈与求。沈与求也是在此年正月被起复为同知枢密院事,属于和秦桧差不多同时起复的官员,到三月份时沈与求又进为知枢密院事,成为枢密使之下的西府佐贰执政。同时被召回朝廷,这也让秦桧与沈与求二人天然地多了点话题和亲近感,而秦桧靖康年间的气节又让沈与求十分钦佩,两人便在枢密院内渐渐熟络起来。

秦桧知道沈与求与张浚不合,当初张浚开都督行府,便宜黜陟的公文等关送都堂,沈与求便质问说:"三省、枢密院乃奉行行府文书邪?"言下之意是,到底是都堂领导天下,还是都督行府领导天下?既然三省、枢密院是国家的最高权力机构,如何反而要奉行都督行府的命令文书,岂非乱套?

沈与求在绍兴六年数上疏求辞去参知政事的副相职位,也是因为对张浚大包大揽、总中外军政的作风看不惯,于是被罢执政,以资政殿学士知明州,不久又提举临安府洞霄宫。于是秦桧仿佛找到了宝藏一般,不动声色地巧加引诱,很快便让沈与求和自己达成了共识,且使沈与求以为,他和秦桧都是出于公心,完全是为了国家、朝廷。这便是秦桧的高明之处了,君子可欺以其方——拿堂堂正正的道理来欺骗他们,最是容易啊!

五月四日(乙丑),官家召见宰辅大臣,议论淮西之事。赵构首先道:"兵无不可用,在主将得人耳。赵奢用赵兵大破秦军,而赵括将之则大败;乐毅用燕兵破齐,而骑劫代之则为田单所败。岂不在主将得人乎?"

此时张浚不在,御前别无宰相,秦桧作为枢密使便已是职务最高的宰执重臣了,于是他率先进言:"陛下论兵,可谓得其要矣。臣以为淮西军措置之事,亦须简选良将,善加统御操练,则可以克敌取胜责之。"

赵构道:"淮西军措置,已令直属都督行府,乃以兵部尚书、行府参谋军事吕祉节制,更有何议乎?"

沈与求遂按与秦桧约定好的进言说:"陛下,都督行府便宜黜陟之权甚大,凡事几乎皆可专断,不过事后关送都堂而已。今又以五万余淮西军直属行府,恐怕不合法度。"

赵构知道这个沈与求乃是方正而近迂之人,但其立朝颇有气节,以故再召为执政,但此时正要倚重张浚,赵构岂会被他的这番话所打动?

然而秦桧开口了。

"陛下,沈枢密所言确有老成谋国之理。以臣愚见,陛下与张相公君臣相得,乃千古罕有之美,此皆陛下盛德与相公贤才所致。虽然,浅人则有所不能知也,或谓:

'往日韩世忠、张俊、岳飞、吴玠皆在张相公麾下听令,今又以五万淮西军直属都督行府,则张相公本已总中外军政,未免权倾朝野,异时功高盖主云云……'"

一众执政听闻都是面色大变,秦桧则在小心翼翼地窥视宝座上天子的表情,他话锋一转,道:"然而张相公忠心王室,岂有是哉?!陛下识人之明,孰能过之?只是臣听闻,古之明君贤臣,皆有不坏国家法度又保全君臣之义的方法,使天子得待臣以荣宠恩遇,使臣子可功成身退、戏水沧洲。故臣以为,陛下自然无疑相公之心,相公亦无自专之意。但握重兵而亲统,毕竟陷都督行府于嫌疑难辩之地,万一有一二无知之辈,鼓倡谣言,妄议是非,加之军中武弁,不知诗书,罔顾典宪,则虽必不能离间君父与宰臣,但亦徒增事端,致朝野纷纷,不利中兴事业也。"

秦桧的话听着似乎句句都在为张浚说话,在夸赞天子圣明,宰相贤良,但听在赵构耳朵里,却仿佛有着魔力似的,尤其是最后那段暗示若有人猛烈抨击张浚,而军中有武夫贪图富贵的话……"虽必不能离间君父与宰臣"——这哪里是在说不能离间,反而像在告诫赵构,你要小心啊陛下!万一君臣之间真的有了猜疑嫌隙,被人离间了,那么不是徒增事端那么简单,如果张浚统御诸大将北定中原,到时候他威震中国,假如麾下有人也想学陈桥兵变时候的从龙之臣,那恐怕张浚想做陛下的忠臣也做不了啦!

这些话仿佛蚂蚁在噬啮着赵构的心脑一般,几乎挥之不去地弥漫在耳畔。但他犹不能自知自己的神色已起了变化,更被秦桧看在眼中。赵构努力不去想这种可能,可他一会深知和确信张浚对自己的忠心,一会又想到宋初宰相赵普进谏太祖赵匡胤用符彦卿管军一事时所说的"陛下何以能负周世宗";一会又想到仁宗朝文彦博建议将枢密使狄青外出保全,也说过"太祖岂非周世宗忠臣"的话……是啊,难道太祖不是柴荣的忠臣吗?难道柴荣待太祖不厚吗?虽然张浚是文臣,但有时候,只要功勋大得翻了天,只要手下兵强马壮,天子之位,文臣未必就做不得!

秦桧看着宝座上官家的脸色,他知道自己就要得逞了,于是继续装着公忠体国地说:"臣窃以为,不如于淮西军中,擢拔一得力武臣为帅,使亲统全军,如此则虽有吕尚书节制之名,终是以武将统带,则可免督府握兵,权力过大之嫌。"

赵构被说动了。

"那便议一议,谁可为帅。"

于是,乃以刘光世爱将,淮西军中大将相州观察使、行营左护军前军统制王德为都统制,成为淮西军实际上的负责人和统兵将帅。

五月二十一日(壬午),张浚刚刚从淮西返回到行在,又把兵部尚书、都督行府参谋军事吕祉留在庐州,代表自己督护淮西军诸将。

可是回到行在的张浚却惊闻了御前会议上的"督府握兵"的议论,得知了王德除都统制统领刘光世留下的淮西全军一事。无比震愕的张浚终于明白,自己被秦桧狠狠地耍了!这位口蜜腹剑的枢密使平日的柔和易制都是伪装,趁着自己往淮西视师时候的权力真空,他便图穷匕见!

以王德为都统制这一招何其高明,张浚几乎越想越怕,他意识到秦桧这仿佛是一步三算,真正的老奸巨猾,这恐怕是要把自己往死路上推,还要葬送整个北伐的大好形势!

于是张浚立刻上奏皇帝赵构,以为除王德都统制为不便,因为刘光世麾下左护一军几乎都是过往的群盗巨寇招降而成军的,无不骄悍自恣、放肆狂妄,而其统制官中侍大夫、武泰军承宣使郦琼本已可算是刘光世所招徕的巨寇出身,又一贯与王德不和。而刘光世因为郦琼屡立奇功,待之与王德几乎一般无二。如今郦琼一旦知道王德为大帅,岂能自甘其下,又岂能自安?

然而赵构这次并没有对张浚言听计从,反而只是说,已经授予郦琼副都统制,想来无事。

张浚闻言,如坠冰窟。

他终于明白,秦桧离间自己和岳飞,又以王德为搅动淮西军的一枚棋子,人之谋取权位私利,竟可以到这等完全罔顾国家利益、数万军士的程度!更可怕的是,秦桧早就算好了一切,眼下自己说得越多,就越是会让官家猜疑自己嫌以都督行府统御、节制诸将帅还不够,非要亲握重兵,这时候多说多错,说再多都是适得其反,无补于事!好一个奸诈的秦会之!

张浚只能去信吕祉,让他千万小心处理淮西军中将校之事,不可轻举妄动,以免激起不测。

六月,郦琼以下八名武将写了诉讼状子递呈到都督行府吕祉那里,弹劾都统制王德,并乞请回避,不愿受王德节制。然而都督行府并不批准这一请求,也更不会认可他们对上司王德的弹劾。于是郦琼等又差人投讼状于御史台,而王德听闻后也不甘落后,便亦上奏攻讦郦琼之过。张浚见到闹成这样,便下令召王德至建康府,暂时将他与郦琼分开,免得越闹越大。

张浚这时候是无奈的,他再不敢拿出在川陕时候先斩后奏的威权,如诛杀曲端、赵哲一般对付譬如王德与郦琼等人。这一场武将不和的闹剧里,必然只有彻底处置一方,大加拉拢一方才是最好的手段,但不论是对付王德还是郦琼,都会招致天子的猜疑,张浚已经投鼠忌器,只能寄希望于吕祉将淮西全军安抚好。张浚发现,自己大权在握、预备北伐的一切都仿佛被秦桧四两拨千斤地拆成了到处是窟窿的破屋子。危机四伏之下,到了七月,张浚只能先选择修复与岳飞的关系,趁着岳飞再赴行在的机会,张浚当面向岳飞谈了许多话语,他并未点明,只是说官家待太尉眷遇之厚云云,如果岳飞还看不透这一切,则张浚亦无可奈何。

七月的盛夏在当时也是颇为炎热的,张浚一日正坐于东阁,参知政事张守突然走进来,径直握住张浚的手道:"相公,守过往对你说秦桧旧德有声,忠勇可大用,如今与他同列宰执,徐考其为人,才发现与靖康时大相径庭!秦桧晚节诚不可问,且吾辈不得不为天下深忧啊!"

张浚听到副相如此说,心里也是一阵叹息。然而秦桧植入官家心中的那些猜疑的种子,又如何消除呢?自己位极人臣,却反而被逼得如履薄冰,太难了!

七八月间,郦琼等人犹不满足王德被召回建康,再次在吕祉面前控诉王德。吕祉便出言哄骗众将,说如果认为你们是对的,罪责都在王德那,这是胡说!但张丞相特别喜欢人有勇锐向前的心,如果能立军功,即便有大过,张相公一样能宽容包涵,何况是你们之间这些小摩擦呢?

暂时安抚了郦琼等将领之后,吕祉立刻密奏朝廷,请罢黜郦琼、靳赛等闹事将领兵权。于是八月五日(乙未),朝廷调张俊为淮西宣抚使,杨沂中为淮西制置使,刘锜为制置副使,令张俊、杨沂中等带兵往淮西,召郦琼等还在听候处置。

另一方面,吕祉尚有一手布置。他擢拔重用被刘光世冷落的淮西转运判官韩琎,令其往庐州催促先前自己奏乞移屯庐州的吴锡所部摧锋军速来淮西军营,作为自己的助力和警卫,以备缓急。

八月八日(戊戌),诸将入吕祉所在的都督行府衙门中晨谒,吕祉刚刚正襟危坐,郦琼已经从袖中拿出文书丢给了站立在一旁的中军统制官张景看,并厉声质问说:"诸兵官有何罪?张统制乃以如许事使朝廷闻知?莫非是要害我等!"

原来,吕祉奏请朝廷罢黜郦琼与靳赛的事情,竟被书吏朱照漏给了郦琼知道,郦琼随即命人暗中监视吕祉所置的传递公文给朝廷的驿站,果然尽得吕祉之后所上的论列诸将领罪状的文书,郦琼、靳赛等无不大怒。诸人又联想到前一天已经收到的要诸将易置分屯兵马的命令,更是明白了朝廷要对他们动手的心思!于是终于决定横下一条心,裹挟士卒,发动兵变!

却说吕祉见到这份自己所写的文书,顿时大惊失色,想逃却又如何冲得出去,已是被郦琼一双铁手所擒住了!

郦琼的贴身校尉又杀死了张景和都督府同提举一行事务乔仲福及其子武略大夫乔嗣古、统制官刘永等,随后又挟持阁门祗候刘光时,乃率全军长驱出营,往北投奔伪齐而去!

郦琼等甚至将庐州知州赵不群等官员一并挟持,随后又放走了到官无多日的赵不群,带着吕祉一起以所部四万人渡过淮河,往降刘豫。吕祉随后遇害。

这便是震惊朝野的淮西兵变。

在当时近乎五、六分之一的国家精锐野战集团军这样整编叛乱投敌,实在是极大地削弱了抗金的军事力量,又极大地打击到赵构的信心。可以说,淮西兵变之后,赵构对恢复中原再无往昔的幻想和热情,他心中的天平开始倒向和议,而与金人交战不过是以战促和的手段而已。

张浚很快在召对时乞请辞去相位,但他的引咎辞相,仍然得到了赵构的宽慰。两天后,张浚再次恳辞宰相之职,这一次赵构终于不再假意挽留和坚持。

君臣之间竟是再不能如往昔,已是有了隔阂。

官家赵构看着面容憔悴而惭愧的张浚,一时间又想到他自投效自己以来的诸多大功与忠勇任事的回忆,便心下一软,道:"卿为国家柱石,此番小去时日,怡养和乐,他日朕当再召卿为相。"

张浚却知道,这不过是场面话罢了,秦桧种下的那颗种子将永远让天子对自己有所猜疑,且淮西兵变又将令自己声名狼藉,哪里还有复相的机会!

于是张浚只是表示无德无才,认罪而已。

赵构又道:"卿恳辞相位,朕不得已,只能让卿离去。则必欲去位,将以何人代之,卿心中可有人选举荐?"

皇帝这是问,谁适合取代他张浚做宰相。但这种问题,此时的张浚已不敢多嘴,于是乃沉默着。

赵构忽然开口:"秦桧何如?"

张浚一愣,终于是悲从中来,忍着极大的不忿道:"罪臣近与其共事,始知其暗!"

赵构心里想,这是在恨秦桧背叛你啊,可你要知道,爵位官职都是我天子之恩赏,与你何干?倒在这里攻讦人家秦桧心术不正,人品暗劣?但赵构这时候也有些还没看明白秦桧,心里更记得秦桧昔年大言不惭,欺愚自己的往事,于是又问:"然则用赵鼎?"

张浚道:"赵鼎忠贞国事,再入相甚为妥帖,陛下英明!"

赵构一笑:"那么,便由卿如往日一般,再为朕拟批召赵鼎还朝吧。"

于是,观文殿大学士、两浙东路安抚制置大使兼知绍兴府赵鼎充万寿观使兼侍读,令疾速赴行在!

秦桧得知这一消息后果然咬牙切齿,他本以为张浚会推荐自己为宰相,来图谋自己善待罢相后的他,没成想竟然还是举荐了老友赵鼎!

秦桧冷笑一声:"却未料你张相公格局恁小!是我秦某人高看你了!宰相之位,他日我必再取之!"

不久,御史中丞周秘、殿中侍御史石公揆等台谏言路大臣都纷纷上白简弹章,猛烈弹劾张浚误国。至有诸如"轻而无谋,愚而自用。德不足以服人,而惟恃其权;诚不足以用众,而专任其数""强狠自专,往年富平之败,论者谓有不轨跋扈之渐。今抆拭录用,复尔寡谋失策,使数万之众一旦叛去。舍而不戮,何以示威而劝来者?"等话语,明确要求将张浚明正典刑,以为人臣误国者之戒。

于是九月十三日(壬申),诏:特进、守尚书右仆射、同中书门下平章事兼枢密使、都督诸路军马、监修国史张浚罢为观文殿大学士,提举江州太平观。

但台谏们仍不满意,继续猛烈论列,请将张浚窜逐蛮荒,于是张浚观文殿大学士的殿馆职名被褫夺。然而言路仍坚持要贬张浚至远方乃可,枢密都承旨张宗元本是张浚门下亲信之人,竟畏惧被视为张浚党羽断送前途而上表请斩张浚……

数日后,赵鼎复相,再为左相兼枢密使,这也表明皇帝赵构基本放弃了张浚的路线,开始转向赵鼎的保守路线。由于台谏官员持续不断地论列张浚误国大罪,如石公揆所谓"浚之罪恶,上通于天。竭天下之财,东南为之困;覆富平之师,西北为之扰。止于褫职,人心谓何?"等激烈弹劾,加之赵构要一股脑地把淮西兵变的责任推到张浚身上,于是便决意采纳风宪弹章的意见,准备将张浚贬谪岭南。

十月初,官家赵构对左相赵鼎云,想下罪己诏博告天下,以安淮西军民,只是要等行遣发落张浚之后再降诏。赵鼎闻言自是大惊,便对以"浚已落职。"但赵构却回答说"浚误朕极多,理宜远窜!"赵鼎不得已,乃以张浚母亲年老且张浚有勤王大功为由反复为之开脱说情;甚至告知皇帝,现在重贬张浚虽然并非诸将之言,但确实少快诸将之意,可赵构仍然不为所动。赵鼎屡次开陈累数百言,又说张浚若贬谪过岭,则与老母必死不能相见,但官家依旧不肯松口。直到赵鼎以"浚之罪,不过失策耳。凡人计谋,欲施之际,岂不思虑,亦安能保其万全?倘因其一失,便置之死地,后虽有奇谋妙算,谁敢献之?此事利害,自关朝廷,非独私浚也"为理由,皇帝才终于同意重新考虑对张浚的处罚。

十月九日(戊戌),诏:特进、提举江州太平观张浚责授左朝奉大夫、秘书少监,分司南京,永州居住。而原先,据说本要令张浚广南安置,即远窜之岭表耳!

朝奉大夫乃是从六品,特进为从一品,当中隔了十七个官阶,等于说降了十七官,确乎算断崖式降级。至于永州居住,虽则已经在越城岭一侧,但总好过到两广走一遭,已算是恩典了。

而秦桧的本领何其高强,他在御前的逸言,旁人若不知秦桧内心,则全以为是为国为公,赵鼎复相时,官家赵构曾说:"卿既还相位,现任执政去留惟卿。"赵鼎便立刻答以"秦桧不可令去。"秦桧权倾朝野之前的大奸似忠,不光欺骗了张浚等宰执重臣,也完全欺骗到了复相的赵鼎。秦桧得知赵鼎如此推重自己,便十分恭敬地跑去给赵鼎行礼,说"桧得相公如此,更不敢言去"。

然而赵鼎不会想到,就在一年后,赵鼎便因为反对在大好形势下与豺狼习性的金人和议而被罢相出外,秦桧则如愿以偿地重新做了右相,果然以和议的策略博得了皇帝的全面支持。赵鼎更无法预料的是,他被罢相之后,秦桧又以怨报德,指示爪牙反复弹劾构陷赵鼎,以至于将赵鼎远窜海南吉阳军(即过去的崖州),甚至要求知吉阳军官员每月具禀赵鼎生死等事。到绍兴十七年,赵鼎已在海南生活了三年,他对其子说:"桧必欲杀我,我不死,一家当诛。我死,尔曹无患!"于是绝食而死。秦桧之奸恶,至于如此!

张浚大约也没有想到,秦桧将开始其长达近乎十八年的专权之路,而张浚则要贬黜近二十年不得还朝。

张浚与赵鼎的分歧看似是简单的主战与主和,是激进与保守。实际上赵鼎的主和并非一味求和,过去金人强横而宋朝弱小的时候,赵鼎确实倾向于求和,但当宋朝具备了一定的实力后,赵鼎又是反对盲目和议的。而秦桧则不同,他只要能达成自己的政治目的,全无国家与忠君等当时忠贞之人所有的思想,是彻头彻尾的利己主义。从这一层意义上来说,淮西兵变还并不是最可怕的问题,最可怕的失策,恰恰在于张浚与赵鼎先后都错看了秦桧。

三年后,秦桧又杀死了威胁到和议的岳飞。

尾声

绍兴三十一年(1161年)九月,金人皇帝完颜亮统兵六十万,四路并进欲灭亡南宋。宋军王权所部溃逃,刘锜退保镇江,两淮顿时失守,张浚被起复为判建康府兼行宫留守。

他一路兼程,到了岳阳之后买舟冒风雪而行,遇到从长江下游东面来的船夫说:"敌兵方焚采石,烟炎涨天,还是不要过去的好!太危险了!"

六十有五的张浚放声大笑:"吾赴君父之急,知直前求乘舆所在而已!"

当时长江上,已没有一艘舟船敢靠近北岸行驶。

幸运的是,虞允文在采石矶阻止了金军抢滩登陆,而完颜亮又死于耶律元宜等人发动的兵变叛乱,大宋捡了一条命。

赋闲谪居二十年的张浚还将被授以重任,在孝宗皇帝登极之后,再以枢密使都督江淮东西路军马而出领大军,这便是他生涯的最后一战:隆兴北伐。

然而事与愿违,符离之溃把完颜亮兵败身死、女真内部混乱不堪的大好机会都给浪费了。

但如果撇开常见的简单观点,即张浚颟顸无能,导致隆兴北伐失败,则我们可以看到他本来的策略确实是在两淮故布疑兵,而直取房人不甚注意的山东——这是辛弃疾所献计策,但却遭到孝宗皇帝赵昚潜邸旧人,昔日建王府直讲史浩的激烈反对。这之后张浚才趁着独对的机会劝孝宗乾纲独断,最后皇帝绕过宰执重臣们和都堂,直接给前线的张浚与诸将发密旨,令其北伐。然而宋军的主攻方向却是河南,这势必要引得金军主力南下,做殊死的搏斗。这一策略,不能不让人联想到,是孝宗年轻气盛,制定的收复东京之战略目标。而宋军两支集团军主帅李显忠与邵宏渊的不合,张浚未如收拾曲端时一样出手的原因,或许在于李显忠作为归正人的身份和邵宏渊作为侍卫亲军步军司左军都统制的过往身份之不同。李显忠固然军事才干过人,但邵宏渊任职侍卫亲军步军司的经历似乎不得不认为是两代天子较放心的亲信大将。暮年的张浚在看到李、邵二人矛盾之后,没有黜责处置一方,反而令二人各自节制兵马,导致宿州城得而复失,最终符离兵败,确乎多少也是因为失了往日锐气,忌惮天子的雷霆雨露之威权。

张浚最应为国统御诸将的年华都在贬谪中逝去了,隆兴北伐失败后的他,自然要再从右相位置上坠落下去,但替罪羊何止他一个,汤思退也自然要在和议之后,痛遭贬黜。

德寿宫北内的那位太上皇赵构,正将这些帝王心术传给太祖一脉的嗣君赵昚。而当张浚退出历史舞台的时候,孝宗朝的诸多名人们正刚刚登上历史舞台。

关于张浚的误解,可能还会继续下去,关于张浚的谜团,也可能追寻得还很不够。但至少,基于史料重构了诸多相对合乎逻辑的解释。若以一句话来概括,则张浚本是要做补天事业并以此自许的大人物,但他性格中各种问题和命运的捉弄,使得他每每功败垂成。这是一个悲剧的人物,历史甚至不名之为英雄,但事实上在南宋初年的文臣中,立志以恢复中原为己任的,几乎无出其右。

此身何曾似浮萍：陆游的迷宫

似水流年

绍兴十一年腊月二十九日，岳飞父子遇害于大理寺内。

罪名乃是大敌当前，临战观望；指斥乘舆，阴图袍泽；唆使部将，据襄谋反。

一条条都是触目惊心又完全经不起推敲的罪行。岳飞是抗金的英雄，是全力主战且令金人畏惧的名将，何以会有所谓临战故意逗留不前，不愿增援的私心？

"乘舆"者，谓皇帝也，即当时的大宋官家赵构。按宋律，指斥乘舆，如果性质严重，就要处斩。秦桧他们罗织了两条极其生动的"指斥乘舆"罪。一是说岳飞曾狂言："我三十二岁上建节，自古少有。"暗示自己和太祖赵匡胤一样，都是而立之年便做到了开府建牙的节度使；二是说岳飞曾召集诸将，公然倡言："国家了不得也，官家又不修德！"

此外尚有些更生动的细节被编造出来。

如说岳飞于绍兴十年被迫因为金字牌急脚递而班师，一天夜晚，驻军郾城村落寺庙之内，跟随在他身旁的还有岳家军中的几位重要部将：王贵、张宪、董先、王俊等。岳飞忽然大声问众将："天下事竟如何？"——这天下之事，最终会怎么样？这话语便仿佛问鼎之轻重一般，极其忌讳。

听闻这样的话语，在重文轻武的大宋，武夫们哪里敢多嘴。只有张宪的眼神透过升起的火堆望向了岳飞，幽幽道："在相公处置耳！"——天下的事，在相公您处置决定罢了！

在这个编造的故事里，岳飞真真切切地戴上了曹操、王莽的面具，仿佛准备行大逆不道之事了。

他在绍兴十年的时候，已经被擢升为开府仪同三司、少保，武职正任官到了武胜定国军节度使，具体的差遣则是湖北京西路宣抚使兼河南北诸路招讨使。如此显赫的职位,在军中被美称一声"相公",自然也是可以理解的。

但在大宋,从来只有宰相才是真正的相公,就是执政也不过是他人美称而已。有些话,文臣宰执可以说,武夫任你是太尉也好,三公也罢,都是不能说的。

总而言之,在秦桧的百般算计之下,岳飞等人的罪名终于是罗织完毕了。

官家赵构用他颇为自诩的米芾字体,写下一段御批文字:"岳飞特赐死!张宪、岳云并依军法施行。令杨沂中监斩,仍多差兵将防护!"

多派兵将防护自然是因为赵构和秦桧心虚,以防生变。

岳飞死的时候,按当时的历法来算,尚未到不惑之年。

次年初,绍兴和议达成,宋对金称臣、纳贡、承认淮河以北尽属女真。

在递交给金国的誓表中,皇帝赵构甚至说:

> 臣构言:今来画疆,合以淮水中流为界,西有唐、邓州割属上国。……既蒙恩造,许备藩方,世世子孙,谨守臣节。每年皇帝生辰并正旦,遣使称贺不绝。岁贡银、绢二十五万两、匹……有渝此盟,明神是殛(jí),坠命亡氏,踣(bó)其国家。臣今既进誓表,伏望上国蚤降誓诏,庶使弊邑永有凭焉。

身为九五之尊,却自称为臣;公然承认把中原割让给"上国";还替天水赵家的子子孙孙向女真人保证,世世代代都会遵守称臣的约定;写到最后甚至说如果宋朝敢违背这一盟约,那么就必然有神明来严惩,国破家亡!看在臣赵构已经奉上誓表的份上,乞请上国早点正式答应,降下明诏立盟,好让我们这偏安一隅的小国永远有个依凭。

言辞的奴颜婢膝,已经无以复加了——可还是要说一声官家至孝至仁,不忍父亲徽宗的梓宫(即棺椁)和生母韦氏长留膻腥之地了,官家圣明啊!

官家怎么能不圣明呢?

人们的愤怒亦只能小心地私下里宣泄,且也只敢宣泄到宰相秦桧头上,恨于心间罢了。

总是奸臣误国。官家何过?!

这一年,陆游十八岁。

古时,男子通常要到二十岁行了"冠礼",才算告别了成童舞象之年。

两年后的绍兴十四年,二十岁的陆游娶了自己深爱的表妹唐琬为妻。然而好景不长,虽然二人伉俪情深,但终因唐琬婚后一年多未孕,最终在母亲的横加干预下,被生生拆散了。

陆游的母亲很快勒令儿子再娶王氏为妻。而他深爱的唐琬——这位才貌过人的女子,亦不得不改嫁宗室赵士程。

人世间痴男怨女最痛苦的事情,岂是阴阳两隔?最莫过于生离别!两颗相知相许的心,却要活生生分隔开来,从此往后,各有归宿,自是人生长恨水长东了。

然而尽管庄子在《大宗师》里说:"相呴以湿,相濡以沫,不如相忘于江湖。"但如果心中有愧,爱意难舍,终不能忘呢?

陆游是无奈的。

他在母亲和妻子王氏面前把对唐琬的缱绻情意都深深藏于心底,他一面在相思而求不得的苦楚中发奋读书,一面也只能履行自己作为儿子和丈夫的义务。古代社会里,不孝有三,无后为大。二十四岁的那一年,陆游的父亲陆宰离开了人世,而陆游自己也成了一位人父——他的长子陆子虡(jù)诞生了。

经史子集和诗词歌赋宽慰着天才的陆游,报效君父国家、恢复中原的期许也在激励着他。多少次黉夜灯下的苦读,多少回念及中原沦丧的悲愤……

可这江左小朝廷里的悲愤事自他弱冠以来更是在眼前接二连三地发生!

绍兴十五年,二十一岁的陆游听闻了成州团练使、叙州知州邵隆将军因为坚持抗金,被秦桧派人毒杀的传闻。官家却亲幸秦桧府邸,封赏之厚令人咋舌,连秦桧那年方九岁的孙子秦埙都被加了正八品直秘阁的贴职,赐三品服!当时人曾说,官员们的本官品阶往往可以靠磨勘(升迁考核制度)往上升到一定程度,但职名一向是皇帝用以优待天下才俊之士的,如果没有足够的本事,终身都得不到贴职也是稀松平常的事情。北宋哲宗皇帝元祐以后,贴职乃是侍从官之外的庶官所带职名(直秘阁到正六品集英殿修撰是为贴职)。贴职在宋朝又是一种文学高选的标志,象征德才兼备的身份,在升迁、待遇等各方面都地位优越。并且,由贴职而迁待制(从四品),成为侍从,这几乎是必经之路。只有到了侍从官级别,才有资格参与国家大政的实际讨论和决策。故而,这样重要的一个职名,秦桧的孙子才九岁,连四书五经都不知道学得如何了,便已经拥有一般官员终身未必得到的宠遇,更不要说赐三品服,大乱章服礼法的事情了。有必要交代一句,实际上当时秦桧的三个孙子秦埙、秦堪、秦坦都被加直秘阁、赐三品服!

绍兴十六年,主战派的旗帜人物,几次出将入相的张浚也再遭秦桧打压,丢了节度使的职名,贬官偏远的连州居住(在今广东)。张浚不同于邵隆这样小小的团练使,他乃是位极人臣的宰相,是一名文臣。绍兴五年时,他便以右丞相兼知枢密院事的身份,都督诸路军马,在江淮开都督行府——所谓的"中兴四大将"岳飞、韩世忠、张俊、刘光世这些官拜宣抚使的"太尉"们在当时无不受他节制,都要听他的都督府钧令指挥,其余前线的招讨使、三衙管军等大将更是要服从张浚领导。

可这样的人物,也逃不过秦桧的魔爪。太师秦桧的权势几乎到了不可思议的地步。

绍兴十七年,陆游又听闻了秦桧使人毒杀岳飞部将牛皋的说法。牛皋是岳飞麾下极其得力的大将,岳飞遇害时,万幸未被牵连,可六年后仍是被秦桧惦记着,丢了性命。牛皋中毒后情知必死,忍受着剧痛,发出生命最后的呐喊——他只恨与金人媾和,称臣纳贡,堂堂大宋居然接受了南北分裂的结局!他更恨不能马革裹尸,却是要死在屋舍户牖之内!

这一桩桩触目惊心的事情无疑是让陆游惊愕与愤懑的。他甚至还无法理解,这一切是如何可能的。尚未涉足真正的宦海仕途,此时的他尚不能深知,这些争权夺利背后人心的险恶与游戏规则的残酷。他只能把满腔的怒火,都记在一个名字上,那便是秦桧。

家国仇恨在心间,圣贤言教诵口中。

与唐琬分开七年之后,绍兴二十三年,二十九岁的陆游认为自己已经对科举所需掌握的知识融会贯通,因此,他决定要去考取功名,为大宋的天下做一番事。于是,他去参加了临安的锁厅试。

所谓锁厅试,自然是要有官身爵禄在的人才能参加,寻常布衣读书人是没有资格的。普通人要在礼部的省试之前先参加州府于秋季举行的"发解试",也就是俗称的乡试。过了这发解试,便可被称为"贡举人""贡士",也就是我们耳熟能详的"举人"老爷的意思。

陆游并非出身贫寒的穷措大(宋代对穷酸读书人的蔑称),而是生养于官宦人家,甚至可以说祖父、父亲俱是位高权重的官员。因此假如有捷径可走,何必再和无数寒窗苦读的莘莘学子一起,挤解试的独木桥呢?

陆游大约确实是称得上家世煊赫的。

他的爷爷陆佃曾贵为徽宗朝副宰相,虽然执政仅仅一年左右(北宋徽宗建中靖国元年七月,陆佃尚书右丞。十一月,尚书左丞。崇宁元年五月,罢尚书左丞,知亳州)——文臣能入两府,成为宰执大臣,这是何等的背景深厚?能够做到正二品的执政,一路走来,当是有着不少门生故旧。

因此,陆游的父亲陆宰也是官运亨通,虽然不如陆佃位列中枢,但也是历任京西路转运副使等要职。换言之,陆游的爸爸,也做过副省级官员和首都市长的职务。

于是,根据宋代的门荫制度,陆游虽然还未考取进士出身,但是已经有了荫补的官职——登仕郎(选人阶官名。宋代本官分京官与选人。京官最低一级元丰改制后为从九品承务郎。选人地位远低于京朝官,且跨过选人这道坎,迁转为京官在宋时殊为不易。当时常有"老死于选海"的说法)。

这样优渥远过常人的家庭环境,加之本身即是才高八斗,因此在此番锁厅试里,陆游便被主考官陈之茂擢置为第一名。

锁厅试是相当于发解试的,这第一名便也与乡试的头名"解元"仿佛无二了。陆游自然是得意高兴的。

可这一年一同参与锁厅试的还有一个人,那便是我们上文说过的秦桧之孙秦埙。昔年才九岁的一个小娃娃,如今已经是十七岁飞鹰走犬的宰相家小衙内,太师府上的官三代了,甚至,他还未取得进士出身,已经是从六品"右文殿修撰"了(宋徽宗政和五年由集贤殿修撰改名而来,属高等贴职,次于集英殿修撰)!

秦埙自然是趾高气扬的,他的祖父秦桧权倾朝野,谁人不怕,谁人不曲意逢迎?可偏偏,这第一名竟然让陆游夺了去,这种羞辱,秦埙不会在自己的身上寻找问题,以为才学不若他人。秦桧更不会觉得是宝贝孙子文章诗赋技不如人,他只会迁怒于主考官,更迁怒于胆敢让秦埙屈居第二的陆游。

因此多年以后,陆游年过古稀,仍然记得陈之茂的恩情。他在晚年写了一首诗追忆锁厅试时陈之茂点自己为第一名的往事,其中说:"国家科第与风汉,天下英雄惟使君。"——当初国家的抢才大典,您把宝贵的赏识和第一名的荣誉给了我这样一个满口狂言疯语的人。能在秦桧窃夺权柄的淫威之下,秉持公心和如此气节的英雄,算来当时天下也只有您这样极其少数的人了!

写这首诗的时候乃是宋宁宗庆元五年,陆游已七十五岁高龄了。

但此时的陆游对于这些,还一无所知呢,他怎能料到,一位当朝的权相居然惦记上了自己?

第二年,陆游参加礼部省试。

通过了礼部试之后,便只剩下殿试了。而殿试不过是定最后的排名,一般来说,绝不会黜落谁,判谁不合格。亦即是说,只要过了礼部试这一关,就等于是俗称的进士了。对于普通人来说,几乎就标志着释褐为官,从此走上士大夫的人生赢家之路了。而对陆游来说,也将是他取得出身,得授差遣,为国效力的开始。至于秦埙,那不过是走个过场,他自然认为状元是内定给自己的。

这一次,秦桧已经做了远较锁厅试时严密细致的安排了。他的心腹,御史中丞魏师逊知贡举,汤思退则以权礼部侍郎兼直学士院同知贡举。

安排了两个亲信主持此次礼部试,就为了让自己宝贝孙子秦埙能够成为状元。

礼部贡院内,汤思退与魏师逊等人相视而笑。他们此时完全明白了"窃效贡公喜,难甘原宪贫"的深刻内涵,相与言:"吾曹可以富贵矣"!

他们只要按照秦桧的吩咐——当然,很可能太师相公根本不需要点明这种事,如果这点政治智慧都没有,汤思退与魏师逊又是如何在秦桧当权时爬上高位的呢?总之,二人既然执掌了礼部省试的大权,便十分默契地准备把秦埙放到第一名去。

可是,汤思退也在其中发现了几个将经义诗赋乃至策论都做得十分过人的考生。这其中有两人的卷子,汤思退尤其喜欢,在他想来,那便都放到前列吧。

其中一人自然是陆游。所谓"试礼部,主司复置游前列"。如无意外的话,他将顺利以名列前茅的成绩通过礼部试,然后参加最后争夺进士排名的殿试。

但意外终是降临了。

意外来自于当朝太师,左丞相兼枢密使秦桧。虽然陆游家世煊赫,但在秦桧面前,这些都一文不值。

正常来说,秦桧并不主管此次礼部省试,他应当无权决定考生的成绩。但在秦桧的特权安排之下,陆游本可金榜题名甚至争一争一甲的才学都成了无用功,他居然在礼部试时被黜落了,判了不合格。

陆游的心情便可想而知。

他的祖父陆佃曾是礼部试的省元,也就是礼部省试第一名。在殿试中更是高中一甲第三名,便是俗称的探花郎。他是熙宁三年叶祖洽榜的进士,同榜的进士里还有蔡京、蔡卞兄弟和以画家身份著称于后世的李公麟,绍圣年间被算作阿附苏轼苏辙兄弟而一起被弹劾贬谪的工部侍郎李之纯,被讥为"护法善神"的福建子吕惠卿的弟弟吕升卿等名人。

但到了孙辈的陆游这里,他连参加殿试,夺取进士排名的资格都没有。

他被秦桧的特权生生卡在了最后一道坎上,而实际上以他的才学,进士及第本是如探囊取物一般。但历朝历代,在绝对的权力面前,到处是才华横溢却碰壁的失意人,何足怪哉?

只是这事情发生在陆游自己身上,便不是分茶行酒时的笑谈古今了。

陆游或许只能看着那榜下捉婿的热闹,看着状元郎鲜衣怒马的模样,这一榜进士,值得说的名人尤其多——状元是高宗皇帝赵构钦点的张孝祥,同一榜尚有采石矶力挽狂澜的虞允文,有南宋四大家之二的杨万里、范成大,有后来写了《三朝北盟会编》的徐梦莘,甚至有和朱熹有一则传了千年的公案纠纷的唐仲友,还有和辛弃疾起冲突的施元之……

但所有这些,与陆游竟是全无关联,他恍若一个可怜的看客,有盖世的文采,却被权力的手掌轻易摧折。

自绍兴二十四年被秦桧黜落后,他的心情大约难免低沉,颇有"浮云不卷时时雨,薄酒无功日日愁"的怅惘情绪吧。

陆游终于是明白了,只要秦桧活着,他便没有翻身出头的那一天。

这种残酷的现实竟给到陆游怎样的打击,我们也只能在想象中去揣测了。

他多半是带着沉郁的心情,靠诗酒度日。但他没能想到,在第二年,他竟在一个叫沈园的地方与唐琬不期而遇。

他无数次欺骗自己,唐琬与他结为夫妇的时间尚短,纵然曾经情深,如今她嫁了宗室子弟,必是已经淡忘了自己吧?或许她早已云淡风轻,往昔深情不过是青春散场的闺中之梦,仅此而已。

他也无数次安慰自己,唐琬清扬美丽、才情动人,虽是改嫁,也必能得夫君全心全意的疼爱,必是能幸福快乐的吧?说不定早已垂髫绕膝、相夫教子,过着举案齐眉、赌书泼茶的美满生活!

然而暌违十年之后,在沈园的邂逅,才第一眼,陆游就看明白了所有。

她瘦了。

比以前更瘦了。

只一瞬间,那芳泽无加、铅华弗御的脸庞便因二人的对视而泛起盈盈泪光。

陆游所有对自己的欺骗和安慰都被击得粉碎。

自绍兴十六年被迫分离,至如今竟已有十年之久!

那是一种仿佛心口忽然剧痛,能清晰听到自己心脏轰然跳动的苦楚。

杨柳春风绿万条,可是满城的春色里,却找不到可以折柳相留,把唐琬留在身边的柳枝。

十年前,自己不过弱冠之龄,尚无功名,有什么力量违背孝道,把她留下呢?可如今,自己依然是个没有出身的荫补官,难道再去拆散人家吗?

两人凝眸对视,仿佛光阴荏苒,仿佛刹那芳华。

风拂过他们周遭,而风无好风,绪尽愁绪!

大约,谁都没有开口说什么。

便还能说什么呢?

山盟海誓、彩笺锦书全成了水中之月,镜中之花!

陆游痴痴地望着唐琬那玄鬓颊肩的娇小背影离自己而去,他呆呆地伫立在原地,只明白了一个事实:原来十年来,什么都没有忘记,也什么都没有改变。

多么希望自己在昼而为影,可以常依唐琬之形而西东;多么希望自己在夜而为烛,可以照佳人之玉容于两槛!

但他知道,过去给不了她幸福,现在仍然一如往昔。

于是陆游写下了那首催人泪下的《钗头凤》:

　　红酥手,黄藤酒,满城春色宫墙柳。东风恶,欢情薄,一怀愁绪,几年离索。错,错,错! 春如旧,人空瘦,泪痕红浥鲛绡透。桃花落,闲池阁。山盟犹在,锦书难托。莫,莫,莫!

无奈的是相爱的人无法在一起,痛恨的是自己甚至仍然没有出身!

许多年以后,对唐琬的爱并没有消逝,陆游写下"伤心桥下春波绿,曾是惊鸿照影来"——这好似星星般灿烂的文字,承载的却是五十年的爱情悲剧。

爱难忘,恨难消。陆游多年以后写下数篇颇为狂傲的《放翁自赞》。其中便云:"名动高皇,语触秦桧。"

古人若是这般直呼其名,那不敬之意通常是毋庸置疑了。

以上是关于陆游非常耳熟能详的故事和印象,这当然是史实。

而后来的陆游,我们知道,是立场无比坚定的主战派,并且,总是因为倡言恢复中原,而遭到投降派和主和派奸臣们的打压……

这是如今我们听得最多的"结论"。

但实际上呢?

历史的真实和细节足以令人惊讶和深思……

陆游与秦桧余党、主和派势不两立?

某种程度上来说,陆游虽然在绍兴二十五年因重逢唐琬而悲怆不已,但这一年实际上对他而言,运气不算太坏。因为秦桧在这一年的十月病逝了。

但另一个主和派的大臣迅速崛起,在大家看来,几乎算是接了秦桧的班,众人过去怎么在心里骂秦桧的,如今便怎么看待这个人。

他便是汤思退。

汤思退因为谄媚阿附秦桧,和魏师逊等人一同在绍兴二十四年的礼部省试中把秦埙置为第一名,于是第二年六月便由礼部侍郎除端明殿学士、签书枢密院事兼权参知政事,一跃而成为执政。当年七月起,秦桧已经逐渐病重,曾将汤思退和另一名参知政事董德元一同召入自己寝卧之内,均以黄金千两赠之。汤思退此人当时拒不接受,后来赵官家便觉得汤思退有节操,不可一概视其为秦桧党羽,这才在绍兴二十六年,除为知枢密院事。实际想来,汤思退不过是担心秦桧万一病愈,自己收下黄金显得是盼着秦桧死。但这种怯懦怕事反而给他带来好运,绍兴二十七年,他又拜为尚书右仆射,登上了右丞相的宝座;二十九年,又进为尚书左仆射,成了左丞相,位极人臣。当时朝野间便有讥讽之语"知不知,问进之;会不会,问思退"。进之是汤思退的字,这说的就是汤思退明明是秦桧党羽却逃过一劫,反而官运亨通。

秦桧的死,造成了一连串多米诺骨牌效应。绍兴二十五年,被秦桧排挤,久已罢废闲居的张浚相公被皇帝赵构起复为观文殿大学士判洪州。当时张浚已听闻完颜亮篡位,自立为金国皇帝,以为其狼子野心,必将举兵南侵,于是次年便上疏直言,说国家溺于宴安,荡然无备,恐非社稷之福。

绍兴二十六年的左丞相沈该乃是奸脏狼藉的贪官污吏出身,不过以谄媚阿附秦桧而平步青云,右丞相万俟卨(mò qí xiè)也一样是秦桧党羽,这两人当时都被重新召回行在不久,因为他们位高权重之后均受秦桧猜忌而遭到排挤,于是正合赵官家瓦解秦桧势力的同时继续与金人媾和政策的需要,这投降主和的二元老就又回来了。他们和当时知枢密院事汤思退看到了张浚的奏疏大为恐慌,继而又笑张浚狂言胡语,是想借此重新回到两府来做宰执相公。

于是便指使御史中丞汤鹏举、侍御史周方崇、右正言凌哲等御史台、谏院的宪臣言官们,累章弹劾张浚,甚至说他"倡为异议,以动摇国是。欺愚惑众,冀于再用。不顾国家之利害,罪不容诛。望破其奸谋,重加贬窜!"言下之意便是张浚此人大奸大恶,公然对朝廷的政策大唱反调,动摇与金人和平共处的"国策",欺弄愚昧之人,以求自己再次被重用为宰辅。他们把张浚说得一无是处,全是私心,要求将他贬到穷山蛮荒的远恶军州才好。于是,皇帝下诏再次令张浚贬居永州,以本官奉祠(担任宫观使、提举某观等祠禄官即奉祠,属于安置贬官罪臣或优待致仕退休之臣的一种方式,并不需要去往该庙观赴任,但领有相应俸禄)。

也就是说,汤思退在当时是被视为秦桧余党的,也被认为是一个投降派,至少是个主和派宰辅大臣,甚至也做过打压主战大臣的事情,对付的还是主战派的旗帜人物张浚。

汤思退在绍兴二十九年九月由右丞相升左丞相,他志满意得地在自己的宰相府里读着贺启,也就是官员们写给他的贺信。

有一封贺启尤其引起了他的注意,真是越读越高兴,越读越觉得写信者说得妙不可言。

贺启中这样夸他:"廷告未终,搢绅相庆。邮传所及,夷夏归心。"

朝廷颁布的汤相公您拜左相的大诏令圣旨还没读完呢,官员士绅们都等不及地欢呼了。驿站邮传把这喜讯传遍天下,四海八荒之内,不管是中原还是蛮夷,都一片归心,对您顶礼膜拜。

又说:"至诚贯日,历万变而志意愈。屹立如山,决大事而喜愠不见。"

汤相公您对大宋的忠诚仿佛可以贯通天日,历经万变,为国为民的意志却反而越来越坚定不移。您屹立朝堂如巍巍高山,碰到大事须做决断则极其沉着,毫无喜怒之色,古井无波,洞若观火。

最绝的还在后头:"应变制宜,必有仁人无敌之勇,圣主以此属元辅,学者以此望真儒。"

汤相公您足智多谋,应变无穷,处理复杂的南北形势巧妙得当,怜悯战火中百姓、士兵的血泪,这是仁者的大智大勇啊!圣明的皇帝陛下也是因此来指望首相您啊,士林读书人也是因此指望着汤相公您这样真正的鸿儒大学者啊!

贺启中居然把汤思退的主和策略说成了应变制宜,仁者无敌。

在结尾,贺信不忘表忠心:"穷达皆出于恩私,生死不忘于报称。"

写信的人说,我的困窘成功与否,都是因为相公您私下的大恩大德,我不管生死,都不会忘记要报答您的巨大恩情!

贺信里把这个朝野内外一片骂声的秦桧余党宰相夸成了如诸葛孔明和范仲淹一般的人物,而且看起来两个人很有些私相授受的恩惠关系。

汤思退一脸笑意,读完了整封贺启。

那信笺的最后,落款究竟是谁呢?

正是:陆游。

这怎么可能呢?陆游不是坚定的主战派么?

他从来就痛恨秦桧,这一点他自幼便受到父亲陆宰的言传身教。陆宰为官时所交游者也多为持主战意见的人士,等到了陆游长大,更是与秦桧有着公仇私怨。

他至死都要说"王师北定中原日,家祭无忘告乃翁",平日也是高唱"中原干戈古亦闻,岂有逆胡传子孙。遗民忍死望恢复,几处今宵垂泪痕"这样旗帜鲜明的口号。

而汤思退乃是所谓秦桧余党!怎么能够对汤思退这样的投降派写如此不堪入目的话语呢?主战派不是应该和主和投降的那群奸臣泾渭分明,恨不能势不两立么?

确实要问一句,这怎么可能?

可这并非孤证个例。

绍兴三十年十二月,汤思退被陈俊卿等台谏弹劾罢相,以观文殿大学士出外,提举太平兴国宫。到了绍兴三十一年女真皇帝完颜亮六十万大军空国而来,投鞭断流地要灭亡南宋的时候,皇帝赵构又起复他担任临安行宫留守。

官家赵构对于逃跑这门本领是驾轻就熟,已臻化境的。建炎三年末到四年初,四太子金兀术(完颜宗弼)统领女真大军"搜山检海"捉赵构的时候,赵官家甚至逃到了海上。因此这一回完颜亮大举南寇,赵构已经做好了万一长江防线失守,便立刻逃跑的心理准备。

届时,汤思退这位老宰相便可以为他留在临安,做做抵抗的样子,更能够用以派遣他和金人求和,无非便是割地纳贡再多一点罢了。

到了第二年二月,因为金人已经陆续退兵,赵构寻思着用汤思退来平衡声音越来越响的主战派,便先把他打发到绍兴府,可进可退。

陆游便又写了一封信给汤思退,其中附诗一首,不妨看看其中片段:

永怀前年秋,群胡方啸凶,阃左发蓟北,戈船满山东。旧盟顾未解,谁敢婴其锋?公时立殿上,措置极雍容。南荒窜骄将,京口起元戎。旧勋与宿贵,屏气听指踪。规模一朝定,强虏终归穷。当时谓易耳,未见回天功;及今始大服,咨嗟到儿童。

陆游雄健才高的笔力一挥,先是追忆了去年完颜亮六十万金军南下的气势汹汹,不可一世。然后说汤思退运筹帷幄之中,从容不迫,又是罢黜镇江府都统制刘宝这个骄横不堪用的将军(绍兴三十年冬,十月,镇江都统制刘宝以专悍贪横罢,以刘锜为镇江都统制。此时完颜亮实则尚未南侵),又是起用了老将刘锜(实则刘宝被贬责,事在绍兴三十一年正月,诏刘宝落安庆军节度使,罢福建路马步军副都总管,降授武泰军承宣使、提举台州崇道观,当时汤思退已不是丞相。《剑南诗稿校注》此诗条目云:"南荒"句"骄将"指刘汜、王权。按刘汜、王权之贬窜,皆在绍兴三十一年十一月,武略郎、阁门宣赞舍人、镇江府驻劄御前中军统制刘汜特贷命除名,英州编管;清远军节度使王权特贷命,追毁出身以来文字,除名勒停,琼州编管。则亦非汤思退为相时)。那些更加趾高气昂的勋贵们都服服帖帖地听汤思退指挥,谈笑间女真人就输了,如今就算是黄口小儿也知道汤相公的大功。

实际上绍兴三十一年秋女真皇帝的大举入侵,最后兵败身死,哪里和汤思退有关系?完全是虞允文在采石矶扶大厦之将倾,加之李宝在胶西打败女真工部尚书苏保衡的水师,后来金人又内部兵变,契丹降将耶律元宜谋反才导致的偶然事件。但陆游仍然是极尽夸张之能事地大大赞美了汤思退的功勋,几乎说成了再造乾坤一般。

那我们不禁要问,为什么?

同样被当时人认为是投降派,至少是主和派,且是秦桧余党的汤思退,为什么陆游要对他另眼相看,推崇备至,甚至感恩戴德?

恐怕原因是出在陆游入仕前后的几件事情上。

前文已述,陆游在绍兴二十四年礼部省试时,本被主考官置为前列。当时知贡举、同知贡举的正是魏师逊与汤思退。

考虑到陆游说的私恩,则礼部省试时候把他擢置前列的应当就是汤思退了。

虽然秦桧最后还是动用权力黜落了陆游,但陆游肯定是对汤思退感恩的。要在秦桧的压力下,将自己点为礼部试前几名,真的需要勇气。

秦桧死后,绍兴二十七年六月,汤思退由知枢密院事的执政官拜右仆射,也就是右丞相。次年,没有进士出身,礼部试被黜落,赋闲在家的陆游忽然就被补了实缺,任命为宁德县的主簿了。

宋代等候补阙的官员与阙位之间有时候比例高达三比一、四比一,即便是主簿、县尉这样的低级官职,也是一堆人抢着要的。如徽宗政和三年,吏部四选总员数为四万三千人,阙数仅有一万四千处;又如宋高宗绍兴二十八年,侍郎右选有待差官员八百余人,而所剩之阙仅二百一十九处。何况譬如进士出身的,也有先从主簿、县尉做起的。

亦即是说,陆游在汤思退拜相后,没多久就补阙得官了。

作为一个没有进士出身的荫补官,如此尴尬的身份却能得到补阙,是谁帮了他呢?

八成就是汤思退拉了他一把啊。

陆游主簿才做了一年,绍兴二十九年又被调任福州司法参军。这样过渡了一番后,绍兴三十年五月,陆游调任"敕令所删定官"。

这是一个职掌比照、删修历朝敕令、条法,编出条例适用于本朝的工作。

重点是,这个工作不是地方上的,而是首都临安里的!更重要的是,"详定一司敕令所"的提举官是宰相!同提举是执政!也就是说,陆游成了宰相僚属中的一员,汤思退把陆游调到了自己身边!

汤思退给了陆游一个在行都临安可以接触到朝廷重臣的绝佳机会。

陆游心领神会,所以才在给汤思退的感谢信结尾说:"口语心而誓报。死而后已,天实临之!"(《除删定官谢丞相启》)我每天都要提醒自己的内心,发誓要报答汤相公的大恩大德,死而后已,上天为证!

这种口吻,不是大恩,有必要么?

要不是汤思退自己绍兴三十年年底被罢相,他一准安排陆游从选人跳京官,让他完成鱼跃龙门的大变身。在宋代,你本官是选人,就几乎不是人,多得是一辈子老死选海,没机会往上面升官的人;京朝官才是人上人,到了外面几乎就是副市长(通判)起步,能比吗?

从陆游后来的经历看,这次调任真的是大大帮助到了他。

另一个提携陆游的人乃是史浩。

他是高宗赵构的养子建王赵玮的王府直讲——也就是皇子的老师。绍兴三十二年六月,赵构禅位给赵玮,这便是宋孝宗赵昚(shèn)。

所谓一人得道鸡犬升天。皇子当了皇帝,他的老师肯定跟着飞黄腾达。于是很快成为参知政事(副宰相,事在绍兴三十二年十月。九月的时候为权知枢密院事,也即是代理执政)。

当时主战派大臣张浚听了辛弃疾在地方上用兵直取山东的建议,就想利用金人战败内乱的机会,用兵两淮,直取山东。

史浩坚决反对,他上了一道极其雄辩的奏疏,叫《论未可用兵山东札子》,其中说:

臣私下里听到传言,大多是说北虏军队被困于西北,没有余暇再顾及山东,加上金人施政苛暴残虐,老百姓不堪忍受,我大宋王师如果抵达,不费多大力气就可以拿下山东……但是万一没有到传闻所说的那种程度呢?万一北虏还敢集结军队抵抗,而沦陷于山东的百姓们又还不能揭竿自救,反正归义呢?那么即便我们派往山东的军队人数众多,恐怕也很难一定成功。况且令数目不小的军队滞留在国门外,则我边境上的守备就空虚了。我们尚且知道出兵山东来牵制川陕,他们难道不知道出兵使两淮、荆襄震动,以解除山东的危机吗?为今之计,不如下达敕令告诫边境有关宣抚司(宋代路一级军区称谓),用大军和水师舟船固守住江淮,控制军事险要,作为不可被敌人撼动的部署策略,只能选派十分之一的兵力,拣选骁勇有纪律的将领统率,让其军队神出鬼没、出奇制胜……山东距离北房巢穴根基万里之遥,(假如我们出兵山东,那么)他们即便不能守住,也并没有损害到他们的强大。而两淮离我大宋京师不远,哪怕两淮流域一座城池被侵略入寇,尺寸土地沦陷敌手,都将是朝廷的心腹大患,又会像去年一样(实际指的是绍兴三十一年完颜亮大举南侵。因为如果金人攻克两淮防线,就可以直面长江天堑,一旦渡过长江,临安就十分危险了)。

于是辛弃疾好不容易给张浚出的这个主意,胎死腹中。

不过假如去读《渭南文集》,会发现一篇名叫《代乞分兵取山东劄子》的奏疏,读完之后更会发现,居然与史浩的那篇《论未可用兵山东札子》除了题目外,一字不差。

这又是为什么呢?难道两人心有灵犀竟到了这种程度?

自然不是了,《代乞分兵取山东劄子》的题目中有个"代"字,说明是为别人代笔写的。

奏疏结尾有一句说"臣等误蒙圣慈,待罪枢筦(guǎn)"——这是枢密院执政们的自称。

那么答案就很清楚了,这封奏疏是为当时担任权知枢密院事的史浩所代笔的。

而《渭南文集》即是陆子遹为父亲陆游刊印的文集。

看来把原题"论未可用兵山东札子"改成"代乞分兵取山东劄子"的多半就是陆子遹了。

我们且不去谈史浩那个做了权相的儿子,有名的大奸臣史弥远,毕竟不能用儿子来反推父亲的品性,但史浩确实是极力反对北伐的,对张浚诸般阻挠。

自然,我们这里不去争论张浚是不是志大才疏,他和史浩又孰是孰非,我们只讨论陆游为什么愿意替史浩写这样的奏疏。

史浩是南宋时期主和派宰相,屡屡反对张浚北伐主张。何以陆游在这时候不为张浚摇旗呐喊,却为史浩代笔反对轻易用兵山东呢?

《宋史·陆游传》告诉了我们答案:

> 孝宗即位,迁枢密院编修官兼编类圣政所检讨官。史浩、黄祖舜荐游善词章,谙典故,召见……遂赐进士出身。

这里有两个重要信息,第一个是陆游当时的官职之一是枢密院编修(按陆游任枢

此身何啻似浮萍:陆游的迷宫 | 271

密院编修一职,多说是孝宗即位之后,绍兴三十二年九月之事。这多半是错误的。因为在绍兴三十一年六月,当时汪澈为湖北京西宣谕使,开府鄂州,曾想招揽陆游入其幕府。后来陆游作诗曾追忆此事,即《汪茂南提举挽词》,诗稿下面自注:"先相公督师荆襄,游首蒙招致幕府,会留枢属,不克行。"可见,当时陆游已经在枢密院中任职。不过汪澈在绍兴三十二年七月也有一次督军荆襄。但《跋陈鲁公所草亲征诏》里陆游又说:"辛巳壬午之间,予为西府掾。"绍兴三十一年为辛巳年,三十二年为壬午年,也就是说自绍兴三十一年到三十二年中的一段时间,他已经是西府枢密院的僚属了。因此这首诗应当是陆游在绍兴三十一年,汪澈第一次督师荆襄时所写。他当时已经是枢密院编修),那么为枢密院执政写点东西无可厚非。

第二个就更重要了,原来陆游被赐进士出身,乃是得了史浩的推荐!

自从隋文帝科举以来,是不是进士出身简直是天差地别。百万大军挤独木桥,多少人梦想着"朝为田舍郎,暮登天子堂",就是想要博一个进士出身,变身为统治阶级,出仕为官。

而陆游因为秦桧给他穿小鞋的缘故,他本来是没有出身的,属于荫补的尴尬身份,也就是靠着祖上做官的门荫,补了个官身,这种出身是要被正牌进士歧视的,在升迁上也是要遭受差别待遇的,常给人瞧不起。

所以,这又是一次大恩,来自于另一个主和派史浩的大恩!

那么陆游是个两面三刀的假主战派吗?他是假爱国者吗?

我倾向认为:陆游始终是志在恢复,期望着统一的。

那如何理解他身上这些鲜为人知的矛盾呢?

其实很简单,这甚至很好地给我们理解历史人物提供了一个新的角度。

那就是:"去符号化。"

陆游是一个有血有肉,真实生活在宋代的士大夫,同时也是一个伟大的诗人。

他个人的仕途里,不可能对那些给他提供过巨大帮助的人冷眼相向。他不是一个叫做"主战派诗人"的符号,而是一个真实存在着,有七情六欲,又志在恢复的官员。

如陆游因汤思退出知绍兴府而写贺启一事,不谈措辞问题的话,本就是一种官场礼节,举个大家熟知的名字,范成大——当时"监太平惠民和剂局",在卫生医药系统当领导的他还只是一个选人阶官从八品的区区从事郎,便也写贺启作诗给汤思退。其中说:"十年勋业泰山重,五鼎富贵浮云轻。"虽言辞远不如陆游之诗的夸誉,但也足见这是当时一种礼节了。

另一方面,实际上我们也不应该苛责陆游,因为倘若没有权势,那想要恢复中原简直是痴人说梦,中原不会因为你写一首诗就要回来,女真人的拐子马和铁浮图不会因为你写一篇檄文就被吓退。

对于有志向的士大夫来说,谁不愿意"举头望君门,屈指取公卿"呢?

设身处地想一想,假如你是陆游,你是否会感激贵为宰相的汤思退,要知道,一个高高在上的宰辅大臣根本没有必要来管一个选人的事情,对于这种格外的垂青,真的能无动于衷吗?

假如你是陆游,史浩帮助你得到了进士出身,你还不对他执学生礼?有些恩情施加于你身上之后,当事人是很难拒绝去表示感激的,并且因此而来的一些举动也可以得到理解。

只是我们不免要猜想,陆游对于汤思退的夸大之赞誉,尚且可以归之于无碍国事,不过是个人书信往来中对恩公的人情称颂,算是一种场面话,不论陆游心里多么渴望恢复,这与他对汤思退的感激之间,并不构成足够的矛盾。

但是替史浩代拟的这道札子,却大有不同。陆游极可能陷于内心的挣扎中左右为难。

从后来他与张浚父子以及陈俊卿等人的关系来看,便可知此时陆游所写的反对用兵札子,绝非本心,而不过是史浩欣赏陆游文才,告以大意,让他代笔罢了。可对于锐意恢复的陆游来说,即便并非自己本心,也必是会增惹心中烦恼的。

因此陆游一旦被赐予进士出身,感念皇恩的他立刻表露出了嫉恶如仇的个性。

闻阊九门不可通,以额扣关阍者怒

如今的皇帝已是孝宗赵昚。这位赵官家的特点是宠幸近习。所谓近习,是帝王宠爱亲信的近臣便嬖(pián bì)之类,多是武臣或宦官等,士大夫通常是将其视为奸佞的。

赵昚尚为建王赵玮时,潜邸之中即已有一些左右之人。这些"东宫旧臣"在宋代被称为"随龙人"。

除了前文所说的建王府直讲史浩之外,尚有二人极得赵昚亲信,此二人便是龙大渊与曾觌。

二人俱能作诗词,尤其曾觌还颇善填词。绍兴三十二年六月,孝宗登极之后便立刻提拔二人,乃以龙大渊为枢密副都承旨,曾觌为带御器械兼干办皇城司。

枢密都承旨是枢密院中很重要的官职,已经可以与闻机要军务,龙大渊骤然得除为副都承旨,自然颇引人瞩目。倒是曾觌作为潜邸旧臣,干办皇城司,做一些特务工作,属于新皇即位后的常规操作。

次年三月(隆兴元年),右谏议大夫刘度便上奏弹劾,说"毋使亵御干预枢筦",反对龙大渊在枢密院中担任要职。面对谏长如此激烈的表态,即位不久的孝宗不得不做一些表面上的让步。他下诏,准备改除龙大渊知阁(gé)门事,曾觌权知阁门事(这是一种可以经常出入宫禁,约正六品的官职。因可亲近皇帝左右,承担着一定程度上沟通宫府内外的作用,故善加利用则职不高而权颇重)。

中书舍人张震连续两次缴还除命,不愿草诏。于是官家赵昚一看,得把你赶出行在临安才好。于是诏张震以敷文阁待制知绍兴府。

殿中侍御史胡沂也弹劾龙、曾二人弄权,但奏入留中。孝宗只当没看见。

三月十三日,被张震缴驳的除命录黄(中书省文书,小事拟进,得旨便为录黄;大事向皇帝面奏,得旨后抄录于黄纸上送门下省审读、奏覆,称画黄)又到了门下后省。在宋代,皇帝的旨意或者说意志如果要变成实际的诏令,真正贯彻下去,在程序上通常是要经过给事中"书读"、中书舍人"书行"才能交付尚书省颁布施行。书读和书行就并称"书黄"。一道旨意绕开中书门下,直接颁布,理论上来说是不合法的,官员可以拒不执行,这种没有中书门下签押和给舍书黄的命令,一般可以称为中旨、内降——假如通过这种途径得官,那可就是唐代所说的墨敕斜封官,是要被鄙视的。属于走了钻营投机、溜须拍马之类的歪路子,大家自然要瞧不上。

当时在门下后省任"权给事中"的周必大,正是与陆游在西百官宅(南宋时定都"行在临安",除高级官员拥有专门的宅邸以外,一般官员大多聚居于朝廷设立的廨舍之中。百官宅即是当时官设的廨舍之一。临安和东京一样,房价是很贵的。如果不住廨舍,大部分普通官吏只能租房)比邻而居的至交好友。前文提及的范成大,此时也与二人多有往来,时不时相聚诗酒唱和。

周必大和另一名给事中金安节见到录黄之后,两个人一合计,岂能让龙大渊、曾觌二人得逞,日日名正言顺地在官家跟前取宠弄权!

于是二人行使给事中的封驳权,将录黄封还,不肯书读。

周必大回到百官宅后可能也会与陆游议论此事,雷霆雨露,俱是君恩,二人皆以君子自许,必是坚信心中的道义,对佞幸之臣嗤之以鼻的。陆游或许也会提醒周必大,这么做,官家多半要发脾气的。

但我辈读书人,不就是为了致君尧舜么,岂能逢君之恶,容陛下擢拔小人!

第二日,三月十四日乙巳。积攒了一夜怒火的孝宗皇帝亲笔写下御札(皇帝签发、用以布告或下达紧要命令之文书。又有"手诏",如宰执有陈情事,或皇帝有特别属意之事,乃有所谓手诏。盖皇帝以散文而成,不用四六骈文,书于黄纸之上,直接下发),令两位宰相陈康伯和史浩把给事中和中书舍人们都召集到都堂(南宋时三省、枢密院长官合署办公之地。与北宋前期中书门下"政事堂"的别称和元丰改制后宰执聚议的处所有所不同,已经是独立于三省和枢密院的一个朝廷日常治事办公的核心机关)。

两位相公当着给舍众官员面,宣示御札,把周必大、金安节等痛骂了一顿,说他们这是给旁人扇动蛊惑,暗讽给舍文臣们有朋党勾结的嫌疑。

最后,还骂了句十分解气的话:"在太上时小事岂敢如此?"

太上皇在位的时候,这种小事,你们敢这般忤逆顶撞,铁了心大唱反调?言下之意,就是欺负他赵昚年轻了。

周必大这下真是心寒了,我们完全有理由相信,他回家后又去找陆游倾诉了。

因为这之后,轮到陆游出马了。

陆游本就听右丞相史浩说过,一日宫中内宴,酒酣之时,女官竟然以手帕向曾觌求词,官家赵昚笑呵呵地也不阻止这种嬉闹。如今又听了周必大的诉说,他虽然位卑言轻,并非台谏官员,但思忖着自己如今正是枢密院编修,官位较低,见到皇帝的机会很少,可此时的西府执政里,同知枢密院事张焘乃是个颇忠厚的老臣。

张焘在三月初二日,有除命升迁参知政事,但张焘已年过古稀,上章请辞副宰相的任命,孝宗自然不允,是以这几日还在来来回回,便仍在枢密院里做执政。

陆游跑去见张焘,直截了当地说:"张枢密,那曾觌、龙大渊二人窃主威福,招权结党,平日尽干些蛊惑官家圣听的坏事。下官听史相公说,那曾觌甚至在宫里内宴上和女官眉来眼去,嬉笑无行!张枢密如果现在不向官家进言,让官家醒悟,他日二人羽翼丰满,势力已成,便是国家之大害,想除也除不掉了啊!"

执政张焘一听,这陆务观说得很有道理,自己已经七十有二了,本就不想贪恋禄

此身何啻似浮萍:陆游的迷宫 | 275

位,正该向官家说说逆耳忠言!

于是张焘在入对的时候便向孝宗皇帝极力分说曾觌、龙大渊二人之事,大约主张不可令这两人以知阁门事而近侍陛下于左右,愿陛下听从言路、给舍官员们的反对意见,干脆让这两人离开临安。

官家赵昚一想,宫中内宴之事,张焘那日并不在场,如何得知?

他便问:"卿是从哪里听来的?"

张焘是敦厚方正之人,加之上了年纪,一时如何扯得出谎来自圆其说,只得硬着头皮说:"臣闻自陆游,陆游闻自史丞相。"

孝宗皇帝顿时大怒,道:"陆游反复小人,搬弄是非,欺愚执政,好大的胆子!"

张焘到底是垂垂老矣,早没了锐气,给吓得承认自己不辨所闻真假,实属有罪。

隆兴元年的孝宗皇帝正锐意光复中原,心里头在盘算着北伐,前不久刚刚重新起用张浚为宰执大臣,汤思退对陆游的赏识提拔,皇帝怎么会无所耳闻呢?那在皇帝看来,这陆务观平日都是动辄高喊恢复、主战口号的,写的诗词也多是这类感叹的,却又托庇于秦桧一党的汤思退,岂非反复小人?毕竟此时孝宗心里是极厌恶秦桧、汤思退等主和的宰辅的。汤思退再入都堂为右丞相,要等到此年七月,也就是隆兴北伐失败之后,孝宗为了与金人议和,且加上德寿宫太上皇赵构的影响才不得已为之。

另一方面,从后来事态的发展来看,官家赵昚对于擢用曾觌和龙大渊二人非常执着。我们如今从史料里看到的记录,都说是圣君被小人一时蒙蔽了。

在我国的古代史中,圣君遭到奸佞蒙蔽蛊惑的说法屡见不鲜。但我们实在应该在盖棺定论前,想一想,问一问:真的是这样吗?

我们先揭晓官家后来的举动。他没有如唐太宗一般纳谏,相反,他接连以大动作对付这些在他看来合起伙来反对他的文臣们。

二十一日,右谏议大夫刘度改权工部侍郎,把他从谏长的位子上踢开了。

中书舍人张震则从其所请,给了他在外宫观,让他当祠奉官,靠边站了。

二十六日仍然诏龙大渊、曾觌知阁门事;且再次派左、右丞相晓谕权给事中周必大,让他老实点,对除命录黄书读。周必大不从。

二十八日,周必大自知关节,以母亲葬于信州为由,祈求在外宫观闲职。于是周必大亦奉祠,主管台州崇道观。

张焘自新除的参知政事罢为资政殿大学士,提举万寿观兼侍读,对外理由是年老多病,自请辞免。实际上大家心里一清二楚。

官家赵昚当然没有忘记收拾陆游,诏令下达,陆游通判镇江府(《宋史·陆游传》:"上怒,出通判建康府。"当是镇江府之误)。

曾觌、龙大渊的任命暂时没有落实下去,可官家赵昚对那些反对自己旨意的人,一个都没有忘记。

五月十八日,胡沂罢殿中侍御史,以直显谟阁奉祠出外,也靠边站了。

八月五日,金安节除兵部侍郎,解给事中之职。

把给事中、中书舍人等都换掉之后,八月二十五日,孝宗再次下旨,除龙大渊知阁门事,曾觌权知阁门事——他不达目的,誓不罢休。

这一次,给舍乖乖书黄了。

二人的除命被交付尚书省下发,正式通过。

陆游在隆兴元年(1163年)张浚北伐前的这次曾、龙二人任免风波中,可以说和孝宗皇帝身边的这些近习佞幸结下了化不开的死仇。

龙大渊和曾觌身前都可说是贵宠无比。前者武职做到从二品宁武军节度使,恩数与执政相同;后者更是有过之而无不及。

曾觌在淳熙年间更是不可思议地做到了三公三孤之一的正一品"少保"、从一品开府仪同三司、宁武军节度使——正正经经的少保、使相。

而我们的大诗人陆游呢?

纵观他此后在孝宗朝的仕宦经历,不得不说,陆游被曾觌一伙人(佞臣王抃、宦官甘昪等)整得明明白白。

他曾多次被弹劾罢职,理由五花八门。

有乾道二年(1166年)攻讦陆游妄倡用兵的,说他交结台谏,鼓唱是非,游说张浚。后来在蜀州通判任上,陆游以知天命之年,回忆往昔,还自嘲道:"少年论兵实狂妄,谏官劾奏当窜殛。不为孤囚死岭海,君恩如天岂终极。"仿佛他真的磨去了棱角,说当年自己本该被远谪岭南,但他笔锋一转,又说:"王师入秦驻一月,传檄足定河南北。安得扬鞭出散关,下令一变旌旗色。"这便从君恩浩荡带出要恢复中原的雄心!(《晓叹》)

又有淳熙三年(1176年)弹劾他纵酒欢宴,颓放不羁,于是新除授的嘉州知州被罢免。陆游干脆写诗自号"放翁",云:"名姓已甘黄纸外,光阴全付绿尊中。门前剥啄谁相觅,贺我今年号放翁。"(《和范待制秋兴》)他在这首写给好友兼上级领导,当时的四川制置使范成大的诗里狂傲地说:"我早就无所谓自己的姓名不在官员除授的诏令黄纸上了,能酒中度日便是深得浊醪妙理!那些为了功名利禄而你争我夺的闹剧不过是鸡犬般的狗苟蝇营,真该庆贺,如今我又多了个诨名,唤作放翁!"

更绝的是陆游曾两次奉诏还临安入对,居然中途被告知,不用回来了,直接去赴任就行。连让陆游见到孝宗皇帝,或许有所改观的机会都丝毫不给他。曾觌一伙人的手段,实在用心歹毒而刁钻。

一次是在淳熙六年(1179年)秋天,陆游正在提举福建常平茶盐公事任上,于此年秋奉诏入见,结果还没到临安,忽然诏令再下,改提举江西常平茶盐公事(南宋大体实行茶盐专营,必须从朝廷的有关部门购买茶引、盐钞,才可以允许行贩茶盐。否则就视为贩卖私茶、私盐,在当时刑罚颇重。陆游提举常平茶盐公事即掌一路茶盐之政,巡察所部州县一应茶盐事务),不用入临安陛辞了,请陆提举直接去为君父朝廷办事吧。陆游怎么会不明白呢,他写道:"铄金销骨从来事,老矣何心践骇机。"(《书感》)——毁谤中伤的谗言白简从来都和我陆游如影随形,只是可叹我五十五岁的年龄了,竟然还要留心应付这种突如其来的恶意攻讦!

第二次是淳熙七年(1180年)冬,亦是奉诏回临安。结果刚到严州,有诏,免入奏。陆提举甭回京了,不久果然让他奉祠,陆游只好回到山阴老家。这走的冤枉路,也不知道朝廷是不是报销吃住费用呢!

《宋史·陆游传》里说是因为给事中赵汝愚封驳,导致没有除授新官,而是改了奉祠。但此年五月,陆游的好友周必大已经除参知政事,成为执政。倘若只是因为赵汝愚出于公事上的封驳,何以周大参没能为陆游通融一二呢?恐怕这里面便是孝宗身边佞幸们搞的鬼,虽然曾觌此时已可能病重,但王抃、甘昪等人多半还为其爪牙,要继续打压像陆游这样昔年得罪过自己、又颇口无遮拦的人。

对曾觌这一帮亲信佞臣,陆游是颇有体会和认识的。他在乾道九年,尚在成都时便写诗云:"旅怀忽恻怆,涕下不能收。十年辞象魏,万里怀松楸。仰视去天咫,绝叫当闻不?帝阍守虎豹,此计终悠悠。"(《登塔》)——自隆兴元年因为游说执政张焘进谏龙大渊、曾觌一事而补外任镇江府通判,到乾道九年,已经整整十年没有回到临安,既不能仰望清光,得睹天颜,也无法到父母的坟茔前悼念祭扫!抬首问苍穹,若是放声呐喊,九天宫阙里皇帝能听到自己一片赤诚报国之心么?但陆游是知道的,并不能。因为天子的宫门外守着吃人的豺狼虎豹啊!

陆游终是文人脾性。

他自是极聪明的,可这聪明多是在诗词文章上。宦海中的许多事,他或者是没能看透,或者便是性格使然,不愿看透。

他的好友周必大便有不同。

淳熙二年,有旨加曾觌为少保、醴泉观使。当时周必大草拟大诏令,同僚都以为他气节刚直,必定封还词头,不肯屈从。结果周必大并未如昔年一般,反而按部就班地拟了大诏。等这道加为少保、醴泉观使的大诏令正式下发,官员们才知道里头竟还有"敬故在尊贤之上"的话语。朝野士林,读书人们都为此叹惜。

这便是周必大能抟扶摇而直上的原因之一了。他懂得妥协和韬晦。

陆游或许便不能有这一层的认识。

难道曾觌这类人能位列朱紫,真是因为孝宗皇帝颟顸可欺,受了愚弄哄骗么?

要知道,太上皇赵构一直在德寿宫里享福,直到淳熙十四年,足足活了八十一岁!

而孝宗因为是太祖赵匡胤一脉,乃是赵构养子身份过继成为皇太子登极嗣服,而成为大宋天子的。因此他十分注意恭敬地孝顺太上皇赵构,除了每月朔、望日基本都会到德寿宫之外,还经常找时间去侍奉太上、面听指示。

很难相信,经历过秦桧这一复杂原因下诞生的权相多年把持朝政的局面和苗刘兵变、大将跋扈等事的赵构,会不好好教自己的继承人如何做官家。

赵构当然和宏图大略的中兴雄主半分干系都没有,但他的帝王心术是历史一流的。

完全有理由相信,孝宗赵昚一即位,就在隆兴元年为了龙、曾二人的事情与给舍文官来回擂台,便是高宗教导下的天子立威之术。

更重要的是,纵观孝宗朝整个的政治运行历程,通过中旨、内批和大力扶持左右近习,他完全做到了让宰辅大臣频繁更换,并进一步以近习来削弱前朝文官集体的力量,达到了他增强皇权独断专制的目的。

所以,与其说曾觌一伙人蛊惑天子,不如说官家赵昚利用了近习,来对付文官们。

而这一层,恐怕确实是陆游未曾想到和理解到的。

因此他痛心疾首于圣君被奸臣小人所蒙蔽,更悲愤于恢复中原的大事业迟迟不能实行。

在这漫长的痛苦中,陆务观诗作上的成就远超过了母亲喜爱秦观秦少游的期待,成为了闪耀两宋的大诗人。

陆游在仕途上蹭蹬浮沉,他人生的困窘充满了悲剧的意味,壮志难酬和爱情的离散以及个性的张扬,都让他在这个尽是规矩的世间不断碰壁。

汤思退赏识他,可复相的老相公终是在隆兴和议里做了孝宗皇帝的替罪羊,没能提拔上陆游;周必大是昔年挚友,但周必大认可陆游诗文为天人之才,比之于李白,却不认可他的治事和性格;曾觌等人厌恶他,便始终伺机打压他……

淳熙十三年(1186年)春,陆游奉诏回行都临安。

这一年他已过耳顺,六十有二。

他赋闲在家已经有六年光阴了,此番起复他为权知严州,可这除授,对陆游来说,又谈得上什么悲喜呢?

他在临安写下一首绝妙的《临安春雨初霁》:

世味年来薄似纱,谁令骑马客京华。
小楼一夜听春雨,深巷明朝卖杏花。
矮纸斜行闲作草,晴窗细乳戏分茶。
素衣莫起风尘叹,犹及清明可到家。

一种恬淡和丝丝惆怅如春雨茶烟,自笔端而出,跃然纸上。仕途里的奉祠赋闲也好,封疆牧守也罢,俱是江天碧云,岁月如梭,风雨过后春已空,人亦老!何必问荣辱贵贱呢?

最不能放下的还是唐琬,还是潇洒不羁的自己。

做自己,爱唐琬,这就是志在恢复之外,困境里的陆游。

轻舟八尺,低篷三扇,占断蘋洲烟雨。

镜湖元自属闲人,又何必、君恩赐与。

正所谓:桥如虹,水如空,一叶飘然烟雨中,天教称放翁。

圣贤还是小人……罗生门里的朱熹

千年公案

如果你忽然穿越回南宋淳熙年间,遇到这样的案子,该如何断案呢?

案件一:

歌伎严某貌美才高,琴棋书画无一不通,甚至能作得诗词,还通晓古今成败,知历史兴衰,而且洁身自好,出淤泥而不染。严某在当地士绅云集的酒宴上偶遇一风度翩翩的太守,被太守妙趣横生的谈吐和君子作风给吸引了,太守也被歌伎温婉妍丽的美貌和才学所打动。

在这样的情况下,两个人逐渐相知、相恋,但始终恪守礼节,发乎情,止乎礼,保持着纯洁的情谊。

就在这样如同童话故事一般的美好氛围里,一位上级官员来此地视察。

这位上级官员平日自恃学富五车,自诩为学究天人的大宗师。恰好有人打小报告说该太守曾讥讽他大字都不识几个,还冒充什么大学问家!

上级官员将信将疑地到了此地后,太守居然没有做好接待工作,这让上级官员感觉被怠慢了,更相信了传言。

于是他拿着钦差大臣般的官威,下令太守立刻停职,歌伎严某抓起来严加审讯!

上级官员指示办案吏卒,要从歌伎严某身上打开缺口,坐实太守和她乱搞男女关系,进一步给他扣上贪污腐败,鱼肉百姓种种罪名,好把这个不知道尊重自己的小太守好好整一整。

没想到丧心病狂的严讯逼供没有成效。

歌伎严某宁死不屈,只承认和太守吃过几次饭,谈过风花雪月的诗词歌赋,说过古往今来的英雄豪杰,但其他出格的下流事情,那是一件都没有的。

上级官员恼羞成怒,居然不惜动用自己可以上达天听的权力,把罗织的黑材料禀告到了皇帝那里。

皇帝问了宰相的意见,宰相慧眼如炬,识破了"上级官员"的小算盘,另派钦差大臣前去断案,将歌伎严某无罪释放,也恢复了太守的名誉。

真是皆大欢喜!

案情很简单,上级官员心思阴暗,妄图陷害太守,结果偷鸡不成蚀把米。

案件二:

某位一贯刚正不阿、严于律己的官员奉命巡察某地。

没想到刚到此地界外不远处,居然看到四、五十个老百姓拖家带口地逃难。该官员马上去和难民们亲切交谈,了解情况。

原来此地的太守不顾灾荒,提前两个多月催缴老百姓租税,甚至还把替他们说情的知县给抓起来了。

听罢百姓的诉苦,该官员怒发冲冠,迅速派专员去调查和搜寻证据。

不查不知道,一查吓一跳。

那太守贪赃枉法,罄竹难书。单说州郡里的公款这一项,他就指使下属为他巧立名目,大笔钱贯全都进入了太守个人的腰包。

不仅如此,连太守的小儿子结婚,用的也是衙门里的公款。

更有甚者,这位太守生活极其不检点,与多位当地歌伎有染,并且有许多人通过走这些歌伎的门路,贿赂她们,让这些美女给太守吹枕边风来谋取利益。

不仅如此,太守还挪用公款,送给自己的大舅子和次子的丈人。且克扣地方军粮、将军用棉衣以次充好。

最目无王法、胆大包天的是,太守居然窝藏造假钞的犯人蒋某,且勒令他为自己制作假钞。

其余犯罪不法事,几乎不一而足。

但是,这个太守的背景大得通天。他弟弟娶了宰相的妹妹,也就是说宰相是太守弟弟的大舅子。并且,太守和宰相还是老乡。

可执政不为民,那还是读圣贤书的吗?

于是这位刚正不阿的官员雷厉风行,派人捉拿一干人犯,将涉案太守停职。

几位娇滴滴的歌伎一进入严肃的审讯流程,听了两声"威——武——"就全招了,对各种犯罪事实供认不讳。该官员于是把供词案卷统统上报给皇帝。

本来这位太守提拔为路级监司官员的流程都已经走完了,这下给搅黄了。

宰相使了一招,把原本要给太守的监司位子给刚正不阿的该官员去做。

这能去做嘛?去了岂不是显得是为了争夺一个官位才法办太守的?

于是上面又给换了另一路的监司官位,可恰好是该官员祖籍所在,为了避嫌,只好又说不去。

另一方面,太守其实只不过被免职,完全没受到朝廷的惩处。

看着朝廷里上下官官相护,奉命巡察此地的官员心灰意冷,多次请求退居二线,最后获准去当个闲职养老去了。

这显然是一件事情的两个叙事角度,两个版本。孰是孰非,哪个才是真相呢?不妨先揭晓这里面几个人的身份。

上级官员便是理学大宗师朱熹。

太守乃是台州知州唐仲友。

歌伎之一就是台州官妓花魁严蕊。

皇帝即是宋孝宗赵昚。

宰相则是王淮。

近乎一千年以来,大多数人如果听过这个故事,所听到的版本一定是这样的:

那个鼓吹"存天理,灭人欲"的迂腐伪善的假道学老头子朱熹棒打鸳鸯,他自己不懂得爱情的美好,还不允许别人拥有可歌可泣的爱情。

他严刑拷打严蕊,但是严蕊宁死不屈,不肯诬陷太守唐仲友,二人虽然守之以礼,但确实早已深深相许。幸亏岳飞的儿子岳霖被调到这里担任浙东提刑,将严蕊无罪开释,许她从良。

严蕊甚至还有一首《卜算子》明志:

不是爱风尘,似被前身误。花落花开自有时,总是东君主。去也终须去,住也如何住?若得山花插满头,莫问奴归处。

只是可惜,经朱熹这样无耻又无聊地一搅和,美丽多才的严蕊最终没有能和风

圣贤还是小人:罗生门里的朱熹

流博学的知州唐仲友有情人终成眷属,而是嫁给了一个宗室子弟为妾,但总算也是得了个圆满的结局。

好一个真善美对假道学的伟大胜利!

这样的故事后来被写进了明代小说《二刻拍案惊奇》,被编成了戏剧,一直流传到了今天。

翻开历史,大家对朱熹的认识基本停留在简单的程朱理学、封建思想、束缚人性、为统治者服务等印象上。

若要谈朱熹的哲学思想,怕是要让人读不下去,是以留待他日。

我们现在只讨论一个问题,就是朱熹与唐仲友、严蕊的事情,到底哪个版本才是真的?

如果第一个版本为真,那朱熹八成就是个假道学,嘴巴上说着格物致知,正心诚意,却干着诬陷人和欺负弱质女流的勾当。

若第二个版本才是真,那我们要对朱熹重新有个慎重的认识,在没有研读过他的生平甚至是著作前,最好不要用民间故事来随意判断。

第一个版本那么受欢迎,几乎是自然的。

一位风流倜傥的太守救风尘女子的故事,多么有卖点!满口仁义道德的道学先生一听就是虚伪无耻的人设,都不用多说。

那么现在我们就来分析案情。

问题一:严蕊是玉女掌门还是欲望魅魔?

首先,她根本没有宁死不屈,而是招供得很坦白。

如:"今年二月二十六日宴会夜深,仲友因与严蕊踰滥,欲行落籍,遣归婺州永康县亲戚家。说与严蕊:'如在彼处不好,却来投奔我'。"

也就是说作为官妓,她受邀来参加宴会,这是允许的。但之后唐仲友与她淫乐,性质就大不相同了。

唐仲友想替她赎身,把她从官妓的乐籍上除去,好专供自己享乐,养在临近的永康县里。但他倒真有几分对待情人的温柔,且要说上一句:"你若过得不好,还是回来住我这边,你我好日夜厮守。"

也就是说,在那些文人笔记和小说里关于严蕊冰清玉洁,始终声称与唐仲友没有男女关系的事情,一概是胡说。

其次,若说男欢女爱还可以推脱到爱情二字上去,但严蕊贪赃枉法又怎么说呢?

原来,台州治下临海县有个作贴司的小吏名唤徐新,被安排了负责卖酒的工作。酒在宋代大体上是实行榷卖的国家专营制度,但是徐新总完不成任务,十分头疼。于是他也跑去找严蕊,说可以给她一百贯,求她跟唐知州说项一二,给他换个工作安排,别做这糟心不讨好的破事了。

又如,当时有一个叫杨准的人,在当地私藏了一个叫张百二的官妓在家里。事发后当然是要判刑的,他便拿了一百贯钱和一些布匹之类的值钱东西贿赂严蕊,求她向太守唐仲友说情,大事化小小事化了。

这两个例子里都提到严蕊的受贿金额是一百贯,但当时一百贯究竟有多少购买力呢?《宋史·刑法志》中明确说:

> (雍熙)二年,令窃盗满十贯者,奏裁;七贯,决杖、黥面、隶牢城;五贯,配役三年;三贯,二年;一贯,一年。

> 元祐二年,刑部、大理寺定制:凡断谳奏狱,每二十缗以上为大事,十缗以上为中事,不满十缗为小事。

可见,在宋初偷窃五贯以上就算挺重的罪了。北宋末,即便通货膨胀了,也将二十贯以上的案件定为大案!

又据《夷坚志》:

> 鄱阳市民李十五,买屋一区于地巷。……而以其居转鬻于人。张南仲待制以百千得之。

百千就是一百千的意思,尽管实际上宋代大体采用省陌制度,以七百七十文为一贯,但习惯上还是可以用百千来指称一百贯。

也就是说,孝宗时节,一百贯可以在鄱阳县买一间还不错的民居。因为如果太破烂的房子，待制级别的官员怎么可能会要？

所以，一百贯在严蕊、唐仲友生活的孝宗时期，算得上一笔不小的钱了。

问题二：唐仲友这位台州知州经得起查吗？

1. 令人瞠目结舌的生活作风问题

据另一位花容月貌的"行首"，也就是花魁档次的官妓王静招供："（淳熙）今年三月内，因公筵劝酒，遂与仲友男十八宣教踰滥，自后往来不绝。"

十八宣教是什么？是人名吗？

宋代称呼名字，很喜欢叫数字。因为平民百姓往往取数字名，连官宦人家子弟，私下也常有与正式的大名对应的数字名。叫起来往往是数字加郎、秀、官或其他称谓，如"宣教"等好听的称呼。

打个比方，宋代流行称呼达官贵人家的子弟叫"舍人"，或者称呼豪商巨贾为"员外""承务""朝奉"等等，这些和"宣教"一样，都是由宋代的官职名称而来，并不是说他们真的是官员。

至于十八，可能是唐公子出生在十月八日，或者是其家族内排下来的行第，排在第十八——但这不是光排唐仲友的子女，一般要从曾祖父那边算起的。

总而言之，这个十八宣教应该就是指唐仲友的儿子唐士俊，而官妓王静与他往来密切。

再看以下文字：

> 其父子各据弟妓，三子多出入王静、沈玉、张婵、朱妙、沈芳之家。
>
> 近来又与沈芳、王静、沈玉、张婵、朱妙等更互留宿宅堂，供直仲友洗浴。

在台州有如此多美貌的官妓供唐仲友享乐，看来所谓他对严蕊的一往情深，也不过只是在诸多妓女中喜欢得多一点罢了，谈不上什么美好的爱情。

更不用说，佐证了唐仲友父子共用妓女的龌龊之事。

2. 巨大的贪污纳贿金额

> 到官之初，适见公使库有前政积下官钱十余万贯，竟遂有席卷之意，乃择奸

> 猾使臣姚舜卿为监官……将公库诸色官钱巧作名色支破,变转官会,并用竹笼盛贮入宅……前后几数万缗。

唐仲友把前任知州留在州郡公使库里的十几万贯公款,通过做假账等形式,贪污掉好几万贯,都直接藏进宅中,后来甚至让人偷偷运回老家。

那么十万贯到底是多少钱?

我们要断的案子在淳熙年间,巧的是淳熙年间有位孝宗朝前宰相魏杞在明州买过宅院作为自己养老的居所,所花大致是一万贯。

明州在今天的宁波,在宋代不算是小城市了,故而可以估计房价不会很便宜,何况是前宰相买下的房子,即便不是超级豪宅,怎么也至少算今天的小别墅吧?

也就是说,唐仲友贪污的公款,在当时就可以买几处豪华住所。

这还只是他其中一项贪墨!

又如:唐仲友曾公然违反禁令用公使库钱造酒,一年收入亦多达十万贯以上,其中盈余,却不入公使库。为了让公使库卖酒钱所得多多益善,唐仲友又不按律令,借口打击贩卖私酒,大搞严刑峻法,日日派府衙兵丁差役捉捕"罪民",又鼓励告密。对于私造酒曲和私售糯米糯谷的,其全家连同周围邻居并资产充公,仿佛秦法连坐,保甲邻里不告私酒而一同受抄家之罚。唐仲友全不管按实情量刑,哪怕百姓只私造升余私酒,也一概如此重罚。两年间,受其迫害的,多达两千余家!

其余贪墨等事,更是不胜枚举,这便可见唐仲友的腐败妄为几乎到了毫无忌惮的地步。

3. 知法犯法、制造"假钞"(会子)

这个伪造官会的罪犯叫蒋辉,他和另一个犯人叫方百二的一起干这勾当。事发被抓之后,发配在台州牢城内。

没想到唐仲友看中了蒋辉的本事,把他从牢城里带走,起初是让他负责制作印书如《杨子》《荀子》等的雕版,因为当时善本书籍可是卖得很贵的。

去年八月底,婺州义乌县的弓手(宋代县衙负责抓捕盗贼的差役)跑到台州来调人,要蒋辉前去对证案子。

唐仲友太守派人把他们截住,把蒋辉又抢回来,大摆官腔:"你们不过是小小的捕快,来本府地界抓人,没有公文到我这边,不知道要先经过本府同意的吗?规矩何

圣贤还是小人:罗生门里的朱熹 | 289

在?！滚蛋！哪来的回哪凉快去！"

十月份的时候,浙东路提刑司大约接到了囚犯不在牢城服刑的举报,来抓蒋辉,唐仲友就派自己的侄子"唐三六"将蒋辉窝藏到他堂堂太守住的宅院里,如此提刑司自然抓不到人了。

过了几日,唐仲友便来见蒋辉,对他说:"我救了你,有些事要问你,肯不肯听我的?"

然后便说出了叫蒋辉造假会子,也就是假币的要求。

蒋辉肯定怕啊,万一最后事情败露,可不是闹着玩的。

唐仲友便威胁他,说你管得着本府吗?你是个贼配军,如果不听我的话,就把你送到牢狱里弄死,谁会管你一个贼配军死活?只说暴毙便是!

蒋辉为了活命,只好替唐仲友太守制造假币。

于是从淳熙九年的正月到六月末,一共制假二十个批次,造了两千六百张假的官会!

4、太守背景深厚

之前已述,宰相王淮是唐仲友弟弟的大舅子,又是唐仲友之同乡。古人乡党观念相当重,谁和谁是自己人不言自明。

不仅如此,当时的吏部尚书郑丙也迎合宰相,奏:"近世士大夫有所谓'道学'者,欺世盗名,不宜信用。"御史台的监察御史陈贾又说:"道学之徒,假名以济其伪,乞摈斥勿用。"

所以朱熹一度连上两道乞求朝廷罢黜自己的辞职奏折,恳请干脆免去自己"提举浙东常平茶盐"的官职。他甚至说:"臣伏为今者按发唐仲友,遂与宰相、侍从、台谏皆有妨碍……"

朝廷里给唐仲友这样黑恶势力撑保护伞的人太多了,而且都是位高权重,或者身居风宪要职,两相对比,朱熹简直是以卵击石。

问题三:朱熹的官职

提举常平茶盐公事,通常并不需要督察弹劾地方官员,那往往是转运使和提刑的职权。当时朱熹受命往浙东赈灾,浙东路闹着饥荒,他实际上大可以只管赈灾之事,根本不必要得罪唐仲友和其背后庞大的高官势力。

但是朱熹自进入浙东境内,就先后收拾了好几个不法官员和地方上的奸猾富商,他不是因为与唐仲友有所矛盾才开始想整一整这个地方官,而是因为他始终是一个把百姓和灾荒放在心上的士大夫。

问题四:故事是如何形成的

类似的故事最初乃是与朱熹同时代的洪迈所写《夷坚志》之《吴淑姬严蕊》里有记载。甚至有对严蕊用酷刑,杖打美女背部五百下还嫌不够的细节。可略一揣摩,就算不是杀威棒,只是打五百下鞭子,严蕊也活不成了吧?

然后还有岳霖调任浙东提刑,重新审案,严蕊当场吟出那首有名的《卜算子》,感动了岳霖,判从良出籍的剧情。

再往后是南宋末年,元朝初年周密写的《齐东野语》。这里面细节就更丰富了,诸如严蕊是才女,痴迷她的人一大堆,朱熹要罗织唐仲友的罪状,严讯逼供下严蕊仍然不肯攀诬唐仲友太守和自己有不正当关系等让人看了义愤填膺的事情。

更广为人知的就是凌濛初在《二刻拍案惊奇》里描绘的故事:硬勘案大儒争闲气,甘受刑侠女著芳名。

实际上,不说岳霖从未担任过浙东提刑,其他的也都是小说家的艺术加工甚至是捏造歪曲。

《宝庆会稽续志》卷二"提刑题名":

> 傅琪,淳熙八年九月以朝请大夫到任,淳熙九年九月改浙西提刑;张诏,淳熙八年十一月以武经大夫到任,淳熙十年五月改江东提刑;丘崈,淳熙十年七月以朝奉大夫直秘阁到任,淳熙十一年十二月初二日改知平江府。

则可以清楚地知道,在唐仲友案发时,傅琪为浙东提刑,张诏为武臣身份的另一名浙东提刑(原称"同提点刑狱公事",乾道六年复置武臣提刑后,去"同"字)。而傅琪不久后改任浙西提刑,此后直到淳熙十年七月,一直是张诏一人担任浙东提刑,并无岳霖调任浙东提刑的记载,纯属小说之言。

一边是人证物证俱全,史料充分可查。另一边是文人笔记里漏洞百出的记述和小说剧情。是唐仲友严蕊遭了罪,还是朱熹窦娥冤?恐怕已经不言自明。

另一个值得一提的细节是,洪迈与朱熹之间尚有许多矛盾。

如在乾道四年五、六月间,洪迈因为颇依附曾觌、龙大渊而遭到陈俊卿弹劾出外,朱熹在写给魏掞之的信中,直截了当地说:"近日逐去洪迈,稍快公论!"而以朱熹的性格,他可能并不会掩饰自己对洪迈的看法,后者知道这一点应当是毫无疑问的。

又如对于洪迈、洪适兄弟尊崇横浦学派的张九成,而朱熹则认为其并非儒学正统,甚至不留情面地指斥为是比洪水猛兽和夷狄祸害还大的歪门邪说,有所谓"此祸甚酷,不在洪水夷狄猛兽之下,令人寒心"之语。张九成本是程颢门人杨时的学生,因而思想上也是反对在无穷无尽的外界事物中光是"格物致知",却不知"反身而诚"的(明善在致知,致知在格物。号物之数至于万,则物盖有不可胜穷者。反身而诚,则举天下之物在我矣)。张九成便也主张"穷一心之理以通天下之理,穷一事之理以通万事之理"——这自然是与朱熹的观点存在冲突的。

自韩愈明确提出"道统"之说后,学术的纷争便往往是没有刀剑的战争。对这些宗师们来说,或许死生犹小事,圣贤之学的解释权才是根本大事,一步都不能退让。

洪迈与朱熹尚有其他一些矛盾,总而言之,他在《夷坚志》中的记述,便也就十分值得怀疑了。

与宰相为敌

要看清王相公的老辣,我们有必要先梳理一下此事的时间线。

朱熹弹劾台州知州唐仲友是淳熙九年七月份,先后一共上了六道弹章白简。

这六道弹章的时间顺序分别是:七月十九日、七月二十三日、七月二十七日、八月八日、八月十日、九月四日。

王淮的第一招是压着朱熹的弹章奏状不让孝宗皇帝看到,先拖上一拖,好让他从容布置。

但即便是万人之上的宰相也不可能把朱熹的弹章永远压着不让官家看到,如果被台谏知道了,是要扣一个隔绝中外的大罪名的。于是他挑了一封看着罪名最轻的弹章递给孝宗看。

皇帝的反应和王淮的应对,据《齐东野语》的记载,看起来都十分有趣。

孝宗问宰相意见,这算哪门子事儿啊,两个人互相闹成这样?

王淮相公回答："此秀才争闲气耳"。

这是秀才们闲着没事，在为一点小事情斗气呢。言下之意是，不值得陛下费心。

写了"春色满园关不住，一枝红杏出墙来"的叶绍翁在《四朝闻见记》中记录着更巧妙的回答。

王淮说：朱熹学的是程颐的学问，唐仲友学的是苏轼的学问。

于是，"上笑而缓唐罪"。

喜好苏轼的孝宗皇帝被逗乐了，一笑了之。

这就算完了吗？

当然不是。

王淮的第二招是另派一员"钦差大臣"来审案，好伺机包庇唐仲友，从轻处理，混淆视听。八月十四日，朝廷便有指挥，令浙西提刑来办理此案。但据史料来看，这所谓的调异地官员公平办案，纯粹是个笑话。因为王淮指派的是当时的浙东提刑傅琪，由其先调任浙西提刑，再回过头办理此案。从最后十一月时的结果来看，我们完全有理由去推断，傅琪是秉承、揣摩了宰相的意思，庇护了唐仲友一干人的。不仅如此，王淮似乎是以此向朱熹展示自己的手段和能耐，"一名路级监司的官员，本相都可以如此随意调动，朱提举你好好掂量掂量！"

朱熹怎会看不懂这一招的狠辣？但朱熹深知在现有的大宋体制下，他要与宰相战斗，只能寄万一之希望于孝宗皇帝身上。

于是他决定以退为进，怀着悲愤和不平，上章乞请罢免自己的浙东提举。

朱熹此举，仿佛是在质问孝宗，这大宋的天下，究竟还有没有王法，还有没有正义？

但这份乞罢黜状哪里是简简单单的辞职奏状，全然是铁骑刀枪的战斗檄文！原来自朱熹弹劾后，唐仲友也曾上章自辩，但他的自辩十分可笑，声称朱熹平日自诩圣人门徒、道学宗师，却不顾男女大防的名教礼节，派差役兵丁极其粗暴地在自己弟媳外出时，拦于当路，搜查女眷之轿，导致弟媳——也就是王丞相的妹妹心脏病发，差点一命呜呼！

朱熹在乞罢黜状中一针见血地点破唐仲友的谎言，表明自己一不曾令人惊辱恐吓到其弟媳王氏；二更不曾听闻王氏因所谓受惊吓而延医问药。反而这王氏乃是当朝宰相之妹，正是唐仲友有恃无恐、作奸犯科的倚仗所在！

圣贤还是小人：罗生门里的朱熹　293

从乞罢黜状中，我们还可以推测，唐仲友多半是反咬一口，弹劾朱熹身为提举常平茶盐公事，肩负着赈灾济民的重任，却不顾浙东路州郡旱灾的严重情况，不去踏踏实实做好本职工作，反而忙着罗织州郡太守的罪状，以泄私愤。

朱熹也驳斥了这些颠倒是非的无耻指责。他表示，自己久留台州，这是为了等候新知州史弥正到任。在史弥正来之前，自己盯牢唐仲友，以使他没有机会毁灭证据，残害、威胁举报他的官吏和百姓。

朱熹更道破了王淮的手段，说朝廷忽然降下指挥，让浙西提刑司来办理浙东路所属台州的案子（甚至，要调来的浙西提刑原本就是浙东路的提刑傅琪！岂非"多此一举"？），根本就是为了拖延时间，等候宽宥赦免之类的事情，然后不了了之。

他向皇帝赵眘发出振聋发聩的质问：如今朝廷没有依据常法来处置唐仲友，那么不光是自己无面目再号令浙东路的所属军州、郡县，使其全力推行荒政，并且从此以后，地方官吏再有如唐仲友这般贪婪残暴、荼毒百姓的官员，还该不该按察、弹劾？如果按察、弹劾了之后，朝廷又该不该发落、处置？

朱熹言下之意甚明。如果官家与朝廷不肯秉公处置唐仲友的罪行，就请罢免自己的官职！

但正义的大纛却并不总能战胜权力的魔掌。反观王淮，他的手段可谓一环扣一环。

三天后，八月十七日，唐仲友新除授的升迁，江西提刑被罢（《宋会要辑稿》职官七十二：知台州唐仲友放罢。以浙东提举朱熹按其催科刻急、户口流移故也）。

表面上看，似乎宰相王淮大公无私，实际上罢免唐仲友的理由是公罪。在宋代，公罪罢官降黜都是很平常的事，远较私罪为轻。按宋代律法，公罪者，指官吏因办理公事违规而导致有所罪过，但其中并无私情相关。而私罪，则指一切非因公事，大如利用职事、差遣的权力，枉法徇私，为自己或他人谋利，甚至鱼肉百姓等；小如官员失仪等事。

因为当时王淮拿给孝宗皇帝看的正是朱熹刚刚自绍兴府去往台州路上遇见"难民"后所上的第一道弹章，其中涉及的，基本是唐仲友处理税赋问题时候的公罪，其他私罪，朱熹只说要亲前去"审究虚实"，所谓："臣续访闻知台州唐仲友催督税租委是刻急，多差官吏在县追呼，属邑奉承，转相促迫，急于星火，民不聊生。又闻本官在任，多有不公不法事件，众口谨哗，殊骇闻听。臣今一面躬亲前去审究虚实，别具闻奏。"

那么,唐仲友之罢官,看起来不过是因为"催督税租,急于星火"所导致的民不聊生,户口流失而已,并不是什么要紧的大事。至少,唐知州也是实心为朝廷效力的,就是做事的时候方式方法没把握好罢了。毫无疑问,王淮希望这个案子到此结束,等风头过了,再找机会重新起复和自己沾亲带故的唐仲友,继续出来做官便是了。

四天后,八月十八日,王淮的第四招来了:改除朱熹江南西路提点刑狱公事。这是把本该由唐仲友做的官职给了朱熹。一路提刑的位序在朱熹此时担任的提举常平之前,这可是升官啊,王淮怎么反给朱熹安排升迁呢?表面上看,似乎只是为了把朱熹从浙东路调走,赶到江南西路去。

但这其实是个要抹黑朱熹的陷阱。如果朱熹喜不自禁地跑去赴任,满足于这次升迁,那么不明其中真相的人也许就会说:"这假道学果然是为了抢位子,编了一堆黑材料,把唐仲友挤走了!"

但这第四招竟还是个组合拳!

在王淮的操纵下,朝廷还以朱熹赈济浙东路灾荒有功,诏令授予他"直徽猷阁"的贴职。朱熹在淳熙八年八月除提举浙东路常平茶盐公事,十月接受贴职正八品之"直秘阁"。故由直秘阁而直徽猷阁,亦属贴职上的升迁了。

直徽猷阁是从七品的贴职,可千万别因为所谓从七品小看这个官职。职名是宋代文学高选的一种标志,文臣拥有贴职表明才德兼备,在升迁待遇等方面是优先考虑的。而贴职几乎又是通往侍从级别高官必经的一条路。

比如说正七品直龙图阁一转可以为从六品秘阁修撰,正六品集英殿修撰一转就能成为待制了。成了待制,就是侍从级别了。

不是侍从级别的文官根本没资格参与国家大事的直接讨论,也几乎不可能有机会进入两府为宰相或执政,从而进入最高决策层。

孝宗朝拜相常常从中层官员里直接火速升迁,但职名一向是有功勋之后才会授予。

王淮在这个节骨眼上又要升朱熹为江西提刑,又要给他直徽猷阁的贴职,显然是在暗示朱熹,见好就收,不要穷追猛打。因为朱熹此时已经上了五道奏状弹劾唐仲友,宰相王淮起初压着没拿给孝宗看,便是想打个时间差,让朱熹吃到甜头学乖,主动放弃,好让唐仲友以第一道弹章里的公罪,从轻处罚,方便以后起复出山。

这套组合拳委实奸猾，一个差遣上升迁为提刑的陷阱，若是朱熹手舞足蹈地去了，等于向全天下人说明，他弹劾唐仲友是出于要夺他升迁机会的私心。贴职上又实打实的升二等（直秘阁与直徽猷阁之间，在淳熙九年时尚隔着一个直敷文阁。直敷文阁虽然与直徽猷阁同为从七品，但位次在直徽猷阁之后。故从直秘阁到直徽猷阁，是升了二等），这些好处，朱熹要是不要？

元丰七年，苏轼离开黄州，在金陵与王安石"相逢一笑泯恩仇"时，曾说："今之君子，争减半年磨勘，虽杀人亦为之。"这话虽然好似戏言，但确实道出了官场上士大夫们谋求升官发财而往往不择手段的心理。眼前虽是个极可能妨害名誉的升迁陷阱，但多少人会毫不犹豫地跳进去，因为哪怕是一小步，也在权力的阶梯上踩在了无数人身上，何况贴职由正八品到从七品更是实实在在的！这样巨大的诱惑，朱熹是如何面对的呢？

朱熹从尚书省下发到浙东路的省札中得知朝廷的除官诏令，也就是自己的两个升官消息，已是九月四日了。

他的应对是：直徽猷阁？辞！江西提刑？辞！

他在《辞免江西提刑奏状》中说：

> 除臣江南西路提点刑狱公事，填见阙……而所除官，又系填唐仲友阙，蹊田夺牛之诮，虽三尺童子，亦皆知其不可。况臣虽愚，粗识义理，何敢自安？傥蒙圣慈，特赐罢免，或与岳庙差遣，使臣得以归耕故垄……

朱熹自然看穿了王淮的阴谋，并不惮在奏状中点破。他说如果自己接受了本被授予唐仲友的江西提刑一职，好比昔年仁宗朝嘉佑年间，包拯弹劾宋祁不该出任三司使这一号为"计相"的重要职位，皇帝罢免任命后却反把三司使授予包拯——这就恰如蹊田夺牛的嫌疑，舆论不免要说唐仲友罪轻罚重，自己又夺他升迁，心术不正。因此朱熹乞求朝廷给予自己宫观闲职，也就是所谓的"岳庙差遣"。

并且，他一方面不是选择"见好就收"，欢天喜地去接受升迁，而是选择再上第六道弹劾唐仲友的奏状，决不屈服于权力的诱惑和陷阱！

这第六道弹章如前文所引，将唐仲友如何窝藏制造假币的罪犯蒋辉，如何阻挠县、路级官司衙门来拿人，如何以官威和害他性命迫使蒋辉为其制造官会等过程，巨细无遗地写了进去——这是自八月十八日起已经离开台州的朱熹在用行动回击宰相王淮。

官职可以不要,正义必须伸张!

朱熹没有放弃。

他要以辞去一切实职差遣和贴职的不屈举动,向天下人证明君子不可欺、小民不可虐!

他来到浙东路的时候,是绝壑层云,如驾万里长风;他离开的时候,也要笑傲满江风浪,为世间读书人留下是非廉耻之心!

九月十二日,朱熹上章辞免江西提刑后,启程准备离任归乡,以不争为争!他绝不愿意妥协。

他一路上,写信给陆游,告诉他自己已经弃官南归,又与辛弃疾、韩元吉等人游上饶南岩,九月下旬方到家。

但王淮犹有后招:既然你朱熹不愿去江南西路任提刑,那你和江东提刑梁总两个人便对调差遣吧,朱熹去江东任提刑,梁总去江西。

这便是宰相对付朱熹的第五招。

可偏偏朱熹祖乡徽州婺源县,恰属于江东路。朱熹继续辞免,要求按规矩避嫌。

朝廷又下诏,不许辞免,不须回避。

王淮准备的几招,实在是一环扣一环。

有所谓调邻路提刑来办案而釜底抽薪的,有以公罪从轻处理的,有给你双重甜头的,有给你下升迁陷阱的,你不去江西,又换一个祖籍所在的江东,你去不去?

去了自然可以说你自诩道学,却连避嫌的规矩都不知道遵守,只贪慕升迁,渴求美官。

朱熹力辞江东提刑,说:"臣祖乡徽州婺源县,正隶江东。见有坟墓、宗族及些小田产,合该回避。"

十一月七日,他继续上奏状辞免直徽猷阁的清贵职名。

因为就在十一月,朱熹已经听闻了绍兴府将与唐仲友关系密切又纳贿乱政的歌伎严蕊和制造假币的蒋辉都"无罪释放"了。至于唐仲友,更是只被罢免了原先江西提刑的升迁,半点法律责任都没让他承担。

如此荒唐的处置，如此荒谬的"正义"，若是接受了王淮以赈济有功为名"赏"给自己的直徽猷阁贴职，岂不是等于默认了这无耻的一切！

于是朱熹在辞免奏状中说："详此事理，窃恐臣所按劾，不公不实，别有合得罪名，未蒙朝廷行遣，难以却因职事微劳，遽与其他无罪之人，例霑恩赏！"

既然蒋辉等已经被朝廷旨意全部释放，那么必定是臣弹劾有所不公允、不真实之处，应当有所罪责，却还未得到朝廷处置，因此难以反因本职工作上的不足挂齿之事，而与其他无罪之人一起接受恩赏！

这样的职名，不要也罢！

可王淮岂能让朱熹轻易如愿？在他的安排下，朝廷自然不允，不仅如此，江东提刑的任命也不允许朱熹辞免。

朱熹明白了，王淮的这两杯酒，他终是要选一杯来喝。

于是十二月十四日，朱熹只能被迫接受了直徽猷阁的升迁，但依旧辞免江东提刑，并继续请求奉祠："自其事觉以来，大者宰制斡旋于上，小者驰骛经营于下。……是以为臣今日之计，惟有乞身就闲，或可少纾患害。"——唐仲友一案以来，既有朝廷高官为其开脱罪名，又有底下人给他奔走……既如此，那我不如主动去做一个被投闲置散的"官员"，也好有时间去写一本《资治通鉴纲目》，以飨求学之士子！

朱熹亦在辞免奏状的贴黄（官员上奏的表状、札子等，皆用白纸，如果有意所未尽，则摘要叙述，以黄纸别书于后，便称为"贴黄"）中说："方以按劾赃吏，干忤相臣，一身孤危，不能自保。"

王淮此番一连串的动作真真切切地让朱熹感受到了"权力"二字背后是何等的意味深长。

次年，朱熹"如愿以偿"，被靠边站了。

淳熙十年春正月，朱熹差主管台州崇道观，职务上成了奉祠的宫观闲职。

这一年，他五十四岁。

大奸大恶的伪道学？

我们可以认为朱熹不懂得如何做官，不是很懂权谋，但若要说他是伪道学，卑鄙无耻，大约是很困难的。

早在淳熙九年六月的时候,他写信给宰相王淮。其中说:

"大抵朝廷爱民之心,不如惜一费之甚,是以不肯为极力救民之事。明公忧国之念,不如爱身之切,是以但务为阿谀顺旨之计。此其自谋可谓尽矣!"

朱熹说,朝廷口口声声说爱百姓,实际上更爱钱,因此朝廷不肯真的去落实好能救百姓疾苦饥荒的事情。而王相公您所谓的忧国忧民,还比不上您对自己的自私的爱,所以平时只顺着官家的心意。您给自己谋划的本事,真是登峰造极了啊!

这封写给宰相王淮的书信中,主要讲了两个问题。

一是建议朝廷出两、三百万贯钱,交由他这位浙东提举来采买两广之米,用以赈济。二是建议把鼓励豪右富裕之家出钱出力,帮助赈灾的奖赏、赐官等政策落实到位——尤其现在很多去年就做出一定贡献的豪右富户,并没有如朝廷事先承诺的那样,得到官身赏赐,这就不仅失信于民,且令今年鼓励富人参与赈济的政策难以施行。

另一方面,朱熹言辞猛烈地抨击王淮为相的朝廷里,所谓的"撙节财用,重惜名器"完全是自欺欺人。因为在占据国家财政支出最多的军费开支一项上,将帅吃空饷,经手军队钱粮的文臣也弄虚作假,而贪污所得又多拿去向权贵佞幸行贿,每年被这些官员贪墨的就不知道有多少,这哪里是节省财用呢?而如今的朝廷,上到两府执政,下到百司庶官,近如在京侍从,外如封疆大吏,这些职位几乎都可以靠着人情交结、攀附权贵而求得。再如北方来的归正人和皇帝身边的近习外戚,混得好的都是节度使,混得普通的也多是正任、横行级别的武臣了[宋朝武臣所任的阶官,以节度使、节度观察留后(徽宗政和七年改承宣使)、观察使、防御使、团练使、刺史为"正任官"。不入常调磨勘,须特旨除授,故称"贵品"。正任之下,又有遥郡、横行。自刺史至节度观察留后,若兼诸司使副及横行使副等,即为遥郡官,若得特旨落所兼阶官,则升迁为正任。横行者,别名横班。政和六年十一月之后,乃有横行大夫十三阶、横行郎十二阶。自右武郎至通侍大夫为横行,亦须特旨除授,不入磨勘]。而王相公无视如此严重的名爵官职滥授乱象,却在鼓励豪右之家赈济问题上,对赏赐迪功郎或校尉这样不值一提的官职给十几个人之事,尤为吝啬戒惧,难道这就是王相公和朝廷重惜名器的做法?

因此，朱熹看穿了。或许像王淮这样唯上不唯下的人，才有机会在当今的朝堂上宣麻拜相，做宰执大臣吧！

敢问，有胆子这样直接批评朝廷、骂宰相的人，他气节风骨如何呢？

实际上以朱熹的声望，只要肯稍微折节阿附，或是圆滑世故一点，早就有机会成为待制侍从了。

他只是不愿意罢了。

必然会有人认为这种说法回避了他寡廉鲜耻的事情。

原来，宁宗皇帝庆元二年(1196年)十二月时，朱熹爆出惊天"丑闻"。

监察御史沈继祖上章弹劾朱熹六大罪状并数条私德上丧尽天良之丑行。

弹章中首先概述朱熹之奸恶，说他本就是邪佞无行之人，且好嫉残忍。学术上不过是剽窃了张载、程颐等人的理论而已，根本不值一提。而朱熹平素粗茶淡饭，常只吃素食，于是又给编排成修习"吃菜事魔教"的妖术，广招信徒，聚集为奸，亵渎圣学，甚至说朱熹本人"潜形匿影，如鬼如魅"，仿佛是个能变形隐身，以灵怪之事害人的巫师（又有称为魔教、明教，宋人常写成"喫菜事魔教"。盖本自摩尼教而来，吸收了佛教密宗、道教等内容后逐渐发展成宋代影响颇大的民间秘密宗教。北宋徽宗时期方腊起义，参与者便有信奉摩尼教的。南宋建炎年间又有吃菜事魔教"王念经"发起暴动，绍兴十年、十四年亦皆有摩尼教教众暴动，均遭镇压）。

接着自然是六条大罪、五大丑行。

其一说朱熹长辈只余母亲一人，却不买市面上新鲜的米粮（且建宁米品质甚好），而每天买仓储便宜的陈米给老母亲吃。老人实在无法忍受日日吃陈米，只得向邻里诉苦。一日偶应乡邻之邀，在别人家用完饭，回到家后便对朱熹说："他们也是一家人，就有这般香糯甘甜的好饭吃！"听闻这事情的人，大家都觉得朱熹的老母亲太过可怜。朱熹自己要粗茶淡饭以钓虚名，却不体恤老母，这是不孝至亲，此大罪之一！

其二说朱熹在孝宗朝，屡次受皇恩，下诏起复他，但他却一再傲慢推辞。可偏偏有监司郡守招他游访、欢宴时，他就兴高采烈地跑去应邀交游了。这种两面派的行为，乡里有士子不忍其无耻，写信给他痛责其虚伪，指出朱熹辞免召命，不肯出来做官不过是嫌官小。而监司郡守叫他去，他兴高采烈，不过是因为图谋地方官在公使钱上给他的馈赠罢了。甚至朝廷待以郎官之职，犹借口腿脚有病。这是不敬君父，此大罪之二!

其三说孝宗皇帝大行,举国忠臣并有识之士都认为,按礼制应当葬于会稽。因为高宗皇帝葬于会稽之永思陵,作为高宗嗣君的孝宗皇帝,自然也应该葬于会稽。朱熹却听信自己的学生,妖人蔡元定之妄说,附会奸邪权臣赵汝愚改卜他处安葬孝宗的诡辞,不顾祖宗典礼、国家利害,倡为妖言,此大罪之三!

其四说,赵汝愚专权乱国,图谋不轨,朱熹为其心腹羽翼,骤升经筵,贵为待制兼侍讲,有帝王师之恩数,按制便从恩例封赠父母、改易章服、赐紫金鱼袋,他却又假意上章辞免,沽名钓誉,玩侮朝廷,此大罪之四(元丰改制后,四品以上紫色官袍、戴金鱼袋,五六品绯色官袍、戴银鱼袋,七八九品一概服绿色官袍。鱼袋是中高级官员的一种标志和出入朝廷的一种凭证。紫服金鱼、绯服银鱼统称章服。凡是官品未到,而特许服绯紫及鱼袋的,称为赐章服)!

其五说,赵汝愚于庆元二年(1196年)正月暴薨于贬谪途中,如此元凶巨憝(duì)暴毙而亡,朝野忠贞君子与走卒贩夫无不交相庆贺,以为大快人心。而朱熹却带着自己的伪学徒弟百余人哭之于野。朝廷的大义,朱熹心中全无!又写反诗,说什么"除是人间别有天",人间岂能容许别有一方天地?分明是心怀反谋怨怼,此大罪之五!

其六说,朱熹听信其学生蔡元定的歪门邪说,认为建阳县学风水甚佳,有封侯称王的格局,于是便谋划据为己有,以为安葬之所。但县学属于朝廷,怎么能归私人?地方官建阳知县储用为讨好朱熹,居然改以佛门护国寺为县学,把县学改作佛寺,从而方便他日朱熹可收入名下。于是朱熹令人于农忙时节伐山凿石,声势浩大地搬运建筑材料,一路上不知破坏多少穷苦百姓的田亩麦禾,又将孔夫子的塑像运去护国寺,以粗绳大木捆绑固定圣人的雕塑,自通衢大道上招摇过市,全无廉耻敬畏,又意外造成孔圣塑像跌倒,手足部位摔坏,路人虽无学的布衣黔首,也惊叹震愕。朱熹自诩得儒学道统,以义理自夸,却如此不敬孔圣,以致于在小民面前令圣像折肱伤股,损坏于光天化日之下,大害风俗、名教!此大罪之六!

接下来是更加触目惊心的五大恶行。

一者,说他一方面为报答赵汝愚提携之私恩,为其长子赵崇宪做媒娶刘珙之女,另一方面却趁机侵占刘珙巨额家产。

二者,则更是历来为人所笑骂。弹章中云:"又诱引尼姑二人以为宠妾,每之官则与之偕行,谓其能修身,可乎?家妇不夫而自孕,诸子盗牛而宰杀,谓其能齐家,可乎?"这是说,朱熹勾引了两个尼姑做自己的小妾,而且每次去哪做官都带在身边,这种败类还谈修身？且朱熹长子朱塾的妻子潘氏在丈夫死后怀孕，言下之意是朱熹与儿媳私通，就好比以先秦诸子自诩却偷牛宰了吃，这种龌龊之徒还谈齐家？

三者，淳熙六年(1179年)朱熹知南康军时，肆意妄为，胡乱断案，错将数名无辜之人流配，后虽加以改正，但州郡法令之体面何存？绍熙四、五年间(1193—1194年)，朱熹以湖南安抚使知潭州，为长沙帅臣，却藏匿朝廷新皇登极的赦书，将许多本该被赦免的徒刑罪民斩首。再如绍熙元年(1190年)知漳州，朱熹四处搜罗古书，妄行经界之法(指清查土地田亩，确定赋役划分之轻重多寡。这种举动损害了宋时士绅豪右等富户之家的利益，因为他们多藏匿田亩数量，奸猾不法)，弄得千里骚动，鸡犬不宁，百姓多为其所祸害。淳熙八、九年间(1181—1182年)朱熹为浙东提举，却将朝廷赈济钱粮全入其伪学门徒囊中，而不恤及百姓。这桩桩件件，称他朱熹会治理地方与百姓，可乎？

四者，朱熹巧取豪夺他人祖传的山林之地，以扩大自己的居所豪宅，又反罗织罪名，加害此人。又因看中了人家父母祖坟的风水，便掘开崇安县弓手父母之坟茔，把自己母亲的棺椁安葬入内，却丝毫不怜悯他人先君先妣之曝露于野。这样的人，说他恕以及人，有忠恕之道，可乎？

五者，朱熹子女婚嫁，必选富贵高门，无非贪求聘礼嫁妆之多。传播伪学，所收学生，又必富家子弟，以求束脩(xiū)(学费)之厚。四方馈赠、贿赂于他的，一年之中几乎是络绎不绝，轻易收取万贯钱财，这等贪图聘礼、嫁妆、学费、馈赂之人，称他廉洁奉公，严于律己，可乎？

这五大丑恶之行总结下来就是：

不廉、不恕、不修身、不齐家、不治民。

毫无疑问，若这些弹章中的六大罪、五大丑属实，那朱熹简直就是五毒俱全的恶人和真正的伪道学了。

沈继祖随后请求效法孔圣为鲁国大司寇时诛杀少正卯的作法，也对朱熹处以极刑。即便从轻处罚，也应该褫夺朱熹职名，罢免他的祠奉官，以儆效尤！

要弄清上述罪名的真假，我们必须知道庆元二年(1196年)前后，当时的南宋是怎样一个社会背景，发生过哪些与朱熹干系甚大的事。以及弹章作者与此相关的一些蛛丝马迹。

孝宗皇帝赵昚在淳熙十六年(1189年)内禅给了儿子光宗赵惇，自己为太上皇。但由于光宗皇后李凤娘从中作梗，挑拨父子感情，加上光宗多病，到了绍熙五年(1194

年)六月初九,太上皇赵昚驾崩后,光宗居然不愿为自己的父亲执丧。这在古代自然是天大的事情。君王不为父亲奉孝,朝廷又何以垂范天下?

于是当时以宗室身份位列执政的知枢密院事赵汝愚联合外戚——知阁门事韩侂胄、同为宗室的工部尚书赵彦逾,以及掌握着宫禁卫队的殿前都指挥使郭杲等人,通过高宗的皇后吴氏——当时的吴太皇太后垂帘,又拿出光宗所谓的"朕历事岁久,念欲退闲"的手诏,使得吴太皇太后令光宗之子赵扩登极称帝,是为宁宗,而光宗在本人并不在场的情况下成为了太上皇。

赵汝愚经此定策大功,很快升参知政事,一个月后,拜右丞相兼枢密使,成为掌握大权的独相。他与朱熹颇为友善,且在学术上也是一路人,于是召秘阁修撰、湖南安抚使知潭州朱熹赴行在,很快便提拔朱熹为焕章阁待制兼侍讲——让朱熹轻易地成为了待制侍从级别的高官,又成了年轻的宁宗皇帝赵扩的帝师。

但是绍熙内禅中另两位出了大力气的人却没有如愿以偿得到自己想要的美官。韩侂胄是武臣,他想要节度使的正任官到顶的宝座;赵彦逾是文臣,也想进两府为宰执,结果赵汝愚只给了韩侂胄一个宜州观察使(正五品)的头衔和枢密都承旨的差遣;赵彦逾则被打发到了蜀中去担任四川安抚制置使、知成都府,压根不给他进两府的机会。

朱熹曾提醒赵汝愚,说韩侂胄不过是武人,他想要节钺的虚荣,给他便是了,大宋何时轮得到武人说三道四,更别提秉政当国了。这是很聪明的做法,给他高官厚禄,然后把他排除在决策层外。但赵汝愚没有采纳朱熹的建议。于是韩侂胄利用自己出入宫禁之便,自绍熙五年十一月起,迅速有布置、有策略地展开反击。签书枢密院事京镗为韩侂胄出谋划策,说:"彼宗姓,诬以谋危社稷可也。"也就是说,可以从赵汝愚宗室的身份上做文章,毕竟大宋制度,宗室不可官居侍从以上,如今他贵为独相,自然可以诬陷其广结党羽,倾谋江山社稷了。庆元元年二月,韩侂胄之党右正言李沐便上疏弹劾,声称赵汝愚曾对人言,说自己梦到孝宗皇帝把商汤所铸的象征君权的大鼎授予自己,随后他背在身上御白龙而飞天。赵汝愚以同姓宗室却高居宰相之位,违背祖宗成法和典故。当太上皇光宗抱恙的时候,赵汝愚又妄图行周公之事,要摄政专权,仰仗道学虚名,广布私党,以定策大功自居,专功自傲,放肆恣意——这便是沈继祖所说的赵汝愚图谋不轨之事了。

于是,赵汝愚于庆元元年二月被罢相,出判福州,彻底失败。

圣贤还是小人:罗生门里的朱熹 | 303

朱熹作为赵汝愚一党的核心成员之一，在此之前就已经被韩侂胄巧使手段，利用宁宗皇帝不喜欢其严肃刻板的说教，罢免其侍讲，于绍熙五年闰十月二十五日，除宝文阁待制，与州郡差遣，不久之后于二十九日除知江陵府、湖北安抚使，把朱熹远远地赶到地方上，再伺机弹劾罢黜、贬官处置他。

韩侂胄在庆元二年加开府仪同三司，位宰相之上，此时赵汝愚虽然已死，但朝野仍有不少同情他的士大夫，为了巩固自己的权位，韩侂胄发起了一场后来被称为"庆元党禁"的政治迫害，要继续打压赵汝愚一党的成员，甚至只要和赵汝愚私交颇善，就不能轻易放过。此年八月，太常少卿胡纮便上言称近年以来，伪学猖獗，图谋不轨，诋诬圣德，就算不以古法诛杀，也应将伪学官员一概罢归田里。

这位胡纮很值得我们注意。实际上，沈继祖弹劾朱熹"六罪五恶"的白简章疏实是由胡纮所写，只是因为他从监察御史上离任，不在台谏言路上了，于是转授予沈继祖，让他弹劾朱熹。

胡纮在庆元二年八月所上奏疏中，极尽夸张污蔑之能事，举了昔年徽宗皇帝未能于建中靖国年间（1101年）重加贬窜蔡京，反而在崇宁元年（1102年）就除为尚书左丞，不久又拜右丞相之事，仿佛如今赵汝愚的余党之中就潜藏着蔡京之辈，这多半就是在影射朱熹。又举汉代权臣大将军霍光废立皇帝（汉废帝刘贺）、一日之内诛杀群臣百余人之事，危言耸听，仿佛赵汝愚生前果有效仿霍光之心，而其余党亦"怙恶不悛"，深可为戒。又云唐神龙元年时"五王政变"，忠贞之士以不杀武三思，不久便被其所害。

因此胡纮的意思便是，倘若朝廷不对伪学党羽痛加罢黜、严惩，恐怕赵汝愚之奸恶又会由其余党而死灰复燃，大大危害到国家与百姓！

甚至，胡纮此人与朱熹还有一桩旧怨。原来胡纮昔年尚未发迹时，曾经到朱熹开办的学院"武夷精舍"里拜访他。但朱熹招待学子，一向只用粗粮煮饭，茄子熟时，用姜醋浸三四根一起吃了，就算一顿饭了。胡纮来，自然也是这般用餐规格。他就以为受到了侮辱，认为这未免太不讲人情礼仪，山里面难道还缺一只鸡、一壶酒吗？从此便怨恨上了朱熹。

而沈继祖此人又是因为追论程颐得为台官，他与胡纮之品性倒是值得我们思考了。

我们便择要来看看，胡纮所撰，沈继祖所上的弹章里这些令人发指的"罪行"站得住脚吗？

一者，迫使母亲吃陈米。姑且就不从其学生黄榦所写的朱熹行状和朱熹为母亲坟茔所撰圹志中找证据，因为这是朱熹自己一方的言论，必有人谓，不足取信。那么只说两点，当时有很多人记述，朱熹确实自身就是一个粗茶淡饭，不讲究饮食的人物。当然了，如果为了表演安贫乐道，便逼迫母亲也如此，违背母亲本意就是伪善不孝了。但这里有个问题，沈继祖得到胡纮的奏疏后是在庆元二年十二月上章弹劾朱熹的，朱熹母亲祝氏早在乾道五年九月就去世了。乾道五年是公元1169年，庆元二年乃为公元1196年——自祝氏辞世后，到庆元二年沈继祖弹劾，已经整整过了二十七年！这便让人不禁要问，假如此事属实，人尽皆知，何以当时其他人未曾记述于笔端，流传至今？若说是如胡纮弹章中所说朱熹之母"每以语人""闻者怜之"，他乃是察访了这些亲耳听到祝氏所说的朱熹乡里之人才得知的，则已经过去二十七年，升斗小民寿命在当时皆不长，纵然一切属实，听过祝氏言语的人还活着吗？胡纮撰写弹章时又是监察御史的身份，如何离开临安到朱熹乡里取证走访？几十年前之事，胡纮写得历历在目、跃然纸上，甚至连祝氏对儿子朱熹的抱怨这种必然于私室之内说的话，他都知道。不是编造，岂能如此？

二者，谓朱熹屡次辞官不任、贪图钱财。按宋代官场习惯，官员在收到尚书省省札，得知自己获得升迁之类的除命，多有先上辞免状，表示无才无德，不堪大任之类的，并非只有朱熹如此，以为沽名钓誉之目的，而是比较普遍的一种现象。但胡纮说，这必是朱熹嫌官小，以辞职对抗朝廷，要挟给他大官做。这就属于欲加之罪，何患无辞了。至于朱熹廉洁与否，我们可据乾道九年的一道给朱熹的圣旨来考察。当时朱熹收到省札，令其主管台州崇道观，发现圣旨中说自己"安贫守道，廉退可嘉"，则胡纮之说，又如何成立？（五月二十八日，奉圣旨："朱熹安贫守道，廉退可嘉，特与改合入官，主管台州崇道观任便居住。"）

三者，所谓写反诗。沈继祖弹章中说的"除是人间别有天"出自朱熹《武夷棹歌》第十首，原诗如下：

九曲将穷眼豁然，桑麻雨露见平川。渔郎更觅桃源路，除是人间别有天。

又观全部《武夷棹歌》，不过是寻常的描摹山川胜景的诗句，哪有什么谋反之意？

单独论说"除是人间别有天",不过是别有用心地断章取义,罗织朱熹罪名罢了。

再论所谓看中县学风水,谋据为他日墓葬之地。按时人刘爚(yuè)所说,建阳县学在交溪边上,地势低下,面积狭小,因为远远隔着大溪的关系,遇到暴雨,则浮桥断绝,在县学读书的士子们便深受渡河之苦。庆元年间,建阳知县储用与精通营建的人商量后,认为护国寺地形高显开敞又较干燥,决定将县学搬迁到护国寺,与其互换,士子们无不欢呼。则所谓县学搬迁问题,原因已经十分清楚,且地势如此低洼,溪水泛滥之处,大犯堪舆忌讳,怎么可能选来做墓葬之地,还说什么"有侯王之地"的风水格局,岂非胡扯?

又云所谓为赵汝愚之子赵崇宪娶友人刘珙之女,而后竟借此吞刘珙身后巨万家资。刘珙者,谁人也?刘珙的父亲刘子羽不仅仅是朱熹之父朱松的好友,刘子羽更是一位颇为传奇的抗金文臣,乃是曾随张浚经营川陕的雄杰人物,其本传云"浚虽岨师,卒全蜀,子羽之力居多",认为川蜀得安堵保全,刘子羽功甚大。因朱松临终前将儿子朱熹托付给刘子羽,刘珙后来与朱熹曾一起成长,二人感情极好。刘珙年长朱熹八岁,但官运远较朱熹亨通,乾道三年已为"同知枢密院事"的执政,次年七月兼参知政事。且刘珙除了嫁给赵崇宪的幼女之外,尚有二子一女。两个儿子一个叫刘学雅,一个叫刘学裘,俱有官身,学雅为承务郎,学裘为承奉郎。

如此家世,姑且不论朱熹与刘珙的交情,更不论二人父辈的情意,即便朱熹果真夺人家产,则何以,始终不见刘珙的两位官员身份的儿子状告朱熹?难道他们会袖手旁观?更何况,赵汝愚此时早已倒台,朱熹已经失去权势,若果有朱熹罪状,韩侂胄不知几多欢喜,二人何惧之有?

接下来试辨后世最以此非议朱熹人格的两条"丑行"。一是说朱熹引诱二尼姑为宠妾,且到处招摇过市,随其任官而往各地;二是长子朱塾之妻潘氏孀居后有孕,暗示朱熹有乱伦之嫌。

关于第一条,实际完全可以找到胡纮胡编乱造的事实原型,以厘正视听。按朱熹于光宗绍熙元年知漳州,漳州在今福建,彼时属于七闽之地,民风多有薄陋少礼的现象。当时南方颇好佛道,朱熹到了漳州为官后,发现此地多有女子在家违法私创庵舍,自称住持,便立即下令禁止。因为在宋代,不论是剃发为僧还是出家为尼,都要有朝廷的度牒才行,私自剃度是违法的,更遑论在家里开个小寺庙了。不料,此风在漳州已经颇有时日,州府明令之下,仍然不能禁绝,甚至有诉讼官司打到衙门里,说是私庵里的女道住持与人奸通。朱熹也不愿对普通民众不教而诛，搞严刑峻法，因此在八月时他亲手撰写榜文，以州府名义张贴宣告，即《劝女道还俗榜》，一方面勒令这些女道还俗，另一方面建议其父母尊长，为其中适龄女子，公行媒娉，从便婚嫁，目的自然是为了"以复先王礼义之教，以遵人道性情之常，息魔佛之妖言，革淫乱之污俗"。可朱熹在漳州取缔私设庵舍，规劝非法之女道还俗嫁人的德政，到了胡纮笔下，却变成了朱熹引诱两个尼姑成为自己宠妾！朱熹之夫人，乃是其曾师事的刘勉之之女，早在孝宗朝淳熙三年（1176年）便去世——传世文献中，竟未见得朱熹此后续弦或纳妾之事。在古代，士大夫娶妻纳妾，并无必要搞隐秘工作，没有人会认为这是不道德的。然而除胡纮笔下有所谓朱熹纳二尼姑为宠妾外，当时并无其他人有任何关于朱熹纳妾的记录，言至于此，相信已足矣。

关于第二条，妙就妙在胡纮的笔法上，他没有明说朱熹如何，但说"冢妇不夫而自孕"，如此则后世之人若偏听偏信，读到这一句必定浮想联翩。朱熹此时已六十有二，足见胡纮之说的恶毒荒诞。按族谱来看，朱熹长子朱塾有二子四女，二子一曰朱镇，早夭；一曰朱鑑（jiàn）；四女分别曰：归、昭、接、满，满亦夭折。观今人臆说，多怀疑此子朱鑑即是沈继祖弹章中所暗示的，朱塾寡妻潘氏与朱熹乱伦所生。甚至有人言之凿凿，云朱塾死于绍熙二年正月，而安葬的时候已经是绍熙三年十一月，长子之死与安葬之间隔了将近两年。然后便有人石破天惊地指出，朱塾安葬的时候，潘氏生下的孩子居然只有三个月大，便揣测是朱熹所为。辨清这件事需从朱熹于绍熙三年（1192年）二月写给陈亮的信中找到线索。

陈亮是当时在士林中名声极响亮的人物，乃是永康学派之代表，与叶适的永嘉学派一样，并重事功。朱熹、陈亮、辛弃疾三人俱是好友。绍熙三年二月时，朱熹修书与陈亮（《与陈同父》），说自己死去的长子朱塾十分尊慕他，恳求他为朱塾撰写墓志铭。信中有一段说，小孙子长得很敦实，和潘氏一同正住在建阳，后文有云："此儿素知尊慕兄之文……此子自幼秀慧，生一两月见文书即喜笑咿呜，如诵读状"——于是竟有人见到"生一两月"四字，竟谓朱塾之子，此时仅仅三个月大。其实，朱熹信中这一段说的"此儿"指的乃是长子朱塾，否则三月小儿，如何谈得上尊慕陈亮诗文？

信中明确说"小孙壮实粗厚，近小小不安，然观其意气横逸，却亦可望"，则从中可知，虽在材料欠缺的情况下难以准确推断此时朱塾之子朱鑑的年龄，但当是已经到了能察觉父亲去世的年岁，如此才谈得上"壮实粗厚，近小小不安"。若是只有一岁左右,谈何能小小不安？再者,说朱熹和儿媳私通与说他纳尼姑二人为宠妾,都是孤证——除了胡纮所写而由沈继祖所上的弹章之外,并无其他出处记载可供参考。

我们再假定胡纮所说确有其事,或者极为可能,则为何从不见有人在诗文中讥讽朱鑑之身世呢？朱鑑生前大约不过官至正六品奉直大夫、湖广总领(即"总领湖广、江西财赋、京湖军马钱粮、专一报发御前军马文字"差遣,掌江州、鄂州、荆湖南路御前扎大军钱粮,并与闻当地军政),堵得住谁的嘴？章惇如此人物,贵为哲宗朝首相,尚有关于其身世的谣言蜚语,何况区区朱鑑？或云,韩侂胄一朝败亡,史弥远专权二十六年,道学名誉得恢复,人不敢言。则何以无一星半点谣言蜚语的议论留下？再者,陆九渊与朱熹当时在学术思想有极大分歧,但却君子和而不同,若朱熹真有如此不堪的丑恶行径,陆九渊为何不向天下士林学子揭穿朱熹伪道学之面目,借此还可进一步确立自己心学的正统地位,一举数得？我想答案只有一个,那就是沈继祖弹劾朱熹的那些罪恶丑行,纯属捏造,完全是子虚乌有。

另外,这封写给陈亮的信还透露了一个信息。朱熹说五夫里之居所,环境太差,已经准备在建阳筑新居,但是举家只有几百贯钱,才造了一小部分,就已经差不多花光了,将来只能先举债把屋舍造好。则胡纮说朱熹贪图财货,每年动辄万贯的馈赂,亦是靠不住的。且其中对英年早逝的长子朱塾之思及悲恸,读来令人动容,岂容往昔无耻政客与今日浅薄人污蔑？("五夫所居,眼界殊恶,不敢复归,已就此卜居矣。然囊中才有数百千,工役未十一二,已扫而空矣。将来更须做债,方可了办,甚悔始谋之率尔也,但其处溪山却尽可观,亡子素亦爱之。今乃不及见此营筑,念之又不胜痛耳"。)

最后说所谓掘人祖坟而据为母葬之所这件事。查朱熹为母亲所写圹志可知,其母祝氏乃是安葬于建阳县附近,与崇安县相隔至少有一百四十里,所谓夺崇安县弓手父母坟茔,使人父母棺椁曝露,可见也站不住脚。

不过,必然会有人说,朱熹先后上了两份谢表,承认弹劾中的罪行,白纸黑字,流传至今。

持此论之人,说的乃是由于沈继祖弹劾,朱熹在庆元三年正月二十七日,收到镌职罢祠的尚书省省札,按当时之规矩,乃上谢表。

在第一份《落职罢宫祠谢表》中朱熹说:

老臣罪行多得擢发难数,实在应该像少正卯被孔圣诛杀于两观之下一样,也被处以极刑("罪多擢发,分甘两观之诛")。

他又承认,自己身为缙绅士大夫,却不知道谨守国朝的常法典宪,导致自投于恢恢法网之中。还烦扰台谏言官们弹劾自己,将他的阴私丑事都上奏禀明("尽发阴私"),亵渎陛下之天听("上渎宸严"),又令朝野舆情骇然("交骇闻听")。凡臣所有这些该被严惩的问题,都属于不忠不孝的大罪!臣已经到了恶贯满盈,奸邪言行无所不有的地步("众恶之交归"),因此被朝野士民所共弃("群情之共弃")。但臣糊涂昏乱,起初一点都没有听闻到这些事情,等到现在反复省察自己,才深感疑惑恐惧("而臣愦眊,初罔闻知,及此省循,甫深疑虑")。

第二份《落秘阁修撰依前官谢表》就更坦白了,似乎朱熹对沈继祖弹劾他的罪行都供认不讳,认罪态度很端正。其中一段内容尤其重要,历来被人作为朱熹罪名的铁证,原文如下:

> 伏念臣草茅贱士,章句腐儒,惟知伪学之传,岂适明时之用?顷叨任使,已屡奏于罔功;旋即便安,复未能于寡过。致烦重劾,尽掎(jǐ)宿愆(qiān)。谓其习魔外之妖言,履市廛(chán)之污行。有母而尝小人之食,可验恩衰。为臣而高不事之心,足明礼阙。以至私故人之财,而纳其尼女;规学宫之地,而改为僧坊。谅皆考核以非诬,政使窜投而奚憾!不虞恩贷,乃误保全。……此盖伏遇皇帝陛下仁兼覆载,明极照临,作福作威,总大权而在己。曰贤曰佞,付公论于得人。
> (其中"复永能于寡过"一句,详文义当是"复未能于寡过"。)

这是说,臣不过是乡野卑贱之人,老死章句之中的腐儒,只知道传播伪学,哪里堪为圣明盛世时用以为官呢?自十九岁中进士,虽厚颜无能,两年后却很快受到朝廷任用,至今四十六年来可以说在各个职位上毫无功劳与建树。没多久便贪图苟安混日子,又做不到少犯过错。导致烦扰台谏言路严厉弹劾臣,将臣过往罪过一一指摘出来。他们说臣学吃菜事魔的妖言,做的都是市井无耻之辈的丑事。如臣有老母却曾给她吃贱民之食,说明臣恩养孝顺母亲极其不到位。又如作为君父、朝廷的臣子和士大夫,却常把辞任不为官的姿态看得很高大,自以为卓尔不群,足以表明为人臣子之礼极其缺乏,以至于做出了将故人好友的身后之财据为己有的行为,又或说我纳了其做尼姑的女儿为妾。还有图谋规划着把县学这样礼乐文教的圣地改成自己的墓葬之地,将县学搬到僧寺里的恶念。想来这些台谏弹劾臣的大罪,都已经过

圣贤还是小人:罗生门里的朱熹 | 309

详细彻底的根勘查核,绝不是对臣的污蔑,因此正该把罪臣贬窜至蛮荒远恶的军州,不料竟蒙陛下天恩宽贷,才误遭保全……

看上去他确实认罪了。

真的是这样吗?

在宋代,若遭降职贬官,官员在谢表中按规定是一定要表示出认罪谢恩的态度的。

如苏轼《到惠州谢表》云:"伏念臣性资褊浅,学术荒唐。但守不移之愚,遂成难赦之咎。迹其狂妄,久合诛夷。方尚口乃穷之时,盖擢发莫数其罪。"

再举苏轼《到昌化军谢表》,有谓:"生无还期,死有余责。臣轼(中谢)。伏念臣顷缘际会,偶窃宠荣。曾无毫发之能,而有丘山之罪。宜三黜而未已,跨万里以独来。恩重命轻,咎深责浅。"

亦说自己罪莫大焉,无一句辩解。

宋代降黜贬责之谢表,其基本格式通常是:

几时收到旨意,依据省札,本人受到如何处置。概述情况,表示惶恐感恩,顿首百拜云云。然后再反省剖析自己的种种缺点、罪行、不堪,表示认罪。接着笔锋一转,用"此盖伏遇皇帝陛下……"造句表示自己对浩荡皇恩感激涕零,一定好好改造。最后,一般以"臣无任"结尾,表示臣无能,终究是不胜陛下之任等自谦的意思。

因此,谢表不足以作为官员心悦诚服认罪的证据。

不仅如此,如果细索其中辞句,更可见朱熹真实的想法。

如第一份《落职罢宫祠谢表》中,"尽发阴私",显然是讽刺台谏毫无底线地构陷污蔑。"众恶之交归",也显然是自嘲。"而臣愤眊,初罔闻知",则仿佛在说:你们这些言辞,老夫听都没听过,你们接着胡诌吧。

第二份《落秘阁修撰依前官谢表》则尤值得品读。甚至可以认为,此封谢表足见朱熹在当时的心境下,已非盲目忠君之人,而是很可能对听任韩侂胄摆布的宁宗皇帝赵扩也有了怨气。

他在谢表中把自己毕生追求的儒家义理之学,如弹劾之人一般称其为"伪学",这背后是何等的痛苦和悲愤?所谓子曰正名,名不正则言不顺,岂有大儒而不重视名分的?可见此时朱熹已经对当时的朝廷极其失望了。

其次,谢表中虽然要求有认罪态度,但实际上不必罗列自己被弹劾的一桩桩罪过——这反倒像恋人或多年好友吵架时,翻出一件件被误解、辜负的事情,不为解决问题,只为出气。

再者,那些自以为朱熹认罪的人,忽略了原文中"谓其"二字,那是"他们说臣"的意思,言下之意甚明。"谅皆考核以非诬,政使窜投而奚憾"也十分明显,是大牢骚话,说自己没有怨恨,那恰恰是愤恨不平得很!

如此一来,再看结尾处感激皇恩的话,则像是在挖苦、嘲讽宁宗皇帝了。因为说官家威权出于自身,可实际上连宰执、台谏几乎都是韩侂胄选的人,而所谓贤良奸佞之分,又哪里是选臣得当而自有公论,完全是操控在韩侂胄一党手中!

所以,朱熹认罪了吗?

不言自明呀!

他断没有承认那些污蔑他的罪名。甚至在谢表中语含讥讽,夹枪带棒。他心怀郁愤,三年后忧愤而亡,朝廷甚至下令不允许朱熹的门生好友等为其送葬。庆元党禁,一至于此!

最后,附上一首辛弃疾给朱熹祝寿的诗吧。

寿朱晦庵

西风卷尽护霜筠,碧玉壶天月色新。

凤历半千开诞日,龙山重九逼佳辰。

先心坐使鬼神伏,一笑能回宇宙春。

历数唐尧千载下,如公仅有两三人。

参考文献

古籍类：

《宋史》，[元]脱脱撰，中华书局1985年版。

《续资治通鉴长编》，[宋]李焘撰，中华书局2004年版。

《三朝北盟会编》，[宋]徐梦莘撰，上海古籍出版社2008年版。

《金史》，[元]脱脱撰，中华书局2016年版。

《建炎以来朝野杂记》，[宋]李心传撰，中华书局2016年版。

《宋会要辑稿》，[清]徐松撰，上海古籍出版社2014年版。

《续宋编年资治通鉴》，[宋]刘时举撰，中华书局2014年版。

《建炎以来系年要录》，[宋]李心传撰，上海古籍出版社2018年版。

《金佗粹编》，[宋]岳珂撰，中华书局1989版。

《齐东野语》，[宋]周密撰，上海古籍出版社2012年版。

《宋宰辅编年录校补》，[宋]徐自明撰，中华书局1986年版。

《剑南诗稿》，[宋]陆游撰，上海古籍出版社2017年版。

《渭南文集》，[宋]陆游撰，浙江古籍出版社2015年版。

《鄮峰真隐漫录》，[宋]史浩撰，文渊阁《四库全书》本。

《归庐陵日记》，[宋]周必大撰，文渊阁《四库全书》本。

《鹤林玉露》，[宋]罗大经撰，上海古籍出版社2012年版。

《朱子全书》，[宋]朱熹撰，上海古籍出版社2002年版。

《夷坚志》，洪迈撰，中华书局1981年版。

《水心先生别集》，[宋]叶适撰，文渊阁《四库全书》本。

《梦溪笔谈》，[宋]沈括撰，上海古籍出版社2013年版。

《宝庆会稽续志》，文渊阁《四库全书》本。

《宋元学案》，[明]黄宗羲撰，中华书局2013年版。

《四朝见闻录》,[宋]叶绍翁撰,中华书局 2011 年版。
《荆溪林下偶谈》,[宋]吴子良撰,文渊阁《四库全书》本。
《云庄集》,[宋]刘爚撰,文渊阁《四库全书》本。
《涑水记闻》,[宋]司马光撰,中华书局 1989 年版。
《儒林公议》,[宋]田况撰,中华书局 2017 年版。
《东原录》,[宋]龚鼎臣撰,文渊阁《四库全书》本。
《孙公谈圃》,[宋]刘延世撰,文渊阁《四库全书》本。
《邵氏闻见录》,[宋]邵伯温撰,中华书局 1983 年版。
《东轩笔录》,[宋]魏泰撰,中华书局 1983 年版。
《墨客挥犀》,[宋]赵令畤撰,中华书局 2002 年版。
《容斋三笔》,[宋]洪迈撰,文渊阁《四库全书》本。
《国老谈苑》,[宋]王君玉撰,文渊阁《四库全书》本。
《湘山野录》,[宋]文莹撰,中华书局 1984 年版。
《倦游杂录》,[宋]张师正撰,上海古籍出版社 2012 年版。
《归田录》,[宋]欧阳修撰,上海古籍出版社 2012 年版。
《珊瑚钩诗话》,[宋]张表臣撰,文渊阁《四库全书》本。
《东京梦华录》,[宋]孟元老撰,中国画报出版社 2013 年版。
《枫窗小牍》,[宋]袁褧、袁颐撰,上海古籍出版社 2012 年版。
《诗话总龟》,[宋]阮阅撰,人民文学出版社 1987 年版。
《宋名臣言行录》,[宋]朱熹、李幼武撰,文渊阁《四库全书》本。
《梁溪漫志》,[宋]费衮撰,三秦出版社 2004 年版。
《默记》,[宋]王铚,文渊阁《四库全书》本。
《钱氏私志》,[宋]钱世昭撰,文渊阁《四库全书》本。
《曲洧旧闻》,[宋]朱弁撰,文渊阁《四库全书》本。
《铁围山丛谈》,[宋]蔡绦撰,中华书局 1983 年版。
《朱子语类》,[宋]黎靖德撰,中华书局 1986 年版。
《孔氏谈苑》,[宋]孔平仲撰,文渊阁《四库全书》本。
《东坡志林》,[宋]苏轼撰,文渊阁《四库全书》本。
《石林诗话》,[宋]叶梦得撰,文渊阁《四库全书》本。

《苕溪渔隐丛话》，[宋]胡仔撰，人民文学出版社1962年版。
《古今诗话》，[宋]李颀撰，文渊阁《四库全书》本。
《王直方诗话》，[宋]王直方撰，文渊阁《四库全书》本。
《道山清话》，[宋]无名氏撰，文渊阁《四库全书》本。
《西塘集耆旧续闻》，[宋]陈鹄撰，文渊阁《四库全书》本。
《高斋漫录》，[宋]曾慥撰，文渊阁《四库全书》本。
《宋大诏令集》，中华书局1962年版。
《续资治通鉴长编拾补》，[清]黄以周撰，中华书局2004年版。
《野老纪闻》，[宋]王大成撰，文渊阁《四库全书》本。
《老学庵笔记》，[宋]陆游撰，中华书局2016年版。
《东都事略》，[宋]王称撰，文渊阁《四库全书》本。

论著类：

《宋代官员选任和管理制度》，苗书梅著，河南大学出版社1996年版。
《宋代经济史》，漆侠著，中华书局2009年版。
《朱熹年谱长编》，束景南著，华东师范大学出版社2001年版。
《范仲淹全集》，李勇先、王蓉贵著，四川大学出版社2002年版。
《宋朝军制初探》，王曾瑜著，中华书局2011年版。
《欧阳修全集》，李逸安著，中华书局2001年版。
《宋代登科总录》，龚延明、祖慧著，广西师范大学出版社2014年版。
《宋代官制辞典》，龚延明著，中华书局2017年版。
《苏舜钦集编年校注》，傅平骧、胡问陶著，巴蜀书社1991年版。
《梅尧臣集编年校注》，朱东润著，上海古籍出版社2006年版。
《苏轼文集》，孔凡礼点校，中华书局1986年版。
《苏轼诗集》，孔凡礼点校，中华书局1982年版。
《苏轼年谱》，孔凡礼著，中华书局1998年版。
《栾城集》，曾枣庄、马德富著，上海古籍出版社2009年版。
《宋代物价研究》，程民生著，人民出版社2008年版。
《朱熹的历史世界：宋代士大夫政治文化的研究》，余英时著，生活·读书·新知三联书店2011年版。

《朱熹新探索》,陈荣捷著,华东师范大学出版社2007年版。

《陆游年谱》,于北山著,上海古籍出版社2017年版。

《北宋晚期的政治体制与政治文化》,方晓峰著,北京大学出版社2015年版。

《宋金富平之战》,王曾瑜,《中州学刊》,1983年第1期。

《南宋初宋金陕西"富平之战"述论》,吴泰,《西南师范大学学报》,1983年第9卷第3期。

《陆游研究札记》,邱鸣皋,《徐州师范大学学报》,2001年第27卷第4期。

附录 1

宋代元丰改制前后文官阶官表

（即本官，又称寄禄官。定俸禄待遇，与实际工作无关）

	序号	北宋前期	神宗元丰五年改制后	品级
升朝官	1	使相（节度使兼侍中、中书令或兼同中书门下平章事）	开府仪同三司	从一品
	2	尚书左、右仆射	特进	从一品
	3	吏部尚书	金紫光禄大夫	正二品
	4	兵、礼、户、刑、工部尚书	银青光禄大夫	从二品
	5	尚书左、右丞	光禄大夫	正三品
	6	六部侍郎	正议大夫	从三品
	7	给事中	通议大夫	正四品
	8	左右谏议大夫	太中大夫	从四品
	9	秘书省监	中大夫	正五品
	10	光禄卿、卫尉卿、少府监	中散大夫	从五品
	11	太常少卿、卫尉少卿、尚书左、右司郎中	朝议大夫	正六品
	12	前行郎中（吏、兵部诸司郎中）	朝请大夫	从六品
	13	中行郎中（户、刑郎中）	朝散大夫	从六品
	14	后行郎中（礼、工郎中）	朝奉大夫	从六品
	15	前行员外郎、侍御史	朝请郎	正七品
	16	中行员外郎、起居舍人	朝散郎	正七品
	17	后行员外郎、左、右司谏	朝奉郎	正七品
	18	左、右正言、太常寺博士、国子监博士	承议郎	从七品
	19	太常寺丞、秘书省丞、殿中省丞、著作郎	奉议郎	正八品
	20	太子中允、赞善大夫、太子中舍、太子洗马	通直郎	正八品

续　表

	序号	北宋前期	神宗元丰五年改制后	品级
京官	21	秘书省著作佐郎、大理寺丞	宣德郎（宣教郎）	从八品
	22	光禄寺丞、卫尉寺丞、将作监丞	宣议郎	从八品
	23	大理寺评事	承事郎	正九品
	24	太常寺太祝、奉礼郎	承奉郎	正九品
	25	秘书省校书郎、正字、将作监主簿	承务郎	从九品
选人	26	三京府判官，留守判官，节度、观察判官	承直郎	从八品
	27	节度掌书记，观察支使，防御、团练判官	儒林郎	从八品
	28	京府、留守、节度观察推官，军事判官	文林郎	从八品
	29	防御、团练、军事推官，军、监判官	从事郎	从八品
	30	县令、录事参军	通仕郎（从政郎）	从八品
	31	试衔知县令、知录事参军事	登仕郎（修职郎）	从八品
	32	三京府军巡判官，司理、司户、司法、户曹、法曹参军，县主簿、县尉	将仕郎（迪功郎）	从九品

附录 2

宋代政府机构与职事官、贴职等品级简要说明

（此说明所列机构与诸官职仅为选列，供读者参考以方便理解本书中人物的仕宦）

一、中书门下（政事堂）、三省、都堂：职掌政务，但宋代亦有宰相兼枢密院长官的，相权实际颇大，所谓中书总文武大政，号令所从出

（元丰改制前）

宰相　同中书门下平章事（元丰改制前官品视本官而定）

首相：同中书门下平章事、昭文馆大学士、监修国史（设两位宰相时首相常以昭文馆大学士带监修国史）

次相：同中书门下平章事、集贤殿大学士（设三位宰相时，则昭文相为首相，史馆相为次相，集贤相为末相）

（元丰改制后）

尚书左仆射兼门下侍郎（正一品；南宋建炎三年起为从一品；孝宗乾道八年后，恢复正一品）

尚书右仆射兼中书侍郎（次相）

尚书左仆射、同中书门下平章事（南宋高宗建炎三年至孝宗乾道八年首相名称）

尚书右仆射、同中书门下平章事（南宋高宗建炎三年至孝宗乾道八年次相名称）

左、右丞相（乾道八年后宰相名）

（元丰改制前）

副宰相　参知政事（官品视本官。通常与宰相维持五人编制，两相则三参，三相则两参）

（元丰改制后）

门下侍郎、中书侍郎、尚书左、右丞（元丰改制后罢参知政事职事官，以此四职官代替，作为新的副相，俱正二品）

参知政事（南宋建炎三年四月后，罢门下、中书侍郎与尚书左、右丞，恢复参知政事为副宰相，正二品）

二、枢密院：职掌军务

枢密使（前期视本官阶，元丰四年后罢。南宋初复置后为从一品）

枢密副使（南宋后正二品）

知枢密院事（元丰四年十一月罢枢密使后成为枢密院长官，正二品。南宋之后亦正二品，位次枢密使）

同知枢密院事（无枢密使、枢密副使情况下枢密院次长官，南宋为正二品）

签署（书）枢密院事（南宋从二品，英宗赵曙即位后改签署为签书，避皇帝名讳）

同签署（书）枢密院事（枢密院副贰之末）

以上自副宰相至枢密院长贰，并称执政。

又宰相与执政合称"宰执"，即两府大臣。

三、三司：最高财政机构，侵夺户部、工部、太府寺职权。元丰五年五月，罢三司而职权归诸户部。

三司使（总领三司下属盐铁、度支、户部三事，为三司长官，号计相。位次执政）

四、学士院：起草大制诏书，如立皇太子、后妃，封亲王，拜相、枢密使等

翰林学士承旨（以翰林学士入院最久、资历深者担任，例置一员，元丰改制后正三品）

翰林学士（元丰改制前，带"知制诰"方为掌内制大诏的草拟；除非本官阶为中书舍人时，则不带"知制诰"。北宋前期兼领他官时，则翰林学士与职名相同，不负责草内制大诏。正三品，元丰改制前六员，之后二员）

直学士院（与翰林学士知制诰负责工作一样，草内制大诏。此职事官为兼职，官品视该官员本官阶）

五、御史台：纠察文武百官、弹劾贪官污吏，肃正朝廷纲纪

御史中丞（元丰改制前正四品，元丰改制后从三品，元祐《官品令》后为正三品，南宋时恢复从三品。由于宋代御史大夫实际上不除授，因此以御史中丞为御史台长官，俗称台长、中丞等）

侍御史知杂事（元丰改制前御史台的次长官。从六品下，特赐服绯。元丰七年二月，罢侍御史兼知杂事）

侍御史（元丰改制后御史台次长官，从六品，执掌御史台三院中的台院）

殿中侍御史（真宗大中祥符五年后，专职弹纠公事；元丰七年二月后，掌言事并兼察事及分纠朝会班序。宋初从七品下，元丰改制后正七品，执掌御史台三院中的殿院。元丰新制置二员）

监察御史（太宗太平兴国三年后乃设专职监察御史，主弹劾事。宋初正八品上，元丰改制后

从七品,执掌御史台三院中的察院。元丰新制后置六员)

以上自监察御史至侍御史(知杂事),虽品位不高,但职权重大,御史一贯被视为美官。

六、谏院:太宗雍熙初年已有谏院,仁宗明道元年七月以门下省为谏院,元丰五年罢谏院,南宋建炎三年后恢复并专门置局。朝政阙失大小俱可言事进谏

(元丰改制前)

知谏院(多由他官兼领,称知谏院,谏正朝政,大事廷议,小事实封论奏。官品视本官。)

(元丰改制后)

以下谏官,左隶门下省,右隶中书省

左、右谏议大夫(宋初仅真宗天禧三年曾以差遣除授,其余俱是作为正四品本官。元丰改制后成为职事官职,又因左右散骑常侍不除授人,于是谏议大夫则为谏官之长,俗称谏长,从四品)

左、右司谏(宋太宗端拱初年为七品本官;元丰改制后为正七品职事官)

左、右拾遗(左、右正言)(宋初为从八品上本官;南宋淳熙十五年复置为职事官,从七品)

七、舍人院(中书后省):宋初为知制诰与直舍人院办公之所;元丰改制后罢废,改为中书后省

(元丰改制前)

知制诰(以他官代中书舍人掌草拟诏敕策命,所拟诰命称"外制"。官品视本官。)

直舍人院(位次知制诰,与知制诰并掌外制。元丰改制后罢,以权中书舍人代之。官品视本官。)

(元丰改制后)

中书舍人(正四品,轮值草拟外制诏命,分工签押中书后省吏户礼兵刑工六房文书,有封还词头之权。元丰新制置六员,南宋时常置两员)

八、尚书省六部:元丰改制前基本都是名义上的部门,无重要职掌。元丰改制后实掌六部事务

吏部尚书(元丰改制前为正三品本官,元丰改制后为从二品职事官,掌吏部尚书左、右选,侍郎左、右选,司封、司勋、考功司七司,为吏部长官)

吏部侍郎(元丰改制前为正四品上本官,元丰改制后为从三品职事官,吏部次长官)

吏部诸司郎中(元丰改制前为从五品上本官,元丰改制后为从六品职事官)

吏部诸司员外郎(改制前为从六品上本官,之后为正七品职事官)

其余户、礼、兵、刑、工部，尚书均为改制前正三品本官，改制后从二品职事官；侍郎则为改制前正四品下本官，改制后从三品职事官；郎中、员外郎官品同吏部。

九、殿学士：无实际职事，多为宰执离开两府，外任时所带职名

观文殿大学士（宰相离任外调所带职名，以示恩宠和备皇帝顾问之名义，从二品，班序在六部尚书之上）

观文殿学士（庆历八年五月由紫宸殿学士改名，又紫宸殿学士乃庆历七年八月自文明殿学士改名。宰相得罪罢官，或执政外任，多带此职名，正三品）

资政殿大学士（执政离任所带，仁宗景祐以后多为资政殿学士序进之职，正三品。班位在观文殿学士之下，翰林学士承旨之上）

资政殿学士（优待参知政事等执政离任者，正三品，班位在翰林学士之下，侍读学士之上）

端明殿学士（翰林学士承旨及翰林学士久任者所带职名，正三品，元丰后多为执政得罪离任所带，南宋为签书枢密院事、同签书枢密院事所带）

十、阁学士、直学士：宋前期无职事，但有以备顾问，议论大政之荣，亦作为贴职。元丰改制后，形同阶官（本官、寄禄官），为朝臣补外任而加恩之官

龙图阁学士（北宋时多为翰林学士所兼或翰林学士别授差遣时加龙图阁学士；元丰改制后为吏部尚书补外所带贴职。正三品，为诸阁学士之首）

枢密直学士（宋初签署枢密院事，于宣徽院置厅办公，并备顾问，后多为侍从官外任地方守臣所带，正三品，诸阁直学士之首）

龙图阁直学士（从三品，北宋时班位在枢密直学士之下，南宋时又班其上）

十一、阁待制、直阁：待制为侍从官标志；直阁为非侍从官的"庶官"所带贴职

龙图阁待制（待制及以上职名，则视为达到侍从高官级别。从四品，班位在知制诰、中书舍人之下）

直龙图阁（元丰改制后至南宋，多为庶官任监司职事，如转运使、提刑，知州兼安抚使所带贴职。正七品）

诸阁名称（龙图阁、天章阁、宝文阁、显谟阁、徽猷阁、敷文阁、焕章阁、华文阁、宝谟阁、宝章阁、显文阁）

十一、馆职：于昭文馆、史馆、集贤院、秘阁而有职事者，为文学高选，常经召试而后除授；或以皇帝恩宠赏功，不试而除。两制、宰执官多有馆职之经历。元丰改制后，罢崇文院（昭文馆、集贤院、史馆），馆职不复除人。元祐元年恢复部分馆职，之后逐

渐确定为贴职

高等馆职(集贤院学士、集贤殿修撰、史馆修撰、直昭文馆、直史馆、直集贤院、直秘阁)

次等馆职(集贤校理、秘阁校理、史馆编修、史馆校勘、史馆检讨、崇文院检讨、馆阁校勘、秘阁校勘)

十三、贴职：元丰改制前，官员所带职名泛称贴职。元祐以后，庶官所带职名为贴职

正六品(集英殿修撰)

从六品(右文殿修撰、秘阁修撰)

正七品(直龙图阁、直宝文阁)

从七品(直显谟阁、直徽猷阁、直敷文阁、直焕章阁、直华文阁)

正八品(直秘阁)

十四、两司三衙：中央禁军殿前司与侍卫亲军司合称两司。殿前司、侍卫亲军马军司、侍卫亲军步军司合称三衙。真宗景德二年后侍卫司不再单独置司，二司正式转变为三衙。南宋后，禁军逐渐沦为与过去北宋厢军一样的地方卫戍、治安性质的非正规军，而厢军进一步降低作用，三衙形同虚设，不再统御全国的兵马

殿前司都指挥使(殿前司不再设都点检、副都点检之后，成为本司最高长官，从二品，位节度使之上)

殿前司副都指挥使(正四品，位节度观察留后，即后来的承宣使之上。在三衙管军中，亦位在侍卫亲军马军都指挥使、步军都指挥使之上)

殿前司都虞侯(从五品，位正任防御使之上)

侍卫亲军马军司都指挥使(为本司长官，正五品，位正任观察使之上)

侍卫亲军马军司都虞侯(从五品)

侍卫亲军步军司官品同马军司，班位稍次于马军司。

十五、御营使司：南宋高宗建炎元年五月置，四年六月罢；孝宗隆兴元年六月复置，十月罢。以三衙禁军名存实亡，行在诸军不相统一之故，设御营使司

御营使(本司长官，以宰相兼领)

御营副使(执政官兼领)

御营司参赞军事(侍从官兼领)

御营使司参议官(位次于参赞军事)

御营使司都统制(御营使司五军的军事长官,武臣担任)

十六、南宋御前诸军:绍兴和议后,收三大将兵权,地方屯驻大军逐渐形成,遂定为某州(府)驻扎御前诸军都统制司以节制、统御边防军队

都统制(南宋前期或以正二品太尉、从二品节度使与正四品承宣使充任,恩数待遇似三衙管军,军事地位在安抚使之上。宁宗开禧北伐失败后,地位下降)

都统制以下尚有:副都统制、统制、统领、正将、副将、准备将、部将、队将、押队、拥队。

十七、入内内侍省:宦官机构。景德三年二月置司,掌帝后饮食起居等日常侍奉,又起着沟通宫府的作用

入内内侍省都知(因都都知不常除人,故都知即是入内内侍省首席宦官,除执掌禁中供奉事务外,又主判皇城司事。元丰改制时定正六品,元祐时从五品,南宋恢复正六品。不考虑都都知的话,这是内臣到顶的职位)

入内内侍省副都知(正六品)

入内内侍省押班(正六品,辅佐都知执掌省事,位次于副都知)

宦官机构另有"内侍省",地位较入内内侍省为低,其长官为内侍省左右班都知,亦正六品,但位次于入内内侍省都知。

十八、宣抚使、制置使、经略安抚使等军事差遣

宣抚使(北宋时多以两府大臣充任,掌抚绥边境、宣布威灵、统兵征伐、安内攘外等事;南宋时武臣亦得除授为宣抚使,但未见有低于节度使阶官之武臣可任。宣抚使位在制置使、招讨使、安抚使、转运使、镇抚使之上)

制置使(北宋熙宁以前多以文臣任制置使,且并非必是军职。南宋后多设统兵制置使,为其辖区军事长官,用兵常得便宜行事。品位视所带本官,位次宣抚使、招讨使)

经略安抚使(以文臣总一路军政,节制经略安抚副使以下,都总管、副都总管、钤辖、都监等一路将帅皆受其统护。以正八品直秘阁以上文臣充任,品位视其本官)

十九、路级监司:北宋地方行政基本有三个级别。路、府州军监、县。路约相当于现在的省的大小。但北宋时路主要是起监察和司法以及财政等作用,如提刑司管司法;转运司管财政和监察;常平司管粮仓赈灾等事。南宋路治所在的大州知州带安抚使成为定制。"府、州、军、监"约相当于现在的"市",府约相当于直辖市和省会城市,州大约相当于地级市,军较州稍小一些,一般而言地势冲要、户口少而不成州的,就设军,它大约相当于县级市,监则是宋代于坑冶、铸钱、牧马、产盐等地区设置

的特别行政区的名称。安抚使之帅司、转运使之漕司、提刑之宪司、提举之仓司,分掌一路军、政、刑、财,总称监司,为州县上级地方领导机构

安抚使(宋初为措置赈济灾荒、抚平边衅的临时差遣,事毕即罢;真宗景德年间以后,为一路帅臣。南宋时为帅司长官,总一路军政,许便宜行事。高宗绍兴后,军政事大多归都统制司,民政归转运司,刑政归提刑司,职权下降。若要类比明清,可认为是全面弱化版的"某省巡抚")

转运使(主管一路财政,兼纠察官吏、巡按郡县、荐贤劝农等事,通常选任朝官以上,历任知州而有政绩且通晓钱谷之文臣充,俗称漕臣,类比明清,则有似"布政使")

提点刑狱公事(主管一路刑法,并兼劝课农桑、举刺官吏,统辖一路土兵、弓手等治安部队。徽宗大观三年后定文臣知州资序朝臣可充,徽宗宣和初年与孝宗乾道六年后至淳熙末有武臣任提刑。位次转运使,俗称宪臣、臬使,类比明清,有似"按察使")

提举常平广惠仓兼管勾农田水利差役事(提举常平司、仓司长官,总领一路常平、义仓、农田水利等事。位在提刑之下。俗称仓使、常平使)

二十、府州县

宋朝四京(东京汴梁开封府、西京洛阳河南府、南京宋城应天府、北京大名大名府)

权知开封府事(开封府长官,即所谓首都市长。以正四品待制或正六品少卿级别以上文臣充任)

知临安军府事(南宋行在长官,即南宋首都市长。知临安府者兼任两浙西路安抚使、马步军都总管等要职。卿监、侍从以上充任)

州之五格七等[宋代州有:"雄、望、紧、上、中、中下、下"七等;又实际有都督州、节度州(包含观察州)、防御州、团练州、刺史州(即军事州)五格]

知州(一州长官,据《元祐官品令》,上州知州正六品,中、下州知州从六品)

通判某州军州事(即知州的佐贰,乃是一州的次长官,所谓副市长。上州通判正七品,中、下州通判从七品)

知县(高于县令,职事与县令同。以京官以上充,品位视该知县本官或寄禄官。参考县令官品,则元丰新制时期京畿县令从八品,其余正九品;南宋上中下县县令为从八品,县令由选人充)

后 记

这是我关于宋朝的第二本书了。上一本算是文史并重,这一本主要侧重于历史,特别是对人物经历的历史事件的梳理。在这一点上,我本具有一种不敢去写的敬畏和不愿写的"精神洁癖"。譬如上一本《大宋之愁》的叙事中,极端克制的笔触是一以贯之的一个写作原则。但在这一本新书里,自写完了两个大章后,从第三个大章开始,乃鼓起勇气,尝试在解读历史之外,更做一番叙述。但愿拙作之江山人物,能稍胜涂鸦,而近于丹青水墨吧。

对笔者自身而言,历史是非常迷人的一样东西,自童年起,古今中外的名人故事便让我着迷在其中。但历史又是永远和我们隔着神秘的帷幔,仿佛雾里看花似的。儿时对于历史的接受常常是故事性质的认识,喜欢跌宕起伏,喜欢英雄力挽狂澜,喜欢悲壮崇高和阴谋诡计的猛烈碰撞……但大了之后却会想,何以一件事在历史上会如此?这个人物果然这样愚不可及么?历史的迷雾阻碍我们接近历史的真相,看到历史的全貌,但从某种意义上而言,正是这一层历史的迷雾,反而令历史本身更耐人寻味,使人欲罢不能。

我们能接近历史到何种程度,这是我在撰写拙作时一直在思考的一个问题。本书的六个章节并非按目录所示的历史发展顺序所写。实际上最早完成的是陆游、朱熹的章节。这两章本来每章都做了六七十个左右的注释,试图努力将相对严谨的推断路径和证据之出处都呈现出来。但基于各种原因,考虑到文史书籍的可读性问题,最终还是删除了所有的注释。之后章节依次完成了寇凖浮沉、苏轼章惇恩怨、张浚成败、庆历新政失败后群像四个章节。与陆游、朱熹两章仿佛抽丝剥茧的推理风格不同,这四章的故事性大大增强,怀着对历史的无比敬畏与兴趣,乃颇不自量力地对许多历史事件的细节去做了画面重构和解读。在撰写中,谨慎努力以言之有据为基本原则,立足官史或宋人笔记文集等。在史料语焉不详或是付之阙如的地方,拙作或有以小说笔法补全人物对话和心理描写的,但亦是在审慎的态度下,描摹符合史料叙述的人物形象,作为一种对青史记载的"合理补充"。

宋代在普通历史爱好者中,几乎始终受到许多人的误解。诸如戏谑其为"大送",以其岁赐西夏、岁币辽金云云;又或说算不得大一统王朝,不能奉为正朔,遂始终对宋朝颇不屑一顾、嗤之以鼻。然陈寅恪先生有言:"华夏民族之文化,历数千载之演进,造极于赵宋之世。后渐衰微,终必复振。"这句话是非常有名的,窃以为亦说得较为在理。陈寅恪先生在《邓广铭〈宋史·职官志〉考证序》中提出了这一观点,一方面乃是作序之余盛赞邓恭三先生治宋史之决心与他日之功业,另一方面也当是确乎感慨两宋文明之繁盛。

今日之世界,以有网络与数字化之故,获取信息的容易程度,今人百载、千载之史事点指可知。但有时候却颇见一些傲慢的高论,仿佛站在了全知的视角,俯瞰历史苍茫,挥斥今人古人,不见对知识的尊重,亦鲜有对古人的温情,窃以为惑矣!余私以为,对待历史,我们存着好奇慕古之心的同时,亦要存几分敬畏。

张之洞于《书目答问》中曾说:"由小学入经学者,其经学可信;由经学入史学者,其史学可信;由经学史学入理学者,其理学可信;以经学史学兼词章者,其词章有用。以经学史学兼经济者,其经济成就远大。"姑且不去谈治国安邦的成就之高低,是否一定关乎经学史学,必有人谓,此是旧时代腐朽之说,而笔者犹乐以自得而有以妄言。张之洞的话语固然勾勒出治史之途的艰难,固然可以说这是一种封建学术权威对治学门径的指示,在信息社会的今天,倘若能稍微收敛一些对文史的轻浮和畏难或是不屑的心理,则庶几大有裨益乎!

最后,仍是谈宋史。《宋史》为元朝官修,这部在二十四史中卷帙最为繁多的两宋正史,官方当时总共才修了两年多,便算修完了。以至于错漏百出。宋实录的佚失更是令后人增加了勘误补正《宋史》的难度。元代官修的《宋史》,人物列传中不少内容直接照搬行状,或时间模糊,或叙事矛盾,造成了许多对历史事件解释上的困难。但这种困难也激励着历史爱好者们去摸索探寻,即便只是"一家之言"的读史心得,也是极高兴的人生一大快事。

厄言赘述至此,若蒙抬爱拙作或不吝批评指正,俱不胜荣幸之至。

时方酷暑,庚子年甲申月戊子日记于书斋,无学浅薄,唯当前行。

2020-8-13

图书在版编目(CIP)数据

大宋文臣的品格 / 王晨著. — 上海：上海社会科学院出版社，2021
ISBN 978-7-5520-3637-4

Ⅰ.①大… Ⅱ.①王… Ⅲ.①文官—生平事迹—中国—宋代 Ⅳ.①K827=44

中国版本图书馆 CIP 数据核字(2021)第 138264 号

大宋文臣的品格

著　　者：王　晨
责任编辑：张钦瑜
封面设计：璞茜设计
出版发行：上海社会科学院出版社
　　　　　上海顺昌路 622 号　邮编 200025
　　　　　电话总机 021-63315947　销售热线 021-53063735
　　　　　http://www.sassp.cn　E-mail: sassp@sassp.cn
照　　排：南京前锦排版服务有限公司
印　　刷：上海新文印刷厂有限公司
开　　本：710 毫米×1010 毫米　1/16
印　　张：21
字　　数：338 千
版　　次：2021 年 9 月第 1 版　2021 年 9 月第 1 次印刷

ISBN 978-7-5520-3637-4/K·614　　定价：78.00 元

版权所有　翻印必究